高职高专会计专业规划教材

会计专业综合实训

张乐天　主　编

李天宇　芮志彬　秦　妹　洪相铁　副主编

清华大学出版社
北京

内 容 简 介

本书将传统手工记账方式与电算化财务会计软件相结合,以用友 U8V10.1 财务软件为例,以企业实际发生的经济业务为对象,从建账开始,到填制审核凭证、登记账簿和编制会计报表,进行全程实务操作演练,培养学生的会计职业技能,增强学生的从业能力,为适应职业岗位要求和继续学习的要求打下坚实的基础。模拟实训的内容涵盖企业经营期间的经济业务,内容全面。实训环节包括原始凭证的填制和审核、记账凭证的编制、总账明细账的登记、会计报表的编制。通过实训能够达到提高学生实际操作能力的目的。本书适合作为高职高专财务会计专业的教材,也可供社会企业会计人员自学和参考。

图书在版编目(CIP)数据

会计专业综合实训/张乐天主编. —北京:清华大学出版社,2018
(高职高专会计专业规划教材)
ISBN 978-7-302-49481-2

Ⅰ. ①会… Ⅱ. ①张… Ⅲ. ①会计学—高等职业教育—教材 Ⅳ. ①F230

中国版本图书馆 CIP 数据核字(2018)第 020903 号

责任编辑:韩 旭
封面设计:常雪影
责任校对:张彦斌
责任印制:杨 艳

出版发行:清华大学出版社
    网 址:http://www.tup.com.cn, http://www.wqbook.com
    地 址:北京清华大学学研大厦 A 座   邮 编:100084
    社 总 机:010-62770175   邮 购:010-62786544
    投稿与读者服务:010-62776969, c-service@tup.tsinghua.edu.cn
    质量反馈:010-62772015, zhiliang@tup.tsinghua.edu.cn
    课件下载:http://www.tup.com.cn, 010-62791865
印 装 者:北京鑫海金澳胶印有限公司
经 销:全国新华书店
开 本:185mm×260mm 印 张:18 字 数:430 千字
版 次:2018 年 5 月第 1 版   印 次:2018 年 5 月第 1 次印刷
印 数:1~2500
定 价:48.00 元

产品编号:072250-01

前　言

"会计综合实训"课程是高等职业院校会计专业课程体系中的核心技能课程，是一门旨在培养学生会计职业岗位能力的实践操作性课程，也是直接对接会计职业岗位的一门重要的实训类课程。

本书依据高等职业院校会计专业人才培养目标，结合企业会计工作岗位、工作过程，取材于企业的真实资料，按照现行会计准则和会计核算程序经精选设计而成，充分体现了高等职业院校的教学内容与教学特点。本书基于工作过程，以会计岗位职业能力需求为切入点，以对会计职业素养、知识能力分析为依托，结合企业实践及典型案例，对会计理论知识进行优化整合，弥补了传统课程教学重理论、轻实践的缺陷。

本书将传统手工记账方式与电算化财务会计软件相结合，以企业实际发生的经济业务为对象，从建账开始，到填制审核凭证、登记账簿和编制会计报表，进行全程实务操作演练，培养学生的会计职业技能，增强学生的从业能力，为适应职业岗位要求和继续学习的要求打下坚实的基础。本书适合作为高职高专财务会计专业的教材，也可供社会企业会计人员自学和参考。

本书由张乐天（天津电子信息职业技术学院）担任主编，由李天宇（天津现代职业技术学院）、秦姝（天津机电职业技术学院）、芮志彬（天津市教委职业技术教育研究中心）、洪相铁（天津医科大学）担任副主编。本书在编写过程中得到相关院校领导和老师的大力支持，在此一并表示感谢。由于编者水平有限，书中难免存在疏漏之处，恳请读者批评指正。

编　者

目　　录

第一章 手工账务处理

第一节 实训企业概况及相关资料

一、企业概况

(一) 企业基本信息

(1) 企业名称：上海戴森有限责任公司。

(2) 企业注册地址：上海市浦东新区世纪大道 101 号。

(3) 企业电话：021-68578888。

(4) 企业类型：制造业。

(5) 注册资本：500 万元。

(6) 法定代表人：吴汇文。

(7) 企业经营范围：主要从事家用空气净化器、车载空气净化器的生产和销售。销售业务以内销为主。

(二) 企业银行账户信息

(1) 基本存款账户：中国工商银行上海浦东支行，账号：1001 8765 0066 1234。

(2) 一般存款账户：中国建设银行上海浦东支行，账号：3106 3654 9975 5678。

(3) 社保基金账户：中国工商银行上海浦东支行，账号：1001 8765 0066 6789。

(4) 住房公积金账户：中国工商银行上海浦东支行，账号：1001 3366 6895 2356。

(5) 工资账户：中国工商银行上海浦东支行，账号：1001 5599 6987 4562。

(6) 银行预留印鉴。

银行预留印鉴如图 1-1 所示。

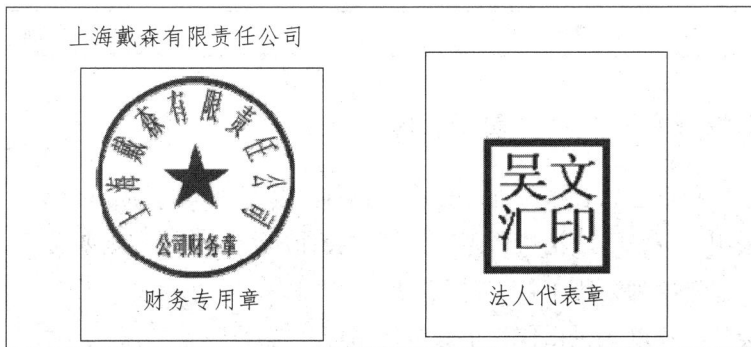

图 1-1 银行预留印鉴

(三) 纳税登记资料

(1) 国税：上海市国家税务局浦东新区分局，纳税登记号 2201 0765 5837 594；缴款账户：国家金库上海市浦东新区支库；账号：4400 5263 7895 6478。

(2) 地税：上海市地方税务局浦东新区分局，纳税登记号 2201 0765 5837 594；缴款账户：国家金库上海市浦东新区支库(代理)；账号：4400 5694 6985 3654。

(四) 企业组织机构及人员分工

企业组织机构及人员分工如表 1-1 所示。

表 1-1　企业组织机构及人员分工

部　门		人　员	职　务
总经理办公室		吴汇文	总经理
财务部		张丽	会计主管
		王中亭	总账会计
		李宏	成本会计
		马家辉	出纳
采购部		汪洋	采购主管
		李丽	采购员
生产车间	一车间	王文静	车间主管
		赵辉	生产人员
		刘云	生产人员
	二车间	何政	车间主管
		赵石磊	生产人员
销售部		陈明	销售主管
		尚可欣	销售人员
仓库	原材料库	石菲菲	库管员
	产成品库	刘宇	库管员
人力资源部		刘欣桐	人力资源部门主管

(五) 企业核算方法及财务管理制度

(1) 企业采用科目汇总表账务处理程序，科目汇总表每 10 天汇总一次。

(2) 企业采用借贷记账法记账原则，符合《会计法》及会计准则要求。

(3) 企业会计年度为公历 1 月 1 日至 12 月 31 日。

(4) 企业会计核算以人民币作为记账本位币。

(5) 企业会计核算以权责发生制为会计核算基础。

(6) 企业为增值税一般纳税人，增值税税率为 17%。

① 企业适用城市维护建设税税率为 7%，教育费附加征收率为 3%。

② 企业按照规定代扣代缴个人所得税。

③ 企业所得税税率为 25%，并假设在可以预见的未来适用这一税率，企业不享受其他税收优惠政策。企业所得税核算采用资产负债表债务法。企业所得税缴纳采用按季预缴，年终汇算清缴的方式。企业以前年度企业所得税已经进行汇算清缴。

(7) 存货核算。

① 原材料采用实际成本法进行日常核算，发出材料采用先进先出法计价。

月末根据"收料单"编制"收料凭证汇总表"，汇总进行原材料入库业务总分类核算；根据"发料单"编制"发料凭证汇总表"，汇总进行原材料出库业务总分类核算。

② 产成品采用品种法计算产品成本。

本月发生的直接材料费用以各种产品材料定额消耗比例为标准，在各种产品之间进行分配；本月发生的直接人工和制造费用按实际生产工时在各种产品之间进行分配。

月末在产品和完工产品之间的费用分配采用约当产量法，原材料在第一道工序开始一次投入，直接人工和制造费用的完工程度分工序按定额生产工时计算。

(8) 应收账款及预付账款按照实际发生额登记入账，并按照客户设置明细账，年末提取坏账准备，应收账款坏账准备的计提按照期末应收账款科目余额的 0.5% 计提。

(9) 企业的固定资产是指使用年限超过 1 年，单位价值在 2000 元以上的资产，包括房屋及建筑物、机器设备、运输设备、办公设备等。企业的固定资产采用年限平均法计提折旧，预计净残值均为 0，房屋及建筑物折旧年限为 20 年，机器设备的折旧年限为 10 年，运输设备的折旧年限为 6 年，办公设备的折旧年限为 5 年。

(10) 企业的无形资产采用年限平均法在使用期内摊销。

(11) 企业每年应当按照当年实现的净利润，扣减以前年度未弥补亏损后，按照 10% 的比例计提法定盈余公积，企业不计提任意盈余公积。

二、2015 年 11 月相关账户余额资料

(一) 2015 年 11 月 30 日相关账户余额

2015 年 11 月 30 日相关账户余额如表 1-2 所示。

表 1-2 2015 年 11 月各总账及明细账余额

编　号	账户名称	借方余额	贷方余额
1001	库存现金	110 000.00	
1002	银行存款	1 897 654.00	

编 号	账户名称		借方余额	贷方余额
100201		工商银行	1 800 000.00	
100202		建设银行	97 654.00	
1012	其他货币资金		300 000.00	
101201		银行汇票存款		
101202		存出投资款	300 000.00	
1121	应收票据		0.00	
112101		北京大悦有限公司		
112102		广州万方有限责任公司		
112103		四川信达商贸有限公司		
1122	应收账款		491 400.00	
112201		北京大悦有限公司	242 190.00	
112202		广州万方有限责任公司	91 260.00	
112203		四川信达商贸有限公司	157 950.00	
1123	预付账款		0.00	
112301		上海宏达环保科技有限公司		
112302		北京旺兴环保科技公司		
1221	其他应收款		3 000.00	
122101		尚可欣	3 000.00	
1231	坏账准备			2 457.00
1402	在途物资		0.00	
140201		光触媒(瓶)		
140202		活性炭(kg)		
140203		HEPA 滤网(件)		
140204		辅助材料(套)		
1403	原材料		130 000.00	
140301		光触媒(瓶)	40 000.00	
140302		活性炭(kg)	8 000.00	
140303		HEPA 滤网(件)	52 000.00	
140304		辅助材料(套)	30 000.00	
1405	库存商品		2 112 500.00	

续表

编 号	账户名称		借方余额	贷方余额
140501		空气净化器(A-100)	840 000.00	
140502		空气净化器(B-200)	1 092 500.00	
140503		车载空气净化器(C-300)	180 000.00	
1601	固定资产		14 048 000.00	
160101		房屋及建筑物	12 200 000.00	
160102		机器设备	950 000.00	
160103		运输设备	800 000.00	
160104		办公设备	98 000.00	
1602	累计折旧			6 964 341.40
1606	固定资产清理		57 420.00	
1701	无形资产		2 400 000.00	
170101		专利权	2 400 000.00	
1702	累计摊销			460 000.00
1811	递延所得税资产		614.25	
2001	短期借款			800 000.00
2201	应付票据			234 000.00
220101		上海宏达环保科技有限公司		234 000.00
220102		北京旺兴环保科技公司		
2202	应付账款			585 000.00
220201		上海宏达环保科技有限公司		
220202		北京旺兴环保科技公司		585 000.00
2203	预收账款			50 000.00
220301		北京大悦有限公司		
220302		广州万方有限责任公司		50 000.00
220303		四川信达商贸有限公司		
2211	应付职工薪酬			113 149.96
221101		工资		78 781.96

编 号	账户名称		借方余额	贷方余额
221102		社会保险费		24 768.00
221103		住房公积金		9 600.00
2221	应交税费		820 000.00	396 594.44
222101		应交增值税		
22210101		进项税额		
22210102		销项税额		
22210103		进项税额转出		
22210104		转出未交增值税		
222102		未交增值税		359 724.00
222103		应交城市维护建设税		25 180.68
222104		应交教育费附加		10 791.72
222105		应交企业所得税	820 000.00	
222106		应交个人所得税		898.04
2241	其他应付款			16 320.00
224101		住房公积金		5 760.00
224102		社会保险费		10 560.00
4001	实收资本			8 000 000.00
4002	资本公积			
4101	盈余公积			231 291.00
410101		法定盈余公积		231 291.00
4103	本年利润			5 195 500.00
4104	利润分配		666 271.35	0.00
410401		提取法定盈余公积		
410402		分配利润		
410403		未分配利润	666 271.35	
5101	生产成本		11 794.20	
510101		直接材料	5 677.50	
51010101		空气净化器(A-100)	5 677.50	
51010102		空气净化器(B-200)		
51010103		车载空气净化器 (C-300)		
510102		直接人工	1 096.00	

续表

编　号	账户名称	借方余额	贷方余额
51010201	空气净化器(A-100)	1 096.00	
51010202	空气净化器(B-200)		
51010203	车载空气净化器 (C-300)		
510103	制造费用	5 020.70	
51010301	空气净化器(A-100)	5 020.70	
51010302	空气净化器(B-200)		
51010303	车载空气净化器 (C-300)		
	合计	23 048 653.80	23 048 653.80

(二) 2015 年 1—11 月损益类账户发生额

2015 年 1—11 月损益类账户发生额如表 1-3 所示。

表 1-3　2015 年 1—11 月损益类账户发生额

编　码	科目名称	11 月份发生额	1—11 月累计发生额
6001	主营业务收入	2 104 750.00	26 685 805.00
6051	其他业务收入		
6101	公允价值变动损益		
6111	投资收益		
6301	营业外收入		6 000.00
6401	主营业务成本	1 372 800.00	17 388 700.00
6402	其他业务成本		
6405	营业税金及附加	35 972.40	442 515.00
6601	管理费用	193 000.00	2 502 700.00
6602	销售费用	19 800.00	734 000.00
6603	财务费用	29 150.00	375 000.00
6701	资产减值损失		3 390.00
6711	营业外支出		50 000.00

(三) 2015 年 11 月 30 日有关明细账户余额

2015 年 11 月 30 日有关明细账户余额如下。

原材料明细账户余额如表 1-4 所示。

表 1-4　原材料明细账户余额

2015 年 11 月 30 日

编 号	账户名称	数 量	单 价	借方余额
1403	原材料			130 000.00
140301	光触媒(瓶)	200	200.00	40 000.00
140302	活性炭(kg)	400	20.00	8 000.00
140303	HEPA 滤网(件)	400	130.00	52 000.00
140304	辅助材料(套)	500	60.00	30 000.00

库存商品明细账户余额如表 1-5 所示。

表 1-5　库存商品明细账户余额

2015 年 11 月 30 日

编 号	账户名称	数 量	单 价	借方余额
1405	库存商品			2 112 500.00
140501	空气净化器(A-100)	1 200	700.00	840 000.00
140502	空气净化器(B-200)	1 150	950.00	1 092 500.00
140503	车载空气净化器(C-300)	1 500	120.00	180 000.00

生产成本明细账户余额如表 1-6 所示。

表 1-6　生产成本明细账户余额

2015 年 11 月 30 日

账户名称	数 量	直接材料	直接人工	制造费用	合 计
空气净化器(A-100)	50	5 677.50	1 096.00	5 020.70	11 794.20
空气净化器(B-200)					
车载空气净化器(C-300)					
合计					11 794.20

第二节　模拟实训资料

上海戴森有限责任公司 2015 年 12 月经济业务资料：

【业务1】 2015 年 12 月 1 日，财务部购买办公用品，现金支付。(原始凭证：发票。)

上海增值税普通发票

3100543876　　　　　　　　　　　　　　　　　　　No：28498723

开票日期：　　2015年12月1日

购货单位	名　称：	上海戴森有限责任公司								密码区	3-695123〉3965189- 36954*258621〈〉2552193- +/〈25862489631341369- 〉6312411255-〉5〈〈685/-3	第三联：发票联
	纳税人识别号：	220107655837594										
	地址、电话：	上海市浦东新区世纪大道101号 021-68578888										
	开户行及账号：	中国工商银行上海浦东支行 1001876500661234										
货物或应税劳务、服务名称		规格型号	单位	数量	单价	金额		税率	税额			
办公用品			件	5	145.63	728.16		3%	21.84			
合计						¥728.16			¥21.84			
价税合计（大写）		柒佰伍拾元整					（小写）	¥750.00				
销货单位	名　称：	上海齐心办公用品有限公司								备注		
	纳税人识别号：	140166756375866										
	地址、电话：	上海市黄浦区西藏南路800号 021-77880066										
	开户行及账号：	招商银行上海黄埔支行 2200569859612358										
收款人：		复核：		开票人： 李霞				销货单位：（章）				

【业务2】 2015 年 12 月 1 日，采购部李丽从上海宏达环保科技有限公司采购原材料光触媒，开出银行承兑汇票结算。(原始凭证：增值税专用发票、银行承兑汇票、收款收据。)

上海增值税专用发票

4101136456　　　　　　　　　　　　　　　　　　　No：00374512

开票日期：　　2015年12月1日

购货单位	名　称：	上海戴森有限责任公司								密码区	3-695123〉3965189- 36954*258621〈〉2552193- +/〈25862489631341369- 〉6312411255-〉5〈〈685/-3	第三联：发票联
	纳税人识别号：	220107655837594										
	地址、电话：	上海市浦东新区世纪大道101号 021-68578888										
	开户行及账号：	中国工商银行上海浦东支行 1001876500661234										
货物或应税劳务、服务名称		规格型号	单位	数量	单价	金额		税率	税额			
光触媒		500ml/瓶	瓶	500	200.00	100000.00		17%	17000.00			
合计						¥100,000.00			¥17,000.00			
价税合计（大写）		壹拾壹万柒仟元整					（小写）	¥117,000.00				
销货单位	名　称：	上海宏达环保科技有限公司								备注		
	纳税人识别号：	220107758115169										
	地址、电话：	上海市黄浦区西藏南路603号 021-77886699										
	开户行及账号：	招商银行上海黄埔支行 2200569832147845										
收款人：		复核：		开票人： 王雯				销货单位：（章）				

银行承兑汇票

出票日期 贰零壹伍 年 壹拾贰 月 零壹 日 （大写）

GE 02   78965403

出票人全称	上海戴森有限责任公司	收款人	全称	上海宏达环保科技有限公司											
出票人账号	1001876500661230		账号	2200569832147840											
付款行全称	中国工商银行上海浦东支行		开户银行	招商银行上海黄浦支行											
出票金额	人民币（大写） 壹拾壹万柒仟元整				亿	千	百	十	万	千	百	十	元	角	分
						¥	1	1	7	0	0	0	0	0	0
汇票到期日（大写）	贰零壹陆年零叁月零壹日		付款	行号	310 258 695 741										
承兑协议编号	003785				上海市浦东新区世纪大道1号										

本汇票经我行承兑，到期无条件付款。

本汇票已经承兑，到期日由本行付款。
310258695741
汇票专用章
承兑日期：2015年12月1日

吴文汇印

出票人签章

备注

复核   记账

- ✂

收款收据

NO.00668462

2015 年 12 月 1 日

今收到	上海戴森有限责任公司
交来：	银行承兑汇票一张，票号：78965403
金额（大写）	壹拾壹万柒仟元整

¥ 117000.00 □ 现金 □ 支票 □ 信用卡 ☑ 其他

会计主管   会计   出纳   经手人

财务专用章

【业务3】 2015 年 12 月 2 日，1 日从上海宏达环保科技有限公司购进的原材料运达企业，并验收入库。(原始票据：入库单。)

入 库 单

2015 年 12 月 02 日　　　　单号　　1202

交货单位及部门	上海宏达环保科技有限公司		验收仓库	原材料库	入库日期	2015/12/2	
编号	名称及规格		单位	数量		实际价格	
				交库	实收	单价	金额
1	光触媒 500ml/瓶		瓶	500	500	200.00	100000.00
合　计							¥100,000.00

保管员：　　　　质管员：　　　　经办人：　石菲菲

- ✂ - - -

【业务4】 2015 年 12 月 2 日，从北京旺兴环保科技公司采购原材料活性炭、HEPA 滤网，货款未付。(原始票据：增值税专用发票。)

北京增值税专用发票

5103296842　　　　　　　　　　　　　　No: 00987632

开票日期：　2015年12月2日

购货单位	名　称：	上海戴森有限责任公司	密码区	9-862053>>7563<<- 639479754>>969- ++853163836725- +372916<>6243>++263428++51 61835475-738291-576253<
	纳税人识别号：	220107655837594		
	地址、电话：	上海市浦东新区世纪大道101号 021-68578888		
	开户行及账号：	中国工商银行上海浦东支行 1001876500661234		

货物或应税劳务、服务名称	规格型号	单位	数量	单价	金额	税率	税额
活性炭		kg	200	20.00	4000.00	17%	680.00
HEPA滤网		件	200	130.00	26000.00	17%	4420.00
合 计					¥30,000.00		¥5,100.00
价税合计（大写）	叁万伍仟壹佰元整				（小写）	¥35,100.00	

销货单位	名　称：	北京旺兴环保科技公司	备注	
	纳税人识别号：	110109876235335		
	地址、电话：	北京市东城区正义路208号 010-62487777		
	开户行及账号：	中国建设银行北京东城支行 3106987623651862		

收款人：　　　　复核：　　　　开票人：　李运达　　　　销货单位：（章）

第三联：发票联

【业务 5】 2015 年 12 月 2 日，从银行提取备用金。(原始票据：提现申请单、现金支票存根。)

提现申请单

填单日期： 2015.12.02

收款单位	上海戴森有限责任公司		
地址	上海市浦东新区世纪大道101号	联系电话	021-68578888
收款人开户行	中国工商银行上海浦东支行	开户账号	1001 8765 0066 1234
内容	提取备用金		
大写金额	零 拾 壹 万 零 仟 零 佰 零 拾 零 元 零 角 零 分	¥10000.00	

审批：林书　　　　　　审核：赵默默　　　　　　制表：陈文华

中国工商银行

现金支票存根

30102098

00023311

附加信息 ＿＿＿＿＿＿＿＿＿＿

＿＿＿＿＿＿＿＿＿＿

出票日期　2015　年　12　月　2　日

收款人：	
	上海戴森有限责任公司
金额：	¥10000.00
用途：	备用金

单位主管：　　　会计：

【业务6】 2015 年 12 月 3 日，采用电汇方式支付一车间固定资产修理费。(原始票据：增值税专用发票、结算业务申请书、付款通知书。)

上海增值税专用发票

4101986536

No: 00679426

开票日期： 2015年12月3日

购货单位	名 称：	上海戴森有限责任公司			密码区	9-862053>>7563<<-+--《3-+372916<>6243>++263428++51618354><-*&+-4279754375-_+==><(**286738291-576253<
	纳税人识别号：	220107655837594				
	地址、电话：	上海市浦东新区世纪大道101号 021-68578888				
	开户行及账号：	中国工商银行上海浦东支行 1001876500661234				

货物或应税劳务、服务名称	规格型号	单位	数量	单价	金额	税率	税额
维修费			1	3000.00	3000.00	17%	510.00
合计					¥3,000.00		¥510.00

价税合计（大写）	叁仟伍佰壹拾元整	（小写）	¥3,510.00

销货单位	名 称：	上海裕达汽车销售修理有限公司	备注	
	纳税人识别号：	220109876345267		
	地址、电话：	上海市徐汇区汾阳路90号 021-82867766		
	开户行及账号：	中国建设银行上海徐汇支行 3106872417394658		

收款人： 复核： 开票人： 李琳 销货单位：（章）

第三联：发票联

---✂---

中国工商银行　　　　　　　　　　　　结算业务申请书

| 申请日期： | 2015 年 12 月 03 日 | AB09773098 |

| 业务类型： | 电汇 ✓ | 信汇 ☐ | 汇票申请书 ☐ | 本票申请书 ☐ | 其他 ☐ |

申请人	全称	上海戴森有限责任公司	收款人	全称	上海裕达汽车销售修理有限公司
	账号或地址	1001 8765 0066 1234		账号或地址	3106 8724 1739 4658
	开户银行	中国工商银行上海浦东支行		开户银行	中国建设银行上海徐汇支行

			亿	千	百	十	万	千	百	十	元	角	分
金额	人民币（大写）	叁仟伍佰壹拾元整					¥	3	5	1	0	0	0

| 支付密码 | 7 7 6 5 4 5 6 2 4 8 7 3 2 0 1 6 |

电汇时需选择　　　附加信息及用途：

普通 ✓　　　　　　　支付货款

加急 ☐

会计主管： 授权： 复核： 记账：

第三联 此联付款行给付款人的回单

中国工商银行（上海浦东支行）付款通知书

日期　2015 年 12 月 03 日

机构号　301290870239　　　　　交易代码　9867453427651900

单位名称	上海戴森有限责任公司
账号	1001 8765 0066 1234

摘要		
手续费　7.50	中国工商银行 上海浦东支行 2015.12.03 转讫 （02）	
		金额合计　¥7.50

金额合计（大写）	人民币柒元伍角整

第二联　回单

注：此付款通知书加盖我行业务公章方有效。

流水号　　786522017　　　　　　　　　　经办人　方红

--✂

【业务 7】 2015 年 12 月 3 日，2 日所采购活性炭、HEPA 滤网到货。(原始票据：入库单。)

入　库　单

2015 年 12 月 03 日　　　　单号　1203

交货单位及部门	北京旺兴环保科技公司		验收仓库	原材料库	入库日期	2015/12/3

编号	名称及规格	单位	数量		实际价格	
			交库	实收	单价	金额
1	活性炭	kg	200	200	20.00	4000.00
	合　计					¥4,000.00

保管员：　　　　质管员：　　　　　　经办人：　石菲菲

入 库 单

2015　年　12　月　03　日　　　　单号　　　1204

交货单位 及部门	北京旺兴环保科技公司		验收仓库	原材料库	入库日期	2015/12/3	
编号	名称及规格		单位	数量		实际价格	
				交库	实收	单价	金额
1	HEPA滤网		件	200	200	130.00	26000.00
合　计							￥26,000.00

保管员：　　　　　　质管员：　　　　　　经办人：　石菲菲

【业务8】 2015年12月4日，向银行申请签发银行汇票。(原始票据：业务委托书回执、银行收款凭证。)

ICBC 中国工商银行

业务委托书 回执

沪B00270990

委托人全称	上海戴森有限责任公司
委托人账号	1001 8765 0066 1234
收款人全称	上海宏达环保科技有限公司
收款人账号	2200 5698 3214 7845
金额	￥100000.00
委托日期	2015.12.04

中国工商银行
上海浦东支行
2015.12.04
转讫
（02）

此联为银行受理通知书。若委托人申请汇票或
本票业务，应凭此联领取汇票或本票。

中国工商银行 收费凭条

2015 年 12 月 04 日

付款人名称	上海戴森有限责任公司		付款人账号	1001 8765 0066 1234										上述款项请从我账户支付。
服务项目（凭证种类）		工本费	手续费	合 计										
				百	十	万	千	百	十	元	角	分		
银行汇票申请手续费			35.00							￥3	5	0	0	
	合计									3	5			印鉴
币种（大写）	人民币叁拾伍元整									￥3	5			
以下在购买凭证时填写														
领购人姓名			领购人证件类型											
			领购人证件号码											

事后监督：　　　　　　　　　　　　　　　　　　记账：

- ✂

【业务9】 2015 年 12 月 5 日，以证券资金账户款项从二级市场购买东土科技 10 000 股，每股面值 16.20 元，支付手续费 536.00 元，准备近期出售。(原始票据：证券公司对账单。)

信达证券上海浦东营业部对账单

客户编号： 300987326　　姓名： 上海戴森有限责任公司　　对账日期： 2015.12.05　　打印柜员： 0089

资金信息：

币种	资金余额	可用金额	资产总值
人民币	137464.00	137464.00	299464.00

流水明细：

日期	币种	业务标志	证券名称	证券代码	发生数量	成交均价	佣金	印花税	其他费用	收付金额	资金余额
2015.12.05	人民币	股票买入	东土科技	300353	10000	16.20	324	162.00	.00	-162536.00	137464.00
合计											

汇总股票资料：

证券名称	证券代码	当前数	可用数	最新价	市值	币种
东土科技	300353	10000	10000	16.20	162000.00	人民币

【业务 10】　2015 年 12 月 6 日，购进原材料，用银行汇票结算，收到银行退回余款。

(原始票据：增值税专用发票、银行汇票多余款收账通知。)

4101136462		上海增值税专用发票					No：00374518			
							开票日期：　2015年12月6日			
购货单位	名　称：	上海戴森有限责任公司					密码区	3-695123〉3965189-36954*258621〈〉2552193-+／〈2586248963134136〉〉6312411255->5<<685／-3		第三联：发票联
	纳税人识别号：	220107655837594								
	地址、电话：	上海市浦东新区世纪大道101号 021-68578888								
	开户行及账号：	中国工商银行上海浦东支行 1001876500661234								
货物或应税劳务、服务名称	规格型号	单位	数量	单价	金额		税率	税额		
光触媒	500ml/瓶	瓶	400	200.00	80000.00		17%	13600.00		
合计					¥80,000.00			¥13,600.00		
价税合计（大写）	玖万叁仟陆佰元整				（小写） ¥93,600.00					
销货单位	名　称：	上海宏达环保科技有限公司					备注			
	纳税人识别号：	220107758115169								
	地址、电话：	上海市黄浦区西藏南路603号 021-77886699								
	开户行及账号：	招商银行上海黄浦支行 2200569832147845								
收款人：		复核：		开票人：　王雯		销货单位（章）				

- ✂

付款期限　壹　月	中国工商银行 银行汇票	[多余款 收账通知]		0309867 0984532
出票日期：（大写）	贰零壹伍年 壹拾贰月 零陆日	代理付款行：	行号：	
收款人：	上海宏达环保科技有限公司			
出票金额：	人民币（大写）壹拾万元整			
实际结算金额：	人民币（大写）玖万叁仟陆佰元整	亿 千 百 十 万 千 百 十 元 角 分 ¥ 9 3 6 0 0 0 0		
申请人：	上海戴森有限责任公司			左列退回多余金额已收入你账户内。
账号：	1001 8765 0066 1234			中国工商银行 上海浦东支行 2015.12.06 转讫 (02)
出票行：	中国工商银行上海浦东支行			
行号：	310 258 695 741			
备注：		多余金额 亿 千 百 十 万 千 百 十 元 角 分 ¥ 6 4 0 0 0 0		
出票行签章			复核	记账

【业务 11】 2015 年 12 月 7 日，购进原材料，开出转账支票结算。(原始票据：增值税专用发票、转账支票存根、收款收据。)

深圳市增值税专用发票

3201984574   No：00425698

开票日期：   2015年12月7日

| 购货单位 | 名　称：上海戴森有限责任公司
纳税人识别号：220107655837594
地址、电话：上海市浦东新区世纪大道101号 021-68578888
开户行及账号：中国工商银行上海浦东支行 1001876500661234 | 密码区 | 3-695836927123>3965189-
36954*258621<>2552193-
+/<25862489631341369-
>6312411255->5<<685/-3 |

货物或应税劳务、服务名称	规格型号	单位	数量	单价	金额	税率	税额
其他辅助材料		套	200	60.00	12000.00	17%	2040.00
合计					￥12,000.00		￥2,040.00

| 价税合计（大写） | 壹万肆仟零肆拾元整 | （小写）￥14,040.00 |

| 销货单位 | 名　称：深圳普新有限责任公司
纳税人识别号：260109875982357
地址、电话：深圳市福田区福田三路9号 0755-67598765
开户行及账号：深圳发展银行福田支行 3006285416940923 | 备注 | |

收款人：　　　　复核：　　　　开票人：李林林　　　　销货单位：（盖发票专用章）

第三联：发票联

中国工商银行

转账支票存根

31105634

00337766

附加信息

出票日期　　年 12 月 7 日

收款人：	深圳普新有限责任公司
金额：	￥14,040.00
用途：	货款

单位主管：　　会计：

收款收据

NO. 07947621

2015 年 12 月 7 日

今收到   上海戴森有限责任公司

交来：   转账支票一张，支票号：00337766

金额（大写） 壹万肆仟零肆拾元整

¥ 14040.00   ☐ 现金 ☑ 支票 ☐ 信用卡 ☐ 其他 单位（盖章）

财务专用章

会计主管   会计   出纳   经手人 李林林

- ✂

【业务12】 2015 年 12 月 8 日，6 日从上海宏达环保科技有限公司购进原材料光触媒运达企业，并验收入库，其中 2 瓶损坏，属于运输途中合理损耗。(原始票据：入库单。)

入 库 单

2015 年 12 月 08 日   单号   1205

交货单位及部门	上海宏达环保科技有限公司	验收仓库	原材料库	入库日期	2015/12/8	
编号	名称及规格	单位	数量		实际价格	
			交库	实收	单价	金额
1	光触媒 500ml/瓶	瓶	400	398	201.01	80000.00
	合　　计					¥80,000.00

保管员：   质管员：   经办人   石菲菲

【业务13】 2015年12月9日，7日从深圳普新有限责任公司购进其他辅助材料运达企业，并验收入库。(原始票据：入库单。)

入 库 单

2015 年 12 月 09 日　　　单号　　1206

交货单位及部门	深圳普新有限责任公司	验收仓库	原材料库	入库日期	2015/12/9

编号	名称及规格	单位	数量		实际价格	
			交库	实收	单价	金额
1	其他辅助材料	套	200	200	60.00	12000.00
合　计						¥12,000.00

保管员：　　　质管员：　　　经办人：　石菲菲

- ✂

【业务14】 2015年12月10日，向北京大悦有限公司销售空气净化器A-100、B-200各400台，当日收到款项的50%，北京大悦有限公司待收到货物后30日内支付剩余款项。(原始票据：购销合同复印件、增值税专用发票、销售单、进账单。)

购 销 合 同

供方：上海戴森有限责任公司（以下简称甲方）
需方：北京大悦有限公司（以下简称乙方）

　　甲乙双方依照《中华人民共和国合同法》及有关法律、行政法规，遵循平等、自愿、公平和诚信原则，双方就采购有关事项协商一致，订立本合同如下：

一、产品内容：

产品名称	型号	数量	不含税单价	金额
空气净化器	A-100	400	1150.00	460000.00
空气净化器	B-200	400	1350.00	540000.00

合计人民币（大写）：壹佰万元整（￥1000000.00）

二、结算方式：

1、合同签订当日，甲方向乙方发出商品，乙方向甲方支付款项的50%。
2、乙方于收到货物后30日内支付剩余款项。
　　……

六、合同争议的解决方式：

　　本合同在履行过程中发生的争议，由甲乙双方协商解决；协商不成的依法向人民法院提起诉讼。

七、合同生效：

　　本合同经双方签字盖章后生效，一式两份，甲乙双方各执一份。

甲方：上海戴森有限责任公司　　　　乙方：北京大悦有限公司
代表（签字）：吴汇文　　　　　　　代表（签字）：林淑仪
日期：2015年12月10日　　　　　　日期：2015年12月10日

上海增值税专用发票　　　　No: 00452398

4101237645

开票日期： 2015年12月10日

购货单位	名　称：	北京大悦有限公司					密码区	276513-695123>3965189-36954*258621<>2552193-+/3745949494624<2586248963 1341369->6312411255-25373
	纳税人识别号：	110109824397386						
	地址、电话：	北京市朝阳区信义路808号 010-64236789						
	开户行及账号：	中国工商银行北京朝阳支行 1001376592740093						

货物或应税劳务、服务名称	规格型号	单位	数量	单价	金额	税率	税额
空气净化器	A-100	台	400	1150.00	460000.00	17%	78200.00
空气净化器	B-200	台	400	1350.00	540000.00	17%	91800.00
合计					¥1,000,000.00		¥170,000.00

价税合计（大写）	壹佰壹拾柒万元整	（小写）¥1,170,000.00

销货单位	名　称：	上海戴森有限责任公司	备注
	纳税人识别号：	220107655837594	220107655837594
	地址、电话：	上海市浦东新区世纪大道101号 021-68578888	
	开户行及账号：	中国工商银行上海浦东支行 1001876500661234	

收款人：　　　　复核：　　　　开票人： 王中亭　　　　销货单位（章）

第一联：记账联

销售单

销售单位：	上海戴森有限责任公司	地址电话：	上海市浦东新区世纪大道101号 021-68578888	编号：	001
纳税识别号：	220107655837594	开户行及账号：	中国工商银行上海浦东支行 1001876500661234		2015/12/10

编码	产品名称	规格型号	单位	单价	数量	金额	备注
1	空气净化器	A-100	台	1150.00	400	460000.00	不含税价
2	空气净化器	B-200	台	1350.00	400	540000.00	
合计	人民币（大写）：壹佰万元整					¥1,000,000.00	

销售经理： 陈明　　　经手人： 尚可欣　　　会计： 王中亭　　　签收人：

中国工商银行　进账单　（收账通知）

2015 年 12 月 10 日

出票人	全称	北京大悦有限公司		收款人	全称	上海戴森有限责任公司
	账号	1001 3765 9274 0090			账号	1001 8765 0066 1234
	开户银行	中国工商银行北京朝阳支行			开户银行	中国工商银行上海浦东支行

金额	人民币（大写）	伍拾捌万伍仟元整	亿	千	百	十	万	千	百	十	元	角	分
					¥	5	8	5	0	0	0	0	0

票据种类	转账支票	票据张数	1
票据号码	00537612		

中国工商银行
上海浦东支行
2015.12.10
转讫
（02）

复核　　　　记账

收款人开户银行签章

此联是收款人开户银行交给收款人的收账通知

- ✂

【业务 15】 2015 年 12 月 10 日，发放 11 月工资。(原始票据：工资结算汇总表、转账支票存根、批量代付清单。)

工资结算汇总表

2015 年 11 月 30 日　　　　　　　　　　　　　　　　　金额单位：元

部 门		人 员	应付工资	代扣工资						小计	实发工资
				养老保险(8%)	失业保险(1%)	医疗保险(2%)	住房公积金(6%)	三险一金合计	个人所得税		
管理部门	总经理办公室	吴汇文	8 000.00	640.00	80.00	160.00	480.00	1 360.00	209.00	1 569.00	6 431.00
	财务部	张丽	7 000.00	560.00	70.00	140.00	420.00	1 190.00	126.00	1 316.00	5 684.00
		王中亭	6 000.00	480.00	60.00	120.00	360.00	1 020.00	44.40	1 064.40	4 935.60
		李宏	6 000.00	480.00	60.00	120.00	360.00	1 020.00	44.40	1 064.40	4 935.60
		马家辉	5 000.00	400.00	50.00	100.00	300.00	850.00	19.50	869.50	4 130.50
	人力资源部	刘欣桐	6 800.00	544.00	68.00	136.00	408.00	1 156.00	109.40	1 265.40	5 534.60
	采购部	汪洋	5 000.00	400.00	50.00	100.00	300.00	850.00	19.50	869.50	4 130.50
		李丽	4 500.00	360.00	45.00	90.00	270.00	765.00	7.05	772.05	3 727.95
	仓库	石菲菲	3 800.00	304.00	38.00	76.00	228.00	646.00	0.00	646.00	3 154.00
		刘宇	3 800.00	304.00	38.00	76.00	228.00	646.00	0.00	646.00	3 154.00

续表

| 部　门 | | 人　员 | 应付工资 | 代扣工资 | | | | | | | 实发工资 |
				养老保险(8%)	失业保险(1%)	医疗保险(2%)	住房公积金(6%)	三险一金合计	个人所得税	小计	
管理部门合计			55 900.00	4 472.00	559.00	1 118.00	3 354.00	9 503.00	579.25	10 082.25	45 817.75
销售部门		陈明	5 500.00	440.00	55.00	110.00	330.00	935.00	31.95	966.95	4 533.05
		尚可欣	4 500.00	360.00	45.00	90.00	270.00	765.00	7.05	772.05	3 727.95
销售部门合计			10 000.00	800.00	100.00	200.00	600.00	1 700.00	39.00	1 739.00	8 261.00
生产车间	生产工人	赵辉	5 700.00	456.00	57.00	114.00	342.00	969.00	36.93	1 005.93	4 694.07
		刘云	5 700.00	456.00	57.00	114.00	342.00	969.00	36.93	1 005.93	4 694.07
		赵石磊	5 700.00	456.00	57.00	114.00	342.00	969.00	36.93	1 005.93	4 694.07
	车间工人合计		17 100.00	1 368.00	171.00	342.00	1 026.00	2 907.00	110.79	3 017.79	14 082.21
	车间管理人员	王文静	6 500.00	520.00	65.00	130.00	390.00	1 105.00	84.50	1 189.50	5 310.50
		何政	6 500.00	520.00	65.00	130.00	390.00	1 105.00	84.50	1 189.50	5 310.50
	车间管理人员合计		13 000.00	1 040.00	130.00	260.00	780.00	2 210.00	169.00	2 379.00	10 621.00
合计			96 000.00	7 680.00	960.00	1 920.00	5 760.00	16 320.00	898.04	17 218.04	78 781.96

审核：　王中亭　　　　　　　　　　　　　　　　　　制单：　刘欣桐

中国工商银行

转账支票存根

31105698

00337895

附加信息

_____

_____

出票日期　2015 年 12 月 10 日

收款人：　上海戴森有限责任公司

金额：　　¥78,781.96

用途：　　发放工资

单位主管：　　　会计：

特色业务：中国工商银行上海浦东支行批量代付成功清单

机构名称：中国工商银行上海浦东支行　　　　　2015年12月10日

账号	姓名	金额
66022033001	吴汇文	6431.00
66022033002	张丽	5684.00
66022033003	王中亭	4935.60
66022033004	李宏	4935.60
66022033005	马家辉	4130.50
66022033006	汪洋	4130.50
66022033007	李丽	3727.95
66022033008	王文静	5310.50
66022033009	赵辉	4694.07
66022033010	刘云	4694.07
66022033011	何政	5310.50
66022033012	赵石磊	4694.07
66022033013	陈明	4533.05
66022033014	尚可欣	3727.95
66022033015	石菲菲	3154.00
66022033016	刘宇	3154.00
66022033017	刘欣桐	5534.60
合计		78781.96

中国工商银行
上海浦东支行
转讫
（02）

【业务16】 2015年12月10日，缴纳11月份住房公积金。(原始票据：住房公积金计算表、住房公积金汇(补)缴书、转账支票存根。)

住房公积金计算表

2015年　　　　11月　　　　30日　　金额单位：元

部门		应付工资	住房公积金		
			企业承担部分（10%）	个人承担部分（6%）	小计
管理部门		55,900.00	5,590.00	3,354.00	8,944.00
销售部门		10,000.00	1,000.00	600.00	1,600.00
生产车间	生产工人	17,100.00	1,710.00	1,026.00	2,736.00
	管理人员	13,000.00	1,300.00	780.00	2,080.00
合计		96,000.00	9,600.00	5,760.00	15,360.00

审核：王中亭　　　　　　制单：刘欣桐

住房公积金汇（补）缴书

2015 年 12 月 10 日　　　附：缴存变更清册　　页

缴款单位	单位名称	上海戴森有限责任公司	收款单位	单位名称	上海戴森有限责任公司
	单位账号	1001 8765 0066 1234		公积金账号	1001 3366 6895 2356
	开户银行	中国工商银行上海浦东支行		开户银行	中国工商银行上海浦东支行

缴款类型	☑ 汇缴　　□ 补缴		补缴原因	

缴款人数	17	缴款时间	2015 年 11 月 至 2015 年 11 月	月数	1

缴款方式	□ 现金　　☑ 转账			千 百 十 万 千 百 十 元 角 分

金额（大写）　人民币　　　壹万伍仟叁佰陆拾元整　　　　　　　　1 5 3 6 0 0 0

上次汇缴		本次增加汇缴		本次减少汇缴		本次汇（补）缴	
人数	金额	人数	金额	人数	金额	人数	金额
17	15,360.00					17	15,360.00

上述款项已划转至市住房公积金管理中心住房公积金存款账户内

复核：　　　　　　经办：

业务受理章（银行盖章）

2015 年 11 月 30 日

第一联：缴款单位开户行给缴款单位的回单

中国工商银行

转账支票存根

31105699

00337896

附加信息

_____

_____

出票日期　2015 年 12 月 10 日

收款人：	上海戴森有限责任公司
金额：	¥15,360.00
用途：	缴纳公积金

单位主管：　　会计：

【业务 17】 2015 年 12 月 10 日，缴纳 11 月份社会保险费。(原始票据：社会保险费计算表、电子缴税回单。)

社会保险费计算表

2015年　　　　11月　　30日　　　　　　　金额单位：元

部门		应付工资	养老保险		失业保险		医疗保险		工伤保险	生育保险	小计
			个人 8%	公司 14%	个人 1%	公司 2%	个人 2%	公司 8%	公司 1%	公司 0.80%	
管理部门		55,900.00	4,472.00	7,826.00	559.00	1,118.00	1,118.00	4,472.00	559.00	447.20	20,571.20
销售部门		10,000.00	800.00	1,400.00	100.00	200.00	200.00	800.00	100.00	80.00	3,680.00
生产车间	生产工人	17,100.00	1,368.00	2,394.00	171.00	342.00	342.00	1,368.00	171.00	136.80	6,292.80
	管理人员	13,000.00	1,040.00	1,820.00	130.00	260.00	260.00	1,040.00	130.00	104.00	4,784.00
合计		96,000.00	7,680.00	13,440.00	960.00	1,920.00	1,920.00	7,680.00	960.00	768.00	35,328.00

审核：王中亭　　　　　　　　　　　制单：刘欣桐

中国工商银行电子缴税回单

转账日期：　2015 年 12 月 10 日

纳税人全称及纳税人识别号：　上海戴森有限责任公司　　2201 0765 5837 594
付款人全称：　上海戴森有限责任公司
付款人账号：　1001 8765 0066 1234　　征收机关名称：上海市地方税务局浦东新区分局
付款人开户银行：　中国工商银行上海浦东支行　　收款国库（银行）名称：国家金库上海市浦东新区支库（代理）
小写（合计）金额：　¥35,328.00　　缴款书交易流水号：23409851820
大写（合计）金额：　人民币叁万伍仟叁佰贰拾捌元整　　税票号码：1028785683 4980

税（费）种名称	所属日期	实缴金额
社会保险费（养老）	20151101—20151130	21120.00
社会保险费（失业）	20151101—20151130	2880.00
社会保险费（医疗）	20151101—20151130	9600.00
社会保险费（工伤）	20151101—20151130	960.00
社会保险费（生育）	20151101—20151130	768.00

中国工商银行
上海浦东支行
2015.12.10
转讫
（02）

第一次打印　　　　　　打印日期：　2015 年 12 月 10 日

- ✂

【业务 18】 2015 年 12 月 11 日，销售部尚可欣报销差旅费。(原始单据：差旅费报销单、借款单复印件、机票行程单、住宿餐饮发票。)

差 旅 费 报 销 单

2015 年 12 月 11 日

所属部门	销售部	姓名	尚可欣	出差天数	自 12 月 2 日 至 12 月 5 日 共 4 天				
出差事由		参加展会		借支差旅费	日期	2015.11.28	金额	¥3,000.00	
					结算金额		¥2,930.00		
出发 月日日	到达 月日日	起止地点	交通费	住宿费	餐费	其他费用	备注
12 2 12 2		上海——广州	570.00				
12 2 12 5		广州——广州		1200.00	500.00		
12 5 12 5		广州——上海	660.00				
				现金收讫			
合计		零仟零佰零拾零万贰仟玖佰叁拾零元零角零分					¥2,930.00

总经理：吴汇文　财务经理：张丽　部门经理：陈明　会计：王中亭　出纳：马家辉

借 款 单

2015 年 11 月 28 日　　　　　　　　　第　　1728　　号

借款部门	销售部	姓名	尚可欣	事由		参加展会
借款金额（大写）	人民币叁仟元整					¥3,000.00
部门负责人意见	同意 陈明 复印件与原件核对无误	借款人	尚可欣		注意事项：1、凡借用公款必须使用本单 2、出差返回后七日内结算	
总经理批示	吴汇文	财务经理审核	张丽			

✂- -

航空运输电子客票行程单
ITINERARY/RECEIPT OF E-TICKET
FOR AIR TRANSPORT

印刷序号：　47687583564
SERIAL NUMBER

旅客姓名 NAME OF PASSENGER 尚可欣　SHANG KE XIN		有效身份证件号码 ID. NO. 14010910870923402x								
出发到达	承运人	航班号	座位等级	日期	时间	客票级别	客票生效日期	有效截止日期	免费行李	
自FROM 上海 至TO 广州	ZZ ZZ	MU5434	B	2-Dec	9:10	Y			20KG	
票价 CNY470.00		机场建设费 CNY50.00		燃油附加费 CNY50.00			其他费		合计 CNY570.00	
电子客票号码 E TICKET NO.	819674863567	验证码	7634	提示信息					保险费	
销售单位代码 AGENT CODE	ZZ187826894	填开单位	上海携程航空服务有限公司			填开日期		2015/12/3		

验真网址：　www.travlsky.com　　　　服务热线：　400-820-8888

✂- -

航空运输电子客票行程单
ITINERARY/RECEIPT OF E-TICKET
FOR AIR TRANSPORT

印刷序号：　47687583569
SERIAL NUMBER

旅客姓名 NAME OF PASSENGER 尚可欣　SHANG KE XIN		有效身份证件号码 ID. NO. 14010910870923402x								
出发到达	承运人	航班号	座位等级	日期	时间	客票级别	客票生效日期	有效截止日期	免费行李	
自FROM 广州 至TO 上海	ZZ ZZ	MU5435	B	5-Dec	11:50	Y			20KG	
票价 CNY560.00		机场建设费 CNY50.00		燃油附加费 CNY50.00			其他费		合计 CNY660.00	
电子客票号码 E TICKET NO.	819674863579	验证码	7374	提示信息					保险费	
销售单位代码 AGENT CODE	ZZ187826894	填开单位	上海携程航空服务有限公司			填开日期		2015/12/6		

验真网址：　www.travlsky.com　　　　服务热线：　400-820-8888

281967546784

广州增值税普通发票

发票联

No：6645894

开票日期： 2015年12月5日

购货单位	名 称：	上海戴森有限责任公司				密码区		3-695123>3965189- 36954*258621<>2552193- +/<25862489631341369- >6312411255->5<<685/-3	
	纳税人识别号：	220107655837594							
	地址、电话：	上海市浦东新区世纪大道101号 021-68578888							
	开户行及账号：	中国工商银行上海浦东支行 1001876500661234							

货物或应税劳务、服务名称	规格型号	单位	数量	单价	金额	税率	税额
住宿费		间	3	388.35	1165.05	3%	34.95
合计					¥1,165.05		¥34.95

价税合计（大写）	壹仟贰佰元整	(小写)	¥1,200.00

销货单位	名 称：	广州桔子水晶酒店	备注
	纳税人识别号：	4302083677974200	
	地址、电话：	广州市迎宾大道160号 020-61808080	
	开户行及账号：	交通银行白云支行 4100823718937453	

收款人： 复核： 开票人： 王鹏 销货单位（盖章）：

发票专用章

第三联：发票联

281967546784

广州增值税普通发票

发票联

No：6645896

开票日期： 2015年12月5日

购货单位	名 称：	上海戴森有限责任公司				密码区		3-695123>3965189- 36954*258621<>2552193- +/<25862489631341369- >6312411255->5<<685/-3	
	纳税人识别号：	220107655837594							
	地址、电话：	上海市浦东新区世纪大道101号 021-68578888							
	开户行及账号：	中国工商银行上海浦东支行 1001876500661234							

货物或应税劳务、服务名称	规格型号	单位	数量	单价	金额	税率	税额
餐费				485.44	485.44	3%	14.56
合计					¥485.44		¥14.56

价税合计（大写）	伍佰元整	(小写)	¥500.00

销货单位	名 称：	广州桔子水晶酒店	备注
	纳税人识别号：	4302083677974200	
	地址、电话：	广州市迎宾大道160号 020-61808080	
	开户行及账号：	交通银行白云支行 4100823718937453	

收款人： 复核： 开票人： 王鹏 销货单位（盖章）：

发票专用章

第三联：发票联

【业务 19】 2015 年 12 月 12 日，向四川信达商贸有限公司销售空气净化器 A-100、B-200、C-300，数量分别为 400 台、500 台和 600 台，双方签订现金折扣条款。(原始票据：购销合同复印件、增值税专用发票、销售单。)

购 销 合 同

供方：　上海戴森有限责任公司（以下简称甲方）
需方：　四川信达商贸有限公司（以下简称乙方）

　　甲乙双方依照《中华人民共和国合同法》及有关法律、行政法规，遵循平等、自愿、公平和诚信原则，双方就采购有关事项协商一致，订立本合同如下：

一、产品内容：

产品名称	型号	数量	不含税单价	金额
空气净化器	A-100	400	1150.00	460000.00
空气净化器	B-200	500	1350.00	675000.00
空气净化器	C-300	600	390.00	234000.00

合计人民币（大写）：壹佰叁拾陆万玖仟元整（￥1369000.00）

二、结算方式：
1、合同签订当日，甲方向乙方发出商品。
2、现金折扣条款（2/10，1/20，n/30）。
……

六、合同争议的解决方式：
　　　　本合同在履行过程中发生的争议，由甲乙双方协商解决；协商不成的依法向人民法院提起诉讼。

七、合同生效：
　　　　本合同经双方签字盖章后生效，一式两份，甲乙双方各执一份。

甲方：上海戴森有限责任公司　　　　乙方：四川信达商贸有限公司
代表（签字）：吴汇文　　　　　　　代表（签字）：李惠民
日期：2015年12月12日　　　　　　日期：2015年12月12日

4101237647

上海增值税专用发票

发票联

No：00452453

开票日期： 2015年12月12日

购货单位	名 称：	四川信达商贸有限公司							密码区	276513-695123>3965189- 36954*258621◇2552193- +/3745949494624<25862489631 27390341369->6312411255-
	纳税人识别号：	150119834409347								
	地址、电话：	成都市锦江区人民南路90号 028-56928731								
	开户行及账号：	中国农业银行成都锦江支行 6662834609875522								

货物或应税劳务、服务名称	规格型号	单位	数量	单价	金额	税率	税额
空气净化器	A-100	台	400	1150.00	460000.00	17%	78200.00
空气净化器	B-200	台	500	1350.00	675000.00	17%	114750.00
空气净化器	C-300	台	600	390.00	234000.00	17%	39780.00
合计					¥1,369,000.00		¥232,730.00

价税合计（大写）	壹佰陆拾万零壹仟柒佰叁拾元整		(小写) ¥1,601,730.00

销货单位	名 称：	上海戴森有限责任公司
	纳税人识别号：	220107655837594
	地址、电话：	上海市浦东新区世纪大道101号 021-68578888
	开户行及账号：	中国工商银行上海浦东支行 1001876500661234

收款人：　　　　　复核：　　　　　开票人： 王中亭　　　　　销货单位（盖章）：

发票专用章

第一联：记账联

销售单

销售单位：	上海戴森有限责任公司	地址电话：	上海市浦东新区世纪大道101号 021-68578888	编号：	002
纳税识别号：	220107655837594	开户行及账号：	中国工商银行上海浦东支行 1001876500661234		2015/12/12

编码	产品名称	规格型号	单位	单价	数量	金额	备注
1	空气净化器	A-100	台	1150.00	400	460000.00	不含税价
2	空气净化器	B-200	台	1350.00	500	675000.00	
3	空气净化器	C-300	台	390.00	600	234000.00	
合计	人民币（大写）：壹佰叁拾陆万玖仟元整					¥1,369,000.00	

销售经理： 陈明　　　经手人： 尚可欣　　　会计： 王中亭　　　签收人：

【业务 20】 2015 年 12 月 14 日，对外捐赠。(原始票据：收据、转账支票存根。)

公益性事业单位接受捐赠统一收据
UNIFIED INVOICE OF DONATION PUBLIC WELFARE ORGANIZATION

国财　00309　　　　　　　2015 年　月　14 日　　　　　NO.00278367
　　　　　　　　　　　　　　　Y　　M　中央　D

捐赠者 DONOR	上海戴森有限责任公司	第二联：捐赠者
捐赠项目 FOR PURPOSE	希望小学	
捐赠金额 TOTAL AMOUNT （实物价值）	大写 IN WORDS 叁万元整 小写 IN FIGURES ¥30,000.00	
货币 CURRENCY 实物 MATERIAL OBJECTS 民币		
备注 NOTE		

接收单位（盖章）　　　　经手人：　　刘凯文　　开票人：
RECEIVER (SEAL) 财务专用章　PAYEE　　　　　　　　DRAWER

感谢您的慷慨捐赠! Thank you for your generous donation!

✂ -

中国工商银行
转账支票存根

31105730

00332736

附加信息
_____

_____

出票日期　2015 年 12 月 14 日

收款人:	中华社会救助基金会
金额:	¥30,000.00
用途:	公益捐赠

单位主管:　　　会计:

【业务 21】 2015 年 12 月 15 日，缴纳税费。(原始票据：电子缴税回单。)

中国工商银行电子缴税回单

	转账日期： 2015年 12月15日
纳税人全称及纳税人识别号： 上海戴森有限责任公司	2201 0765 5837 594
付款人全称： 上海戴森有限责任公司	
付款人账号： 1001 8765 0066 1234	征收机关名称： 上海市地方税务局浦东新区分局
付款人开户银行： 中国工商银行上海浦东支行	收款国库（银行）名称： 国家金库上海市浦东新区支库
小写（合计）金额： ¥359,724.00	缴款书交易流水号： 29730723812
大写（合计）金额： 人民币叁拾伍万玖仟柒佰贰拾肆元整	税票号码： 14026372651090

税（费）种名称	所属日期	实缴金额
增值税	20151101—20151130	359724.00

第一次打印　　　　　　　打印日期： 2015年 12月15日

中国工商银行电子缴税回单

	转账日期： 2015年 12月15日
纳税人全称及纳税人识别号： 上海戴森有限责任公司	2201 0765 5837 594
付款人全称： 上海戴森有限责任公司	
付款人账号： 1001 8765 0066 1234	征收机关名称： 上海市地方税务局浦东新区分局
付款人开户银行： 中国工商银行上海浦东支行	收款国库（银行）名称： 国家金库上海市浦东新区支库（代理）
小写（合计）金额： ¥898.04	缴款书交易流水号： 29730723813
大写（合计）金额： 人民币捌佰玖拾捌元零肆分	税票号码： 14026372651092

税（费）种名称	所属日期	实缴金额
个人所得税－工资薪金所得	20151101—20151130	898.04

中国工商银行 上海浦东支行 2015.12.15 转讫（02）

第一次打印　　　　　　　打印日期： 2015年 12月15日

中国工商银行电子缴税回单

	转账日期：	2015年12月15日	
纳税人全称及纳税人识别号：	上海戴森有限责任公司	2201 0765 5837 594	
付款人全称：	上海戴森有限责任公司		
付款人账号：	1001 8765 0066 1234	征收机关名称：上海市地方税务局浦东新区分局	
付款人开户银行：	中国工商银行上海浦东支行	收款国库（银行）名称：国家金库上海市浦东新区支库（代理）	
小写（合计）金额：	¥35,972.40	缴款书交易流水号：29730723813	
大写（合计）金额：	人民币叁万伍仟玖佰柒拾贰元肆角整	税票号码：14026372651091	

税（费）种名称	所属日期	实缴金额
城市维护建设税	20151101－20151130	25180.68
教育费附加	20151101－20151130	10791.72

中国工商银行
上海浦东支行
2015.12.15
转讫
（02）

第一次打印　　　　　　　　　　打印日期：　　　2015年12月15日

【业务22】2015年12月16日，预付给上海宏达环保科技有限公司货款。(原始票据：付款申请书、转账支票存根。)

付款申请书

2015年12月16日

用途及情况	金额											收款单位（人）：	上海宏达环保科技有限公司
	亿	千	百	十	万	千	百	十	元	角	分	账号：	2200 5698 3214 7845
支付货款			¥	1	0	0	0	0	0	0	0	开户行：	招商银行上海黄浦支行

金额（大写）合计：	壹拾万元整	电汇 ☐	信汇 ☐	转账 ✓	其他 ☐

总经理	吴汇文	财务部门	经理	张丽	业务部门	经理	汪洋
			会计	王中亭		经办人	李丽

中国工商银行

转账支票存根

21102837

00372939

附加信息

出票日期　2015 年 12 月 16 日

收款人：　上海宏达环保科技有限公司

金额：　¥100000.00

用途：　预付款

单位主管：　　会计：

【业务 23】2015 年 12 月 17 日,向广州万方有限责任公司销售车载空气净化器 C-300,已预收货款 50 000.00 元,广州万方有限责任公司开出银行承兑汇票支付剩余款项。(原始票据:购销合同、增值税专用发票、销售单、银行承兑汇票、收款收据。)

购销合同

供方: 上海戴森有限责任公司(以下简称甲方)
需方: 广州万方有限责任公司(以下简称乙方)

甲乙双方依照《中华人民共和国合同法》及有关法律、行政法规,遵循平等、自愿、公平和诚信原则,双方就采购有关事项协商一致,订立本合同如下:

一、产品内容:

产品名称	型号	数量	不含税单价	金额
空气净化器	C-300	300	390.00	117000.00

合计人民币(大写):壹拾壹万柒仟元元整(¥117000.00)

二、结算方式:

1、合同签订当日,甲方向乙方发出商品。
2、乙方已支付50000.00元预付款项,剩余款项开出银行承兑汇票结算。
......

六、合同争议的解决方式:

本合同在履行过程中发生的争议,由甲乙双方协商解决;协商不成的依法向人民法院提起诉讼。

七、合同生效:

本合同经双方签字盖章后生效,一式两份,甲乙双方各执一份。

甲方:上海戴森有限责任公司　　　　乙方:广州万方有限责任公司
代表(签字):吴汇文　　　　　　　代表(签字):方静
日期:2015年12月17日　　　　　　日期:2015年12月17日

上海增值税专用发票

4101283769

No：00452402

发 票 联

开票日期：　2015年12月17日

购货单位	名　　　称：	广州万方有限责任公司					密码区	276513-695123>3965189-36954*258621<>2552193-+/3745949494624<25862489631341369->6312411255-25373892>5<<685/-3		第一联：记账联
	纳税人识别号：	150106728543863								
	地址、电话：	广州市天河区建华路科讯大厦A座1001								
	开户行及账号：	中国建设银行广州天河支行 6552098724351090								

货物或应税劳务、服务名称	规格型号	单位	数量	单价	金额	税率	税额	
空气净化器	C-300	台	300	390.00	117000.00	17%	19890.00	
合计					¥117,000.00		¥19,890.00	

价税合计（大写）	壹拾叁万陆仟捌佰玖拾元整	（小写）　¥136,890.00

销货单位	名　　　称：	上海戴森有限责任公司	备注
	纳税人识别号：	220107655837594	
	地址、电话：	上海市浦东新区世纪大道101号 021-68578888	
	开户行及账号：	中国工商银行上海浦东支行 1001876500661234	

收款人：　　　　　　复核：　　　　　开票人：　王中亭　　　销货单位（盖章）：

- ✂

销 售 单

销售单位：　　上海戴森有限责任公司　　地址电话：　上海市浦东新区世纪大道101号　编号：　003
021-68578888

纳税识别号：　220107655837594　　开户行及账号：　中国工商银行上海浦东支行　2015/12/17
1001876500661234

编码	产品名称	规格型号	单位	单价	数量	金额	备注
1	空气净化器	C-300	台	390.00	300	117000.00	不含税价
合计	人民币（大写）：壹拾壹万柒仟元整					¥117,000.00	

销售经理：　陈明　　　经手人：　尚可欣　　会计：　王中亭　　签收人：

银行承兑汇票

| 出票日期（大写） | 贰零壹伍 年 壹拾贰 月 壹拾柒 日 | | GE 02 | 38470162 |

出票人全称	广州万方有限责任公司	收款人	全称	上海戴森有限责任公司
出票人账号	6552 0987 2435 1090		账号	1001 8765 0066 1234
付款行全称	中国建设银行广州天河支行		开户银行	中国工商银行上海浦东支行

出票金额	人民币（大写）	捌万陆仟捌佰玖拾元整	亿 千 百 十 万 千 百 十 元 角 分
			¥ 8 6 8 9 0 0 0

汇票到期日（大写）	贰零壹陆年零叁月壹拾柒日	付款行	行号	140 294 394 847
承兑协议编号	0536812		地址	广州市天河区黄埔大道1号

本汇票请你行承兑，到期无条件付款。

本汇票已经承兑，到期由本行付款。

公司财务章

方印静

出票人签章

承兑日期 2015年12月日

中国建设银行广州天河支行 140294394847 汇票专用章

备注

复核 记账

✂ -

收款收据

NO. 01068723

2015 年 12 月 17 日

今收到	广州万方有限责任公司
交来：	银行承兑汇票一张，票号：38470162
金额（大写）	捌万陆仟捌佰玖拾元整

¥ 86890.00　　☐ 现金　☐ 支票　☐ 信用卡　☑ 其他　单位（盖章）

会计主管　　　　会计　　　　出纳　　　　经手人　尚可欣

【业务24】 2015 年 12 月 18 日，购进进口机器设备一台，安装费用由供货方承担，设备已经安装完毕并交付使用，设备预计净残值为零，预计使用年限为 10 年。(原始票据：海关进口关税专用缴款书、海关进口增值税专用缴款书、购买外汇申请书、境外汇款业务回单、固定资产验收单。)

上海 海关进口 关税 专用缴款书

| 税务系统： 税务系统 | | | 填发日期： 2015 年 12 月 18 日 | | 号码NO.1001243685-1 | | | |

收款单位	海关	上海海关			缴款单位（人）	名称	上海戴森有限责任公司	
	项目	进口关税	预算级次	中央		账号	1001 8765 0066 1234	
	收款国库	上海国库				开户银行	中国工商银行上海浦东支行	

税号	货物名称	数量	单位	完税价格（¥）	税率（%）	税款金额（¥）
98103200	SC-7020	1	台	180000.00	20%	36000.00

税款金额人民币（大写）：叁万陆仟元整　　　　　合计：36,000.00

中国工商银行 上海浦东支行 2015.12.18 转讫(02)

申请单位编号	14015637	报关单编号	1001243685	付款单位	收款国库（银行）
合同（批文）号	GX1303	运输工具（号）	MSCFAB		
交款期限	2016年1月2日	提/装货单号	MSC-1002		
备注	一般贸易 照章征税			制单人： 复核人：	

第一联：收据国库收款签章后交付款单位或付款人

从下发缴款书之日起限15日内缴纳（期末遇法定节假日顺延），逾期按日征收税款千分之一滞纳金。

- ✂

上海 海关进口 增值税 专用缴款书

| 税务系统： 税务系统 | | | 填发日期： 2015 年 12 月 18 日 | | 号码NO.1001243685-2 | | | |

收款单位	海关	上海海关			缴款单位（人）	名称	上海戴森有限责任公司	
	项目	进口关税	预算级次	中央		账号	1001 8765 0066 1234	
	收款国库	上海国库				开户银行	中国工商银行上海浦东支行	

税号	货物名称	数量	单位	完税价格（¥）	税率（%）	税款金额（¥）
98103200	SC-7020	1	台	216000.00	17%	36720.00

税款金额人民币（大写）：叁万陆仟柒佰贰拾元整　　　　合计：36,720.00

中国工商银行 上海浦东支行 2015.12.18 转讫(02)

申请单位编号	14015637	报关单编号	1001243685	付款单位	收款国库（银行）
合同（批文）号	GX1303	运输工具（号）	MSCFAB		
交款期限	2016年1月2日	提/装货单号	MSC-1002		
备注	一般贸易 照章征税 国际代码：140132465472　　9.3464 132600.00			制单人： 复核人：	

第一联：收据国库收款签章后交付款单位或付款人

从下发缴款书之日起限15日内缴纳（期末遇法定节假日顺延），逾期按日征收税款千分之一滞纳金。

中国工商银行

购买外汇申请书

中国工商 银行 上海浦东支 行				NO. 9845721

我公司现根据国家外汇管理局有关规定向贵行提出购汇申请，并附有关单证，请审核并按实际转账日牌价办理售汇。

单位名称	上海戴森有限责任公司		人民币账号	1001 8765 0066 1234
			外汇账号	
购汇金额	（大写）贰万捌仟壹佰贰拾伍元整 （小写）28125.00	当日汇率	6.40	折合人民币 （大写）壹拾捌万元整 （小写）180000.00

购汇支付方式	□支票 ☑扣账	□银行汇票 □其他	□银行本票

购汇用途	□进口商品	□从属费用	□索赔退款	□还贷	□其他

对外结算方式	□信用证	□代收	☑汇款	（ ☑货到付款 □预付货款 ）

业务参考	商品名称	SC-7020	数量	1
	合同号	GX1303	发票号	9783421
	合同金额	28125.00	发票金额	28125.00
	核销单号	77823	信用证号	

进口商品类型	☑一般进口商品 □控制进口商品，批文附随如下： □进口证明 □许可证 □登记证明 □其他批文 批文号码： 984123 批文有效期： 2015/12/31

附件	□售汇通知单 ☑合同/协议 □保险费收据 □付款委托书	□进口付汇核销单 □发票 □远期购汇合约 □开证申请书	☑正本报关单 □正本运单 □佣金单 □其他

上列购汇折合人民币款项，请从我账户内支付

出票人签章：

申请单位：上海戴森有限责任公司

电话： 021-68578888   2015 年 12 月 18 日

银行审核意见：

同意   2015.12.18

经办人： 郑丽   复核人： 王旭   审批人： 万天一   2015 年 12 月 18 日

中国工商银行

		交易日期	2015/12/18
买入货币	CNY	卖出货币	USD
买入金额	180000.00	卖出金额	28125.00
买入牌价	1.0000	卖出牌价	6.4000
买入基准牌价	1.0000	卖出基准牌价	6.4000
本币金额	180000.00		
结售汇统计码	310300		
购汇单位（个人）	上海戴森有限责任公司		
购汇原因	进口设备		
供批件名称	进口商品984123		
批准单位名称	上海海关		

2015.12.18

核准： 2209845   经办： 2203456   交易流水号： 102394769   交易机构： 2676

固定资产验收单

2015 年 12 月 18 日　　　　　　　　　　编号：120220

名称	规格型号	来源	数量	购（造）价	使用年限	预计残值
生产设备	SC-7020	进口	1	216000.00	10年	0.00
安装费	月折旧率	建造单位		交工日期	附件	
	0.83%	香港华田		2015年12月18日		
验收部门	一车间	验收人员	赵辉	管理部门	一车间	管理人员	王文静
备注	安装费由供货方承担					

经手人：　　赵辉

✂- -

【业务 25】 2015 年 12 月 20 日，支付高管人员电话费。(原始票据：发票、支款通知。)

上海增值税专用发票

214098761234　　　　　　　　　　发票联　　　　　　No：00008765

开票日期：　2015年12月20日

购货单位	名　称：	上海戴森有限责任公司		密码区	3-695123>3965189-36954*258621◇2552193-+/◇25862489631341369->6312411255->5<<685/-3
	纳税人识别号：	220107655837594			
	地址、电话：	上海市浦东新区世纪大道101号 021-68578888			
	开户行及账号：	中国工商银行上海浦东支行 1001876500661234			

货物或应税劳务、服务名称	规格型号	单位	数量	单价	金额	税率	税额
基础电信					1999.10	11%	219.90
合计					¥1,999.10		¥219.90

价税合计（大写）	贰仟贰佰壹拾玖元整	（小写）¥2,219.00

销货单位	名　称：	中国电信股份有限公司
	纳税人识别号：	140101567235985
	地址、电话：	上海市浦东新区世纪大道20号 021-58962000
	开户行及账号：	招商银行上海浦东支行 2200394099881298

收款人：　　　　复核：　　　　开票人：　黄鑫　　　　销货单位（发票专用章）

第三联：发票联

✂- -

同城特约委托收款凭证（支款通知）

委托日期　2015 年 12 月 20 日　　　流水号　273683192

付款人	全称	上海戴森有限责任公司	收款人	全称	中国电信股份有限公司
	账号或地址	1001 8765 0066 1234		账号或地址	2200 3940 9988 1298
	开户银行	中国工商银行上海浦东支行		开户银行	招商银行上海浦东支行

委收金额	人民币（大写）	贰仟贰佰壹拾玖元整	¥2,219.00

款项内容		合同号	凭证张数	1
电话费	¥2,219.00			
		中国工商银行 上海浦东支行 2015.12.20		
		注意事项 1、上列款项为见票全额付款。 2、上列款项若有误请与付款单位协商解决。		
备注				

此联交付款人做支款通知

会计：　　复核：　　记账：　　支付日期　2015 年 12 月 20 日

【业务 26】 2015 年 12 月 21 日，收到 12 日四川信达商贸有限公司所付货款。(原始票据：现金折扣计算表、电子汇划收款回单。)

现金折扣计算表

2015 年 12 月 21 日　　　　　　　　　　　　　　金额单位：元

产品名称	规格型号	金额	税额	合计	现金折扣	财务费用	收款额
空气净化器	A-100	460000.00	78200.00	538200.00			
空气净化器	B-200	675000.00	114750.00	789750.00			
空气净化器	C-300	234000.00	39780.00	273780.00			
合计		1369000.00	232730.00	1601730.00	2/10	32034.60	1569695.40

审核：　张丽　　　　　　制单：　马家辉

中国工商银行电子汇划收款 回单

2015 年 12 月 21 日　　　　　　流水号：0017654276

付款人	全称	四川信达商贸有限公司		收款人	全称	上海戴森有限责任公司
	账号	6662 8346 0987 5522			账号	1001 8765 0066 1234
	开户银行	中国农业银行成都锦江支行			开户银行	中国工商银行上海浦东支行

金额	人民币（大写）	壹佰伍拾陆万玖仟陆佰玖拾伍元肆角整	亿	千	百	十	万	千	百	十	元	角	分
			¥	1	5	6	9	6	9	5	4	0

备注：汇划日期：2015年12月21日　　　汇划流水号：0098143524

汇出行行号：301199887654　　　　原始凭证种类：0166

原凭证号码：　　　　　　　　　　原凭证金额：¥1569695.40

汇款人地址：

收款人地址：

实际收款人账号：1001876500661234

实际收款人名称：上海戴森有限责任公司

中国工商银行
上海浦东支行
2015.12.21
转讫
（02）

银行盖章

【业务27】 2015 年 12 月 22 日，将上月已转入处置状态的设备 AC-6010 对外出售，该设备于 2009 年 12 月购入，其进项税额已于当年抵扣。(原始票据：增值税专用发票、进账单。)

上海增值税专用发票

4101289651   No: 00452409

开票日期：2015年12月22日

购货单位	名 称：	上海万华设备有限公司					密码区	276513-695123>3965189- 36954*258621◇2552193- +/3745949494624<25862489631 34157121369->6312411255-	
	纳税人识别号：	220107321852456							
	地址、电话：	上海市闵行区春申路金燕大厦A1201							
	开户行及账号：	中国建设银行上海闵行支行 6552658236971258							

货物或应税劳务名称	规格型号	单位	数量	单价	金额	税率	税额
设备	AC-6010	台	1	53000.00	53000.00	17%	9010.00
合计					¥53,000.00		¥9,010.00

价税合计（大写）	陆万贰仟零壹拾元整	(小写) ¥62,010.00

销货单位	名 称：	上海戴森有限责任公司	备注
	纳税人识别号：	220107655837594	
	地址、电话：	上海市浦东新区世纪大道101号 021-68578888	
	开户行及账号：	中国工商银行上海浦东支行 1001876500661234	

收款人：   复核：   开票人：王中亭   销货单位（盖章）

第一联：记账联

中国工商银行 进账单 （收账通知）

2015 年 12 月 22 日

出票人	全称	上海万华设备有限公司	收款人	全称	上海戴森有限责任公司
	账号	6552 6582 3697 1258		账号	1001 8765 0066 1234
	开户银行	中国建设银行上海闵行支行		开户银行	中国工商银行上海浦东支行

金额	人民币 （大写）	陆万贰仟零壹拾元整	亿	千	百	十	万	千	百	十	元	角	分
						¥	6	2	0	1	0	0	0

票据种类	转账支票	票据张数	1
票据号码	00628712		

中国工商银行
上海浦东支行
2015.12.22
转讫
（02）

复核   记账   收款人开户银行签章

此联是收款人开户银行交给收款人的收账通知

【业务 28】 2015 年 12 月 22 日，支付设备清理费用。(原始票据：增值税普通发票、报销单。)

上海增值税普通发票

215436983645　　No：5213874

开票日期： 2015年12月22日

购货单位	名　称：	上海戴森有限责任公司
	纳税人识别号：	220107655837594
	地址、电话：	上海市浦东新区世纪大道101号 021-68578888
	开户行及账号：	中国工商银行上海浦东支行 1001876500661234

密码区：3-695123>3965189-36954*258621◇2552193-+/<25862489631341369->6312411255->5<685/-3

货物或应税劳务、服务名称	规格型号	单位	数量	单价	金额	税率	税额
拆卸费					485.44	3%	14.56
合　计					¥485.44		¥14.56

价税合计（大写）　伍佰元整　　　　（小写）¥500.00

销货单位	名　称：	上海兴巷机修有限公司
	纳税人识别号：	220109364782153
	地址、电话：	上海市闵行区一号路5号 021-79563214
	开户行及账号：	招商银行上海闵行支行 4396258400113257

收款人：　　　复核：　　　开票人： 李丽娜　　　销货单位（章）

第三联：发票联

报 销 单

填报日期： 2015 年 12 月 22 日

姓名	刘云	所属部门	生产车间一车间	报销形式 支票号码	现金

报销项目	摘要	金额	备注
固定资产清理费	设备拆卸费	500.00	现金付讫
合计		¥500.00	

合计大写	亿	拾	万	仟	伍	佰	拾	元	角	分	原借款：0.00元	应退（补）款：500.00元

财务经理： 张丽　部门经理： 王文静　会计： 王中亭　出纳： 马家辉　报销人： 刘云

【业务 29】 2015 年 12 月 22 日，结转设备 AC-6010 清理净损益。(原始票据：处置决定。)

固定资产报废处置决定

现有2009年12月15日投入使用设备一台，型号AC-6010，因技术革新，予以处置，处置净损益按照会计制度处理。

会计主管： 张丽
总经理： 吴汇华

上海戴森有限责任公司
2015年12月22日

【业务30】 2015年12月23日，签发转账支票，支付2日购进材料所欠货款。(原始票据：付款申请书、转账支票存根。)

付款申请书

2015年12月23日

用途及情况	金额										收款单位（人）：	北京旺兴环保科技有限公司
	亿	千	百	十	万	千	百	十	元	角	分	
支付货款				￥	3	5	1	0	0	0	0	账号： 3106 9876 2365 1862
												开户行： 中国建设银行北京东城支行

金额（大写）合计：	叁万伍仟壹佰元整	电汇 ☐	信汇 ☐	转账 ✓	其他 ☐

总经理	吴汇文	财务部门	经理	张丽	业务部门	经理	汪洋
			会计	王中亭		经办人	李丽

中国工商银行

转账支票存根

31106879

00336584

附加信息

_____

_____

_____

出票日期 2015 年 12 月 23 日

收款人：

北京旺兴环保科技有限公司

金额： ￥35,100.00

用途： 货款

单位主管： 会计：

【业务31】 2015年12月24日，收回广州万方有限责任公司前欠货款。(原始票据：进账单。)

中国工商银行 **进账单** （收账通知）

2015 年 12 月 24 日

出票人	全称	广州万方有限责任公司		收款人	全称	上海戴森有限责任公司											此联是收款人开户银行交给收款人的收账通知
	账号	6552 0987 2435 1090			账号	1001 8765 0066 1234											
	开户银行	中国建设银行广州天河支行			开户银行	中国工商银行上海浦东支行											
金额	人民币（大写）	玖万壹仟贰佰陆拾元整				亿	千	百	十	万	千	百	十	元	角	分	
								￥9	1	2	6	0	0	0	0	
票据种类	转账支票	票据张数	1														
票据号码	00623478																
			复核　　　　记账					收款人开户银行签章									

【业务32】 2015年12月26日，收到职工刘宇违反公司纪律交来罚款。(原始票据：收据、通知书。)

收款收据

NO. 00324587

2015 年 12 月 26 日

今收到	产成品库库管员 刘宇
交来：	罚款
金额（大写）	贰佰元整　　现金收讫
￥ 200.00	☑现金　□支票　□信用卡　□其他　单位(签章) 公司财务章

会计主管　　　　会计　　　　出纳　马家辉　　　　经手人

协助收款通知书

财务部：

　　2015年12月26日，本公司产成品库库管员刘宇因违反公司纪律，罚款200元，请协助收款。

上海戴森有限责任公司 行政部
行政部
2015年12月26日

【业务 33】 2015 年 12 月 27 日，报销业务招待费。(原始票据：增值税普通发票、报销单。)

上海增值税普通发票

125463258743   No：1285469

发票联   开票日期： 2015年12月27日

购货单位	名　称：	上海戴森有限责任公司						密码区	3-695123>3965189-36954*258621<>2552193-+/<25862489631341369->6312411255->5<<685/-3
	纳税人识别号：	220107655837594							
	地址、电话：	上海市浦东新区世纪大道101号 021-68578888							
	开户行及账号：	中国工商银行上海浦东支行 1001876500661234							

货物或应税劳务、服务名称	规格型号	单位	数量	单价	金额	税率	税额
餐费					1060.19	3%	31.81
合计					¥1,060.19		¥31.81

价税合计（大写）	壹仟零玖拾贰元整	（小写）	¥1,092.00

销货单位	名　称：	上海莎莎餐饮有限公司	备注
	纳税人识别号：	220107254369843	
	地址、电话：	上海市浦东新区世纪大道109号 021-68576857	
	开户行及账号：	招商银行浦东支行 4396984531452301	

收款人：　　　　　复核：　　　　　开票人： 周志辉　　　　　销货单位（盖章）：

第三联：发票联

- ✂ - - - -

报 销 单

填报日期： 2015 年 12 月 27 日

姓名	李丽	所属部门	采购部	报销形式 支票号码	现金	
报销项目		摘要		金额	备注：	
餐费		招待客户		1092.00		
					现金付讫	
合计		¥1,092.00				

合计大写	零	拾	零	万	壹	仟	零	佰	玖	拾	贰	元	零	角	零	分	原借款：0.00元	应退（补）款：1092.00元

财务经理： 张丽　　部门经理： 汪洋　　会计： 王中亭　　出纳： 马家辉　　报销人： 李丽

【业务34】 2015 年 12 月 28 日，会议决定，将自产空气净化器 A-100 作为福利发放给本公司职工。(原始票据：福利发放计算表、会议纪要。)

职工福利发放计算表

2015 年 12 月 31 日 金额单位：元

部门	品名	人数	发放数量	单价 （不含税）	价款	增值税额	分配金额
总经理办公室	A-100	1	1	1,150.00	1,150.00	195.50	1,345.50
财务部	A-100	4	4	1,150.00	4,600.00	782.00	5,382.00
采购部	A-100	2	2	1,150.00	2,300.00	391.00	2,691.00
生产车间	A-100	5	5	1,150.00	5,750.00	977.50	6,727.50
销售部	A-100	2	2	1,150.00	2,300.00	391.00	2,691.00
仓库	A-100	2	2	1,150.00	2,300.00	391.00	2,691.00
人力资源部	A-100	1	1	1,150.00	1,150.00	195.50	1,345.50
合计		17	17		19,550.00	3,323.50	22,873.50

审核： 张丽 制单： 王中亭

--------------------✂--------------------

会议纪要

会议主题：年终职工福利发放

发起人：总经理办公室

配合部门：人力资源部、财务部

参与部门：总经理办公室、财务部、采购部、生产车间、销售部、仓库、人力资源部

参会人员：吴汇文、张丽、汪洋、王文静、何政、陈明、石菲菲、刘宇、刘欣桐

时间：2015年12月28日，上午9：00——10：00

地点：公司会议室

会议内容：

感谢这一年来各位员工的辛勤工作和共同努力，经研究决定为每位员工发放空气净化器A-100作为福利。

上海戴森有限责任公司
2015年12月28日

【业务 35】　2015 年 12 月 31 日，将 12 月 17 日收到的当日签发的银行承兑汇票办理贴现。注：月贴现率为 0.6%，计算贴现期时，另加 3 天异地结算期，2016 年 2 月为 29 天。(原始票据：银行承兑汇票复印件、贴现凭证。)

银行承兑汇票

出票日期　贰零壹伍 年　壹拾贰 月　壹拾柒 日
（大写）

GE
02　38470162

出票人全称	广州万方有限责任公司	收款人	全称	上海戴森有限责任公司
出票人账号	6552 0987 2435 1090		账号	1001 8765 0066 1234
付款行全称	中国建设银行广州天河支行		开户银行	中国工商银行上海浦东支行

出票金额	人民币（大写）	捌万陆仟捌佰玖拾元整	亿 千 百 十 万 千 百 十 元 角 分　¥ 8 6 8 9 0 0 0
汇票到期日（大写）	贰零壹陆年零叁月壹拾柒日	行号	140 294 394 847
承兑协议编号	0536812		地址	广州市天河区黄埔大道1号

复印件与原件核对无误

本汇票请你行承兑，到期无条件付款。

本汇票已经承兑，到期日由本行付款。
140294394847
汇票专用章

方印静
出票人签章

承兑日期　2015年12月17日

备注

复核　记账

此联收款人开户行随托收凭证寄付款行借万凭证附件

- ✂

贴现凭证（代申请书）

填写日期　2015 年 12 月 31 日　　第 19 号

贴现汇票	种类	银行承兑汇票	号码	38470162	申请人	名称	上海戴森有限责任公司
	出票日	2015 年 12 月 17 日				账号	1001 8765 0066 1234
	到期日	2016 年 03 月 17 日				开户银行	中国工商银行上海浦东支行

| 汇票承兑人（银行） | 名称 | 中国建设银行广州天河支行 | 账号 | | 开户银行 | |

| 汇票金额（贴现金额） | 人民币（大写） | 捌万陆仟捌佰玖拾元整 | 千 百 十 万 千 百 十 元 角 分　¥ 8 6 8 9 0 0 0 |

| 贴现率每月 | 0.60% | 贴现利息 | 千 百 十 万 千 百 十 元 角 分 | 实付贴现金额 | 千 百 十 万 千 百 十 元 角 分 |

根据《银行结算办法》的规定，附送承兑汇票申请贴现，请审核。此致

中国工商银行上海浦东支行（贴现）
申请人盖章

吴文汇印

银行审批

科目（借）＿＿＿
对方科目（贷）＿＿＿

负责人　信贷员　复核　记账

【业务 36】 2015 年 12 月 31 日，支付短期借款利息。(原始票据：付款通知书。)

中国工商银行（上海浦东支行）付款通知书

机构号：301902736543　　日期　2015 年 12 月 31 日 交易代码：10283947852349429

单位名称：上海戴森有限责任公司

账号：1001 8765 0066 1234

摘要：

	金额合计	¥562.50

短期借款利息（2015年12月1日-2015年12月31日）　¥562.50

中国工商银行
上海浦东支行
2015.12.31
转讫
（02）

第二联：回单

金额合计（大写）　人民币伍佰陆拾贰元伍角整

注：此付款通知书加盖我行业务公章方有效。

流水号：928374621　　　　　　　　　　　经办人：李菁

【业务 37】 2015 年 12 月 31 日，计提本月固定资产折旧。(原始票据：固定资产折旧计算表。)

固定资产折旧计算表

2015 年 12 月 31 日　　　　　　　　　　　　　　　　金额单位：元

使用部门及固定资产类别		原　值	月折旧率	本月应计提折旧
车间	厂房	9 800 000.00		
	机器设备	950 000.00		
	运输设备	400 000.00		
	小计	11 150 000.00		
管理部门	房屋	2 400 000.00		
	运输设备	250 000.00		
	办公设备	76 000.00		
	小计	2 726 000.00		
销售部门	运输设备	150 000.00		
	办公设备	22 000.00		
	小计	172 000.00		
合计		14 048 000.00		

审核：　张丽　　　　　　　　　　　　　　　制单：　王中亭

注：计算折旧率保留 4 位小数。

【业务 38】 2015 年 12 月 31 日，计提本月无形资产摊销。(原始票据：无形资产摊销计算表。)

无形资产摊销计算表

2015 年 12 月 31 日　　　　　　　　　　　　　　　　金额单位：元

无形资产类别	购入时间	原值	摊销年限	月摊销额
专利权	2014 年 1 月	2 400 000.00	10	
合计		2 400 000.00		

审核：张丽　　　　　　　　　　　　　　　　制单：王中亭

【业务 39】 2015 年 12 月 31 日，本月 5 日购买股票东土科技，每股市价 17.50 元。(原始票据：交易性金融资产公允价值变动计算表。)

交易性金融资产公允价值变动计算表

2015 年 12 月 31 日

种类	成本价	资产负债表日公允价值	公允价值变动损益
东土科技	162,000.00	175,000.00	13,000.00
合计	162,000.00	175,000.00	13,000.00

审核：张丽　　　　　　　　　　　　　　　　制单：王中亭

✂ -

【业务 40】 2015 年 12 月 31 日，分配本月发生的职工福利。(原始票据：职工福利发放计算表、职工福利费汇总表、职工福利费分配表。)

职工福利发放计算表

2015 年 12 月 31 日　　　　　　　　　　　　金额单位：元

部门	品名	人数	发放数量	单价(不含税)	价款	增值税额	分配金额
总经理办公室	A-100	1	1	1,150.00	1,150.00	195.50	1,345.50
财务部	A-100	4	4	1,150.00	4,600.00	782.00	5,382.00
采购部	A-100	2	2	1,150.00	2,300.00	391.00	2,691.00
生产车间	A-100	5	5	1,150.00	5,750.00	977.50	6,727.50
销售部	A-100	2	2	1,150.00	2,300.00	391.00	2,691.00
仓库	A-100	2	2	1,150.00	2,300.00	391.00	2,691.00
人力资源部	A-100	1	1	1,150.00	1,150.00	195.50	1,345.50
合计		17	17		19,550.00	3,323.50	22,873.50

审核：　张丽　　制单：　王中亭

职工福利费汇总表

2015 年 12 月 31 日　　　　　　　　　　　　　　金额单位：元

部　门		本月发生福利费支出
生产车间	生产工人	
	管理人员	
管理部门		
销售部门		
合计		

审核：张丽　　　　　　　　制单：王中亭

职工福利费分配表

2015 年 12 月 31 日　　　　　　　　　　　　　　金额单位：元

受益对象		分配标准(人)	分配率	分配金额
生产车间工人	A-100	1		
	B-200	1		
	C-300	1		
	小计	3		
车间管理人员				
企业管理人员				
销售人员				
合计				

审核：王中亭　　　　　　　　制单：李宏

【业务 41】 2015 年 12 月 31 日，分配本月职工薪酬。(原始票据：职工薪酬汇总表、职工薪酬分配表。)

注：分配率保留 4 位小数，分配金额保留 2 位小数，尾数差调整计入 C-300。

职工薪酬汇总表

2015 年 12 月 31 日

部门		应付工资	社会保险费	住房公积金	合计
生产车间	生产人员	17,100.00	4,411.80	1,710.00	23,221.80
	管理人员	13,000.00	3,354.00	1,300.00	17,654.00
企业管理人员		55,900.00	14,422.20	5,590.00	75,912.20
销售人员		10,000.00	2,580.00	1,000.00	13,580.00
合计		96,000.00	24,768.00	9,600.00	130,368.00

审核：　张丽　　　　　　制单：　王中亭

职工薪酬分配表

2015 年 12 月 31 日   金额单位：元

受益对象		分配标准(工时)	分 配 率	分配金额
生产车间工人	A-100	1 500		
	B-200	1 400		
	C-300	1 100		
	小计	4 000		
车间管理人员				
企业管理人员				
销售人员				
合计				

审核：王中亭   制单：李宏

【业务 42】 2015 年 12 月 31 日，分配本月水费。(原始票据：水费分配表、增值税专用发票、支款通知。)

外购水费分配表

2015 年 12 月 31 日   金额单位：元

受益对象	耗用量(吨)	单 价	分配金额
生产车间	230	4.20	
管理部门	100	4.20	
销售部门	70	4.20	
合计	400		

审核：王中亭   制单：李宏

上海增值税专用发票

4101369245   No: 01856347

发 票 联   开票日期：   2015年12月31日

购货单位	名 称： 上海戴森有限责任公司 纳税人识别号：220107655837594 地址、电话：上海市浦东新区世纪大道101号 021-68578888 开户行及账号：中国工商银行上海浦东支行 1001876500661234	密码区	3-6958514722>><084-=- 12382/*-+5369>3965189- 36954*258621<>2552193- +/<25862489631341369- >631241255->5<<685/-3
货物或应税劳务名称	规格型号	单位	数量	单价	金额	税率	税额

货物或应税劳务名称	规格型号	单位	数量	单价	金额	税率	税额
工业用水		吨	400	4.20	1680.00	13%	218.40
合计					¥1,680.00		¥218.40

价税合计（大写）	壹仟捌佰玖拾捌元肆角整	（小写） ¥1,898.40

销货单位	名 称： 上海市自来水公司 纳税人识别号：220109364856921 地址、电话：上海市徐汇区中山西路100号 021-56831246 开户行及账号：招商银行上海徐汇支行 2200692374853158	备注

收款人：   复核：   开票人：张倩   销货单位（盖章）：

第三联：发票联

同城特约委托收款凭证（支款通知）

委托日期　2015 年　12 月　31 日　　　流水号　254368218

付款人	全称	上海戴森有限责任公司	收款人	全称	上海市自来水公司	此联交付款人做支款通知
	账号或地址	1001 8765 0066 1234		账号或地址	2200 6923 7485 3158	
	开户银行	中国工商银行上海浦东支行		开户银行	招商银行上海徐汇支行	

| 委收金额 | 人民币（大写） | 壹仟捌佰玖拾捌元肆角整 | | ¥1,898.40 | |

款项内容		合同号		凭证张数	1
水费	¥1,898.40				

注意事项：
1、上列款项⋯⋯
2、上列款项若有误请与付款单位协商解决。

（中国工商银行 上海浦东支行 2015.12.31 转讫 （02））

备注

会计：　　复核：　　记账：　　支付日期　2015 年　12 月　31 日

【业务 43】 2015 年 12 月 31 日，分配本月电费。(原始票据：电费分配表、增值税专用发票、支款通知。)

外购电费分配表

2015 年 12 月 31 日　　　　　　　　　　　　　金额单位：元

受益对象	耗用量(千瓦时)	单　价	分配金额
生产车间	4 500	0.80	
管理部门	1 500	0.80	
销售部门	1 000	0.80	
合计	7 000		

审核：王中亭　　　　　　制单：李宏

上海增值税专用发票

4103684674　　　　　　　　　　　　　No：01257614

开票日期：2015年12月31日

购货单位	名　称	上海戴森有限责任公司	密码区	3-6958514722>><084-=-12382/*-+5369>3965189-36954×258621->2552193-+/×258624896313413369->6312411255>5<685/-3>
	纳税人识别号	220107655837594		
	地址、电话	上海市浦东新区世纪大道101号 021-68578888		
	开户行及账号	中国工商银行上海浦东支行 1001876500661234		

货物或应税劳务名称	规格型号	单位	数量	单价	金额	税率	税额
电		千瓦时	7000	0.80	5600.00	17%	952.00
合计					¥5,600.00		¥952.00

价税合计（大写）	陆仟伍佰伍拾贰元整	（小写）¥6,552.00

销货单位	名　称	上海市供电公司	备注	220109854321451
	纳税人识别号	220109854321451		
	地址、电话	上海市徐汇区中山西路309号 021-56256975		
	开户行及账号	中国农业银行上海徐汇支行 6662238413695201		

收款人：　　复核：　　开票人：李佳音　　销货单位（发票专用章）

第三联：发票联

同城特约委托收款凭证（支款通知）

委托日期 2015 年 12 月 31 日　　流水号 563948751

付款人	全称	上海戴森有限责任公司	收款人	全称	上海市供电公司
	账号或地址	1001 8765 0066 1234		账号或地址	6662 2384 1369 5201
	开户银行	中国工商银行上海浦东支行		开户银行	中国农业银行上海徐汇支行

委收金额	人民币（大写）	陆仟伍佰伍拾贰元整	¥6,552.00

款项内容		合同号	凭证张数	1
电费	¥6,552.00			

注意事项：
1、上列款项为凭证
2、上列款项若有疑问请与付款单位协商解决。

中国工商银行
上海浦东支行
2015.12.31
转讫
（02）

此联交付款人做支款通知

备注

会计：　　复核：　　记账：　　支付日期 2015 年 12 月 31 日

【业务44】 2015 年 12 月 31 日，编制发出材料汇总表，分配并结转本月发出材料实际成本。(原始票据：领料单、发出材料汇总表、材料费用分配表。)

领料单

领料部门： 一车间　用途：A-100　　2015 年 12 月 01 日　　第 001 号

编号	名称	规格	计量单位	请领	实发	单价	百	十	万	千	百	十	元	角	分
CL01	光触媒		瓶	100	100	200.00			2	0	0	0	0	0	0
	合计						¥		2	0	0	0	0	0	0

领料人： 赵辉　领料部门负责人： 王文静　发料人： 石菲菲　仓库负责人： 刘欣桐

领料单

领料部门： 一车间　用途：A-100　　2015 年 12 月 01 日　　第 002 号

编号	名称	规格	计量单位	请领	实发	单价	百	十	万	千	百	十	元	角	分
CL02	活性炭		kg	100	100	20.00			2	0	0	0	0	0	0
	合计						¥		2	0	0	0	0	0	0

领料人： 赵辉　领料部门负责人： 王文静　发料人： 石菲菲　仓库负责人： 刘欣桐

领料单

领料部门： 一车间
用途： A-100　　　　　　2015 年　12 月　01 日　　　　　　　　　第　　003　　号

材料			计量单位	数量		总成本										
编号	名称	规格		请领	实发	单价	百	十	万	千	百	十	元	角	分
CL03	HEPA滤网		件	50	50	130.00				6	5	0	0	0	0
合计									¥	6	5	0	0	0	0

领料人：　　赵辉　　　　领料部门负责人：　　王文静　　　发料人：　　石菲菲　　　仓库负责人：　　刘欣桐

领料单

领料部门： 生产车间
用途： 一般耗用　　　　　2015 年　12 月　01 日　　　　　　　　　第　　004　　号

材料			计量单位	数量		总成本										
编号	名称	规格		请领	实发	单价	百	十	万	千	百	十	元	角	分
CL04	其他辅助材料		套	450	450	60			2	7	0	0	0	0	0
合计									¥	2	7	0	0	0	0

领料人：　　赵辉　　　　领料部门负责人：　　王文静　　　发料人：　　石菲菲　　　仓库负责人：　　刘欣桐

领料单

领料部门： 一车间
用途： B-200　　　　　　2015 年　12 月　06 日　　　　　　　　　第　　005　　号

材料			计量单位	数量		总成本										
编号	名称	规格		请领	实发	单价	百	十	万	千	百	十	元	角	分
CL01	光触媒		瓶	600	600	200.00		1	2	0	0	0	0	0	0
合计								¥	1	2	0	0	0	0	0

领料人：　　赵辉　　　　领料部门负责人：　　王文静　　　发料人：　　石菲菲　　　仓库负责人：　　刘欣桐

领料单

领料部门： 一车间
用途： B-200　　　　　　2015 年　12 月　06 日　　　　　　　　　第　　006　　号

材料			计量单位	数量		总成本										
编号	名称	规格		请领	实发	单价	百	十	万	千	百	十	元	角	分
CL02	活性炭		kg	200	200	20.00				4	0	0	0	0	0
合计									¥	4	0	0	0	0	0

领料人：　　赵辉　　　　领料部门负责人：　　王文静　　　发料人：　　石菲菲　　　仓库负责人：　　刘欣桐

领料单

领料部门：　一车间
用途：　B-200　　　　　2015 年 12 月 06 日　　　　　　　　第　　007　　号

材料			计量单位	数量		总成本									
编号	名称	规格		请领	实发	单价	百	十	万	千	百	十	元	角	分
CL03	HEPA滤网		件	200	200	130.00			2	6	0	0	0	0	0
	合计							¥	2	6	0	0	0	0	0

领料人：　赵辉　　　领料部门负责人：　王文静　　　发料人：　石菲菲　　　仓库负责人：　刘欣桐

领料单

领料部门：　二车间
用途：　C-300　　　　　2015 年 12 月 12 日　　　　　　　　第　　008　　号

材料			计量单位	数量		总成本									
编号	名称	规格		请领	实发	单价	百	十	万	千	百	十	元	角	分
CL01	光触媒		瓶	50	50	201.01			1	0	0	5	0	5	0
	合计							¥	1	0	0	5	0	5	0

领料人：　赵石磊　　　领料部门负责人：　何政　　　发料人：　石菲菲　　　仓库负责人：　刘欣桐

领料单

领料部门：　二车间
用途：　C-300　　　　　2015 年 12 月 12 日　　　　　　　　第　　009　　号

材料			计量单位	数量		总成本									
编号	名称	规格		请领	实发	单价	百	十	万	千	百	十	元	角	分
CL02	活性炭		kg	100	100	20.00			2	0	0	0	0	0	0
	合计							¥	2	0	0	0	0	0	0

领料人：　赵石磊　　　领料部门负责人：　何政　　　发料人：　石菲菲　　　仓库负责人：　刘欣桐

领料单

领料部门：　二车间
用途：　C-300　　　　　2015 年 12 月 12 日　　　　　　　　第　　010　　号

材料			计量单位	数量		总成本									
编号	名称	规格		请领	实发	单价	百	十	万	千	百	十	元	角	分
CL03	HEPA滤网		件	50	50	130.00				6	5	0	0	0	0
	合计								¥	6	5	0	0	0	0

领料人：　赵石磊　　　领料部门负责人：　何政　　　发料人：　石菲菲　　　仓库负责人：　刘欣桐

领料单

领料部门：　　一车间
用途：　　A-100　　　　　　　2015 年 12 月 20 日　　　　　　　　　　　第　011　号

材料			计量单位	数量		总成本									
编号	名称	规格		请领	实发	单价	百	十	万	千	百	十	元	角	分
CL01	光触媒		瓶	200	200	201.01			4	0	2	0	2	0	0
合计							¥	4	0	2	0	2	0	0

领料人：　　赵辉　　　领料部门负责人：　　王文静　　　发料人：　　石菲菲　　　仓库负责人：　　刘欣桐

领料单

领料部门：　　一车间
用途：　　A-100　　　　　　　2015 年 12 月 20 日　　　　　　　　　　　第　012　号

材料			计量单位	数量		总成本									
编号	名称	规格		请领	实发	单价	百	十	万	千	百	十	元	角	分
CL02	活性炭		kg	50	50	20.00			1	0	0	0	0	0	0
合计							¥	1	0	0	0	0	0	0

领料人：　　赵辉　　　领料部门负责人：　　王文静　　　发料人：　　石菲菲　　　仓库负责人：　　刘欣桐

领料单

领料部门：　　一车间
用途：　　A-100　　　　　　　2015 年 12 月 20 日　　　　　　　　　　　第　013　号

材料			计量单位	数量		总成本									
编号	名称	规格		请领	实发	单价	百	十	万	千	百	十	元	角	分
CL03	HEPA滤网		件	100	100	130.00			1	3	0	0	0	0	0
合计							¥	1	3	0	0	0	0	0

领料人：　　赵辉　　　领料部门负责人：　　王文静　　　发料人：　　石菲菲　　　仓库负责人：　　刘欣桐

发出材料汇总表

2015 年 12 月 31 日　　　　　　　　　　　　　　　　　　　　　　金额单位：元

材料	用途		生产产品耗用						生产共同耗用		合计
			A-100		B-200		C-300				
品名	单位	数量	金额	数量	金额	数量	金额	数量	金额		
光触媒	瓶										
活性炭	kg										
HEPA滤网	件										
其他辅助材料	套										
合计											

审核：　张丽　　　　　　　　　　　　　　　　　制单：　李宏

生产车间材料费用分配额

2015 年 12 月 31 日 金额单位：元

产品名称	本期投产量	间接计入				直接计入	合计
		单位定额消耗	定额消耗	分配率	分配额		
A-100	200	1.00					
B-200	200	1.00					
C-300	400	0.25					
合计		—	—				

审核： 张丽 制单： 李宏

【业务 45】 2015 年 12 月 31 日，分配并结转本月制造费用。(原始票据：制造费用分配表。)

注：分配率保留 4 位小数，分配金额保留 2 位小数，尾数差调整计入 C-300。

制造费用分配表

2015 年 12 月 31 日 金额单位：元

产品名称	分配标准（工时）	分配率	分配金额
A-100	1500		
B-200	1400		
C-300	1100		
合计	4000		

审核： 张丽 制单： 李宏

【业务 46】 2015 年 12 月 31 日，计算各工序在产品完工程度及月末在产品约当产量，计算并结转本月完工产品成本。(原始票据：入库单、期末在产品约当产量计算表、产品成本计算单、产品成本汇总表。)

注：1. B-200 产品在组装工序的定额总工时为 120 分钟，本月月末在产品已组装 112 分钟。

2. 单位成本保留 2 位小数，尾数差计入期末在产品成本。

产成品入库单

交库单位： 一车间 2015 年 12 月 10 日 单号： 001

产品批号	产品名称	单位	交付数量	检验结果		实收数量
				合格	不合格	
CP01	A-100	台	50	50	0	50

交库人： 刘云 仓库保管员： 刘宇

产 成 品 入 库 单

交库单位： 一车间 2015 年 12 月 17 日 单号： 002

产品批号	产品名称	单位	交付数量	检验结果		实收数量
				合格	不合格	
CP02	B-200	台	100	100	0	100

交库人： 刘云 仓库保管员： 刘宇

产 成 品 入 库 单

交库单位： 二车间 2015 年 12 月 19 日 单号： 003

产品批号	产品名称	单位	交付数量	检验结果		实收数量
				合格	不合格	
CP03	C-300	台	150	150	0	150

交库人： 赵石磊 仓库保管员： 刘宇

产 成 品 入 库 单

交库单位： 一车间 2015 年 12 月 24 日 单号： 004

产品批号	产品名称	单位	交付数量	检验结果		实收数量
				合格	不合格	
CP04	B-200	台	50	50	0	50

交库人： 刘云 仓库保管员： 刘宇

产 成 品 入 库 单

交库单位：　二车间　　　　2015 年 12 月 27 日　　　　单号：　005

产品批号	产品名称	单位	交付数量	检验结果		实收数量
				合格	不合格	
CP05	C-300	台	250	250	0	250

交库人：　赵石磊　　　　　　　仓库保管员：　刘宇

产 成 品 入 库 单

交库单位：　一车间　　　　2015 年 12 月 29 日　　　　单号：　006

产品批号	产品名称	单位	交付数量	检验结果		实收数量
				合格	不合格	
CP06	A-100	台	150	150	0	150

交库人：　刘云　　　　　　　　仓库保管员：　刘宇

期 末 在 产 品 约 当 产 量 计 算 表

产品名称：　B-200　　　　2015 年 12 月 31 日　　　　计量单位：台

工序	工序名称	定额工时（分钟）	完工程度	期末在产品数量	在产品约当产量
1	来料检验	40			
2	切割	100			
3	组装	120		50	
4	填充	50			
5	调试	60			
6	检验入库	50			
	合计	420			

审核：　张丽　　　　　　　　　　　　　制单：　李宏

产 品 成 本 计 算 单

车间：　一车间
产成品：　A-100　　　　　　　　　2015 年 12 月 31 日　　　　　完工产品数量：　200

成本项目	月初在产品成本	本月发生费用	生产费用合计	期末在产品约当产量	完工产品产量	完工产品总成本	单位成本	期末在产品成本
直接材料								
直接人工								
制造费用								
合计								

审核：　张丽　　　　　　　　　　　　　制单：　李宏

产品成本计算单

车间：　一车间
产成品：　B-200　　　　　　　　　　　　　　　　2015　年　12　月　31　日　　　　　　　　　　　完工产品数量：　150

成本项目	月初在产品成本	本月发生费用	生产费用合计	期末在产品约当产量	完工产品产量	完工产品总成本	单位成本	期末在产品成本
直接材料								
直接人工								
制造费用								
合计								

审核：　张丽　　　　　　　　　　　　　　　　　　　　制单：　李宏

产品成本计算单

车间：　二车间
产成品：　C-300　　　　　　　　　　　　　　　　2015　年　12　月　31　日　　　　　　　　　　　完工产品数量：　400

成本项目	月初在产品成本	本月发生费用	生产费用合计	期末在产品约当产量	完工产品产量	完工产品总成本	单位成本	期末在产品成本
直接材料								
直接人工								
制造费用								
合计								

审核：　张丽　　　　　　　　　　　　　　　　　　　　制单：　李宏

产品成本汇总表

2015　年　12　月　31　日　　　　　　　　　　金额单位：元

项目	A-100	B-200	C-300	合计
期初在产品成本				
本期生产费用				
生产费用合计				
期末完工产品成本				
期末在产品成本				

审核：　张丽　　　　　　　　　　　　　　　　制单：　李宏

【业务47】 2015 年 12 月 31 日，结转本月销售成本。(原始票据：出库单、销售成本计算表。)

注：单位成本保留 2 位小数，尾数差计入销售商品成本。

出库单

出货单位：　　上海戴森有限责任公司　　　　　　　　　　　　单号：　　001

提货单位：　北京大悦有限公司　　　　2015/12/10　　　　出库仓库：产成品库

编号	产品名称	规格型号	单位	数量
1	空气净化器	A-100	台	400
2	空气净化器	B-200	台	400
合计				800

销售经理：　陈明　　　　　经手人：　尚可欣　　　仓库管理员：　刘宇

出库单

出货单位：　上海戴森有限责任公司　　　　　　　　　　　　　　单号：　002

提货单位：　四川信达商贸有限公司　　　2015/12/12　　　　出库仓库：产成品库

编号	产品名称	规格型号	单位	数量
1	空气净化器	A-100	台	400
2	空气净化器	B-200	台	500
3	空气净化器	C-300	台	600
合计				1500

销售经理：陈明　　　　经手人：尚可欣　　　仓库管理员：刘宇

出库单

出货单位：　上海戴森有限责任公司　　　　　　　　　　　　　　单号：　003

提货单位：　广州万方有限责任公司　　　2015/12/17　　　　出库仓库：产成品库

编号	产品名称	规格型号	单位	数量
1	空气净化器	C-300	台	300
合计				300

销售经理：陈明　　　　经手人：尚可欣　　　仓库管理员：刘宇

出库单

出货单位：　上海戴森有限责任公司　　　　　　　　　　　　　　单号：　004

提货单位：　上海戴森有限责任公司　　　2015/12/28　　　　出库仓库：产成品库

编号	产品名称	规格型号	单位	数量
1	空气净化器	A-100	台	17
合计				17

销售经理：陈明　　　　经手人：尚可欣　　　仓库管理员：刘宇

销售成本计算表

2015 年 12 月 31 日　　　　　　　　　　　　金额单位：元

产品	期初结存数量	本期完工产量	本期销售数量	期末结存数量	期初结存成本	完工产品成本	单位成本	期末存货成本	销售商品成本
A-100	1200	200			840,000.00				
B-200	1150	150			1,092,500.00				
C-300	1500	400			180,000.00				
合计					2,112,500.00				

审核：　张丽　　　　　　　　　　制单：　李宏

【业务 48】 2015 年 12 月 31 日，计算并结转本月应代扣三险一金及个人所得税。(原始票据：工资结算汇总表。)

工资结算汇总表

2015 年 12 月 31 日 金额单位：元

部门		人员	应付工资	代扣工资							实发工资
				养老保险（8%）	失业保险（1%）	医疗保险（2%）	住房公积金（6%）	三险一金合计	个人所得税	小计	
管理部门	总经理办公室	吴汇文	8,000.00	640.00	80.00	160.00	480.00	1,360.00	209.00	1,569.00	6,431.00
	财务部	张丽	7,000.00	560.00	70.00	140.00	420.00	1,190.00	126.00	1,316.00	5,684.00
		王中亭	6,000.00	480.00	60.00	120.00	360.00	1,020.00	44.40	1,064.40	4,935.60
		李宏	6,000.00	480.00	60.00	120.00	360.00	1,020.00	44.40	1,064.40	4,935.60
		马家辉	5,000.00	400.00	50.00	100.00	300.00	850.00	19.50	869.50	4,130.50
	人力资源部	刘欣桐	6,800.00	544.00	68.00	136.00	408.00	1,156.00	109.40	1,265.40	5,534.60
	采购部	汪洋	5,000.00	400.00	50.00	100.00	300.00	850.00	19.50	869.50	4,130.50
		李丽	4,500.00	360.00	45.00	90.00	270.00	765.00	7.05	772.05	3,727.95
	仓库	石菲菲	3,800.00	304.00	38.00	76.00	228.00	646.00	—	646.00	3,154.00
		刘宇	3,800.00	304.00	38.00	76.00	228.00	646.00	—	646.00	3,154.00
管理部门合计			55,900.00	4,472.00	559.00	1,118.00	3,354.00	9,503.00	579.25	10,082.25	45,817.75
销售部门		陈明	5,500.00	440.00	55.00	110.00	330.00	935.00	31.95	966.95	4,533.05
		尚可欣	4,500.00	360.00	45.00	90.00	270.00	765.00	7.05	772.05	3,727.95
销售部门合计			10,000.00	800.00	100.00	200.00	600.00	1,700.00	39.00	1,739.00	8,261.00
生产车间	生产工人	赵辉	5,700.00	456.00	57.00	114.00	342.00	969.00	36.93	1,005.93	4,694.07
		刘云	5,700.00	456.00	57.00	114.00	342.00	969.00	36.93	1,005.93	4,694.07
		赵石磊	5,700.00	456.00	57.00	114.00	342.00	969.00	36.93	1,005.93	4,694.07
车间工人合计		刘欣彤	17,100.00	1,368.00	171.00	342.00	1,026.00	2,907.00	110.79	3,017.79	14,082.21
	车间管理人员	王文静	6,500.00	520.00	65.00	130.00	390.00	1,105.00	84.50	1,189.50	5,310.50
		何政	6,500.00	520.00	65.00	130.00	390.00	1,105.00	84.50	1,189.50	5,310.50
车间管理人员合计			13,000.00	1,040.00	130.00	260.00	780.00	2,210.00	169.00	2,379.00	10,621.00
合计			96,000.00	7,680.00	960.00	1,920.00	5,760.00	16,320.00	898.04	17,218.04	78,781.96

审核：王中亭 制单：刘欣桐

【业务 49】 2015 年 12 月 31 日，计提坏账准备。(原始票据：坏账损失计算表。)

坏账损失计算表

2015 年 12 月 31 日 金额单位：元

公司名称	应收账款	计提比例	估计坏账损失额	坏账准备账户期初贷方余额	本期应计提金额
北京大悦有限公司		0.50%			
四川信达商贸有限公司		0.50%			
广州万方有限责任公司		0.50%			
合计					

审核：张丽 制单：王中亭

【业务 50】 2015 年 12 月 31 日，计算并结转本月未交增值税。(原始票据：未交增值税计算表。)

未交增值税计算表

编制单位：上海戴森有限责任公司 2015 年 12 月 金额单位：元

项目	进项税额	销项税额	进项税额转出	未交增值税
金额				
合计				

审核：张丽 制单：王中亭

【业务51】 2015 年 12 月 31 日，计算本月应交城市维护建设税及教育费附加。(原始票据：应交城市维护建设税与教育费附加计算表。)

应交城市维护建设税与教育费附加计算表

2015 年 12 月 31 日　　　　　　　　金额单位：元

税目	计税依据	计税金额	税率	应纳税额
城市维护建设税	增值税		7%	
	消费税		7%	
	小计			
教育费附加	增值税		3%	
	消费税		3%	
	小计			

审核：张丽　　　　　　　　　　制单：王中亭

【业务52】 2015 年 12 月 31 日，结转损益(收入类)账户。

【业务53】 2015 年 12 月 31 日，结转损益(费用支出类)账户。

【业务54】 2015 年 12 月 31 日，预缴第四季度企业所得税。(原始票据：电子缴税回单。)

中国工商银行电子缴税回单

转账日期：　　2015 年 12 月 31 日
2201 0765 5837 594

纳税人全称及纳税人识别号：	上海戴森有限责任公司
付款人全称：	上海戴森有限责任公司
付款人账号：	1001 8765 0066 1234
付款人开户银行：	中国工商银行上海浦东支行
小写（合计）金额：	¥500,000.00
大写（合计）金额：	人民币伍拾万元整

征收机关名称：上海市地方税务局浦东新区分局
收款国库（银行）名称：国家金库上海市浦东新区支库
缴款书交易流水号：29730723812
税票号码：14026312651090
实缴金额：500000.00

税（费）种名称	所属日期	实缴金额
企业所得税	20151001－20151231	500000.00

中国工商银行
上海浦东支行
2015.12.31
转讫
（02）

第一次打印　　　　　　　　打印日期：　　2015 年 12 月 31 日

【业务55】 2015 年 12 月 31 日，计提本年度所得税费用、递延所得税费用以及应交所得税。

注：1. 以前年度尚未弥补亏损 666 271.35，可以在税前扣除；

2. 税法规定，应收账款发生坏账损失，在实际发生时可以税前扣除；

3. 税法规定，交易性金融资产以取得时历史成本作为计税基础；

4. 假定无其他纳税调整事项。

【业务56】 2015 年 12 月 31 日，结转所得税费用。

【业务57】 2015 年 12 月 31 日，结转本年利润。

【业务58】 2015 年 12 月 31 日，计提法定盈余公积。(原始票据：盈余公积计算表)

盈余公积计算表

2015 年 12 月 31 日

项目	金额
计提基数	
提取法定盈余公积	

审核：　张丽　　　　　　　　　制单：　王中亭

【业务59】 2015 年 12 月 31 日，结转利润分配明细账户余额。

第二章　会计信息化账务处理

本章以上海戴森有限责任公司 2015 年 12 月经济业务为背景，介绍运用用友 U8V10.1 软件系统进行电算化财务核算。关于软件应用已在前续课程"会计电算化"课程中进行详细介绍，本章仅就模拟企业操作进行详解。

第一节　系统管理与基础设置

一、系统管理

(一) 实训要求

(1) 增加操作员。

(2) 建立核算企业账套。

(3) 对操作员进行权限设置。

(4) 启用相关子系统。

(5) 账套备份。

(二) 实训资料

1. 操作员信息

操作员信息如表 2-1 所示。

表 2-1　操作员信息

编　号	姓　名	口　令	部　门
001	张丽	无	财务部
002	王中亭	无	财务部
003	李宏	无	财务部
004	马家辉	无	财务部

2. 账套信息

账套号：999。

单位名称：上海戴森有限责任公司。

单位简称：上海戴森公司。

单位地址：上海市浦东新区世纪大道 101 号。

法人代表：吴汇文。

税号：2201 0765 5837 594。

启用会计期：2015 年 12 月。

企业类型：工业。

行业性质：2007 年新会计制度科目。

账套主管：张丽。

基础信息：对存货进行分类。

分类编码方案：

科目编码级次：4222。

存货分类编码级次：12。

部门编码级次：12。

结算方式编码级次：12。

3. 操作员权限

操作员权限如表 2-2 所示。

表 2-2　操作员权限

编　号	姓　名	权　限
001	张丽	账套主管的全部权限
002	王中亭	财务会计、人力资源所有权限
003	李宏	总账、应收款管理、应付款管理
004	马家辉	出纳签字、出纳、出纳管理权限

4. 启用相关子系统

启用总账、固定资产、薪资管理、应收款管理、应付款管理子系统。

(三) 实训指导

1. 登录系统管理

(1) 选择"开始"/"程序"/"用友 ERP-U8"/"系统服务"/"系统管理"命令，进入"用友 ERP-U8[系统管理]"窗口。

(2) 选择"系统"/"注册"命令，打开"登录"对话框，如图 2-1 所示。

(3) 首次登录使用系统管理员 admin 进入系统管理，密码为空，单击"确定"按钮。

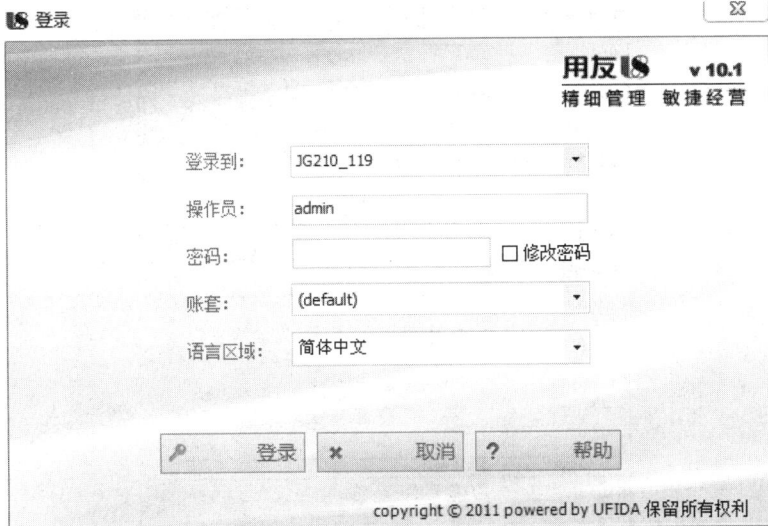

图 2-1　系统管理"登录"对话框

2. 增加用户

(1) 选择"权限"/"用户"命令,打开"用户管理"对话框,如图 2-2 所示。

(2) 单击"增加"按钮,打开"操作员详细情况"对话框,录入编号、姓名、所属部门等信息,如图 2-3 所示。

(3) 单击"增加"按钮,依次增加其他操作员信息,全部增加完成后单击"取消"按钮退出,返回"用户管理"对话框,如图 2-4 所示。

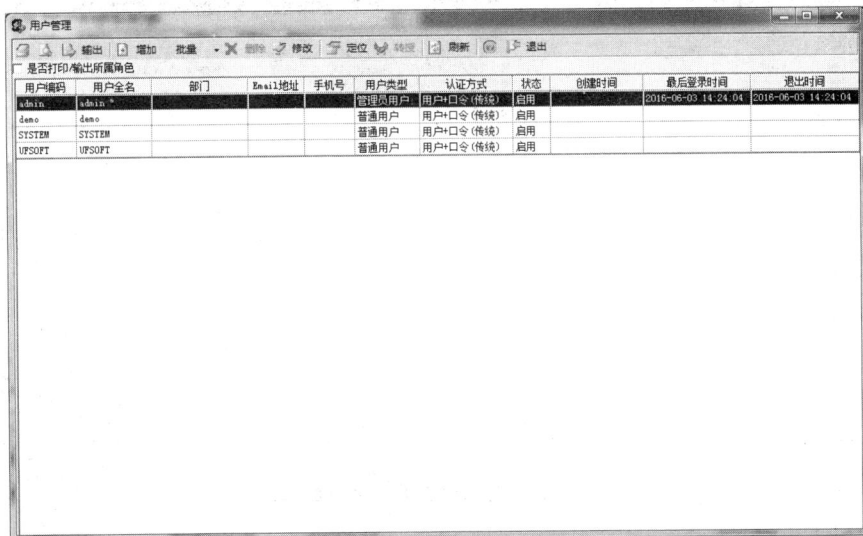

图 2-2　"用户管理"对话框(一)

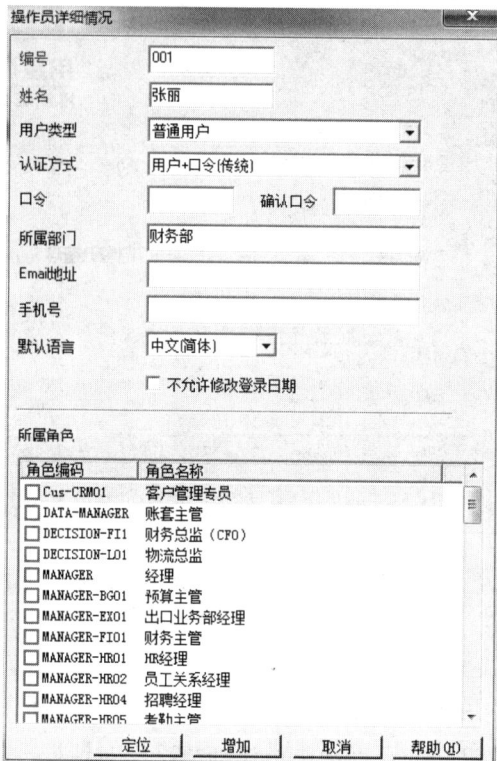

图 2-3　"操作员详细情况"对话框

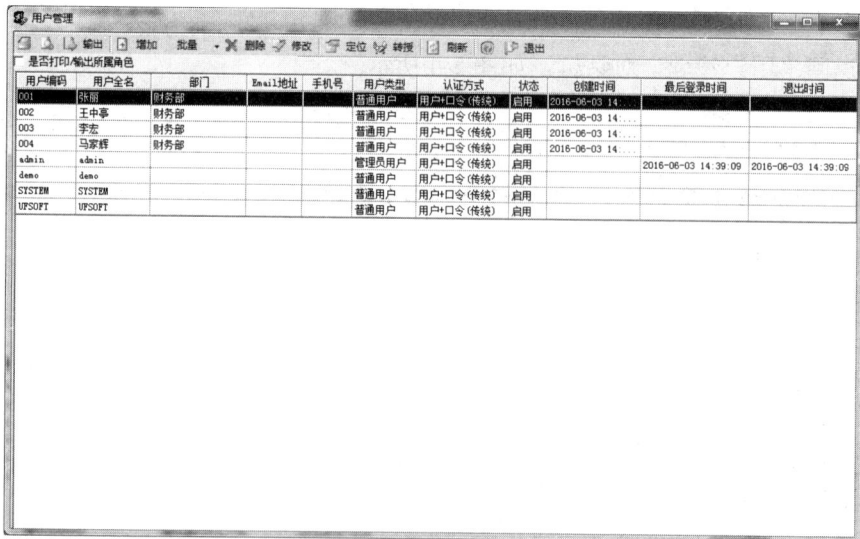

图 2-4　"用户管理"对话框(二)

3. 建立账套

(1) 选择"账套"/"建立"命令，打开"创建账套——建账方式"对话框，如图 2-5 所示。

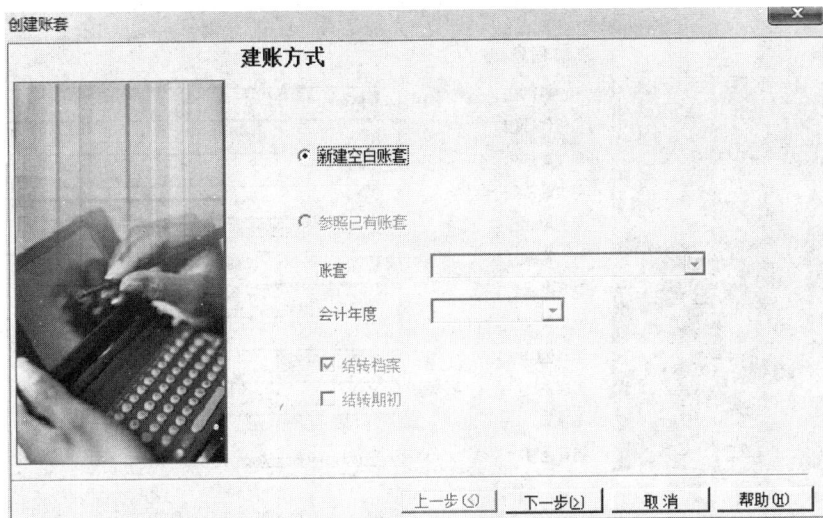

图 2-5　"创建账套——建账方式"对话框

（2）单击"下一步"按钮，进入"创建账套——账套信息"对话框，录入账套号、账套名称、启用会计期，如图 2-6 所示。

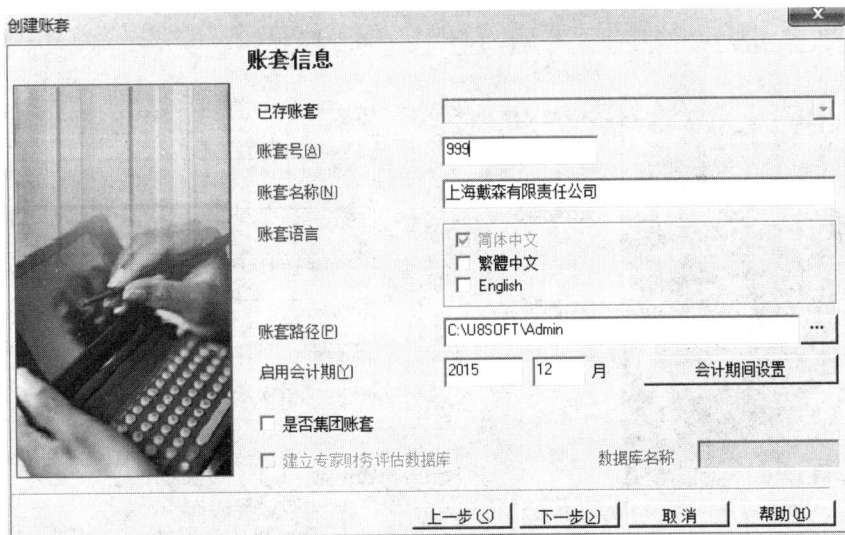

图 2-6　"创建账套——账套信息"对话框

（3）单击"下一步"按钮，进入"创建账套——单位信息"对话框，录入单位信息，如图 2-7 所示。

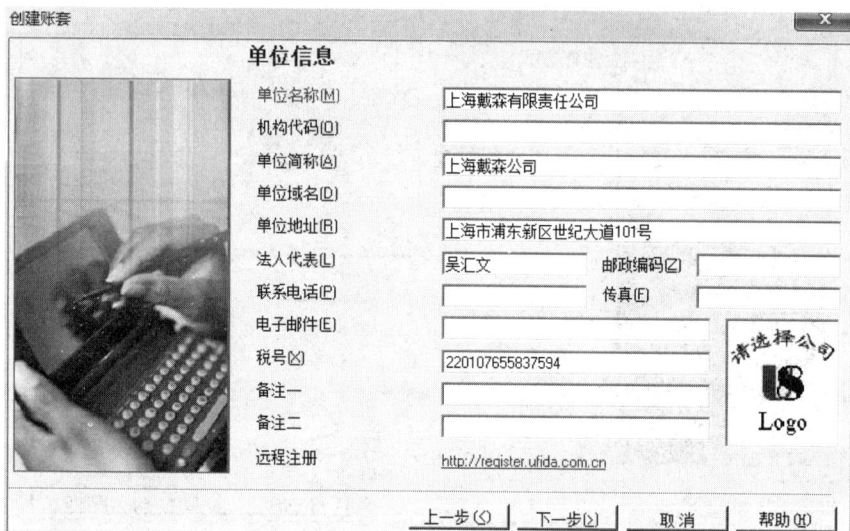

图 2-7　"创建账套——单位信息"对话框

(4) 单击"下一步"按钮，进入"创建账套——核算类型"对话框，设置本币名称、企业类型、行业性质、账套主管等信息，如图 2-8 所示。

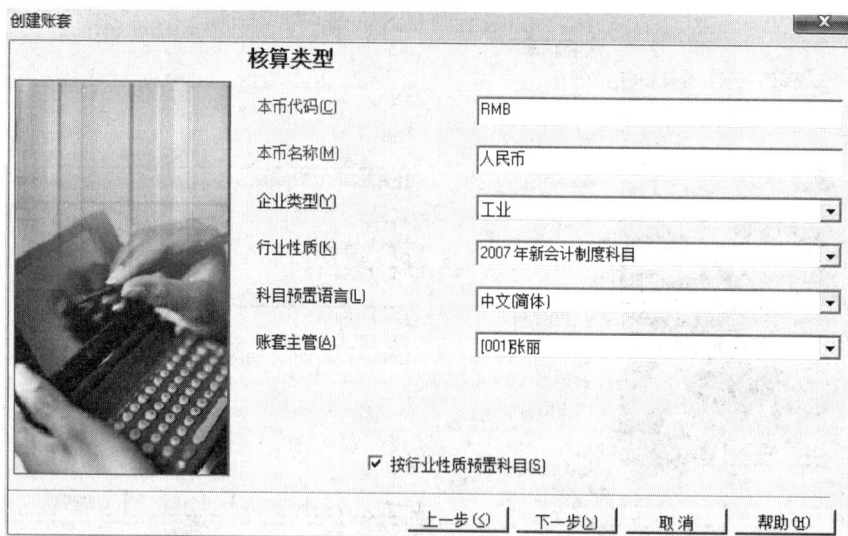

图 2-8　"创建账套——核算类型"对话框

(5) 单击"下一步"按钮，进入"创建账套——基础信息"对话框，选中"存货是否分类"复选框，如图 2-9 所示。

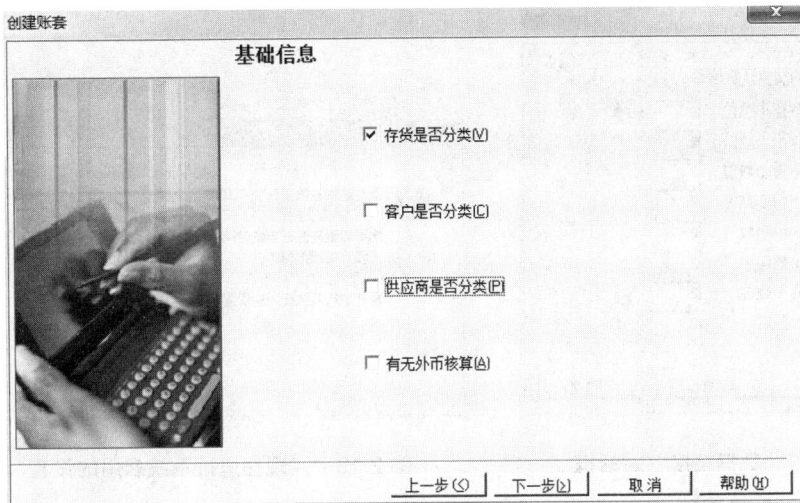

图 2-9　"创建账套——基础信息"对话框

(6) 单击"下一步"按钮，然后单击"完成"按钮，弹出"可以创建账套了么？"提示框，如图 2-10 所示。

(7) 单击"是"按钮，打开"编码方案"对话框，如图 2-11 所示，按照给定资料修改编码方案。

图 2-10　"可以创建账套了么"提示框

图 2-11　"编码方案"对话框

(8) 单击"确定"按钮，打开"数据精度"对话框，如图 2-12 所示，保持默认设置。

(9) 单击"确定"按钮，打开"现在进行系统启用的设置"提示框，如图 2-13 所示。

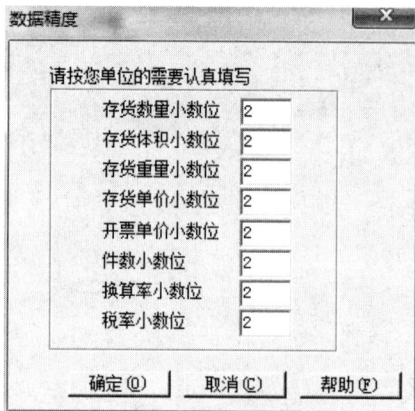

图 2-12 "数据精度"对话框

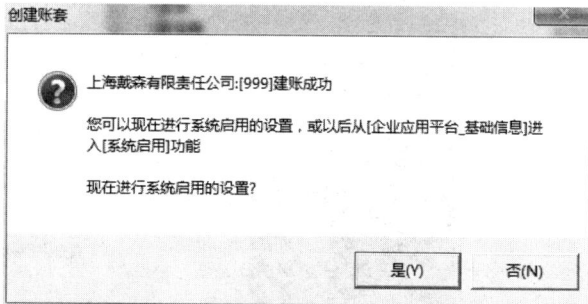

图 2-13 "现在进行系统启用的设置"提示框

(10) 单击"是"按钮，打开"系统启用"对话框，如图 2-14 所示，按照给定资料要求启用相关子系统。

图 2-14 "系统启用"对话框

(11) 单击"退出"按钮，返回系统管理。

4. 设置操作员权限

(1) 选择"权限"/"权限"命令，打开"操作员权限"对话框，如图 2-15 所示。

(2) 在"账套主管"右侧下拉列表框中选择"[999]上海戴森有限责任公司"账套。

(3) 在左侧操作员列表中选择"001 张丽"，选中右侧"账套主管"复选框，完成"001 张丽"权限设置。

(4) 在左侧操作员列表中选择"002 王中亭"，单击"修改"按钮，在右侧选中"财务会计""人力资源"复选框，单击"保存"按钮，完成"002 王中亭"权限设置。

(5) 重复以上步骤，按照给定资料完成"003 李宏""004 马家辉"权限设置。

(6) 单击"退出"按钮，返回系统管理。

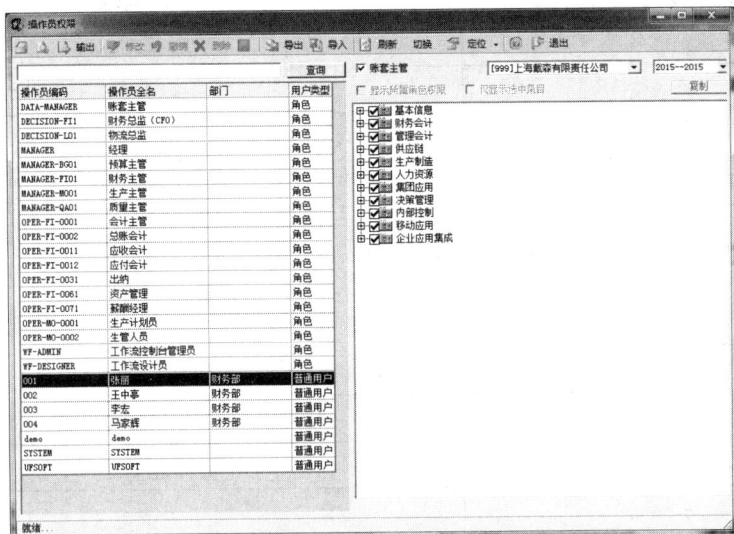

图 2-15　"操作员权限"对话框

二、基础设置

(一) 实训要求

(1) 增加部门档案。

(2) 增加人员类别。

(3) 增加人员档案。

(4) 增加客户档案。

(5) 增加供应商档案。

(6) 增加计量单位。

(7) 增加存货分类。

(8) 增加存货档案。

(9) 付款条件设置。

(10) 开户银行设置。

(二) 实训资料

1. 部门档案

部门档案如表 2-3 所示。

表 2-3 部门档案

部门编号	部门名称
1	总经理办公室
2	财务部
3	采购部
4	生产车间
401	一车间
402	二车间
5	销售部
6	仓库
601	原材料库
602	产成品库
7	人力资源部

2. 人员类别

人员类别如表 2-4 所示。

表 2-4 人员类别

人员类别编号	人员类别名称
101	企业管理人员
102	经营人员
103	车间管理人员
104	生产人员

3. 人员档案

人员档案如表 2-5 所示。

表 2-5 人员档案

人员编码	人员姓名	性 别	行政部门	雇用状态	人员类别	是否业务员
001	吴汇文	男	总经理办公室	在职	企业管理人员	否
002	张丽	女	财务部	在职	企业管理人员	否
003	王中亭	女	财务部	在职	企业管理人员	否
004	李宏	男	财务部	在职	企业管理人员	否
005	马家辉	男	财务部	在职	企业管理人员	否

人员编码	人员姓名	性别	行政部门	雇用状态	人员类别	是否业务员
006	汪洋	男	采购部	在职	经营人员	是
007	李丽	女	采购部	在职	经营人员	是
008	王文静	女	一车间	在职	车间管理人员	否
009	赵辉	男	一车间	在职	生产人员	否
010	刘云	男	一车间	在职	生产人员	否
011	何政	男	二车间	在职	车间管理人员	否
012	赵石磊	男	二车间	在职	生产人员	否
013	陈明	女	销售部	在职	经营人员	是
014	尚可欣	女	销售部	在职	经营人员	是
015	石菲菲	女	原材料库	在职	企业管理人员	否
016	刘宇	男	产成品库	在职	企业管理人员	否
017	刘欣桐	女	人力资源部	在职	企业管理人员	否

4. 客户档案

客户档案如表 2-6 所示。

表 2-6　客户档案

客户编码	客户名称	客户简称
001	北京大悦有限公司	北京大悦
002	广州万方有限责任公司	广州万方
003	四川信达商贸有限公司	四川信达

5. 供应商档案

供应商档案如表 2-7 所示。

表 2-7　供应商档案

供应商编码	供应商名称	供应商简称
001	上海宏达环保科技有限公司	上海宏达
002	北京旺兴环保科技有限公司	北京旺兴
003	深圳普新有限责任公司	深圳普新

6. 计量单位

计量单位组如表 2-8 所示。

表 2-8　计量单位组

计量单位组编码	计量单位组名称	计量单位组类别
001	重量	固定换算
002	数量	无换算

计量单位如表 2-9 所示。

表 2-9　计量单位

计量单位编码	计量单位名称	计量单位组编码	主计量单位标志	换算率
01	千克	001	是	1
02	克	001		1000
03	瓶	002		
04	件	002		
05	套	002		
06	台	002		

7. 存货分类

存货分类如表 2-10 所示。

表 2-10　存货分类

分类编码	分类名称
1	原材料
2	产成品

8. 存货档案

存货档案如表 2-11 所示。

表 2-11　存货档案

存货编号	所属分类码	存货名称	计量单位组	计量单位	存货属性
101	1	光触媒	002	瓶	外购、生产用
102	1	活性炭	001	千克	外购、生产用
103	1	HEPA 滤网	002	件	外购、生产用
104	1	其他辅助材料	002	套	外购、生产用
201	2	A-100	002	台	自制、内销
202	2	B-200	002	台	自制、内销
203	2	C-300	002	台	自制、内销

9. 付款条件设置

付款条件如表 2-12 所示。

表 2-12　付款条件

付款条件编码	付款条件名称	信用天数	优惠天数 1	优惠率 1	优惠天数 2	优惠率 2	优惠天数 3	优惠率 3
01	2/10，1/20，n/30	30	10	2	20	1	30	0

10. 开户银行设置

(1) 修改银行档案。

银行编码：01，中国工商银行。

企业账户规则：定长，账号长度：16。

个人账户规则：定长，账号长度：11，自动带出账号长度：9。

(2) 本单位开户银行。

编码：001。

开户银行：中国工商银行上海浦东支行。

银行账号：1001 8765 0066 1234。

所属银行编码：01，中国工商银行。

(三) 实训指导

1. 启用"企业应用平台"

(1) 选择"开始"/"程序"/"用友 ERP-U8"/"企业应用平台"命令，打开"登录"对话框。

(2) 使用操作员"001"，密码为空，选择账套"[999](default)上海戴森有限责任公司"，操作日期"2015-12-01"，如图 2-16 所示。

(3) 单击"确定"按钮，进入"企业应用平台"窗口，如图 2-17 所示。

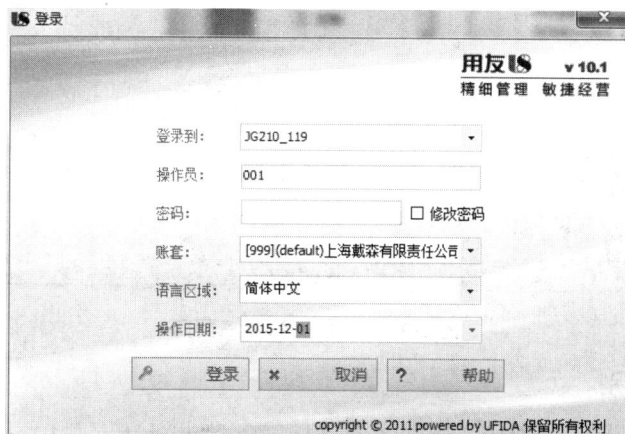

图 2-16　企业应用平台"登录"对话框

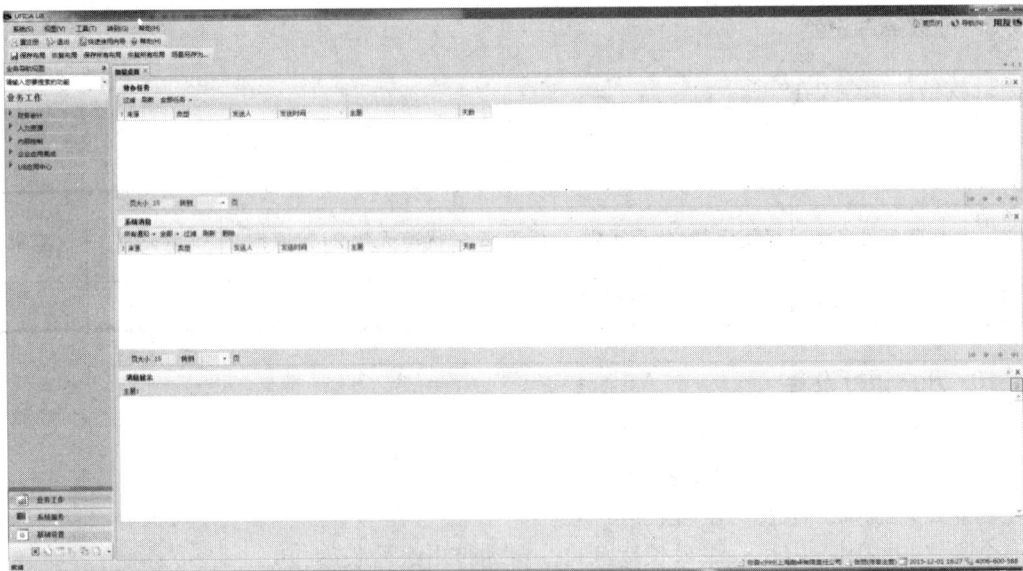

图 2-17　"企业应用平台"窗口

2. 设置部门档案

(1) 在"基础设置"面板中，选择"基础档案"/"机构人员"/"部门档案"命令，进入"部门档案"窗口。

(2) 单击"增加"按钮，依次录入部门编码、部门名称，单击"保存"按钮。

(3) 重复以上操作，按照给定资料信息增加部门档案，如图 2-18 所示。

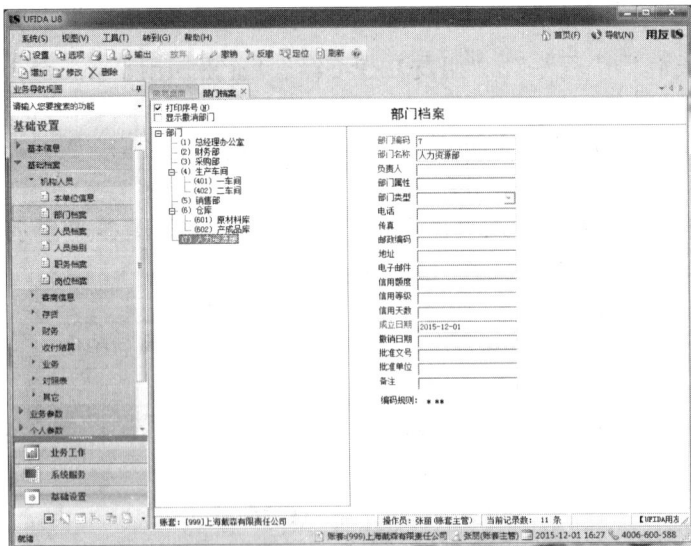

图 2-18　"部门档案"窗口

3. 设置人员类别

(1) 在"基础设置"面板中，选择"基础档案"/"机构人员"/"人员类别"命令，进入"人员类别"窗口。

(2) 单击"增加"按钮，打开"增加档案项"对话框，如图 2-19 所示，按照给定资料增加"档案编码""档案名称"，单击"确定"按钮。

(3) 重复以上步骤，按照给定资料，增加人员类别，返回"人员类别"窗口，如图 2-20 所示。

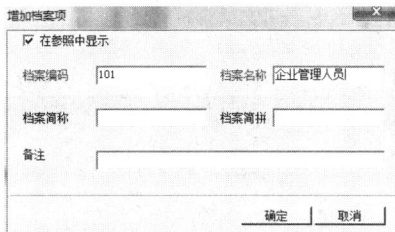

图 2-19　人员类别——"增加档案项"对话框

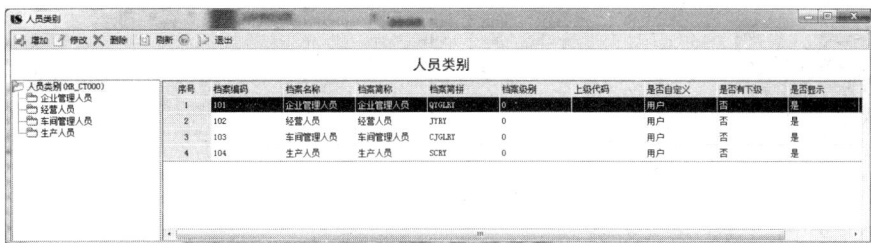

图 2-20　"人员类别"窗口

4. 增加人员档案

(1) 在"基础设置"面板中，选择"基础档案"/"机构人员"/"人员档案"命令，进入"人员档案"窗口。

(2) 单击"增加"按钮，打开"人员档案"窗口，按照给定资料，增加人员编码、人员姓名、性别、行政部门、雇用状态、人员类别、是否业务员等信息，如图 2-21 所示。

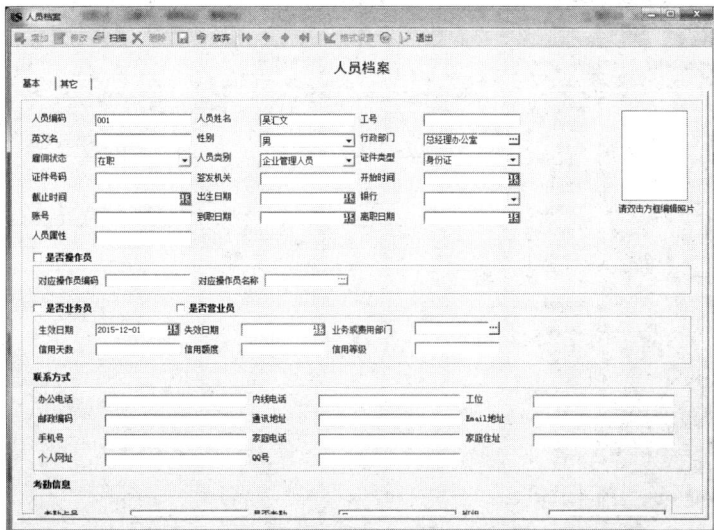

图 2-21　"人员档案"窗口

(3) 单击"保存"按钮，重复以上步骤，依次增加其他人员档案。

(4) 单击"退出"按钮，返回人员列表，如图 2-22 所示。

图 2-22　人员列表

5. 增加客户档案

(1) 在"基础设置"面板中，选择"基础档案"/"客商信息"/"客户档案"命令，进入"客户档案"窗口。

(2) 单击"增加"按钮，打开"增加客户档案"窗口，按照给定资料，增加客户编码、客户名称、客户简称等信息，如图 2-23 所示。

(3) 单击"保存"按钮，重复以上步骤，依次增加其他客户档案。

(4) 单击"退出"按钮，返回客户档案列表，如图 2-24 所示。

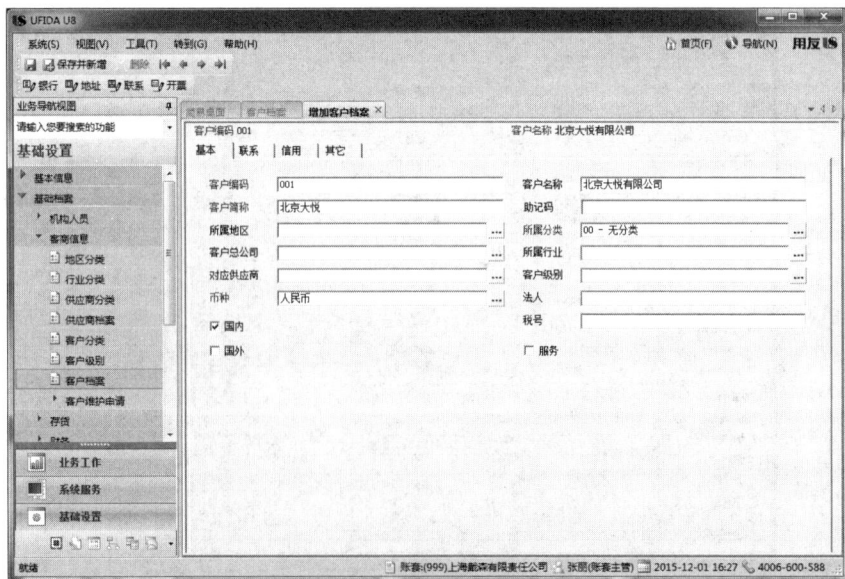

图 2-23　"增加客户档案"窗口

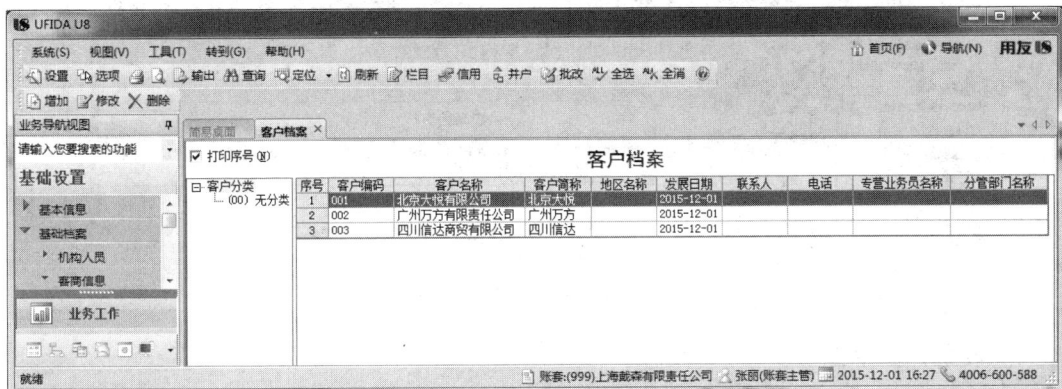

图 2-24 客户档案列表

6. 增加供应商档案

(1) 在"基础设置"面板中，选择"基础档案"/"客商信息"/"供应商档案"命令，进入"供应商档案"窗口。

(2) 单击"增加"按钮，打开"增加供应商档案"窗口，按照给定资料，增加供应商编码、供应商名称、供应商简称等信息，如图 2-25 所示。

(3) 单击"保存"按钮，重复以上步骤，依次增加其他供应商档案。

(4) 单击"退出"按钮，返回供应商档案列表，如图 2-26 所示。

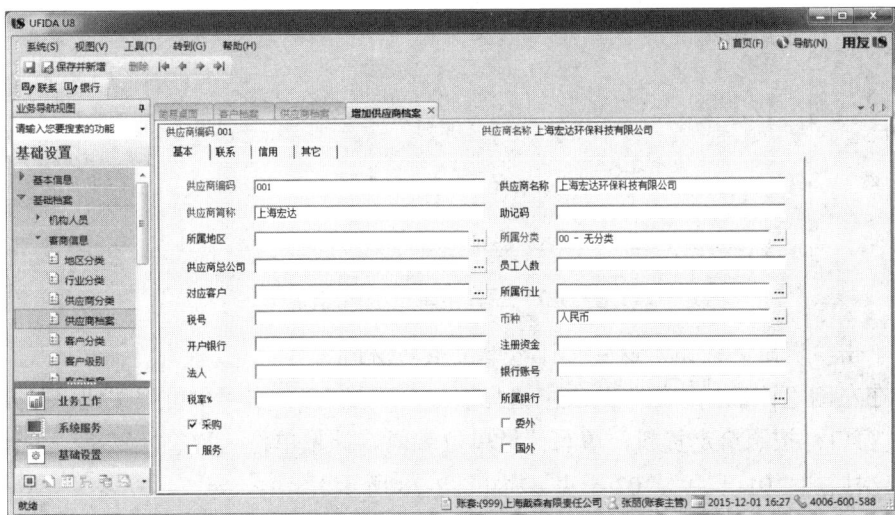

图 2-25 "增加供应商档案"窗口

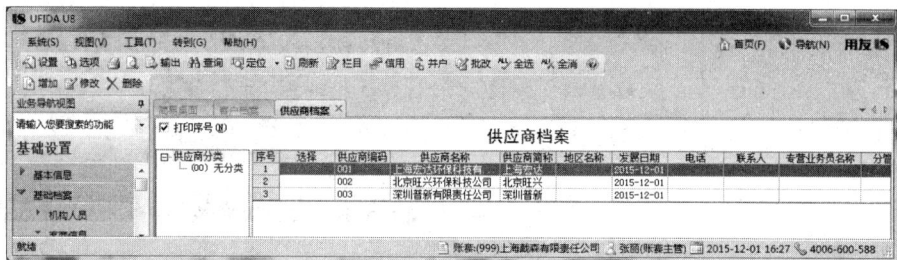

图 2-26　供应商档案列表

7. 设置计量单位

(1) 在"基础设置"面板中，选择"基础档案"/"存货"/"计量单位"命令，进入"计量单位"窗口。

(2) 单击"分组"按钮，打开"计量单位组"窗口，按照给定资料，增加计量单位组编码、计量单位组名称、计量单位组类别，如图 2-27 所示。

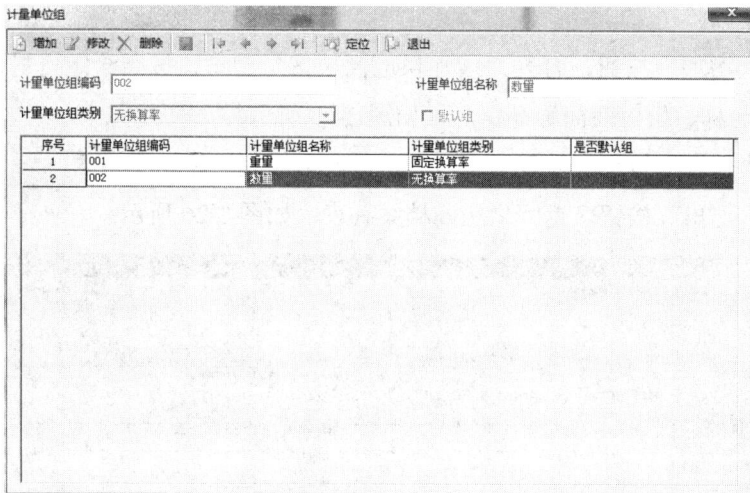

图 2-27　"计量单位组"窗口

(3) 单击"退出"按钮，返回"计量单位组"窗口。

(4) 在左侧"计量单位组"列表中选择"001 重量"，单击"单位"按钮，打开"计量单位组"窗口，按照给定资料，填写计量单位编码、计量单位名称、换算率、主计量单位标志，依次增加"01 千克""02 千克"，如图 2-28 所示。

(5) 在左侧"计量单位组"列表选择"002 数量"，单击"单位"按钮，打开"计量单位"窗口，按照给定资料，填写计量单位编码、计量单位名称，依次增加"03 瓶""04 件""05 套""06 台"，如图 2-29 所示。

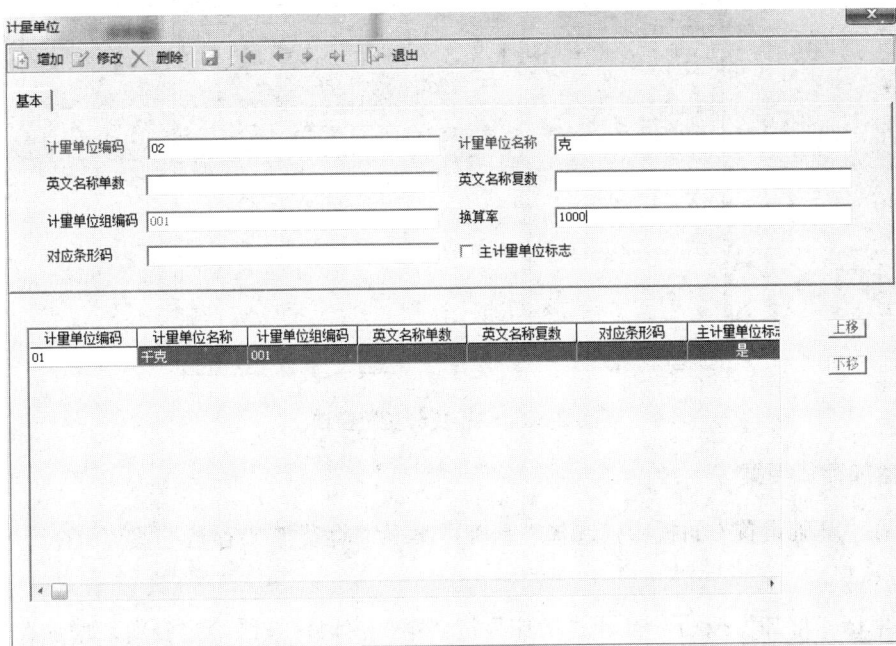

图 2-28　计量单位组——001 重量

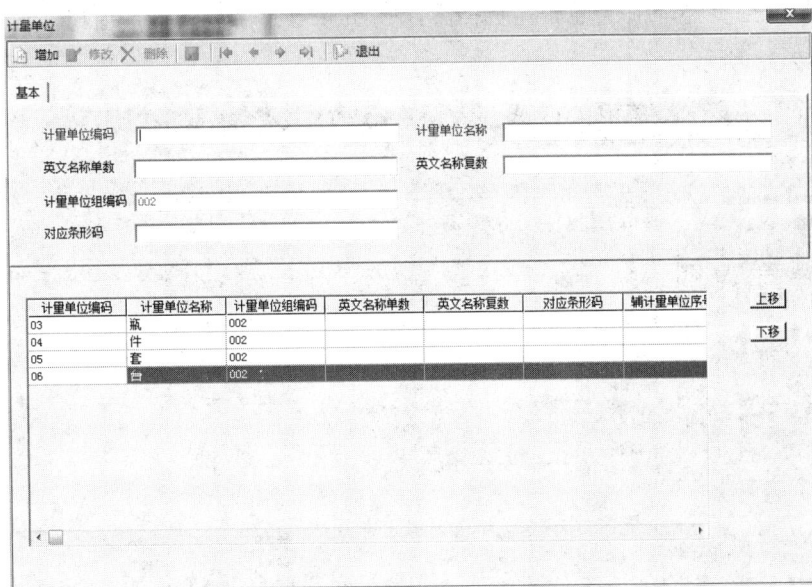

图 2-29　计量单位组——002 数量

8. 增加存货分类

(1) 在"基础设置"面板中，选择"基础档案"/"存货"/"存货分类"命令，进入"存货分类"窗口。

(2) 单击"增加"按钮，依次增加"1 原材料""2 产成品"，如图 2-30 所示。

(3) 单击"退出"按钮，返回企业应用平台。

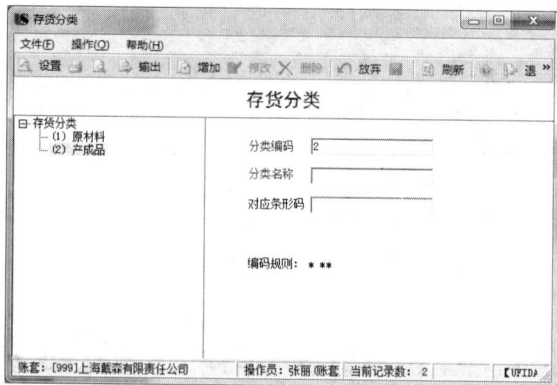

图 2-30 "存货分类"窗口

9. 增加存货档案

(1) 在"基础设置"面板中,选择"基础档案"/"存货"/"存货档案"命令,进入"存货档案"窗口。

(2) 单击"增加"按钮,打开"增加存货档案"窗口,按照给定资料,增加存货编码、存货名称、存货分类、计量单位组、主计量单位、存货属性,如图 2-31、图 2-32 所示。

(3) 重复以上步骤,依次增加存货档案,关闭"增加存货档案"窗口,返回存货档案列表,如图 2-33 所示。

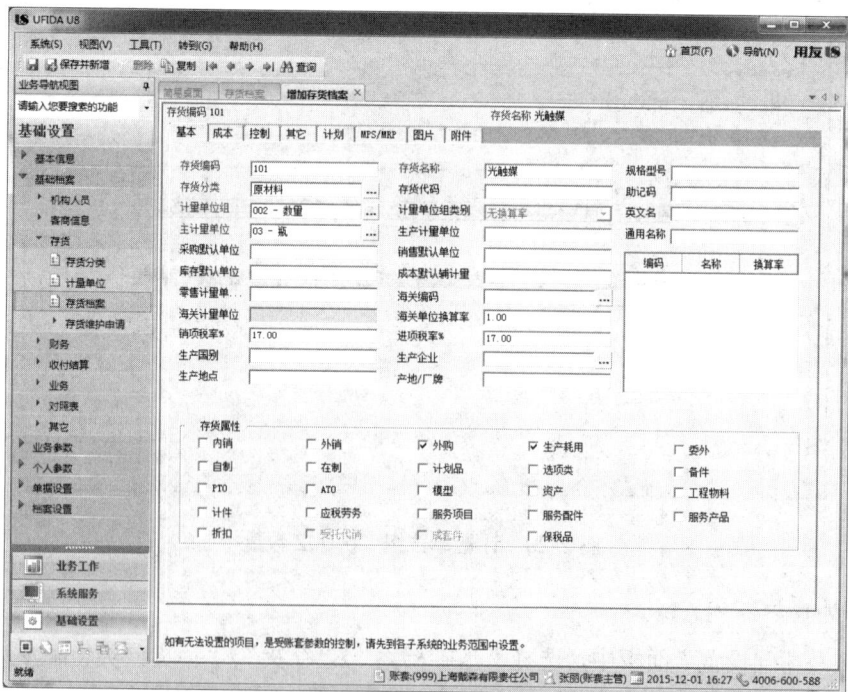

图 2-31 存货档案——存货编码 101

图 2-32 存货档案——存货编码 201

图 2-33 存货档案列表

10. 设置付款条件

(1) 在"基础设置"面板中,选择"基础档案"/"收付结算"/"付款条件"命令,进入"付款条件"窗口。

(2) 单击"增加"按钮,按照给定资料,增加付款条件编码、信用天数、优惠天数、优惠率,如图 2-34 所示。

(3) 单击"保存"按钮,单击"退出"按钮,返回企业应用平台。

图 2-34　"付款条件"窗口

11. 设置银行档案

(1) 在"基础设置"面板中，选择"基础档案"/"收付结算"/"银行档案"命令，进入"银行档案"窗口。

(2) 双击选择"01，中国工商银行"，打开"修改银行档案"对话框，如图 2-35 所示。

(3) 在"企业账户规则"选项组中选中"定长"复选框，修改账号长度为 16；在"个人账户规则"选项组中选中"定长"复选框，修改账号长度为 11，自动带出账号长度为 9。

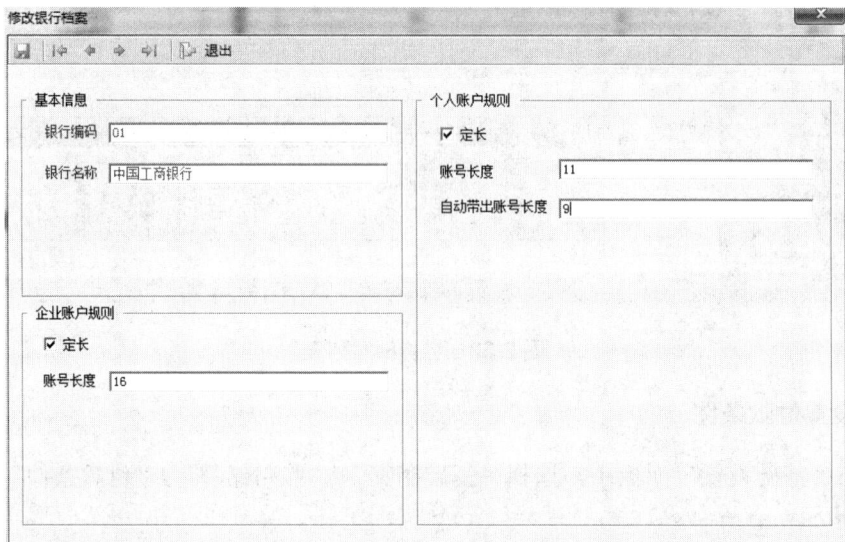

图 2-35　"修改银行档案"对话框

12. 设置本单位开户银行

(1) 在"基础设置"面板中，选择"基础档案"/"收付结算"/"本单位开户银行"命令，进入"本单位开户银行"窗口。

(2) 单击"增加"按钮，打开"增加本单位开户银行"对话框，按照给定资料，增加开户银行信息，如图 2-36 所示。

(3) 单击"保存"按钮，返回"本单位开户银行"窗口，如图 2-37 所示。

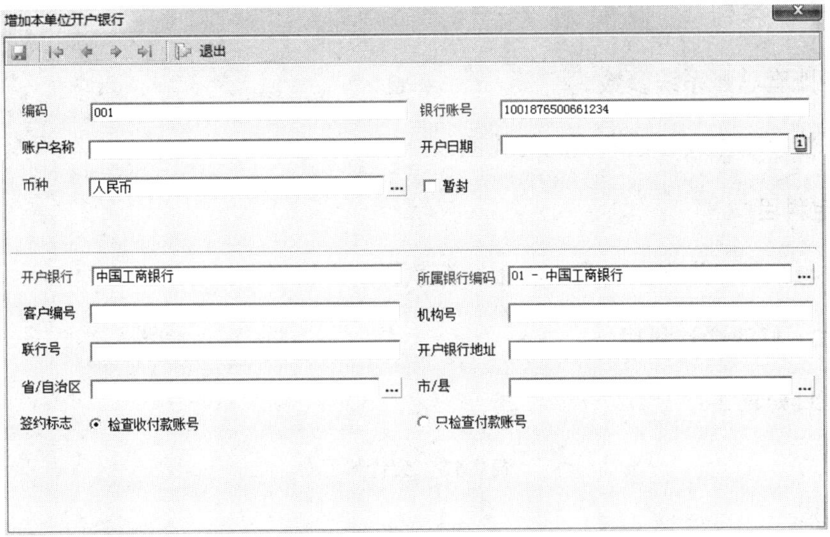

图 2-36 "增加本单位开户银行"对话框

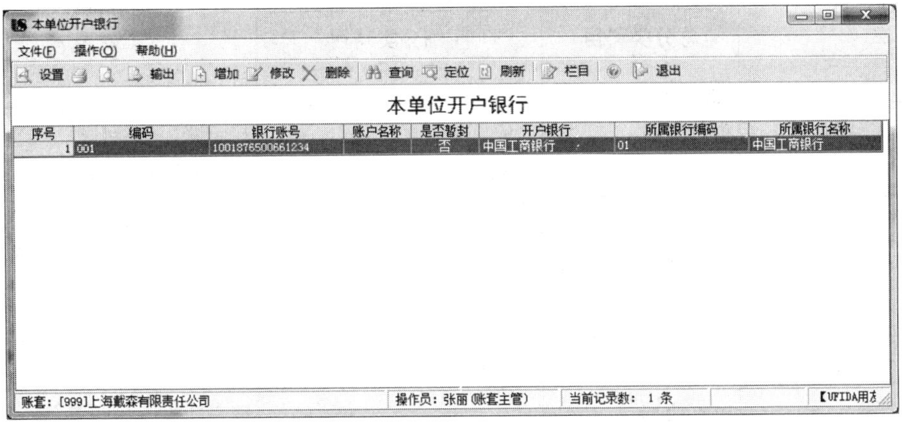

图 2-37 本单位开户银行

第二节 各子系统初始化

一、总账系统初始化

(一) 实训要求

(1) 设置总账系统参数。

(2) 增加、修改会计科目。

(3) 设置凭证类别。

(4) 增加结算方式。

(5) 录入期初余额。

(二) 实训资料

1. 999 账套总账系统参数

不允许修改、作废、他人填制的凭证。

2. 指定科目

将库存现金指定为现金科目，将银行存款指定为银行存款科目。

3. 增加、修改会计科目

会计科目如表 2-13 所示。

表 2-13   会计科目

资产类：

编　号	账户名称		辅助核算类型
	总分类科目	明细分类科目	
1001	库存现金		日记账
1002	银行存款		日记账、银行账
100201		工商银行	日记账、银行账
100202		建设银行	日记账、银行账
1012	其他货币资金		
101201		银行汇票存款	
101202		存出投资款	
1121	应收票据		客户往来、应收系统
1122	应收账款		客户往来、应收系统
1123	预付账款		供应商往来、应付系统
1221	其他应收款		
122101		职工借款	个人往来
1231	坏账准备		
1402	在途物资		
140201		光触媒	数量金额式、单位：瓶
140202		活性炭	数量金额式、单位：千克
140203		HEPA 滤网	数量金额式、单位：件
140204		辅助材料	数量金额式、单位：套

续表

编　号	账户名称		辅助核算类型
	总分类科目	明细分类科目	
1403	原材料		
140301		光触媒	数量金额式、单位：瓶
140302		活性炭	数量金额式、单位：千克
140303		HEPA 滤网	数量金额式、单位：件
140304		辅助材料	数量金额式、单位：套
1405	库存商品		
140501		空气净化器(A-100)	数量金额式、单位：台
140502		空气净化器(B-200)	数量金额式、单位：台
140503		车载空气净化器(C-300)	数量金额式、单位：台
1601	固定资产		
160101		房屋及建筑物	
160102		机器设备	
160103		运输设备	
160104		办公设备	
1602	累计折旧		
1606	固定资产清理		
1701	无形资产		
170101		专利权	
1702	累计摊销		

负债类：

编　号	账户名称		辅助核算类型
	总分类科目	明细分类科目	
2001	短期借款		
2201	应付票据		供应商往来、应付系统
2202	应付账款		供应商往来、应付系统
2203	预收账款		客户往来、应收系统
2211	应付职工薪酬		
221101		工资	
221102		社会保险费	
221103		住房公积金	
221104		非货币性福利	

续表

编　号	账户名称		辅助核算类型
	总分类科目	明细分类科目	
2221	应交税费		
222101		应交增值税	
22210101		进项税额	
22210102		销项税额	
22210103		进项税额转出	
22210104		转出未交增值税	
222102		未交增值税	
222103		应交城市维护建设税	
222104		应交教育费附加	
222105		应交企业所得税	
222106		应交个人所得税	
2241	其他应付款		
224101		住房公积金	
224102		社会保险费	

所有者权益类：

编　号	账户名称		辅助核算类型
	总分类科目	明细分类科目	
4001	实收资本		
4002	资本公积		
4101	盈余公积		
410101		法定盈余公积	
4103	本年利润		
4104	利润分配		
410401		提取法定盈余公积	
410402		分配利润	
410403		未分配利润	

成本类：

编　号	账户名称		辅助核算类型
	总分类科目	明细分类科目	
5001	生产成本		
500101		直接材料	

编 号	账户名称		辅助核算类型
	总分类科目	明细分类科目	
50010101		A-100	
50010102		B-200	
50010103		C-300	
500102		直接人工	
50010201		A-100	
50010202		B-200	
50010203		C-300	
500103		制造费用	
50010301		A-100	
50010302		B-200	
50010303		C-300	
5101	制造费用		

损益类：

编 号	账户名称		辅助核算类型
	总分类科目	明细分类科目	
6001	主营业务收入		
6051	其他业务收入		
6101	公允价值变动损益		
6111	投资收益		
6301	营业外收入		
6401	主营业务成本		
6402	其他业务成本		
6403	营业税金及附加		
6601	销售费用		
660101		广告费	
660102		工资	
660103		折旧费	
660104		其他	
6602	管理费用		
660201		办公费	
660202		折旧费	
660203		工资	部门核算

编 号	账户名称		辅助核算类型
	总分类科目	明细分类科目	
660204		其他	
6603	财务费用		
6701	资产减值损失		
6711	营业外支出		
6801	所得税费用		

4. 设置凭证类别

凭证类别如表 2-14 所示。

表 2-14　凭证类别

凭证类别	限制类型	限制科目
收款凭证	借方必有	1001、100201、100202
付款凭证	贷方必有	1001、100201、100202
转账凭证	凭证必无	1001、100201、100202

5. 增加结算方式

结算方式如表 2-15 所示。

表 2-15　结算方式

编 码	结算方式	是否票据管理
1	现金	否
2	支票	是
201	现金支票	是
202	转账支票	是
3	商业汇票	否
301	商业承兑汇票	否
302	银行承兑汇票	否
4	银行汇票	否
5	其他	否

6. 录入期初余额

各账户期初余额如表 2-16 所示。

表 2-16　上海戴森有限责任公司 2015 年 12 月各账户期初余额　　　　　单位：元

编　号	账户名称		期初余额	
	总分类科目	明细分类科目	借　方	贷　方
1001	库存现金		110 000.00	
1002	银行存款		1 897 654.00	
100201		工商银行	1 800 000.00	
100202		建设银行	97 654.00	
1012	其他货币资金		300 000.00	
101201		银行汇票存款		
101202		存出投资款	300 000.00	
1121	应收票据			
1122	应收账款		491 400.00	
1123	预付账款			
1221	其他应收款		3 000.00	
122101		职工借款	3 000.00	
1231	坏账准备			2 457.00
1402	在途物资			
140201		光触媒		
140202		活性炭		
140203		HEPA 滤网		
140204		辅助材料		
1403	原材料		130 000.00	
140301		光触媒	40 000.00	
140302		活性炭	8 000.00	
140303		HEPA 滤网	52 000.00	
140304		辅助材料	30 000.00	
1405	库存商品		2 112 500.00	
140501		A-100	840 000.00	
140502		B-200	1 092 500.00	
140503		C-300	180 000.00	
1601	固定资产		14 048 000.00	
160101		房屋及建筑物	12 200 000.00	
160102		机器设备	950 000.00	
160103		运输设备	800 000.00	

续表

编 号	账户名称		期初余额	
	总分类科目	明细分类科目	借　方	贷　方
160104		办公设备	98 000.00	
1602	累计折旧			6 964 341.40
1606	固定资产清理		57 420.00	
1701	无形资产		2 400 000.00	
170101		专利权	2 400 000.00	
1702	累计摊销			460 000.00
1811	递延所得税资产		614.25	
2001	短期借款			800 000.00
2201	应付票据			234 000.00
2202	应付账款			585 000.00
2203	预收账款			50 000.00
2211	应付职工薪酬			113 149.96
221101		工资		78 781.96
221102		社会保险费		24 768.00
221103		住房公积金		9 600.00
2221	应交税费		820 000.00	396 594.44
222101		应交增值税		
22210101		进项税额		
22210102		销项税额		
22210103		进项税额转出		
22210104		转出未交增值税		
222102		未交增值税		359 724.00
222103		应交城市维护建设税		25 180.68
222104		应交教育费附加		10 791.72
222105		应交企业所得税	820 000.00	
222106		应交个人所得税		898.04
2241	其他应付款			16 320.00
224101		住房公积金		5 760.00
224102		社会保险费		10 560.00
4001	实收资本			8 000 000.00
4002	资本公积			

续表

编 号	账户名称		期初余额	
	总分类科目	明细分类科目	借 方	贷 方
4101	盈余公积			231 291.00
410101		法定盈余公积		231 291.00
4103	本年利润			5 195 500.00
4104	利润分配		666 271.35	
410401		提取法定盈余公积		
410402		分配利润		
410403		未分配利润	666 271.35	
5001	生产成本		11 794.20	
500101		直接材料	5 677.50	
50010101		A-100	5 677.50	
50010102		B-200		
50010103		C-300		
500102		直接人工	1 096.00	
50010201		A-100	1 096.00	
50010202		B-200		
50010203		C-300		
500103		制造费用	5 020.70	
50010301		A-100	5 020.70	
50010302		B-200		
50010303		C-300		
5101	制造费用			
合计			23 048 653.80	23 048 653.80

上海戴森有限责任公司 2015 年 12 月相关明细账户期初余额如下。

应收账款明细账户期初余额如表 2-17 所示。

表 2-17 应收账款明细账户期初余额 单位：元

日 期	凭证号	客 户	业 务 员	摘 要	方 向	金 额	票 号	票据日期	年 度
2015/10/20		北京大悦	尚可欣	应收货款	借	242 190.00	310528	2015/10/20	2015
2015/9/25		广州万方	尚可欣	应收货款	借	91 260.00	420371	2015/9/25	2015
2015/6/27		四川信达	尚可欣	应收货款	借	157 950.00	320394	2015/6/27	2015

其他应收款明细账户期初余额如表 2-18 所示。

表2-18　其他应收款明细账户期初余额　　　　　　　　单位：元

日　期	凭证号	部　门	个　人	摘　要	方　向	金　额	年　度
2015/11/28		销售部	尚可欣	预借差旅费	借	3 000.00	2015

原材料明细账户期初余额如表2-19所示。

表2-19　原材料明细账户期初余额　　　　　　　　　单位：元

编　号	账户名称	单　位	数　量	单　价	金　额
140301	光触媒	瓶	200	200.00	40 000.00
140302	活性炭	千克	400	20.00	8 000.00
140303	HEPA滤网	件	400	130.00	52 000.00
140304	其他辅助材料	套	500	60.00	30 000.00

库存商品明细账户期初余额如表2-20所示。

表2-20　库存商品明细账户期初余额　　　　　　　　单位：元

编　号	账户名称	单　位	数　量	单　价	金　额
140501	A-100	台	1 200	700.00	840 000.00
140502	B-200	台	1 150	950.00	1 092 500.00
140503	C-300	台	1 500	120.00	180 000.00

应付票据明细账户期初余额如表2-21所示。

表2-21　应付票据明细账户期初余额　　　　　　　　单位：元

日　期	凭证号	供应商	业务员	摘　要	方向	金　额	票　号	票据日期	年　度
2015/11/3		上海宏达	李丽	结算货款	贷	234 000.00	110120	2015/11/3	2015

应付账款明细账户期初余额如表2-22所示。

表2-22　应付账款明细账户期初余额　　　　　　　　单位：元

日　期	凭证号	供应商	业务员	摘　要	方向	金　额	票　号	票据日期	年　度
2015/4/20		北京旺兴	李丽	应付货款	贷	585 000.00	320498	2015/4/20	2015

预收账款明细账户期初余额如表2-23所示。

表2-23　预收账款明细账户期初余额　　　　　　　　单位：元

日　期	凭证号	客　户	业务员	摘　要	方向	金　额	票　号	票据日期	年　度
2015/8/27		广州万方	尚可欣	预收货款	贷	50 000.00	120394	2015/8/27	2015

（三）实训指导

1. 总账系统参数设置

(1) 在"业务工作"面板中，选择"财务会计"/"总账"/"设置"/"选项"命令，进入"选项"对话框。

(2) 单击"权限"标签，单击"编辑"按钮，取消选中"允许修改、作废他人填制的凭证"复选框，如图 2-38 所示。

(3) 单击"确定"按钮，返回企业应用平台。

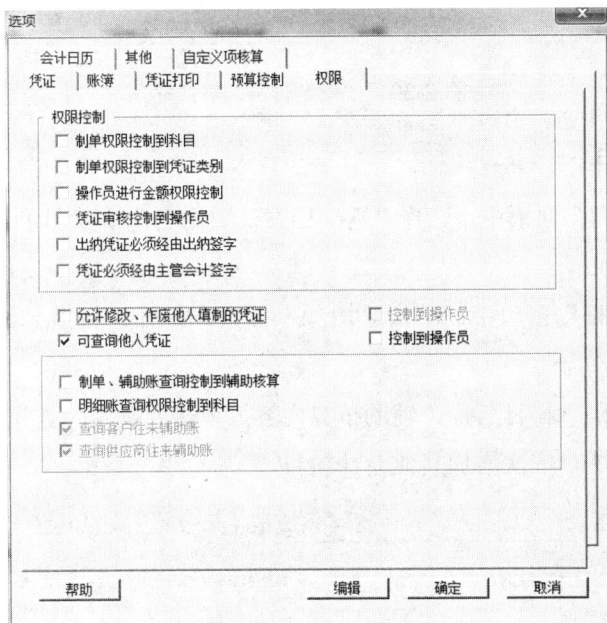

图 2-38 总账系统参数设置

2. 指定科目

(1) 在"基础设置"面板中，选择"基础档案"/"财务"/"会计科目"命令，进入"会计科目"窗口。

(2) 选择"编辑"/"指定科目"命令，进入"指定科目"对话框，如图 2-39 所示。

(3) 在最左列选中"现金科目"单选按钮，在"待选科目"列表框中选择"1001，库存现金"，单击">"按钮，将"1001，库存现金"从"待选科目"选入"已选科目"中。

(4) 在最左列选中"银行科目"单选按钮，在"待选科目"列表框中选择"1002，银行存款"，单击">"按钮，将"1002，银行存款"从"待选科目"选入"已选科目"中。

(5) 单击"确定"按钮。

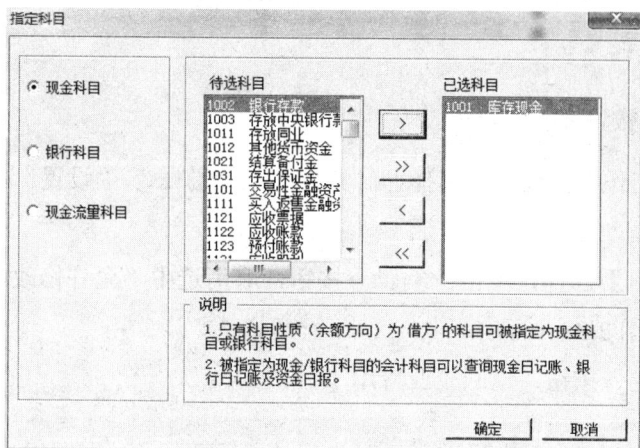

图2-39　"指定科目"对话框

3. 增加会计科目

(1) 在"基础设置"面板中，选择"基础档案"/"财务"/"会计科目"命令，进入"会计科目"窗口。

(2) 在"会计科目"窗口中，单击"增加"按钮，打开"新增会计科目"对话框，如图2-40所示。

(3) 录入科目编码、科目名称、辅助核算内容，单击"确定"按钮。

(4) 用同样的方法，依次增加其他会计科目。

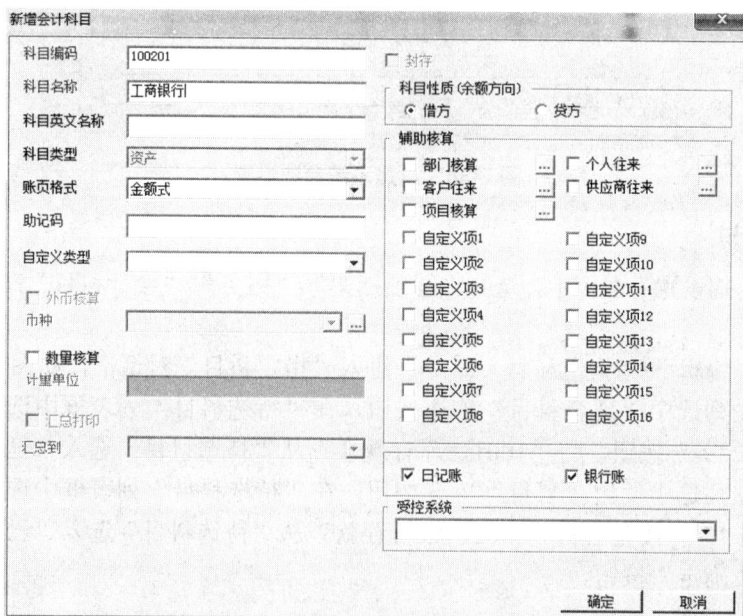

图2-40　"新增会计科目"对话框

提示：

(1) 增加会计科目时注意账页格式，部分科目是"金额式"，部分科目是"数量金额式"，如为"数量金额式"则需要增加相应的计量单位。

(2) 部分科目需要修改辅助核算项目。

(3) 全部会计科目的受控系统均选择空白。

4. 修改会计科目

(1) 在"基础设置"面板中，选择"基础档案"/"财务"/"会计科目"命令，进入"会计科目"窗口。

(2) 在"会计科目"窗口中，双击"1121，应收票据"，单击"修改"按钮。

(3) 选中"辅助核算"选项组中的"客户往来"复选框，如图 2-41 所示。

(4) 单击"确定"按钮。

(5) 用同样的方法，依次修改其他会计科目。

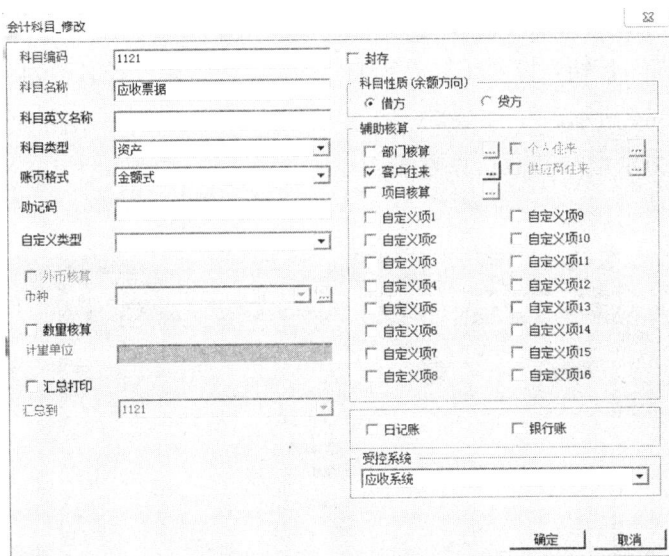

图 2-41　修改会计科目

5. 设置凭证类别

(1) 在"基础设置"面板中，选择"基础档案"/"财务"/"凭证类别"命令，进入"凭证类别预置"对话框。

(2) 选择"分类方式"为"收款凭证 付款凭证 转账凭证"，如图 2-42 所示。

(3) 单击"确定"按钮，打开"凭证类别"对话框，如图 2-43 所示。

(4) 单击"修改"按钮，双击"收款凭证"所在行的"限制类型"，从下拉菜单中选择"借方必有"，单击"限制科目"右侧的"参照"按钮，分别选择"1001""100201"和"100202"。用同样的方法，完成"付款凭证"及"转账凭证"的设置。

(5) 单击"退出"按钮。

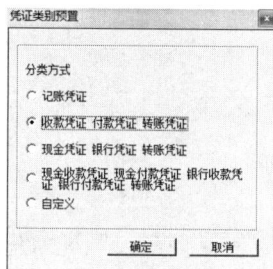

图 2-42　"凭证类别预置"对话框

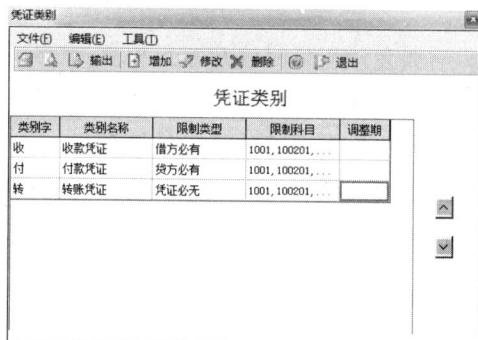

图 2-43　"凭证类别"对话框

6. 增加结算方式

(1) 在"基础设置"面板中，选择"基础档案"/"收付结算"/"结算方式"命令，进入"结算方式"窗口。

(2) 单击"增加"按钮，设置结算方式编码为"1"，结算方式名称为"现金"，单击"保存"按钮，如图 2-44 所示。

(3) 用同样的方法增加其他结算方式。

(4) 单击"退出"按钮。

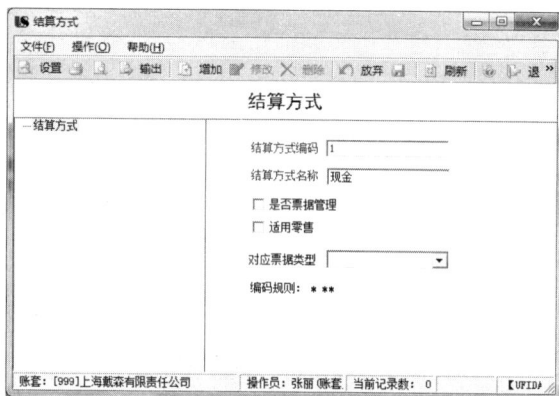

图 2-44　"结算方式"窗口

7. 录入期初余额

(1) 在"业务工作"面板中，选择"财务会计"/"总账"/"设置"/"期初余额"命令，进入"期初余额录入"窗口。

(2) 末级科目，可以直接录入期初余额。如录入"库存现金"的期初余额为"110 000.00"。

(3) 录入末级科目期初余额后，非末级科目期初余额将自动生成。如录入"工商银行"的期初余额为"1 800 000.00"，录入"建设银行"的期初余额为"97 654.00"，则"银行存款"期初余额自动计算生成"1 897 654.00"，如图 2-45 所示。

(4) 对于设置了辅助核算的会计科目，不允许直接录入期初余额，需要在该单元格双击进入"辅助期初余额"，录入其往来明细期初余额后返回，总账期初余额表金额将自动生成。如双击"1122，应收账款"期初余额，打开"辅助期初余额"窗口，单击"往来明细"按钮，打开"期初往来明细"窗口，单击"增行"按钮，增加期初往来明细，如图2-46所示。全部录入后单击"汇总"按钮，系统提示"完成了往来明细到辅助期初表的汇总"，单击"确定"按钮，如图2-47所示。再单击"退出"按钮，返回"辅助期初余额"对话框，如图2-48所示，单击"退出"按钮。

图 2-45 "期初余额录入"窗口

图 2-46 "期初往来明细"窗口

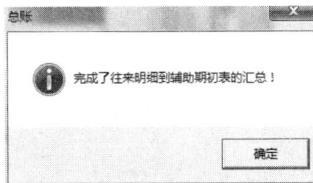

图 2-47 系统提示

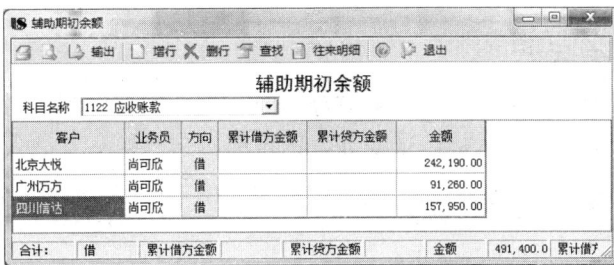

图 2-48 "辅助期初余额"窗口

(5) 录入其他科目余额。

(6) 单击"试算"按钮，进行试算平衡，如图 2-49 所示。

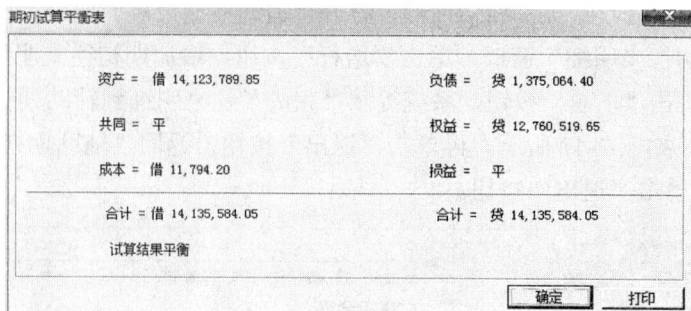

图 2-49　期初试算平衡表

(7) 单击"确定"按钮。

二、薪资管理系统初始化

(一) 实训要求

(1) 设置薪资管理系统参数。

(2) 工资类别设置。

(3) 设置工资项目。

(4) 设置工资计算公式。

(5) 增加人员档案。

(二) 实训资料

1. 参数设置

(1) 工资类别个数：多个。

(2) 核算币种：人民币。

(3) 要求代扣个人所得税。

(4) 不进行扣零处理。

(5) 启用日期：2015 年 12 月 01 日。

2. 工资类别

(1) 在职人员：选定所有部门。

(2) 临时人员：采购部、销售部。

3. 工资项目设置

工资项目如表 2-24 所示。

表2-24 工资项目

项目名称	类　型	长　度	小数位数	增　减　项
基本工资	数字	8	2	增项
岗位工资	数字	8	2	增项
奖金	数字	8	2	增项
职务补贴	数字	8	2	增项
交通补贴	数字	8	2	增项
应发合计	数字	10	2	增项
个人承担社保	数字	8	2	减项
个人承担公积金	数字	8	2	减项
缺勤天数	数字	8	2	其他
缺勤扣款	数字	8	2	减项
代扣税	数字	10	2	减项
扣款合计	数字	10	2	减项
实发合计	数字	10	2	增项
企业承担社保	数字	8	2	其他
企业承担公积金	数字	8	2	其他

4. 在职人员工资项目：全部工资项目

在职人员工资项目如表2-25所示。

表2-25 在职人员工资项目

项目名称	类　型	长　度	小数位数	增　减　项
基本工资	数字	8	2	增项
岗位工资	数字	8	2	增项
奖金	数字	8	2	增项
职务补贴	数字	8	2	增项
交通补贴	数字	8	2	增项
应发合计	数字	10	2	增项
个人承担社保	数字	8	2	减项
个人承担公积金	数字	8	2	减项
缺勤天数	数字	8	2	其他
缺勤扣款	数字	8	2	减项
代扣税	数字	10	2	减项

项目名称	类　型	长　度	小数位数	增减项
扣款合计	数字	10	2	减项
实发合计	数字	10	2	增项
企业承担社保	数字	8	2	其他
企业承担公积金	数字	8	2	其他

5. 临时人员工资项目：基本工资、奖金

临时人员工资项目如表 2-26 所示。

表 2-26　临时人员工资项目

项目名称	类　型	长　度	小数位数	增减项
基本工资	数字	8	2	增项
奖金	数字	8	2	增项
应发合计	数字	10	2	增项
代扣税	数字	10	2	减项
扣款合计	数字	10	2	减项
实发合计	数字	10	2	增项

6. 增加在职人员档案

在职人员档案如表 2-27 所示。

表 2-27　在职人员档案

人员编码	人员姓名	性　别	年　龄	人员类别	行政部门	银行代发账号
001	吴汇文	男	41	企业管理人员	总经理办公室	66022033001
002	张丽	女	35	企业管理人员	财务部	66022033002
003	王中亭	女	30	企业管理人员	财务部	66022033003
004	李宏	男	28	企业管理人员	财务部	66022033004
005	马家辉	男	24	企业管理人员	财务部	66022033005
006	汪洋	男	32	经营人员	采购部	66022033006
007	李丽	女	26	经营人员	采购部	66022033007
008	王文静	女	30	车间管理人员	一车间	66022033008
009	赵辉	男	25	生产人员	一车间	66022033009
010	刘云	男	28	生产人员	一车间	66022033010
011	何政	男	29	车间管理人员	二车间	66022033011

续表

人员编码	人员姓名	性 别	年 龄	人员类别	行政部门	银行代发账号
012	赵石磊	男	27	生产人员	二车间	66022033012
013	陈明	女	34	经营人员	销售部	66022033013
014	尚可欣	女	26	经营人员	销售部	66022033014
015	石菲菲	女	38	企业管理人员	原材料库	66022033015
016	刘宇	男	33	企业管理人员	产成品库	66022033016
017	刘欣桐	女	32	企业管理人员	人力资源部	66022033017

7. 工资计算公式

工资计算公式如表 2-28 所示。

表 2-28 工资计算公式

工资项目	定义公式
职务补贴	iff(人员类别="企业管理人员",600,iff(人员类别="车间管理人员",500,300))
交通补贴	iff(人员类别="经营人员",1000,500)
缺勤扣款	缺勤天数*100
个人承担社保	(基本工资+岗位工资+奖金+职务补贴+交通补贴)*0.11
个人承担公积金	(基本工资+岗位工资+奖金+职务补贴+交通补贴)*0.06
企业承担社保	(基本工资+岗位工资+奖金+职务补贴+交通补贴)*0.258
企业承担公积金	(基本工资+岗位工资+奖金+职务补贴+交通补贴)*0.1

8. 期初工资数据

期初工资数据如表 2-29 所示。

表 2-29 期初工资数据   单位：元

人员编码	人员姓名	人员类别	基本工资	岗位工资	奖 金
001	吴汇文	企业管理人员	5 100.00	1 000.00	800.00
002	张丽	企业管理人员	4 300.00	800.00	800.00
003	王中亭	企业管理人员	3 300.00	800.00	800.00
004	李宏	企业管理人员	3 300.00	800.00	800.00
005	马家辉	企业管理人员	2 300.00	800.00	800.00
006	汪洋	经营人员	2 100.00	600.00	1 000.00
007	李丽	经营人员	1 600.00	600.00	1 000.00
008	王文静	车间管理人员	4 000.00	700.00	800.00

续表

人员编码	人员姓名	人员类别	基本工资	岗位工资	奖 金
009	赵辉	生产人员	3 500.00	600.00	800.00
010	刘云	生产人员	3 500.00	600.00	800.00
011	何政	车间管理人员	4 000.00	700.00	800.00
012	赵石磊	生产人员	3 500.00	600.00	800.00
013	陈明	经营人员	2 600.00	600.00	1 000.00
014	尚可欣	经营人员	1 600.00	600.00	1 000.00
015	石菲菲	企业管理人员	1 200.00	700.00	800.00
016	刘宇	企业管理人员	1 200.00	700.00	800.00
017	刘欣桐	企业管理人员	4 200.00	700.00	800.00
合计			51 300.00	11 900.00	14 400.00

(三) 实训指导

1. 薪资系统参数设置

(1) 在企业应用平台中，选择"人力资源"/"薪资管理"命令，系统会提示"请先建立工资类别"，单击"确认"按钮，打开"建立工资套——参数设置"对话框，将"请选择本账套所需处理的工资类别个数"设为"多个"，如图 2-50 所示。

(2) 单击"下一步"按钮，进入"建立工资套——扣税设置"对话框，选中"是否从工资中代扣个人所得税"复选框，如图 2-51 所示。

(3) 单击"下一步"按钮，进入"建立工资套——扣零设置"对话框，不选中"扣零"复选框，如图 2-52 所示。

(4) 单击"下一步"按钮，进入"建立工资套——人员编码"对话框，如图 2-53 所示。

(5) 单击"完成"按钮。

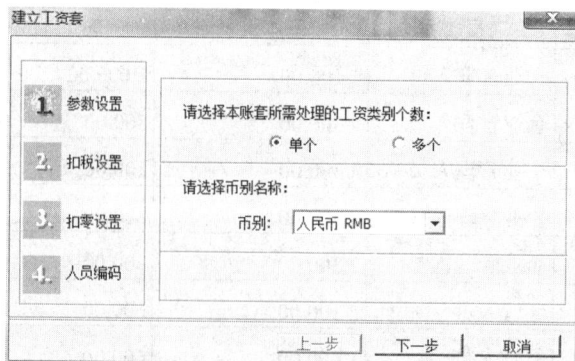

图 2-50　"建立工资套——参数设置"对话框

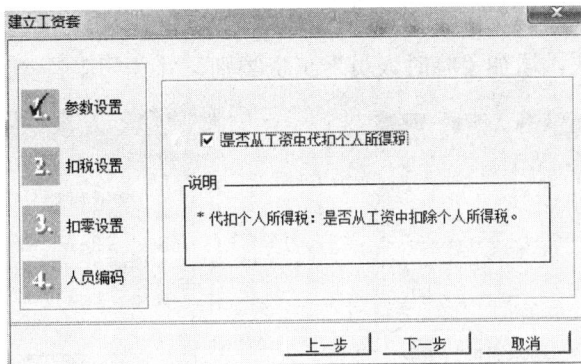

图 2-51　"建立工资套——扣税设置"对话框

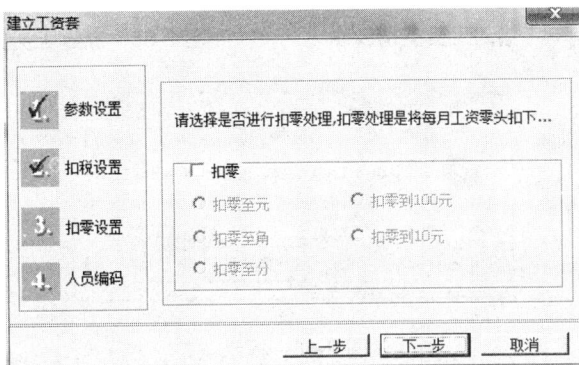

图 2-52　"建立工资套——扣零设置"对话框

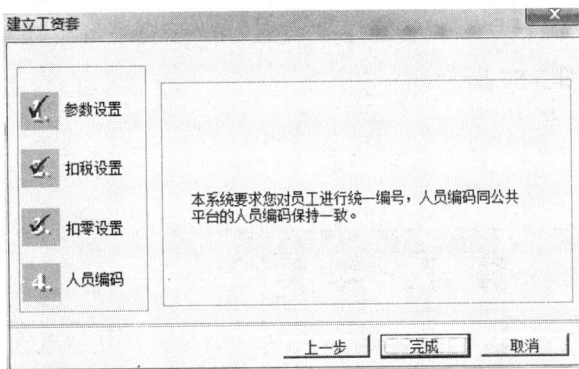

图 2-53　"建立工资套——人员编码"对话框

2. 工资类别设置

(1) 选择"人力资源"/"薪资管理"/"工资类别"/"新建工资类别"命令，打开"新建工资类别"对话框，输入工资类别名称为"在职人员"，如图 2-54 所示。

(2) 单击"下一步"按钮，单击"选定全部部门"按钮，如图 2-55 所示。

(3) 单击"完成"按钮，系统提示"是否以 2015-12-01 为当前工资类别的启用日期？"，单击"是"按钮，如图 2-56 所示。

(4) 选择"人力资源"/"薪资管理"/"工资类别"/"关闭工资类别"命令。

(5) 用同样的方法，增加"临时人员"工资类别，并关闭工资类别。

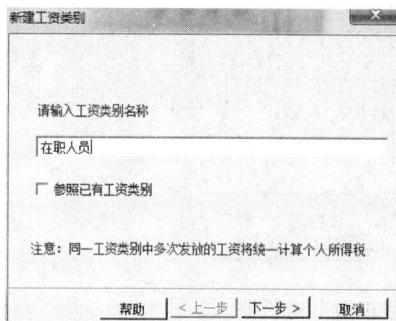

图 2-54　新建工资类别——输入工资类别名称　　　图 2-55　新建工资类别——选择部门

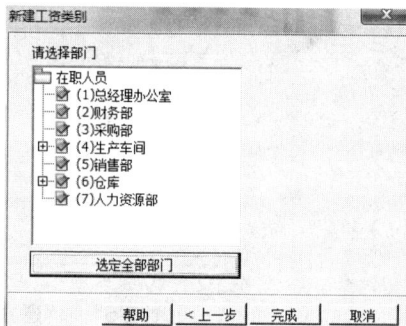

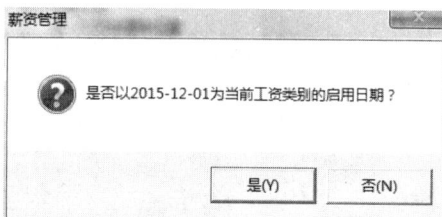

图 2-56　提示

3. 工资项目设置

(1) 选择"人力资源"/"薪资管理"/"设置"/"工资项目设置"命令，打开"工资项目设置"对话框，如图 2-57 所示。

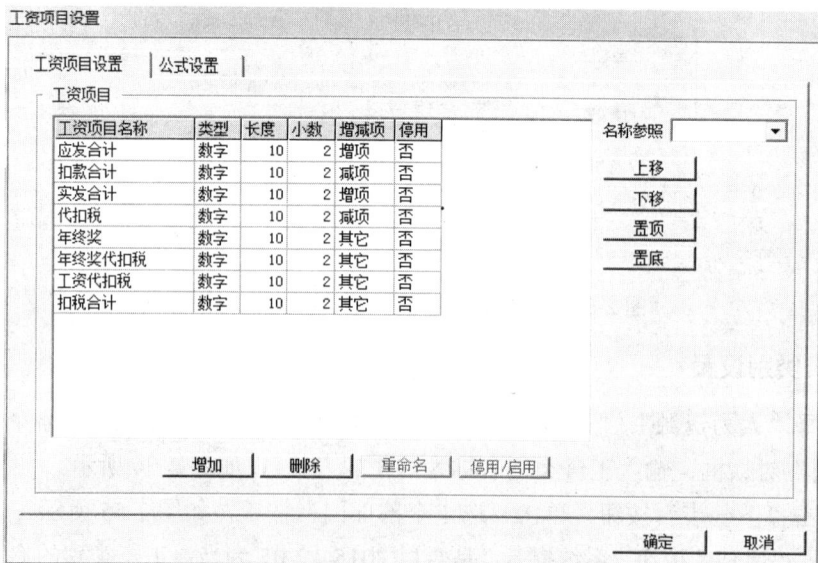

图 2-57　"工资项目设置"对话框

(2) 单击"增加"按钮，从右侧"名称参照"下拉列表框中选择"基本工资"选项，按照给定资料修改类型、长度、增减项。

(3) 用同样的方法增加其他工资项目，"名称参照"中没有的工资项目可以在"工资项目名称"中直接输入。增加全部工资项目后，可以通过右侧"上移""下移""置顶""置底"按钮调整工资项目设置，如图 2-58 所示。

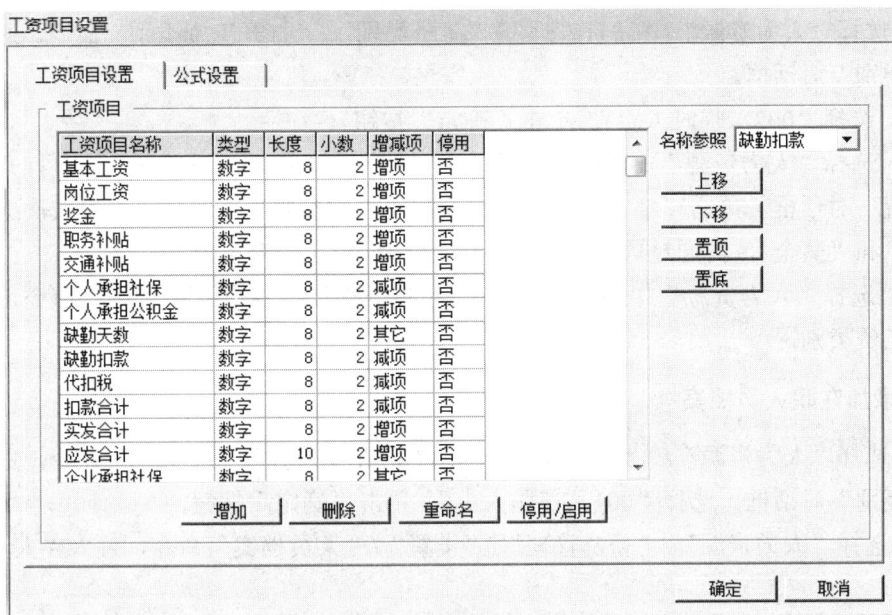

图 2-58　工资项目设置

(4) 单击"确定"按钮，系统提示"工资项目已经改变，请确认各工资类别的公式是否正确。否则计算结果可能不正确。"，单击"确定"按钮。

(5) 选择"人力资源"/"薪资管理"/"工资类别"/"打开工资类别"命令，进入"打开工资类别"对话框，如图 2-59 所示。

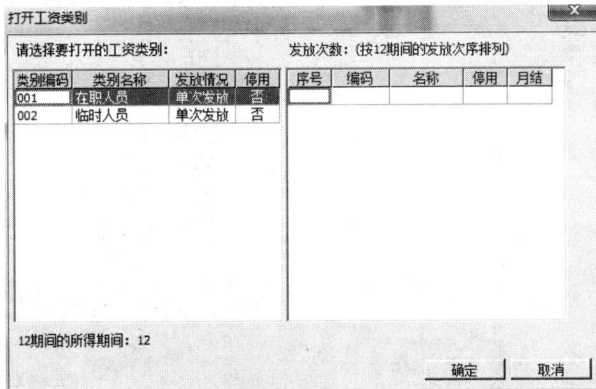

图 2-59　"打开工资类别"对话框

(6) 选择"001，在职人员"，单击"确定"按钮。

(7) 选择"人力资源"/"薪资管理"/"设置"/"工资项目设置"命令，打开"工资项目设置"对话框，单击"增加"按钮，在右侧"名称参照"下拉列表框中依次进行选择，再通过"上移""下移"按钮调整工资项目位置。

(8) 选择"人力资源"/"薪资管理"/"工资类别"/"关闭工资类别"命令，关闭在职人员工资类别。

(9) 选择"人力资源"/"薪资管理"/"工资类别"/"打开工资类别"命令，进入"打开工资类别"对话框。

(10) 选择"002，临时人员"，单击"确定"按钮。

(11) 选择"人力资源"/"薪资管理"/"设置"/"工资项目设置"命令，打开"工资项目设置"对话框，单击"增加"按钮，在右侧"名称参照"下拉列表框中依次选择"基本工资"和"奖金"，再通过"上移""下移"按钮调整工资项目位置。

(12) 选择"人力资源"/"薪资管理"/"工资类别"/"关闭工资类别"命令，关闭临时人员工资类别。

4. 增加在职人员档案

(1) 选择"人力资源"/"薪资管理"/"工资类别"/"打开工资类别"命令，进入"打开工资类别"对话框，选择"001，在职人员"，单击"确定"按钮。

(2) 选择"人力资源"/"薪资管理"/"设置"/"人员档案"命令，进入"人员档案"窗口。

(3) 单击"批增"按钮，打开"人员批量增加"对话框。

(4) 单击"人员姓名"右侧的"参照"按钮，打开"参照"窗口，如图2-60所示。

(5) 选中全部人员，单击"全载"按钮。

(6) 单击"返回"按钮，返回"人员批量增加"对话框，单击"查询"按钮，如图2-61所示。

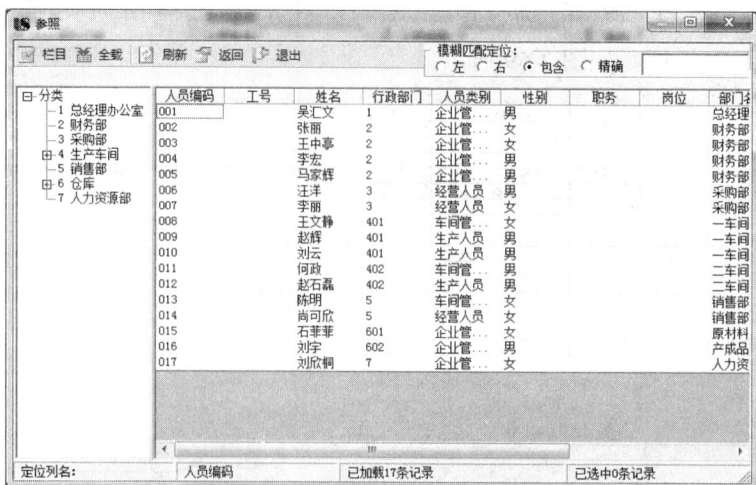

图2-60 "参照"窗口

图 2-61　"人员批量增加"对话框

(7) 单击"全选"按钮，再单击"确定"按钮，返回"人员档案"窗口，如图 2-62 所示。

(8) 选择"001，吴汇文"，单击"修改"按钮，打开"人员档案明细"对话框，如图 2-63 所示。

(9) 选择"银行名称"为"中国工商银行"，增加"银行账号"为"66022033001"。

(10) 单击"确定"按钮，系统提示"写入该人员档案信息吗？"，单击"确定"按钮，如图 2-64 所示。

(11) 用同样的方法继续修改其他人员档案，全部修改完毕，返回"人员档案"窗口，如图 2-65 所示。

图 2-62　"人员档案"窗口

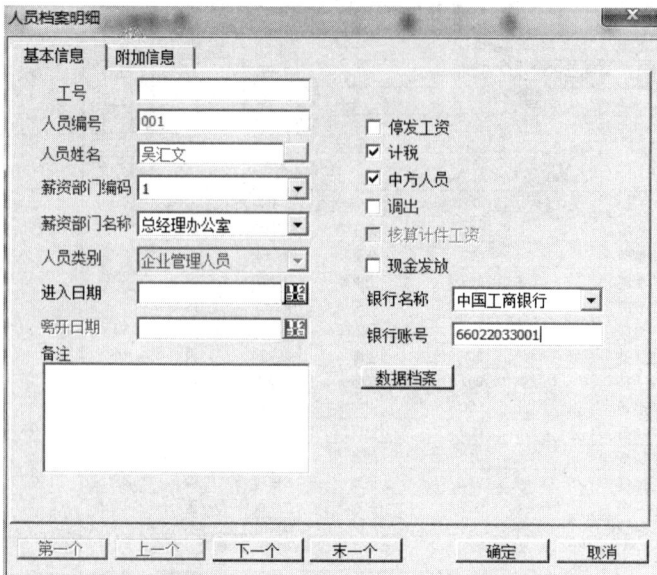

图 2-63 "人员档案明细"对话框

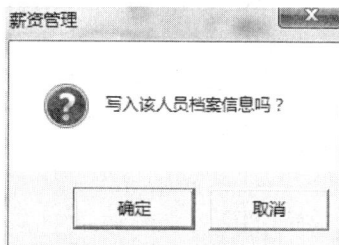

图 2-64 提示

图 2-65 "人员档案"窗口

5. 定义工资计算公式

(1) 选择"人力资源"/"薪资管理"/"设置"/"工资项目设置"命令，进入"工资项目设置"对话框。

(2) 选择"公式设置"选项卡，如图 2-66 所示。

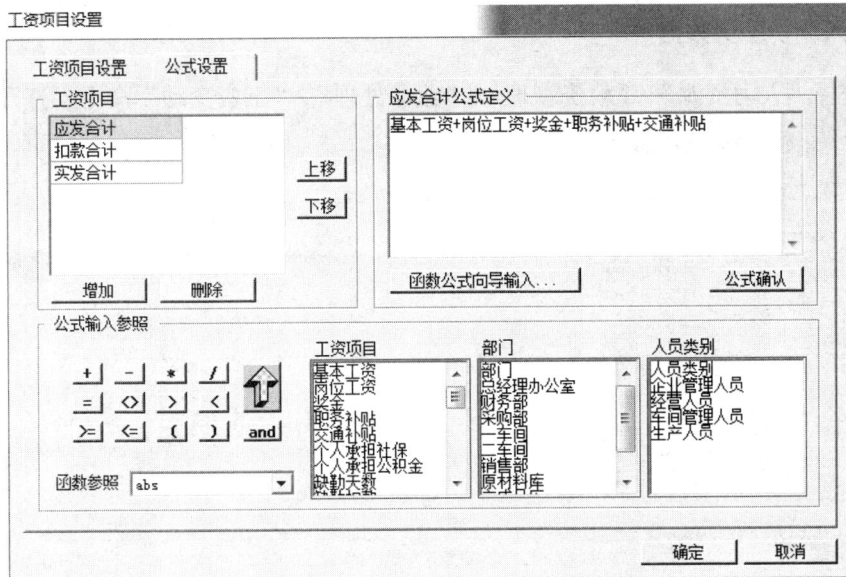

图 2-66　工资项目设置——公式设置

(3) 在左侧"工资项目"选项组下单击"增加"按钮，从下拉菜单中选择"职务补贴"，单击右侧的"职务补贴公式定义"区域，定义职务补贴公式，单击"公式确认"按钮，如图 2-67 所示。

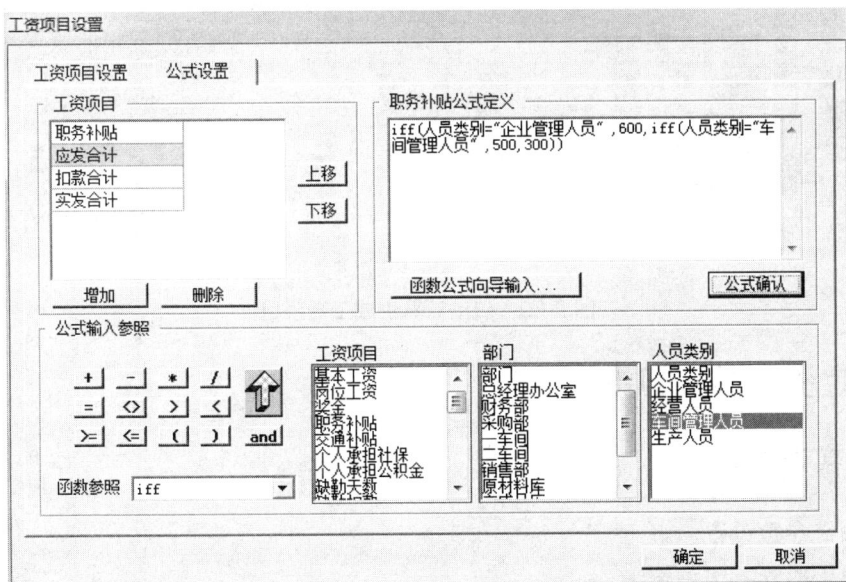

图 2-67　工资项目设置——职务补贴公式定义

(4) 用同样的方法定义其他工资项目公式。

(5) 单击"确定"按钮。

6. 录入期初工资数据

(1) 选择“人力资源”/“薪资管理”/“业务处理”/“工资变动”命令，打开“工资变动”窗口，如图 2-68 所示。

工资变动

过滤器 所有项目　　定位器

选择	工号	人员编号	姓名	部门	人员类别	基本工资	岗位工资	奖金	职务补贴	交通补贴	应发合计	个人承担社保	个人承担公积金	缺勤天数	缺勤扣款	代扣税	扣款合计	实发合计	企业承担社保	企业
		001	吴汇文	总经理办公室	企业管理人员	5,100.00	1,000.00	800.00												
		002	张丽	财务部	企业管理人员	4,300.00	800.00	800.00												
		003	王中亭	财务部	企业管理人员	3,300.00	800.00	800.00												
		004	李宏	财务部	企业管理人员	3,300.00	800.00	800.00												
		005	马家辉	财务部	企业管理人员	2,300.00	800.00	800.00												
		006	汪洋	采购部	经营人员	2,100.00	600.00	1,000.00												
		007	李丽	采购部	经营人员	1,600.00	600.00	1,000.00												
		008	王文静	一车间	车间管理人员	4,000.00	700.00	800.00												
		009	赵辉	一车间	生产人员	3,500.00	600.00	800.00												
		010	刘云	一车间	生产人员	3,500.00	600.00	800.00												
		011	何政	二车间	车间管理人员	4,000.00	700.00	800.00												
		012	赵石磊	二车间	生产人员	3,500.00	600.00	800.00												
		013	陈明	销售部	车间管理人员	2,600.00	600.00	1,000.00												
		014	尚可欣	销售部	经营人员	1,600.00	600.00	1,000.00												
		015	石菲菲	原材料库	企业管理人员	1,200.00	700.00	800.00												
		016	刘宇	产成品库	企业管理人员	1,200.00	700.00	800.00												
		017	刘欣桐	人力资源部	企业管理人员	4,200.00	700.00	800.00												
合计						51,300.00	11,900.00	14,400.00	0.00	0.00	0.00	0.00	0.00	0.00	0.00	0.00	0.00	0.00	0.00	

当前月份：12月　总人数：17　当前人数：17

图 2-68　“工资变动”窗口

(2) 录入每位员工基本工资、岗位工资、奖金，单击“计算”按钮，再单击“汇总”按钮，其余工资项目将自动计算生成，如图 2-69 所示。

工资变动

过滤器 所有项目　　定位器

选择	工号	人员编号	姓名	部门	人员类别	基本工资	岗位工资	奖金	职务补贴	交通补贴	应发合计	个人承担社保	个人承担公积金	缺勤天数	缺勤扣款	代扣税	扣款合计	实发合计	企业承担社保	企业承担公积金	应税收入
		001	吴汇文	总经理办公室	企业管理人员	5,100.00	1,000.00	800.00	600.00	500.00	8,000.00	880.00	480.00			209.00	1,569.00	6,431.00	2,064.00	800.00	6,640.00
		002	张丽	财务部	企业管理人员	4,300.00	800.00	800.00	600.00	500.00	7,000.00	770.00	420.00			126.00	1,316.00	5,684.00	1,806.00	700.00	5,810.00
		003	王中亭	财务部	企业管理人员	3,300.00	800.00	800.00	600.00	500.00	6,000.00	660.00	360.00			44.40	1,064.40	4,935.60	1,548.00	600.00	4,980.00
		004	李宏	财务部	企业管理人员	3,300.00	800.00	800.00	600.00	500.00	6,000.00	660.00	360.00			44.40	1,064.40	4,935.60	1,548.00	600.00	4,980.00
		005	马家辉	财务部	企业管理人员	2,300.00	800.00	800.00	600.00	500.00	5,000.00	550.00	300.00			19.50	869.50	4,130.50	1,290.00	500.00	4,150.00
		006	汪洋	采购部	经营人员	2,100.00	600.00	1,000.00	300.00	1,000.00	5,000.00	550.00	300.00			19.50	869.50	4,130.50	1,290.00	500.00	4,150.00
		007	李丽	采购部	经营人员	1,600.00	600.00	1,000.00	300.00	1,000.00	4,500.00	495.00	270.00			7.05	772.05	3,727.95	1,161.00	450.00	3,735.00
		008	王文静	一车间	车间管理人员	4,000.00	700.00	800.00	500.00	500.00	6,500.00	715.00	390.00			84.50	1,189.50	5,310.50	1,677.00	650.00	5,395.00
		009	赵辉	一车间	生产人员	3,500.00	600.00	800.00	300.00	500.00	5,700.00	627.00	342.00			36.93	1,005.93	4,694.07	1,470.60	570.00	4,731.00
		010	刘云	一车间	生产人员	3,500.00	600.00	800.00	300.00	500.00	5,700.00	627.00	342.00			36.93	1,005.93	4,694.07	1,470.60	570.00	4,731.00
		011	何政	二车间	车间管理人员	4,000.00	700.00	800.00	500.00	500.00	6,500.00	715.00	390.00			84.50	1,189.50	5,310.50	1,677.00	650.00	5,395.00
		012	赵石磊	二车间	生产人员	3,500.00	600.00	800.00	300.00	500.00	5,700.00	627.00	342.00			36.93	1,005.93	4,694.07	1,470.60	570.00	4,731.00
		013	陈明	销售部	经营人员	2,600.00	600.00	1,000.00	300.00	1,000.00	5,500.00	605.00	330.00			31.95	966.95	4,533.05	1,419.00	550.00	4,565.00
		014	尚可欣	销售部	经营人员	1,600.00	600.00	1,000.00	300.00	1,000.00	4,500.00	495.00	270.00			7.05	772.05	3,727.95	1,161.00	450.00	3,735.00
		015	石菲菲	原材料库	企业管理人员	1,200.00	700.00	800.00	600.00	500.00	3,800.00	418.00	228.00				646.00	3,154.00	980.40	380.00	3,154.00
		016	刘宇	产成品库	企业管理人员	1,200.00	700.00	800.00	600.00	500.00	3,800.00	418.00	228.00				646.00	3,154.00	980.40	380.00	3,154.00
		017	刘欣桐	人力资源部	企业管理人员	4,200.00	700.00	800.00	600.00	500.00	6,800.00	748.00	408.00			109.40	1,265.40	5,534.60	1,754.40	680.00	5,644.00
合计						51,300.00	11,900.00	14,400.00	7,900.00	10,500.00	96,000.00	10,560.00	5,760.00			898.04	17,218.04	78,781.96	24,768.00	9,600.00	79,680.00

当前月份：12月　总人数：17　当前人数：17

图 2-69　自动计算生成工资项目

三、固定资产系统初始化

(一) 实训要求

(1) 系统参数设置。

(2) 固定资产选项设置。

(3) 部门对应折旧科目。

(4) 增加固定资产类别。

(5) 设置固定资产增减方式。

(6) 录入原始卡片。

(二) 实训资料

1. 固定资产系统参数

固定资产系统参数如表 2-30 所示。

表 2-30 固定资产系统参数

步 骤	内 容
约定及说明	我同意
启用月份	2015 年 12 月
折旧信息	1. 主要折旧方法：年限平均法(一)； 2. 折旧汇总分配周期：1 个月； 3. 选中"当(月初已计提月份=可使用月份−1)时将剩余折旧提足"
编码方案	1. 资产类别编码方式：2-1-1-2； 2. 固定资产编码方式：采用自动编码，"类别编码+序号"，其中"序号长度"为 5 位
账务接口	1. 要求与账务系统进行对账； 2. 对账科目：固定资产对账科目为"1601，固定资产"；累计折旧对账科目为"1602，累计折旧"； 3. 选中"在对账不平情况下允许固定资产月末结账"

2. 固定资产选项

(1) 累计折旧缺省入账科目：1602，累计折旧

(2) 减值准备缺省入账科目：1603，固定资产减值准备

3. 部门对应折旧科目

部门对应折旧科目如表 2-31 所示。

表 2-31 部门对应折旧科目

部门名称	借方科目
总经理办公室	管理费用——折旧费
财务部	管理费用——折旧费
采购部	管理费用——折旧费
一车间	制造费用
二车间	制造费用
销售部	销售费用——折旧费
原材料库	管理费用——折旧费
产成品库	管理费用——折旧费
人力资源部	管理费用——折旧费

4. 固定资产类别(假定全部固定资产预计净残值为 0)

固定资产类别如表 2-32 所示。

表 2-32　固定资产类别

类别编码	类别名称	使用年限	折旧方法
01	房屋及建筑物	20	年限平均法(一)
011	办公楼	20	年限平均法(一)
012	厂房	20	年限平均法(一)
013	仓库	20	年限平均法(一)
02	机器设备	10	年限平均法(一)
021	生产线	10	年限平均法(一)
03	运输设备	6	年限平均法(一)
031	轿车	6	年限平均法(一)
032	货车	6	年限平均法(一)
04	办公设备	5	年限平均法(一)
041	电脑	5	年限平均法(一)
042	复印机	5	年限平均法(一)

5. 固定资产增减方式

固定资产增减方式对应入账科目如表 2-33 所示。

表 2-33　固定资产增减方式对应入账科目

增加方式	入账科目
直接购入	银行存款——工商银行
投资者投入	实收资本
捐赠	营业外收入
在建工程转入	在建工程

减少方式	入账科目
出售	固定资产清理
盘亏	待处理财产损溢
投资转出	长期股权投资
捐赠转出	固定资产清理
报废	固定资产清理

6. 固定资产原始卡片

固定资产原始卡片如表 2-34 所示。

表 2-34 固定资产原始卡片 单位：元

卡片编号	固定资产编号	固定资产名称	类别编号	类别名称	使用部门	增加方式	使用年限	开始使用日期	原值	累计折旧
00001	01100001	办公楼	011	办公楼	总经理办公室	直接购入	20年	2005年11月1日	1 500 000.00	756 000.00
00002	01200001	一车间	012	厂房	一车间	直接购入	20年	2005年11月1日	7 350 000.00	3 704 400.00
00003	01200002	二车间	012	厂房	二车间	直接购入	20年	2005年11月1日	2 450 000.00	1 234 800.00
00004	01300001	原材料仓库	013	仓库	原材料库	直接购入	20年	2005年11月1日	400 000.00	201 600.00
00005	01300002	产成品仓库	013	仓库	产成品库	直接购入	20年	2005年11月1日	500 000.00	252 000.00
00006	0210001	第一生产线	021	生产线	一车间	直接购入	10年	2007年11月1日	400 000.00	318 720.00
00007	0210002	第二生产线	021	生产线	一车间	直接购入	10年	2007年11月1日	350 000.00	278 880.00
00008	0210003	第三生产线	021	生产线	二车间	直接购入	10年	2007年11月1日	200 000.00	159 360.00
00009	03100001	轿车一	031	轿车	总经理办公室	直接购入	6年	2015年10月1日	250 000.00	3 475.00
00010	03100002	轿车二	031	轿车	销售部	直接购入	6年	2015年10月1日	150 000.00	2 085.00
00011	03200001	货车	032	货车	一车间	直接购入	6年	2015年10月1日	400 000.00	5 560.00
00012	04100001	戴尔台式机	041	电脑	财务部	直接购入	5年	2013年6月1日	22 000.00	10 654.60
00013	04100002	戴尔笔记本	041	电脑	采购部	直接购入	5年	2013年6月1日	20 000.00	9 686.00
00014	04100003	华硕笔记本	041	电脑	销售部	直接购入	5年	2013年6月1日	12 000.00	5 811.60
00015	04200001	兄弟一体机	042	复印机	财务部	直接购入	5年	2013年6月1日	20 000.00	9 686.00
00016	04200002	惠普一体机	042	复印机	采购部	直接购入	5年	2013年6月1日	14 000.00	6 780.20
00017	04200003	惠普打印机	042	复印机	销售部	直接购入	5年	2013年6月1日	10 000.00	4 843.00

注：全部固定资产使用状况均为"在用"，折旧计算方法均为"年限平均法(一)"，净残值均为零。

(三) 实训指导

1. 固定资产系统参数设置

(1) 选择"业务工作"/"财务会计"/"固定资产"命令，系统提示"这是第一次打开此账套，还未进行过初始化，是否进行初始化？"，如图 2-70 所示。

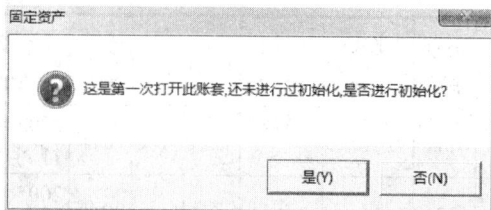

图 2-70　提示

(2) 单击"是"按钮，打开"初始化账套向导——约定及说明"对话框，如图 2-71 所示。

(3) 选中"我同意"单选按钮，单击"下一步"按钮，进入"初始化账套向导——启用月份"对话框，如图 2-72 所示。

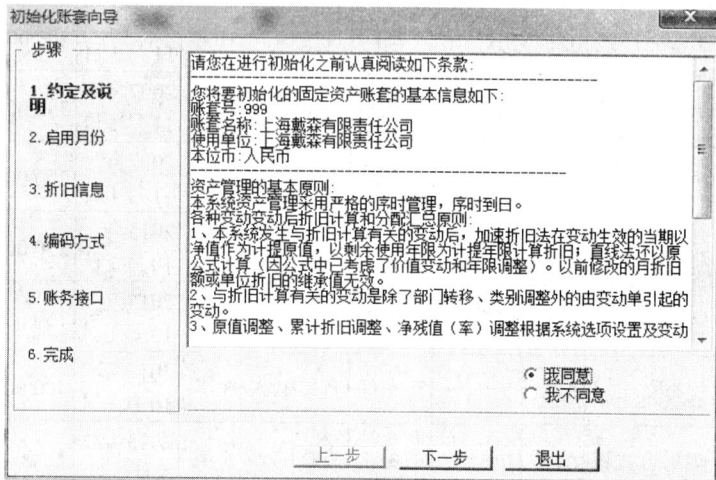

图 2-71　初始化账套向导——约定及说明

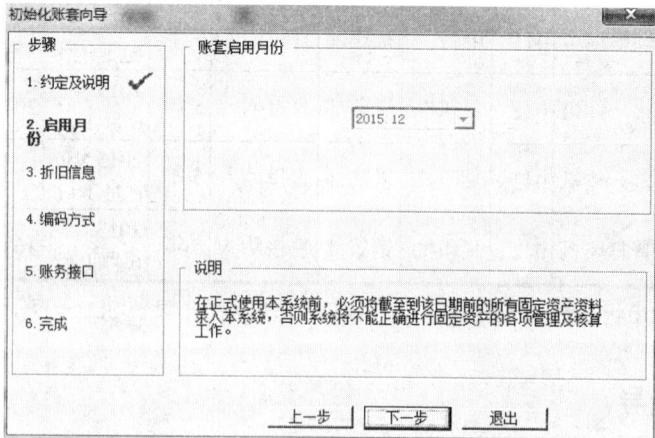

图 2-72　初始化账套向导——启用月份

（4）单击"下一步"按钮，进入"初始化账套向导——折旧信息"对话框，选择"主要折旧方法"为"平均年限法(一)"，如图 2-73 所示。

（5）单击"下一步"按钮，进入"初始化账套向导——编码方式"对话框，"固定资产编码方式"选择"自动编码"和"类别编码+序号"，"序号长度"为"5"，如图 2-74 所示。

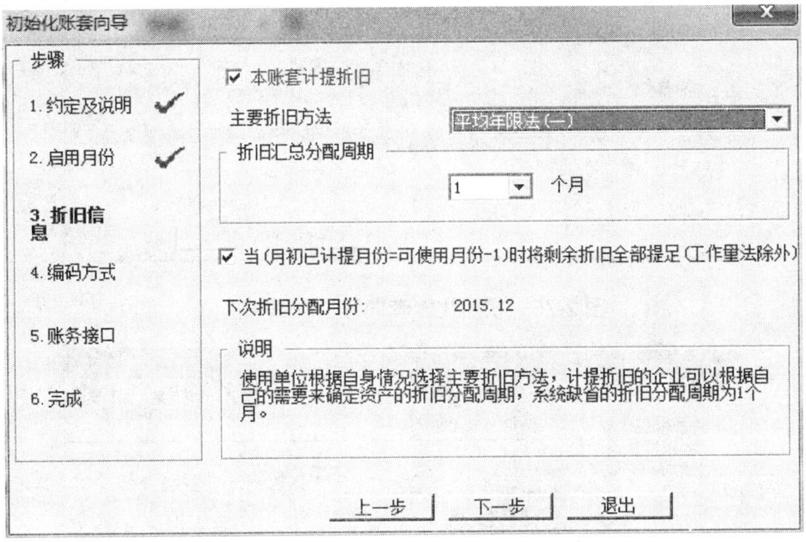

图 2-73　初始化账套向导——折旧信息

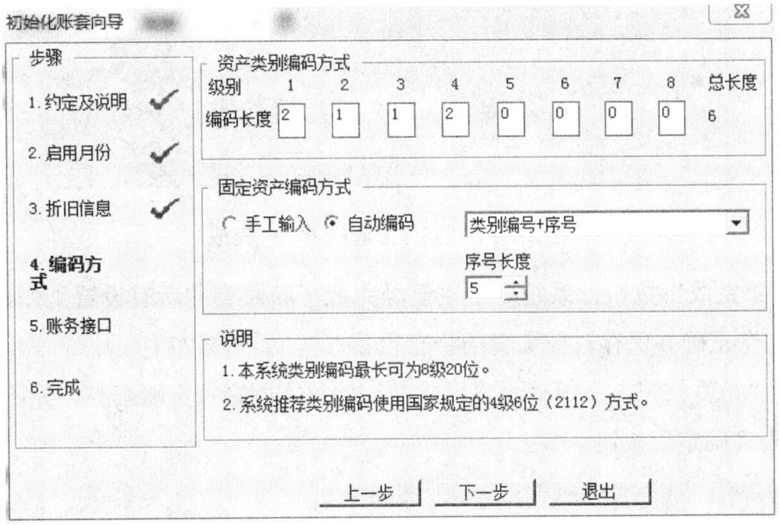

图 2-74　初始化账套向导——编码方式

（6）单击"下一步"按钮，进入"初始化账套向导——账务接口"对话框，在"固定资产对账科目"选择"1601，固定资产"，在"累计折旧对账科目"选择"1602，累计折旧"，选中"在对账不平情况下允许固定资产月末结账"复选框，如图 2-75 所示。

（7）单击"下一步"按钮，进入"初始化账套向导——完成"对话框，如图 2-76 所示。

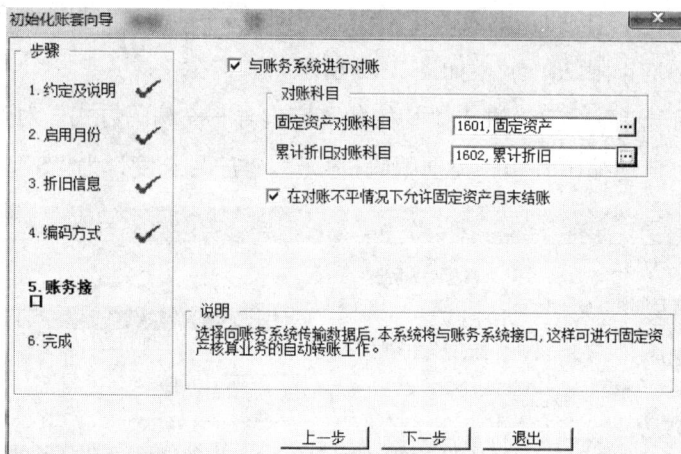

图 2-75　初始化账套向导——账务接口

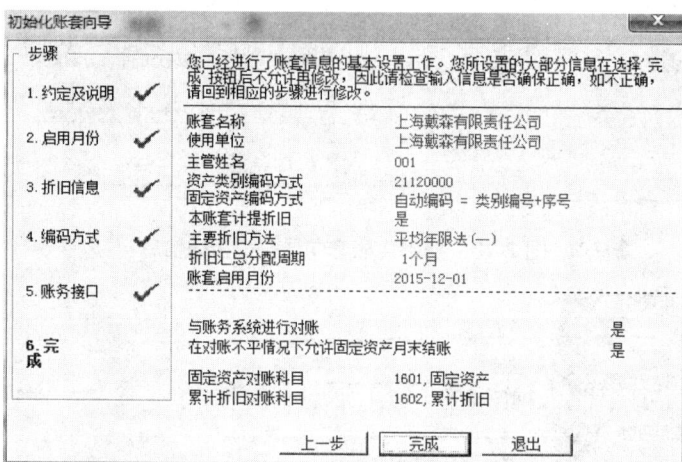

图 2-76　初始化账套向导——完成

(8) 单击"完成"按钮，系统提示"已经完成了新账套的所有设置工作，是否确定所设置的信息完全正确并保存对新账套的所有设置？"，如图 2-77 所示。

(9) 单击"是"按钮，系统提示"已成功初始化本固定资产账套!"，如图 2-78 所示。

(10) 单击"确定"按钮。

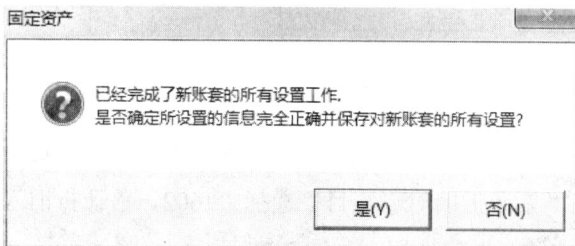

图 2-77　提示

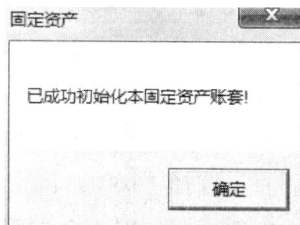

图 2-78　提示

2. 固定资产选项

(1) 选择"业务工作"/"财务会计"/"固定资产"/"设置"/"选项"命令，打开"选项"对话框。

(2) 单击"编辑"按钮，选择"与账务系统接口"选项卡，如图 2-79 所示。

(3) 在"累计折旧缺省入账科目"中选择"1602，累计折旧"，在"减值准备缺省入账科目"中选择"1603，固定资产减值准备"。

(4) 单击"确定"按钮。

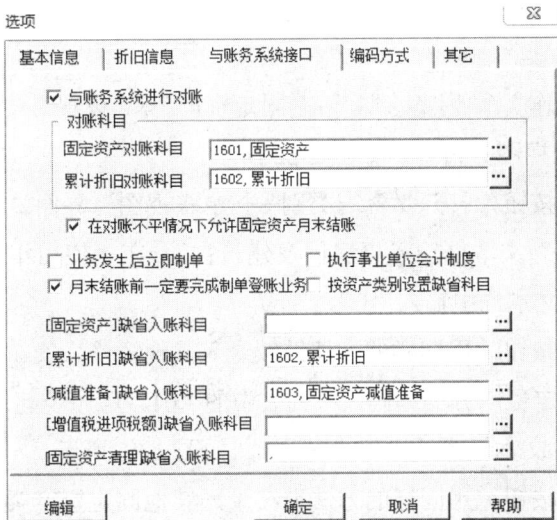

图 2-79　"选项"对话框

3. 部门对应折旧科目

(1) 选择"业务工作"/"财务会计"/"固定资产"/"设置"/"部门对应折旧科目"命令，打开"部门对应折旧科目"窗口，如图 2-80 所示。

(2) 单击选择"1，总经理办公室"，单击"修改"按钮，将"折旧科目"选择为"660202，管理费用——折旧费"，如图 2-81 所示。

(3) 用同样的方法增加其他部门对应折旧科目。

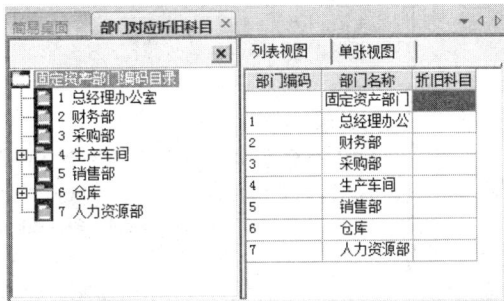

图 2-80　"部门对应折旧科目"窗口

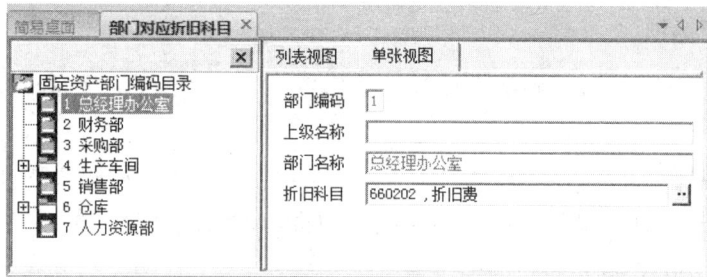

图 2-81　部门对应折旧科目——单张视图

4. 增加资产类别

(1) 选择"业务工作"/"财务会计"/"固定资产"/"设置"/"资产类别"命令，打开"资产类别——列表视图"窗口，如图 2-82 所示。

(2) 单击"增加"按钮，打开"资产类别——单张视图"界面。

(3) 在"类别名称"文本框输入"房屋及建筑物"，在"使用年限"文本框中输入"5年"，在"净残值率"文本框中输入"0"。

(4) 单击"保存"按钮，用同样的方法继续录入其他资产大类。

(5) 单击左侧"固定资产分类编码表"列表中的"01，房屋及建筑物"，再单击"增加"按钮，在"类别名称"文本框中输入"办公楼"，如图 2-83 所示。

(6) 单击"保存"按钮，用同样的方法继续录入其他固定资产类别。

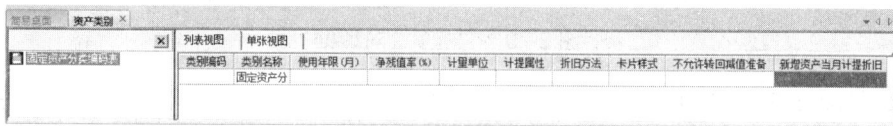

图 2-82　资产类别——列表视图

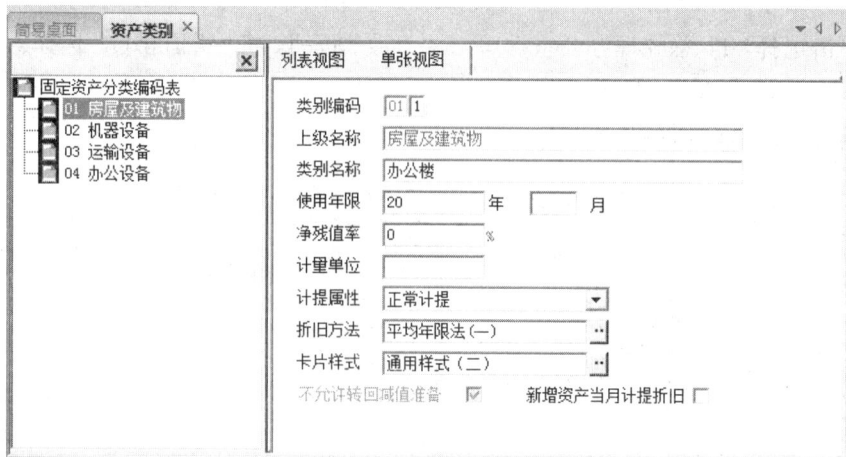

图 2-83　资产类别——单张视图

5. 设置固定资产增减方式

(1) 选择"业务工作"/"财务会计"/"固定资产"/"设置"/"增减方式"命令，打开"增减方式——列表视图"窗口，如图 2-84 所示。

(2) 单击左侧"增减方式目录表"列表中的"101 直接购入"，再单击"修改"按钮，打开"增减方式——单张视图"窗口，如图 2-85 所示。

(3) 在"对应入账科目"中选择"100201，工商银行"，单击"保存"按钮。

(4) 用同样的方法设置其他固定资产增减方式的对应入账科目。

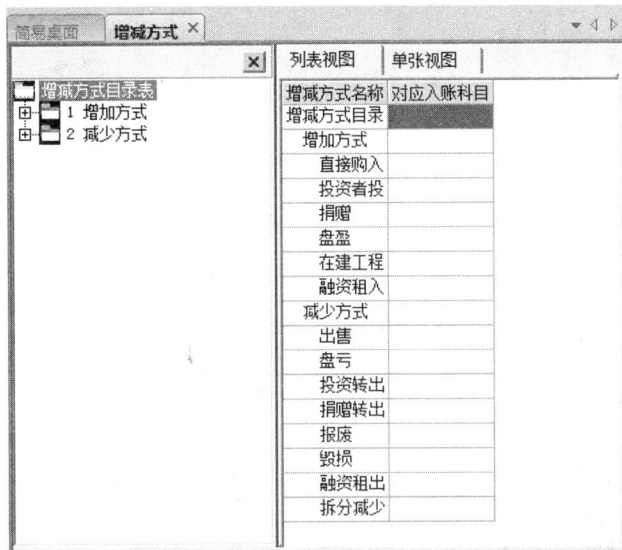

图 2-84　增减方式——列表视图

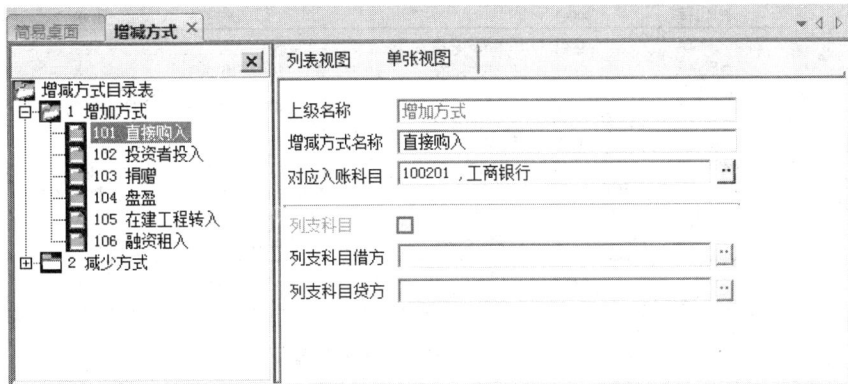

图 2-85　增减方式——单张视图

6. 录入固定资产原始卡片

(1) 选择"业务工作"/"财务会计"/"固定资产"/"卡片"/"录入原始卡片"命令，打开"固定资产类别档案"窗口，如图 2-86 所示。

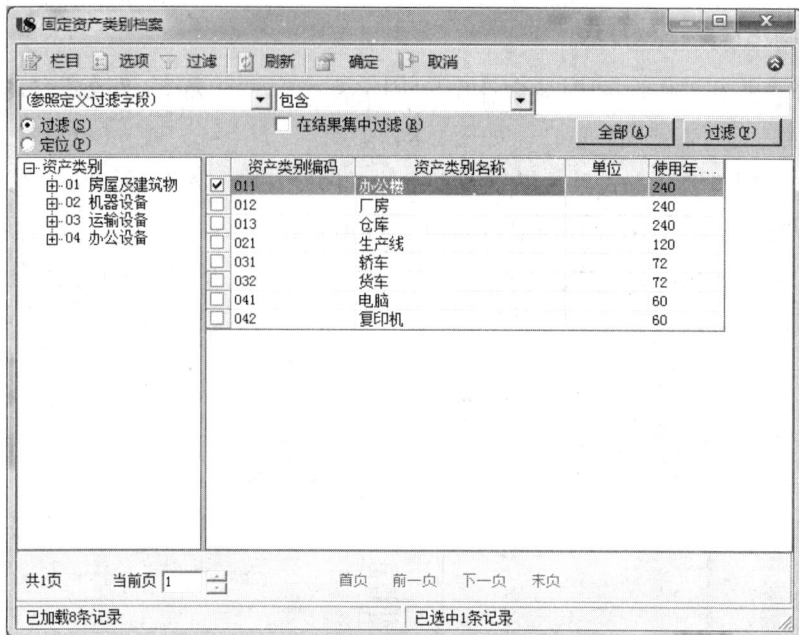

图 2-86　"固定资产类别档案"窗口

(2) 选择"011，办公楼"，单击"确定"按钮，进入"固定资产卡片"窗口，如图 2-87 所示。

图 2-87　"固定资产卡片"窗口

(3) 在"固定资产名称"中输入"办公楼"，在"使用部门"选择"单部门使用"，再选择"总经理办公室"，在"增加方式"中选择"直接购入"，在"使用状况"中选择"在用"，在"开始使用日期"中输入"2005-11-01"，在"原值"中输入"1500000.00"，在"累计折旧"中输入"756000.00"，单击"保存"按钮。

(4) 用同样的方法继续增加其他固定资产原始卡片。

四、应收款管理系统初始化

(一) 实训要求

(1) 系统参数设置。

(2) 基本科目设置。

(3) 结算方式科目设置。

(4) 账期内账龄区间设置。

(5) 坏账准备设置。

(6) 期初余额录入。

(二) 实训资料

1. 应收款管理系统初始设置

应收款核销方式：按单据；

单据审核日期依据：单据日期；

坏账处理方式：应收余额百分比法；

代垫费用类型：其他应收单；

受控科目制单方式：明细到客户。

2. 基本科目设置

应收科目：1122，应收账款；

预收科目：2203，预收账款；

销售收入科目：6001，主营业务收入；

税金科目：22210102，应交税费——应交增值税(销项税额)；

销售退回科目：6001，主营业务收入；

现金折扣科目：6603，财务费用。

3. 结算方式科目

现金结算方式科目：1001，库存现金；

现金支票、转账支票、银行汇票、其他结算方式科目：100201，银行存款——工商银行。

4. 账期内账龄区间设置

账龄区间设置如表 2-35 所示。

表2-35　账龄区间设置

序　号	起止天数	总　天　数
01	0—10	10
02	11—30	30
03	31—60	60
04	61—90	90
05	91 以上	

5. 坏账准备设置

提取比率：0.5%；

坏账准备期初余额：2 457.00 元；

坏账准备科目：1231，坏账准备；

对方科目：6701，资产减值损失。

6. 应收款期初余额

应收账款期初余额如表2-36所示。

表2-36　应收款期初余额

销售专用发票：

单位：元

日　期	发票号	客　户	部　门	科　目	货物名称	数　量	单　价	金　额
2015/10/20	310528	北京大悦	销售部	1122	A-100	180	1 150.00	242 190.00
2015/9/25	420371	广州万方	销售部	1122	C-300	200	390.00	91 260.00
2015/6/27	320394	四川信达	销售部	1122	B-200	100	1 350.00	157 950.00

预收款单：

日　期	票　号	客　户	部　门	科　目	结算方式	摘　要	金　额
2015/8/27	120394	广州万方	销售部	2203	转账支票	预收货款	50 000.00

（三）实训指导

1. 应收系统参数设置

（1）选择"业务工作"/"财务会计"/"应收款管理"/"设置"/"选项"命令，打开"账套参数设置"对话框。

（2）单击"编辑"按钮，系统提示"选项修改需要重新登录才能生效"，单击"确定"

按钮，再选择"核销设置"选项卡，将"应收款核销方式"选择为"按单据"，如图 2-88
所示。

(3) 选择"常规"选项卡，在"单据审核日期依据"中选择"单据日期"，"坏账处理
方式"中选择"应收余额百分比法"，"代垫费用类型"中选择"其他应收单"，如图 2-89
所示。

(4) 选择"凭证"选项卡，"受控科目制单方式"选择"明细到客户"，如图 2-90 所示。

(5) 单击"确定"按钮。

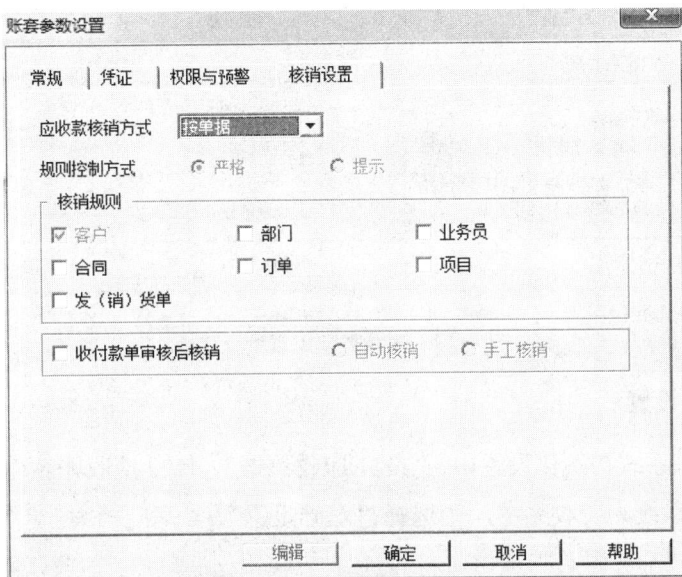

图 2-88　账套参数设置——核销设置

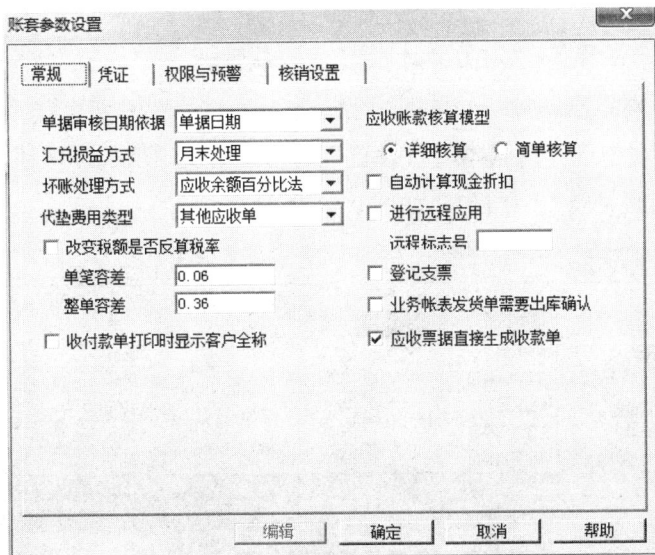

图 2-89　账套参数设置——常规

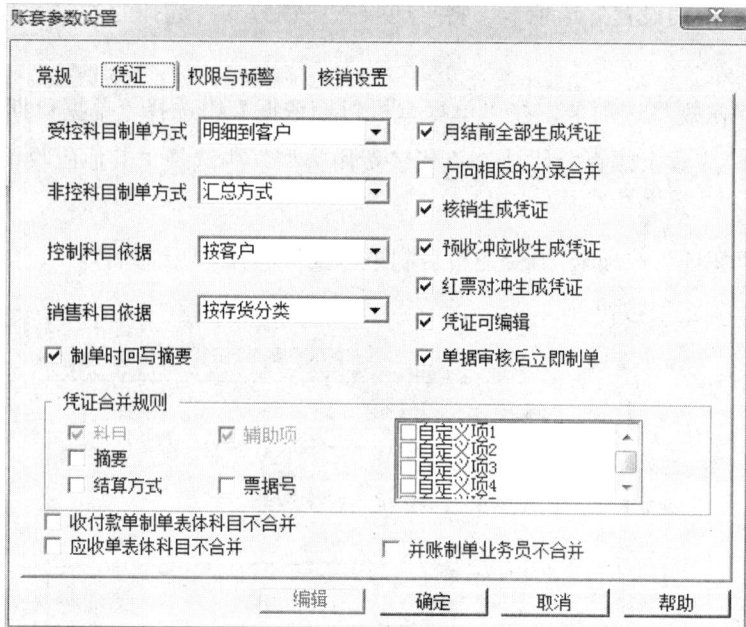

图 2-90　账套参数设置——凭证

2. 基本科目设置

(1) 如在总账系统初始化设置中，"1121 应收票据""1122 应收账款""2203 预收账款"科目未选择受控系统为应收系统，则选择"基础设置"/"基础档案"/"财务"/"会计科目"命令，打开"会计科目"窗口，将"1121 应收票据""1122 应收账款""2203 预收账款"科目"受控系统"修改为"应收系统"；如在总账系统初始化设置中已经进行相应设置，则跳过此步骤。

(2) 选择"业务工作"/"财务会计"/"应收款管理"/"设置"/"初始设置"命令，打开"初始设置"对话框。

(3) 在左侧列表中选择"基本科目设置"选项，单击"增加"按钮，按照给定资料，依次增加"基础科目种类""科目"，如图 2-91 所示。

图 2-91　基本科目设置

3. 结算方式科目设置

(1) 选择"业务工作"/"财务会计"/"应收款管理"/"设置"/"初始设置"命令，打开"初始设置"对话框。

(2) 在左侧列表中选择"结算方式科目设置"选项，单击"增加"按钮，按照给定资料，依次增加"结算方式""币种""科目"，如图2-92所示。

图2-92　结算方式科目设置

4. 账期内账龄区间设置

(1) 选择"业务工作"/"财务会计"/"应收款管理"/"设置"/"初始设置"命令，打开"初始设置"对话框。

(2) 在左侧列表中选择"账期内账龄区间设置"选项，单击"增加"按钮，按照给定资料，依次增加"总天数"为"10""30""60""90"，如图2-93所示。

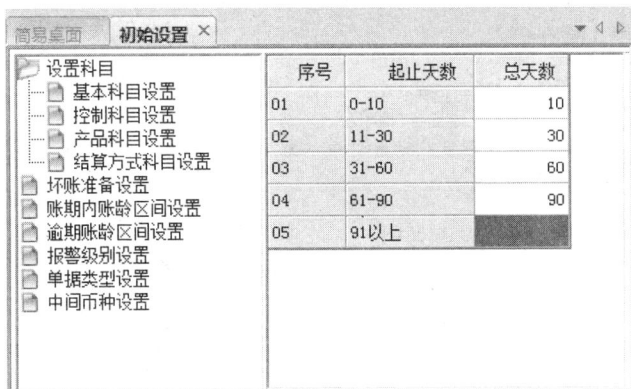

图2-93　账期内账龄区间设置

5. 坏账准备设置

(1) 选择"业务工作"/"财务会计"/"应收款管理"/"设置"/"初始设置"命令，打开"初始设置"对话框。

（2）在左侧列表中选择"坏账准备设置"选项，在"提取比率"文本框中输入"0.500"，单击"确定"按钮，在"坏账准备期初余额"文本框中输入"2 457.00"，"坏账准备科目"选择"1231 坏账准备"，"对方科目"选择"6701 资产减值损失"，如图 2-94 所示。

（3）单击"确定"按钮，并关闭"初始设置"对话框。

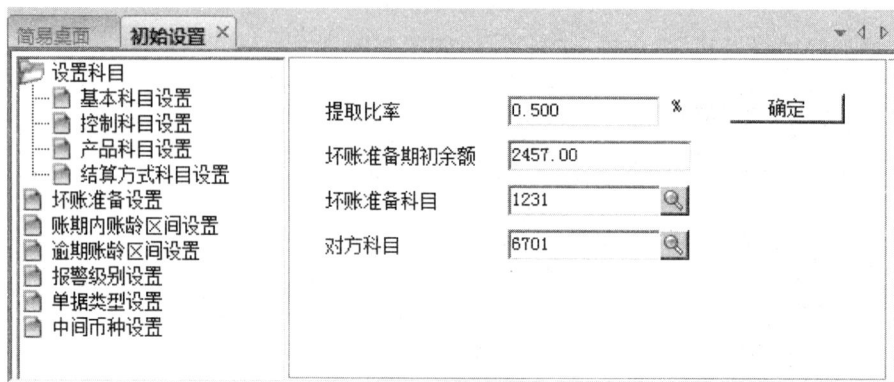

图 2-94　坏账准备设置

6. 单据编号设置

（1）在企业应用平台中，选择"基础设置"/"单据设置"/"单据编号设置"命令，进入"单据编号设置"窗口。

（2）单击左侧"单据类型"子目录"销售管理"中的"销售专用发票"，进入"单据编号设置——销售专用发票"对话框，如图 2-95 所示。

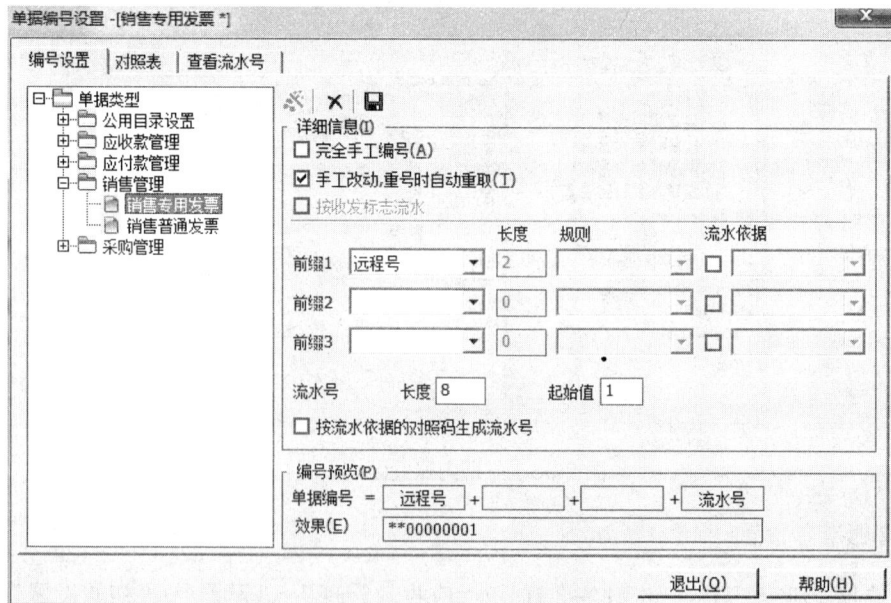

图 2-95　单据编号设置——销售专用发票

(3) 在"单据编号设置——销售专用发票"对话框中，单击"修改"按钮，选中"手工改动，重号时自动重取"复选框，单击"保存"按钮。

(4) 用同样的方法，设置"应收款管理"子目录中的"其他应收单""收款单"，允许手工修改。

(5) 单击"退出"按钮。

7. 录入销售专用发票

(1) 选择"业务工作"/"财务会计"/"应收款管理"/"设置"/"期初余额"命令，打开"期初余额——查询"对话框，如图 2-96 所示。

(2) 单击"确定"按钮，进入"期初余额明细表"窗口。

(3) 单击"增加"按钮，打开"单据类别"对话框，选择"单据类型"为"销售专用发票"，如图 2-97 所示。

图 2-96　期初余额——查询 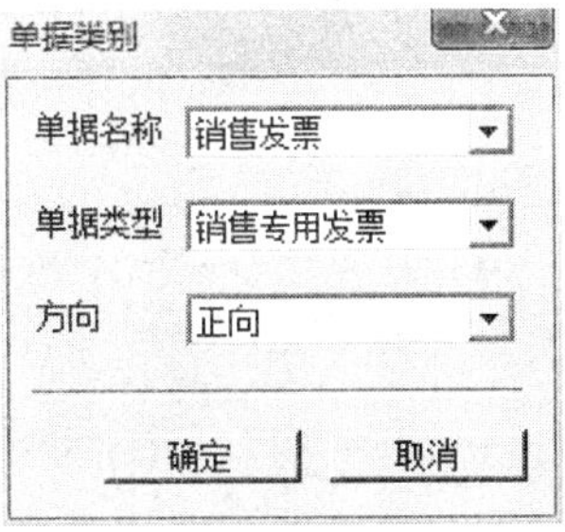　　　　　图 2-97　"单据类别"对话框

(4) 单击"确定"按钮，进入"销售专用发票"窗口，如图 2-98 所示，单击"增加"按钮，修改"开票日期"为"2015-10-20"，输入"发票号"为"310528"，选择"客户名称"为"北京大悦"，在"税率"栏中输入"17"，"销售部门"选择"销售部"，"货物编号"选择"201"，"数量"输入"180"，"无税单价"输入"1 150.00"。

(5) 单击"保存"按钮，用同样的方法继续录入其他销售专用发票。

图 2-98　"销售专用发票"窗口

8. 录入预收款单

(1) 选择"业务工作"/"财务会计"/"应收款管理"/"设置"/"期初余额"命令，打开"期初余额——查询"对话框。

(2) 单击"确定"按钮，进入"期初余额明细表"窗口。

(3) 单击"增加"按钮，打开"单据类别"对话框，"单据名称"选择"预收款"，"单据类型"选择"收款单"，如图 2-99 所示。

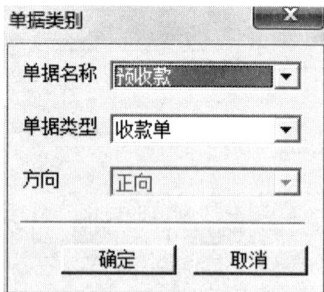

图 2-99　"单据类别"对话框

(4) 单击"确定"按钮，进入"收款单"窗口，如图 2-100 所示。单击"增加"按钮，将"日期"修改为"2015-08-27"，"客户"选择"广州万方"，"结算方式"选择"转账支票"，"金额"输入"50000.00"，"部门"选择"销售部"，"摘要"输入"预收货款"，单击"保存"按钮。

图 2-100 "收款单"窗口

9. 应收系统与总账对账

(1) 在"期初余额明细表"窗口，单击"对账"按钮，打开"期初对账"窗口，如图 2-101 所示。

(2) 检查对账是否正确，单击"关闭"按钮。

编号	科目		应收期初		总账期初		差额	
	名称	原币	本币	原币	本币	原币	本币
1122	应收账款	491,400.00	491,400.00	491,400.00	491,400.00	0.00	0.00
2203	预收账款	-50,000.00	-50,000.00	-50,000.00	-50,000.00	0.00	0.00
	合计		441,400.00		441,400.00		0.00

图 2-101 "期初对账"窗口

五、应付款管理系统初始化

(一) 实训要求

(1) 系统参数设置。

(2) 基本科目设置。

(3) 结算方式科目设置。

(4) 逾期账龄区间设置。

(5) 期初余额录入。

（二）实训资料

1. 应付款管理系统初始设置

应付款核销方式：按单据；

单据审核日期依据：业务日期；

受控科目制单方式：明细到供应商。

2. 基本科目设置

应付科目：2202，应付账款；

预付科目：1123，预付账款；

税金科目：22210101，应交税费——应交增值税(进项税额)；

现金折扣科目和票据费用科目：6603，财务费用。

3. 结算方式科目

现金结算方式科目：1001，库存现金；

银行汇票结算方式科目：101201，其他货币资金——银行汇票存款；

现金支票、转账支票、其他结算方式科目：100201，银行存款——工商银行。

4. 逾期账龄区间设置

逾期账龄区间设置如表 2-37 所示。

表 2-37　逾期账龄区间设置

序　号	起止天数	总 天 数
01	0—10	10
02	11—30	30
03	31—60	60
04	61—90	90
05	91—120	120
06	121 以上	

5. 应付款期初余额

应付款期初余额如表 2-38 所示。

表 2-38　应付款期初余额

采购专用发票：　　　　　　　　　　　　　　　　　　　　　　　　　　　　单位：元

日　　期	发票号	供应商	部　门	业务员	货物名称	数　量	单　价	金　额
2015/4/20	320498	北京旺兴	采购部	李丽	活性炭	4 200	20.00	98 280.00
2015/4/20	320498	北京旺兴	采购部	李丽	HEPA 滤网	3 200	130.00	486 720.00

续表

应付票据——商业承兑汇票

签发日期	票据编号	收票单位	部 门	科 目	业务员	摘 要	票据面值	到 期 日
2015/11/3	110120	上海宏达	采购部	2201	李丽	购进光触媒付货款	234 000.00	2016/2/3

(三) 实训指导

1. 应付系统参数设置

(1) 选择"业务工作"/"财务会计"/"应付款管理"/"设置"/"选项"命令，打开"账套参数设置"对话框。

(2) 单击"编辑"按钮，系统提示"选项修改需要重新登录才能生效"，单击"确定"按钮，再选择"核销设置"选项卡，将"应付款核销方式"选择为"按单据"，如图 2-102 所示。

(3) 选择"常规"选项卡，"单据审核日期依据"选择"业务日期"，如图 2-103 所示。

(4) 选择"凭证"选项卡，"受控科目制单方式"选择"明细到供应商"，如图 2-104 所示。

(5) 单击"确定"按钮。

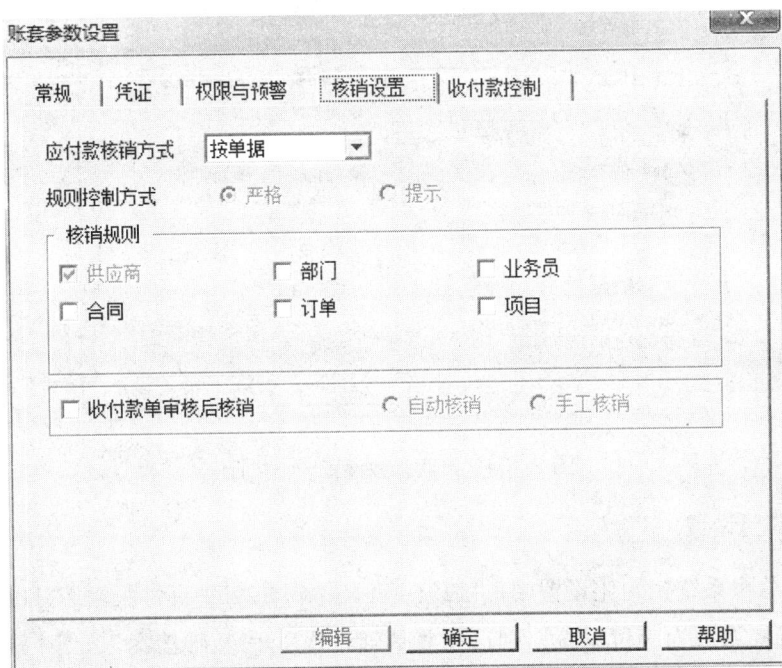

图 2-102 账套参数设置——核销设置

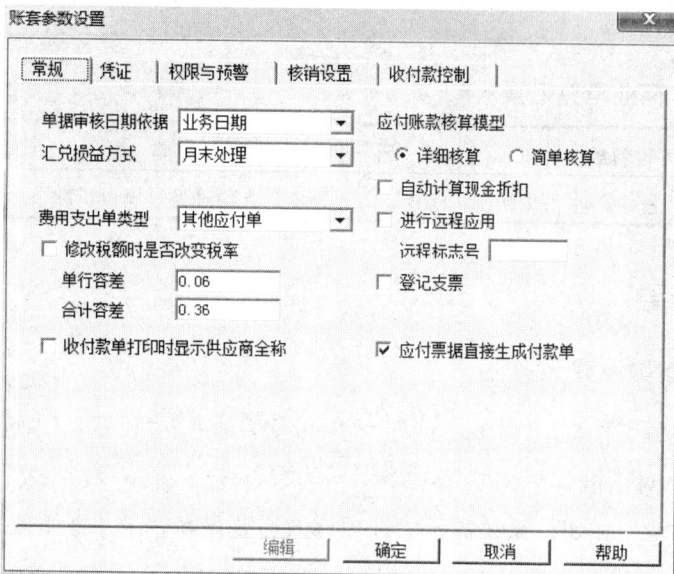

图 2-103　账套参数设置——常规

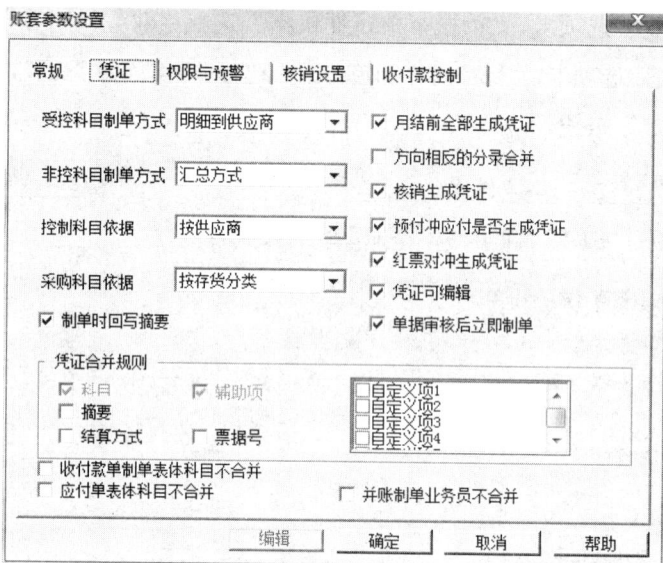

图 2-104　账套参数设置——凭证

2. 基本科目设置

(1) 如在总账系统初始化设置中，"2201 应付票据""2202 应付账款""1123 预付账款"科目未选择受控系统为应付系统，则选择"基础设置"/"基础档案"/"财务"/"会计科目"命令，打开"会计科目"窗口，将"2201 应付票据""2202 应付账款""1123 预付账款"科目"受控系统"修改为"应付系统"；如在总账系统初始化设置中已经进行相应设置，则跳过此步骤。

(2) 选择"业务工作"/"财务会计"/"应付款管理"/"设置"/"初始设置"命令，打开"初始设置"对话框。

(3) 在左侧列表中选择"基本科目设置"，单击"增加"按钮，按照给定资料，依次增加"基础科目种类""科目"，如图 2-105 所示。

图 2-105　基本科目设置

3. 结算方式科目设置

(1) 选择"业务工作"/"财务会计"/"应付款管理"/"设置"/"初始设置"命令，打开"初始设置"对话框。

(2) 在左侧列表中选择"结算方式科目设置"，单击"增加"按钮，按照给定资料，依次增加"结算方式""币种""科目"，如图 2-106 所示。

图 2-106　结算方式科目设置

4. 逾期账龄区间设置

(1) 选择"业务工作"/"财务会计"/"应付款管理"/"设置"/"初始设置"命令，打开"初始设置"对话框。

(2) 在左侧列表中选择"逾期账龄区间设置"，单击"增加"按钮，按照给定资料，依次增加"总天数"为"10""30""60""90""120"，如图 2-107 所示。

图 2-107　逾期账龄区间设置

5. 单据编号设置

(1) 在企业应用平台中，选择"基础设置"/"单据设置"/"单据编号设置"命令，进入"单据编号设置"窗口。

(2) 单击左侧"单据类型"子目录"采购管理"中的"采购专用发票"，进入"单据编号设置——采购专用发票"对话框，如图 2-108 所示。

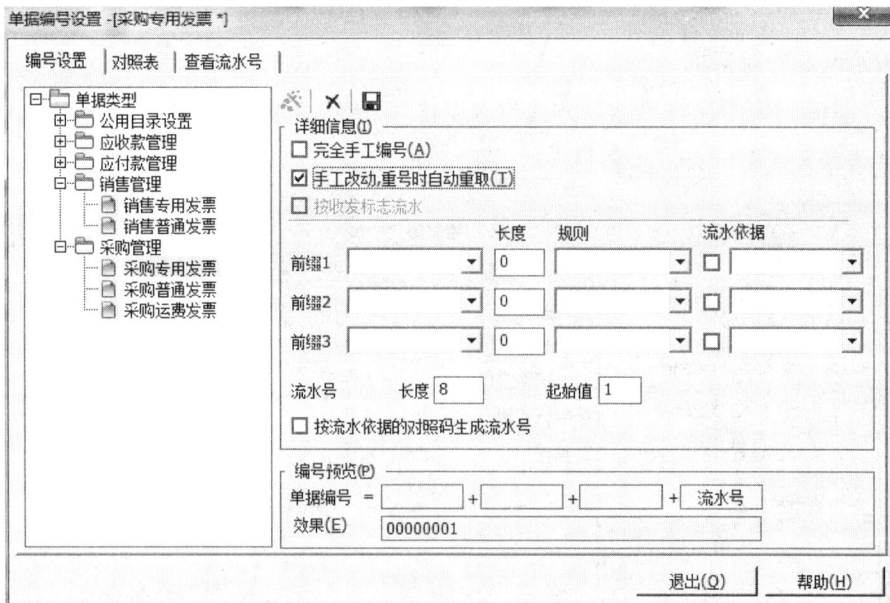

图 2-108　单据编号设置——采购专用发票

(3) 在"单据编号设置——采购专用发票"对话框中，单击"修改"按钮，选中"手工改动，重号时自动重取"复选框，单击"保存"按钮。

(4) 用同样的方法，设置"应付款管理"子目录中的"其他应付单""付款单"，允许手工修改。

(5) 单击"退出"按钮。

6. 录入采购专用发票

(1) 选择"业务工作"/"财务会计"/"应付款管理"/"设置"/"期初余额"命令，打开"期初余额——查询"对话框。

(2) 单击"确定"按钮，进入"期初余额明细表"窗口。

(3) 单击"增加"按钮，打开"单据类别"对话框，选择"单据类型"为"采购专用发票"，如图 2-109 所示。

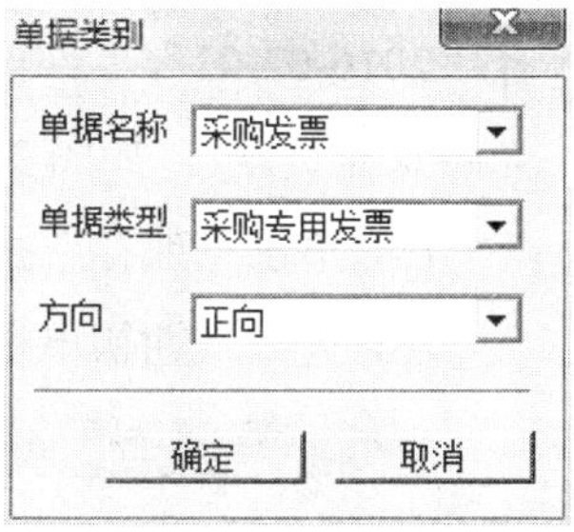

(4) 单击"确定"按钮，进入"采购专用发票"窗口，如图 2-110 所示，单击"增加"按钮，修改"发票号"为"320498"，"开票日期"为"2015-04-20"，"供应商"选择"北京旺兴"，在"税率"栏输入"17"，"部门"选择"采购部"，"存货编码"选择"102 活性炭""103 HEPA 滤网"，"数量"分别录入"4200""3200"，"原币单价"分别录入"20.00""130.00"。

(5) 单击"保存"按钮。

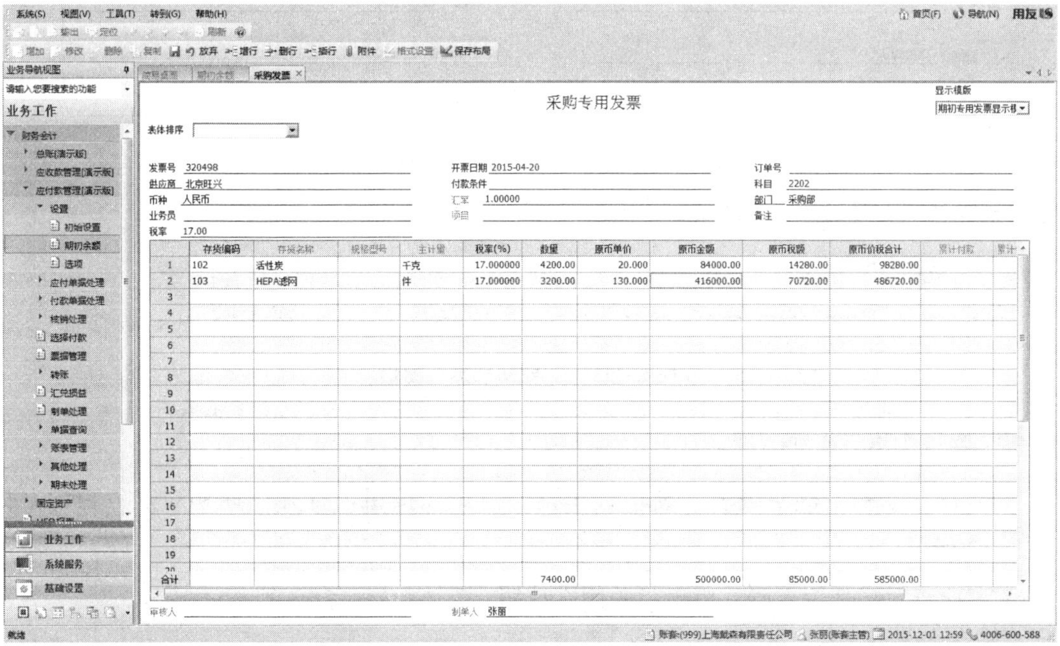

图 2-109 "单据类别"对话框

图 2-110 "采购专用发票"窗口

7. 录入应付票据

(1) 选择"业务工作"/"财务会计"/"应付款管理"/"设置"/"期初余额"命令，打开"期初余额——查询"对话框。

(2) 单击"确定"按钮，进入"期初余额明细表"窗口。

(3) 单击"增加"按钮，打开"单据类别"对话框，选择"单据名称"为"应付票据"，选择"单据类型"为"商业承兑汇票"。

(4) 单击"确定"按钮，进入"期初票据"窗口，单击"增加"按钮，修改"票据编号"为"110120"，"收票单位"为"上海宏达商贸有限公司"，"科目"选择"2201 应付票据"，在"票据面值"栏输入"234 000.00"，"签发日期"选择"2015-11-03"，"到期日"选择"2016-02-03"，"部门"选择"采购部"，"业务员"选择"李丽"，"摘要"录入"购进光触媒付货款"，如图 2-111 所示。

(5) 单击"保存"按钮。

(6) 关闭"期初单据录入"窗口。

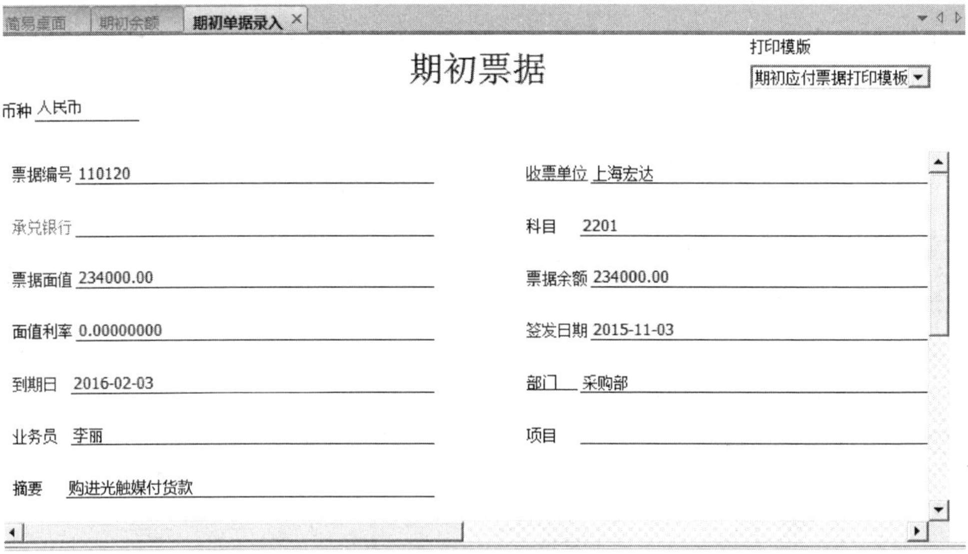

图 2-111 "期初票据"窗口

8. 应付系统与总账对账

(1) 在"期初余额明细表"窗口，单击"对账"按钮，打开"期初对账"窗口，如图 2-112 所示。

(2) 检查对账是否正确，单击"关闭"按钮。

科目		应付期初		总账期初		差额	
编号	名称	原币	本币	原币	本币	原币	本币
1123	预付账款	0.00	0.00	0.00	0.00	0.00	0.00
2201	应付票据	234,000.00	234,000.00	234,000.00	234,000.00	0.00	0.00
2202	应付账款	585,000.00	585,000.00	585,000.00	585,000.00	0.00	0.00
	合计		819,000.00		819,000.00		0.00

图 2-112 "期初对账"窗口

第三节　日常业务处理

【业务 1】

2015 年 12 月 1 日，财务部购买办公用品，金额 750.00 元，现金支付，取得普通发票。

【业务说明】

本笔业务是购进办公用品，在总账系统填制凭证，并对记账凭证进行出纳签字、主管审核。

【岗位说明】

总账会计王中亭负责在总账系统中填制记账凭证，出纳马家辉进行出纳签字，会计主管张丽审核凭证。

【实训指导】

1. 填制凭证

(1) 使用"002 王中亭"账号登录到用友企业应用平台，如图 2-113 所示。

(2) 选择"业务工作"/"财务会计"/"总账"/"凭证"/"填制凭证"命令，打开"填制凭证"窗口，单击"增加"按钮，修改凭证类别为"付款凭证"，将凭证"摘要"输入"购买办公用品"，选择借方科目为"660201 管理费用/办公费"，输入借方金额为"750.00"；选择贷方科目为"1001 库存现金"，输入贷方金额为"750.00"，单击"保存"按钮，如图 2-114 所示。

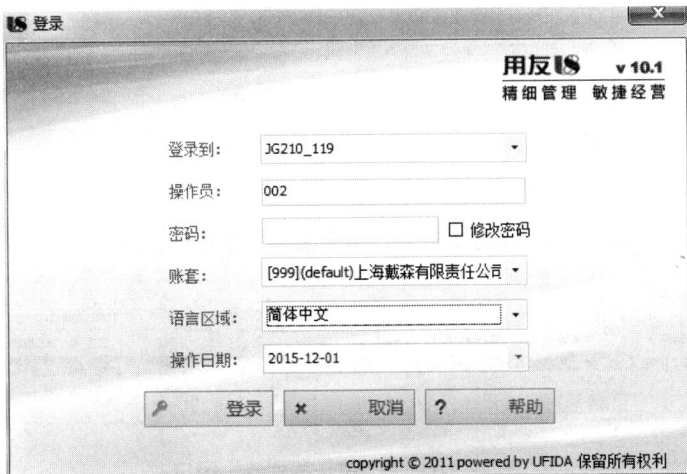

图 2-113　登录

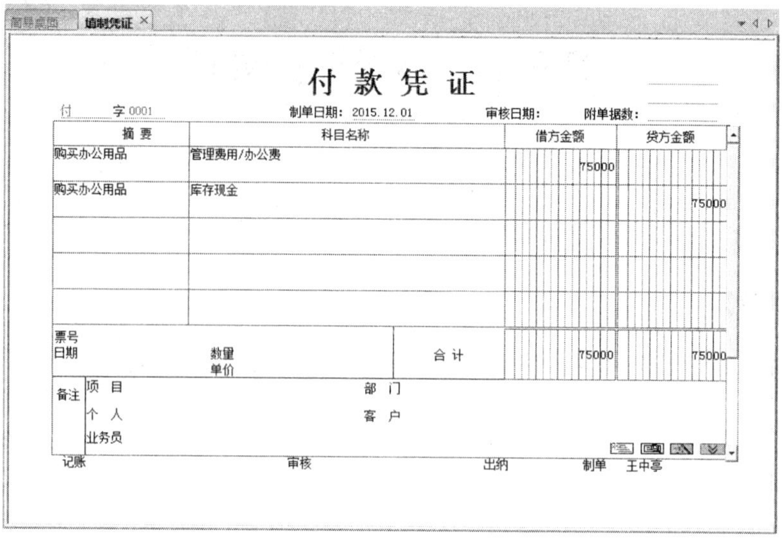

付 款 凭 证

摘 要	科目名称	借方金额	贷方金额
购买办公用品	管理费用/办公费	75000	
购买办公用品	库存现金		75000

图 2-114　业务 1 记账凭证

2. 出纳签字

(1) 选择"系统/重注册"命令，使用"004 马家辉"账号登录到用友企业应用平台，登录日期设为"2015-12-01"。

(2) 选择"业务工作"/"财务会计"/"总账"/"凭证"/"出纳签字"命令，打开"出纳签字"窗口，如图 2-115 所示。

(3) 单击"确定"按钮，单击"付 0001"，单击"签字"按钮，完成出纳签字，返回"出纳签字列表"窗口，如图 2-116 所示。

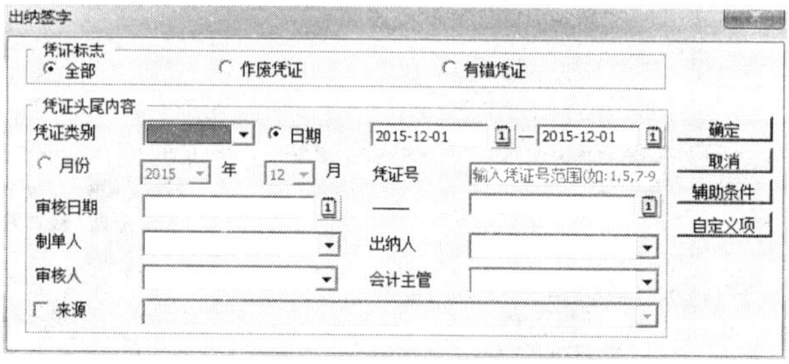

图 2-115　"出纳签字"窗口

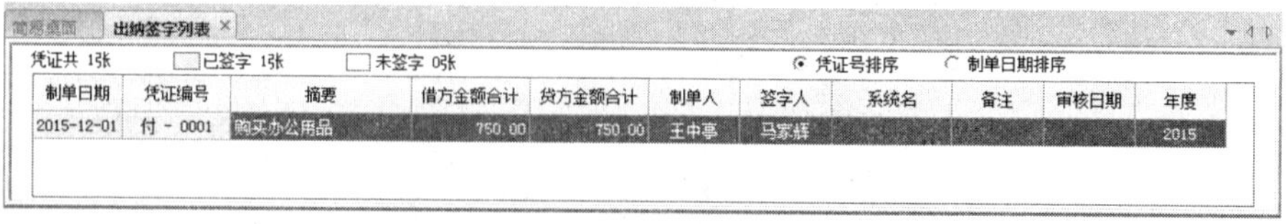

图 2-116　"出纳签字列表"窗口

3. 凭证审核

(1) 选择"系统/重注册"命令，使用"001 张丽"账号登录到用友企业应用平台，登录日期设为"2015-12-01"。

(2) 选择"业务工作"/"财务会计"/"总账"/"凭证"/"审核凭证"命令，打开"凭证审核"窗口，如图 2-117 所示。

(3) 单击"确定"按钮，单击"付 0001"，单击"审核"按钮，完成审核，返回"凭证审核列表"窗口，如图 2-118 所示。

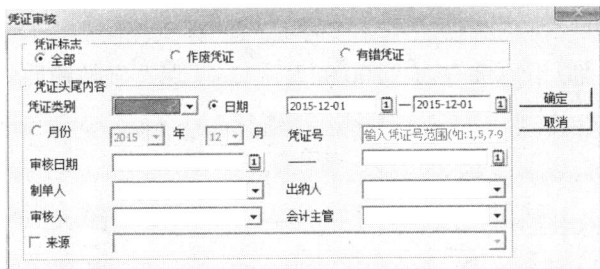

图 2-117　"凭证审核"窗口

图 2-118　"凭证审核列表"窗口

【业务 2】

2015 年 12 月 1 日，采购部李丽从上海宏达环保科技有限公司采购原材料光触媒 500 瓶，单价 200 元/瓶，不含税金额 100 000.00 元，增值税额 17 000.00 元，价税合计金额 117 000.00 元，取得增值税专用发票(发票号 00374512)，开出银行承兑汇票结算(票据号 78965403，出票日期 2015-12-01，到期日 2016-03-01，票据金额 117 000.00 元)。

【业务说明】

本笔业务是普通采购业务，在应付款管理系统中录入采购专用发票，并进行票据管理，系统会自动生成付款单据，对应付单据以及付款单据审核后，进行制单处理，再在总账系统中对记账凭证审核凭证。

【岗位说明】

总账会计王中亭负责在应付款管理系统中录入采购专用发票，并进行票据管理，录入开具银行承兑汇票相关信息，系统自动生成付款单，无须重复录入。由会计主管张丽对应付单据、付款单据进行审核，对该业务进行手工核销，并进行制单处理生成记账凭证，总账会计王中亭在总账系统中审核记账凭证。

【实训指导】

1. 录入采购专用发票

(1) 使用"002 王中亭"账号登录到用友企业应用平台，登录日期设为"2015-12-01"。

(2) 选择"业务工作"/"财务会计"/"应付款管理"/"应付单据处理"/"应付单据录入"命令，打开"单据类别"窗口。

(3) 单击"确定"按钮，打开"采购专用发票"窗口，录入采购专用发票信息，"发票号"输入"00374512"，"开票日期"选择"2015-12-01"，"供应商"选择"上海宏达"，"部门名称"选择"采购部"，"业务员"选择"李丽"，"存货编码"选择"101 光触媒"，输入"数量"为"500"，"原币单价"为"200.00"，单击"保存"按钮，如图 2-119 所示。

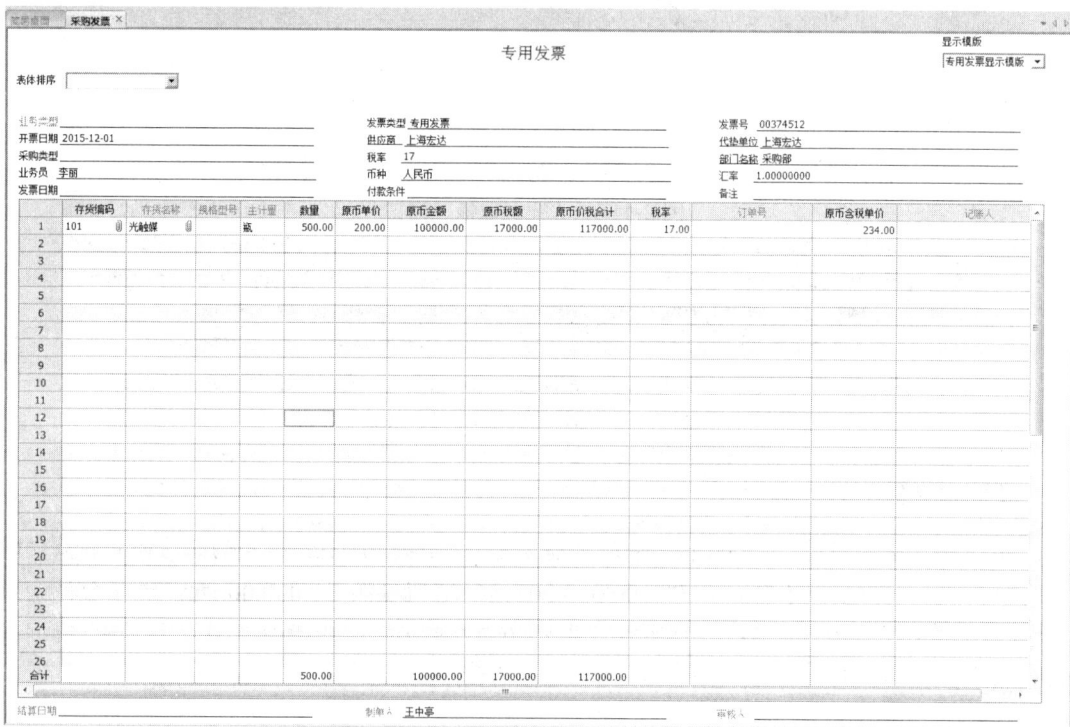

图 2-119 "采购专用发票"窗口

2. 票据管理

(1) 选择"业务工作"/"财务会计"/"应付款管理"/"票据管理"命令，打开"应付票据"窗口。

(2) 单击"增加"按钮，录入应付票据信息，"银行名称"选择"01 中国工商银行"，"票据类型"选择"银行承兑汇票"，"票据编号"输入"78965403"，"出票日期"选择"2015-12-01"，"到期日"选择"2016-03-01"，"出票人"为"上海戴森有限责任公司"，"出票人账号"输入"1001876500661234"，"收款人"选择"上海宏达环保科技有限公司"，"金额"输入"117 000.00"，"部门"选择"采购部"，"业务员"选择"李丽"，"票据摘要"输入"支付货款",单击"保存"按钮,如图 2-120 所示。

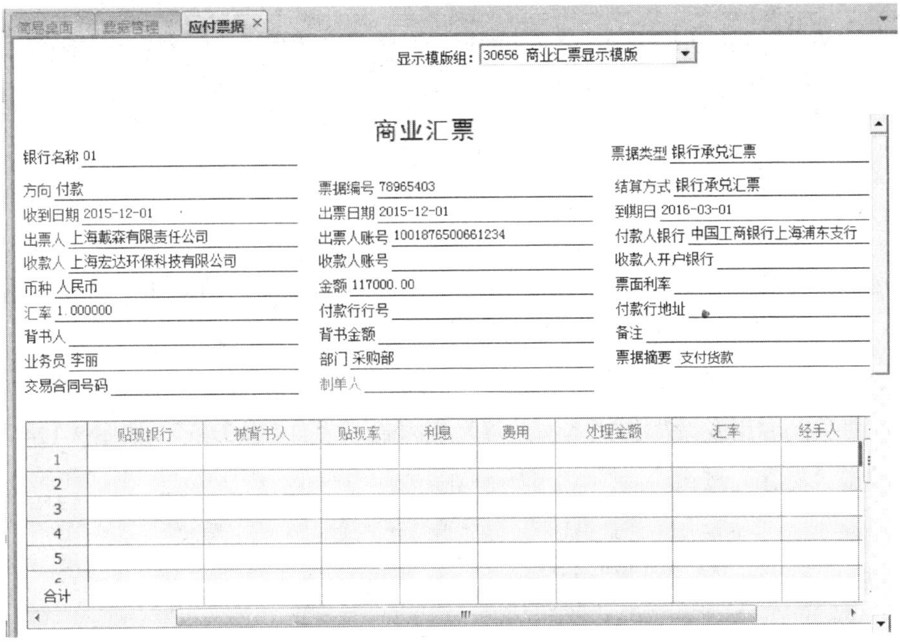

图 2-120 "应付票据"窗口

3. 应付单据、付款单据审核

(1) 选择"系统/重注册"命令,使用"001 张丽"账号登录到用友企业应用平台,登录日期设为"2015-12-01"。

(2) 选择"业务工作"/"财务会计"/"应付款管理"/"应付单据处理"/"应付单据审核"命令,打开"应付单查询条件"对话框。

(3) 单击"确定"按钮,进入"应付单据列表"窗口,双击选择需要审核的单据,单击"审核"按钮,如图 2-121 所示。

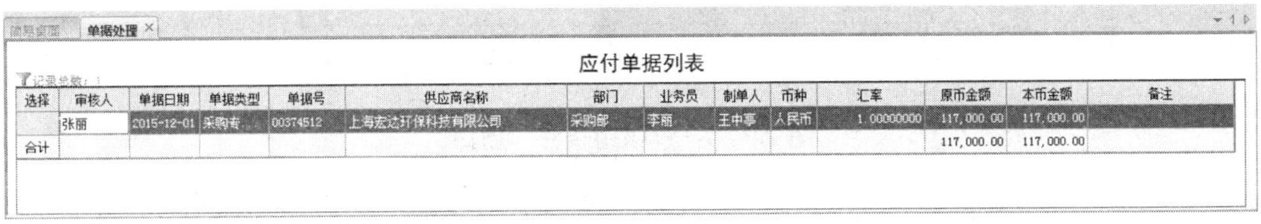

图 2-121 "应付单据列表"窗口

(4) 选择"业务工作"/"财务会计"/"应付款管理"/"付款单据处理"/"付款单据审核"命令,打开"付款单查询条件"对话框。

(5) 单击"确定"按钮,进入"收付款单列表"窗口,双击选择需要审核的单据,单击"审核"按钮,如图 2-122 所示。

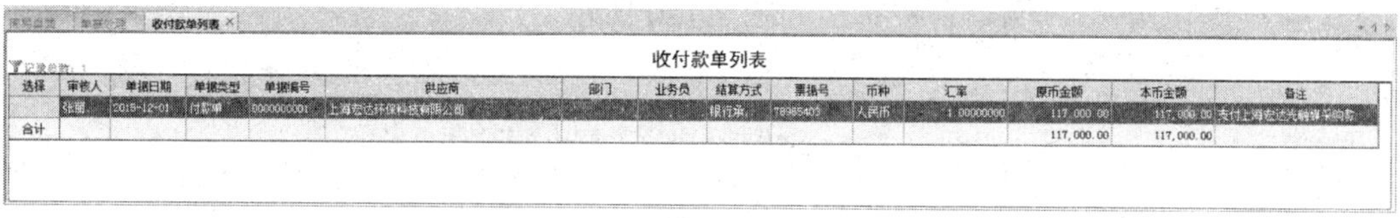

图 2-122　"收付款单列表"窗口

4. 手工核销

(1) 选择"业务工作"/"财务会计"/"应付款管理"/"核销处理"/"手工核销"命令，打开"核销条件"对话框，如图 2-123 所示。

(2) "供应商"选择"001-上海宏达环保科技有限公司"，单击"确定"按钮。

(3) 在"采购专用发票"的"本次结算"栏内输入"117 000.00"，如图 2-124 所示。

(4) 单击"保存"按钮。

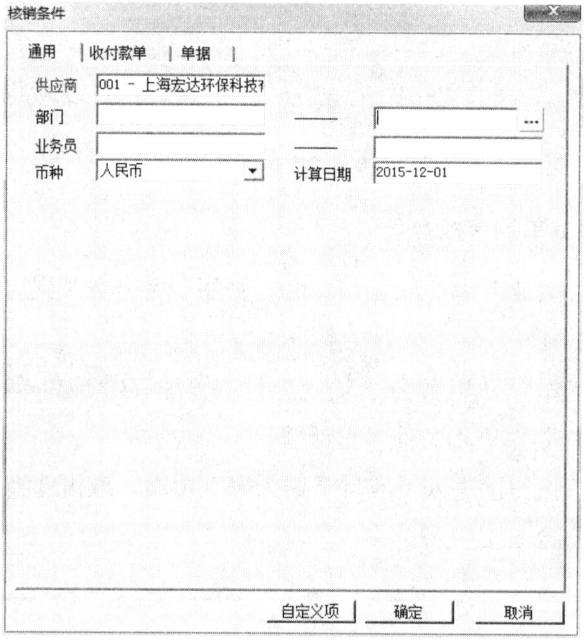

图 2-123　"核销条件"窗口

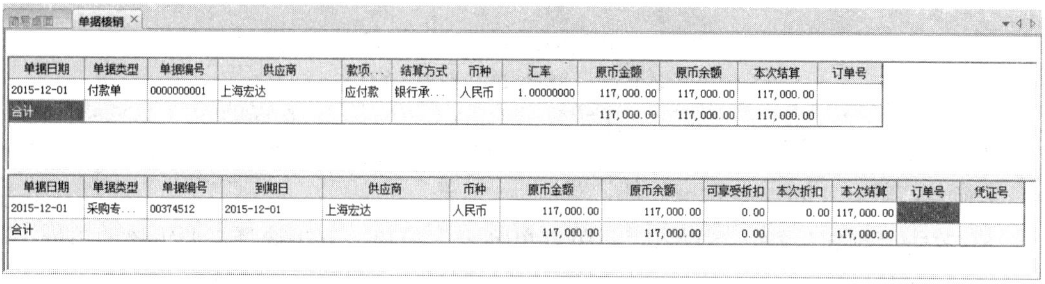

图 2-124　单据核销

5. 制单处理

(1) 选择"业务工作"/"财务会计"/"应付款管理"/"制单处理"命令,打开"制单查询"对话框,如图 2-125 所示。

(2) 选中"发票制单""应付单制单""收付款单制单""核销制单""票据处理制单"复选框,单击"确定"按钮,进入"应付制单"窗口。

(3) 单击"全选"按钮,再单击"制单"按钮。

(4) 修改凭证类别为"转账凭证",将凭证中借方金额为"100 000.00"的"科目名称"选择为"140201 在途物资/光触媒",按 Enter 键,系统会自动弹出辅助核算项,输入数量为"500",无须输入单价,系统将自动计算单价,单击"保存"按钮,如图 2-126 所示。

(5) 单击"下一张"按钮,修改凭证类别为"转账凭证",将凭证中贷方金额为"117 000.00"的"科目名称"选择为"2201 应付票据",按 Enter 键,系统会自动弹出辅助核算项,选择"供应商"为"上海宏达",单击"确定"按钮,单击"保存"按钮,如图 2-127 所示。

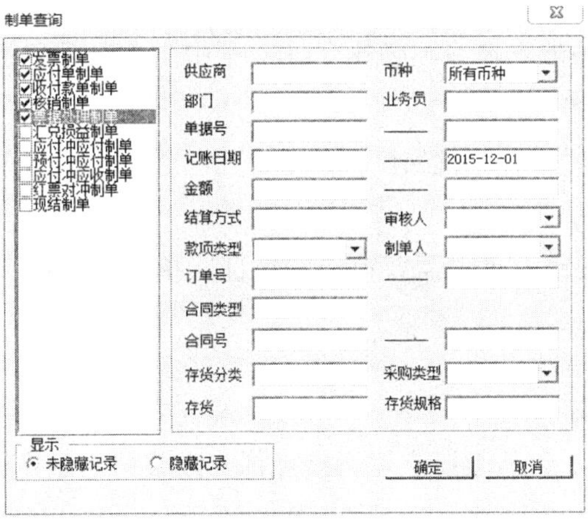

图 2-125 "制单查询"对话框

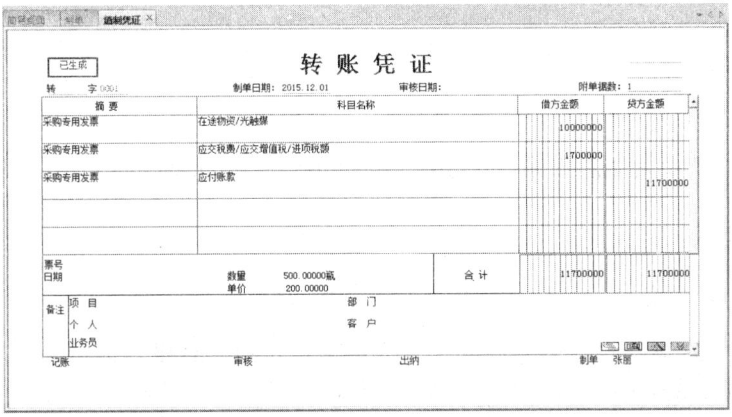

图 2-126 业务 2 记账凭证(1)

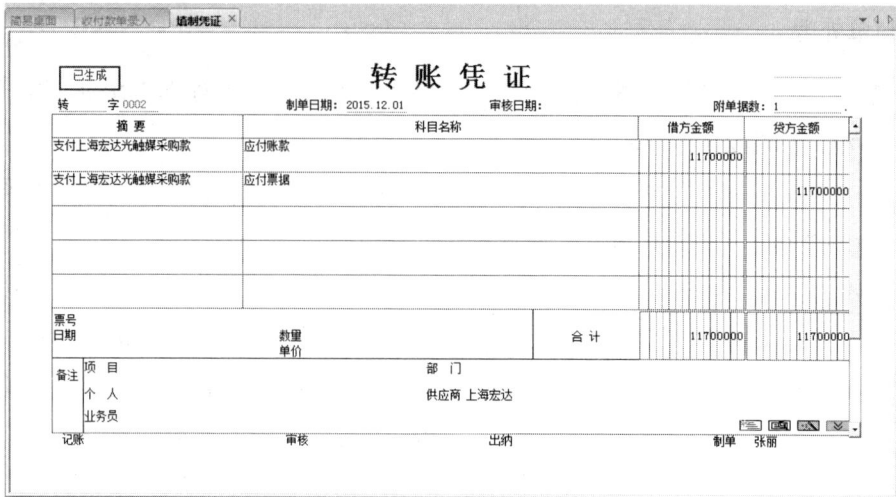

图 2-127　业务 2 记账凭证(2)

6. 审核凭证

(1) 选择"系统/重注册"命令，使用"002 王中亭"账号登录到用友企业应用平台，登录日期设为"2015-12-01"。

(2) 选择"业务工作"/"财务会计"/"总账"/"凭证"/"审核凭证"命令，打开"凭证审核"窗口。

(3) 单击"确定"按钮，单击需要审核的凭证，单击"审核"按钮，完成审核，返回"凭证审核列表"窗口。

【业务 3】

2015 年 12 月 2 日，1 日从上海宏达科技环保有限公司购进光触媒运达企业，并验收入库，数量 500 瓶，单价 200 元/瓶，金额 100 000.00 元。

【业务说明】

本笔业务是采购原材料验收入库，在总账系统中填制凭证，并审核记账。

【岗位说明】

成本会计李宏负责在总账系统中填制记账凭证，会计主管张丽审核凭证。

【实训指导】

1. 填制凭证

(1) 使用"003 李宏"账号登录到用友企业应用平台，登录日期设为"2015-12-02"。

(2) 选择"业务工作"/"财务会计"/"总账"/"凭证"/"填制凭证"命令，打开"填制凭证"窗口，单击"增加"按钮，凭证类别选择"转账凭证"，将凭证制单日期修改为

"2015-12-02","摘要"输入"1日采购光触媒验收入库",借方科目选择"140301 原材料/光触媒",按 Enter 键,系统自动弹出辅助核算项,输入"数量"为"500","单价"为"200.00",单击"确定"按钮;按 Enter 键继续输入贷方科目,选择"140201 在途物资/光触媒",按 Enter 键,系统自动弹出辅助核算项,输入"数量"为"500","单价"为"200.00",单击"确定"按钮,单击"保存"按钮,如图 2-128 所示。

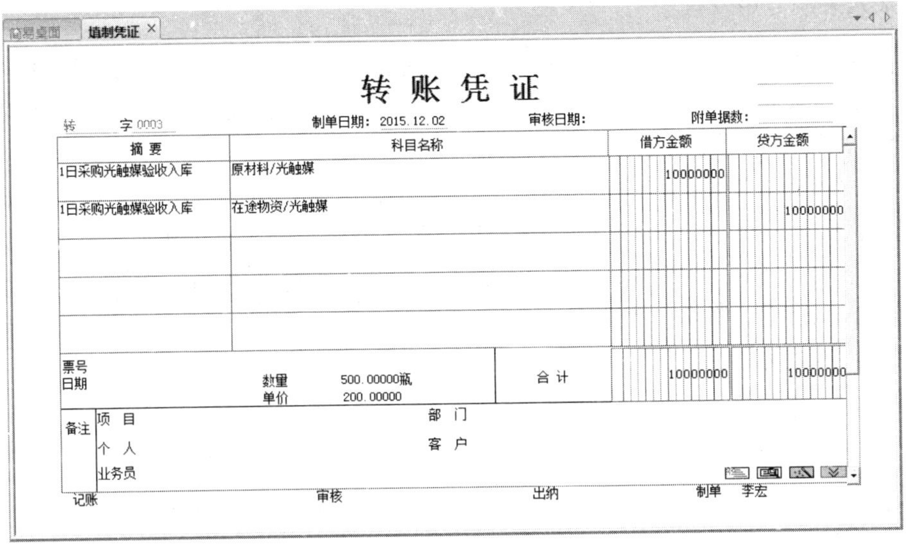

图 2-128 业务 3 记账凭证

2. 审核凭证

(1) 选择"系统/重注册"命令,使用"001 张丽"账号登录到用友企业应用平台,登录日期设为"2015-12-02"。

(2) 选择"业务工作"/"财务会计"/"总账"/"凭证"/"审核凭证"命令,打开"凭证审核"窗口。

(3) 单击"确定"按钮,单击需要审核的凭证,单击"审核"按钮,完成审核,返回"凭证审核列表"窗口。

【业务 4】

2015 年 12 月 2 日,采购部李丽从北京旺兴环保科技有限公司采购原材料活性炭、HEPA 滤网。其中,活性炭数量 200kg,单价 20 元/kg,不含税金额 4 000.00 元,增值税 680.00 元;HEPA 滤网数量 200 件,单价 130 元/件,不含税金额 26 000.00 元,增值税 4 420.00 元,价税合计金额 35 100.00 元,取得增值税专用发票(发票号:00987632)。货款尚未支付。

【业务说明】

本笔业务是普通采购业务,在应付款管理系统中录入采购专用发票,对应付单据审核后,进行制单处理,再在总账系统中审核凭证。

【岗位说明】

总账会计王中亭负责在应付款管理系统中录入采购专用发票，由会计主管张丽对应付单据进行审核，并进行制单处理生成记账凭证，总账会计王中亭审核凭证。

【实训指导】

1. 录入采购专用发票

(1) 使用"002 王中亭"账号登录到用友企业应用平台，登录日期设为"2015-12-02"。

(2) 选择"业务工作"/"财务会计"/"应付款管理"/"应付单据处理"/"应付单据录入"命令，打开"单据类别"窗口。

(3) 单击"确定"按钮，打开"采购专用发票"窗口，单击"增加"按钮，录入采购专用发票信息，"发票号"输入"00987632"，"供应商"选择"北京旺兴"，"存货编码"选择"102 活性炭"，输入"数量"为"200"，"原币单价"为"20.00"，再选择"存货编码"为"103HEPA 滤网"，输入"数量"为"200"，"原币单价"为"130.00"，单击"保存"按钮，如图 2-129 所示。

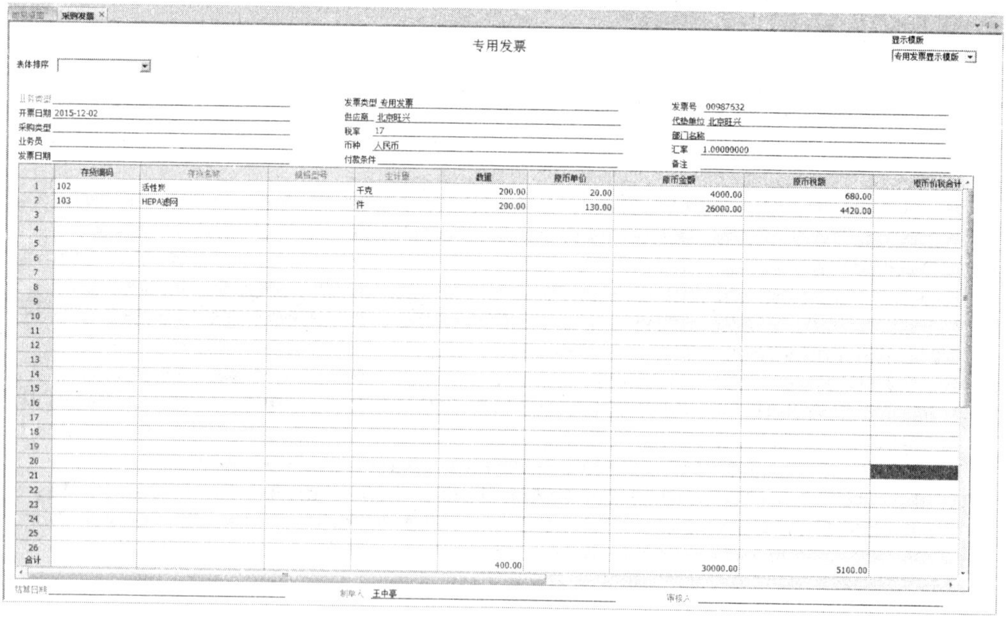

图 2-129　"采购专用发票"窗口

2. 应付单据审核

(1) 选择"系统/重注册"命令，使用"001 张丽"账号登录到用友企业应用平台，登录日期设为"2015-12-02"。

(2) 选择"业务工作"/"财务会计"/"应付款管理"/"应付单据处理"/"应付单据审核"命令，打开"应付单查询条件"对话框。

(3) 单击"确定"按钮，进入"应付单据列表"窗口，双击选择需要审核的单据，单击"审核"按钮。

3. 制单处理

(1) 选择"业务工作"/"财务会计"/"应付款管理"/"制单处理"命令，打开"制单查询"对话框。

(2) 选择"发票制单""应付单制单"，单击"确定"按钮，进入"应付制单"窗口。

(3) 单击"全选"按钮，再单击"制单"按钮。

(4) 将凭证类别修改为"转账凭证"，将凭证 "制单日期"修改为"2015-12-02"，将借方金额为"4 000.00"的科目名称选择为"140202 在途物资/活性炭"，按 Enter 键，系统自动弹出辅助核算项，输入"数量"为"200"，"单价"为"20.00"，单击"确定"按钮，将借方金额为"26 000.00"的科目名称选择为"140203 在途物资/HEPA 滤网"，按 Enter 键，系统自动弹出辅助核算项，输入"数量"为"200"，"单价"为"130.00"，单击"确定"按钮，单击"保存"按钮，如图 2-130 所示。

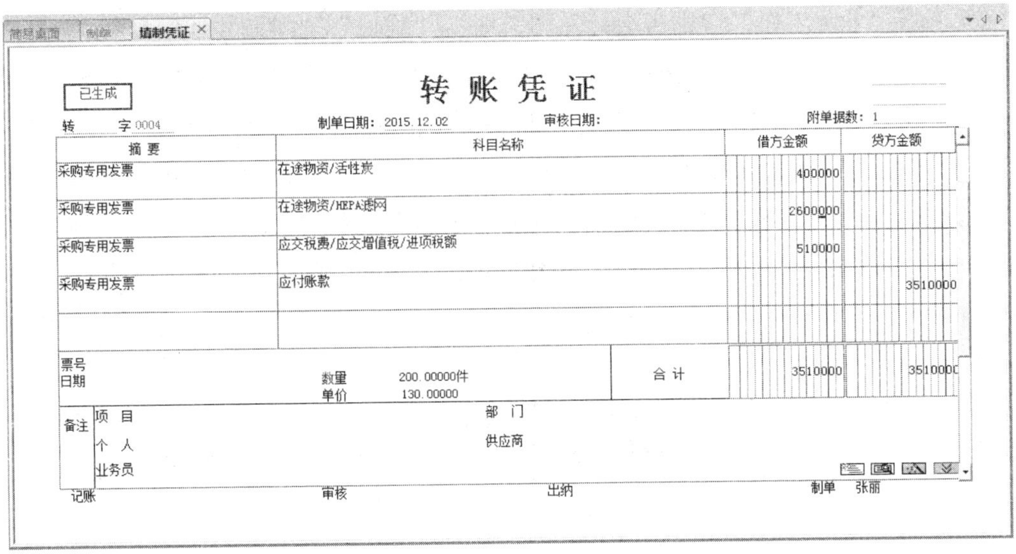

图 2-130　业务 4 记账凭证

4. 审核凭证

(1) 选择"系统/重注册"命令，使用"002 王中亭"账号登录到用友企业应用平台，登录日期设为"2015-12-02"。

(2) 选择"业务工作"/"财务会计"/"总账"/"凭证"/"审核凭证"命令，打开"凭证审核"窗口。

(3) 单击"确定"按钮，单击需要审核的凭证，单击"审核"按钮，完成审核，返回"凭证审核列表"窗口。

【业务 5】

2015 年 12 月 2 日，开出现金支票(支票号：30102098)从银行提取备用金 10 000.00 元。

【业务说明】

本笔业务是提取备用金业务,在总账系统中填制凭证,并对记账凭证进行出纳签字、主管审核。

【岗位说明】

总账会计王中亭负责在总账系统中填制记账凭证,出纳马家辉进行出纳签字,会计主管张丽审核凭证。

【实训指导】

1. 填制凭证

(1) 使用"002 王中亭"账号登录到用友企业应用平台,登录日期设为"2015-12-02"。

(2) 选择"业务工作"/"财务会计"/"总账"/"凭证"/"填制凭证"命令,打开"填制凭证"窗口,单击"增加"按钮,将凭证类别修改为"付款凭证",将凭证日期修改为"2015-12-02",输入摘要"提取备用金",选择借方科目为"1001 库存现金",输入借方金额为"10 000.00";按 Enter 键,选择贷方科目为"100201 银行存款/工商银行",按 Enter 键,系统自动出现辅助核算项,结算方式选择"现金支票",输入票号"30102098",将日期选择为"2015-12-02",单击"确定"按钮,单击"保存"按钮,如图 2-131 所示。

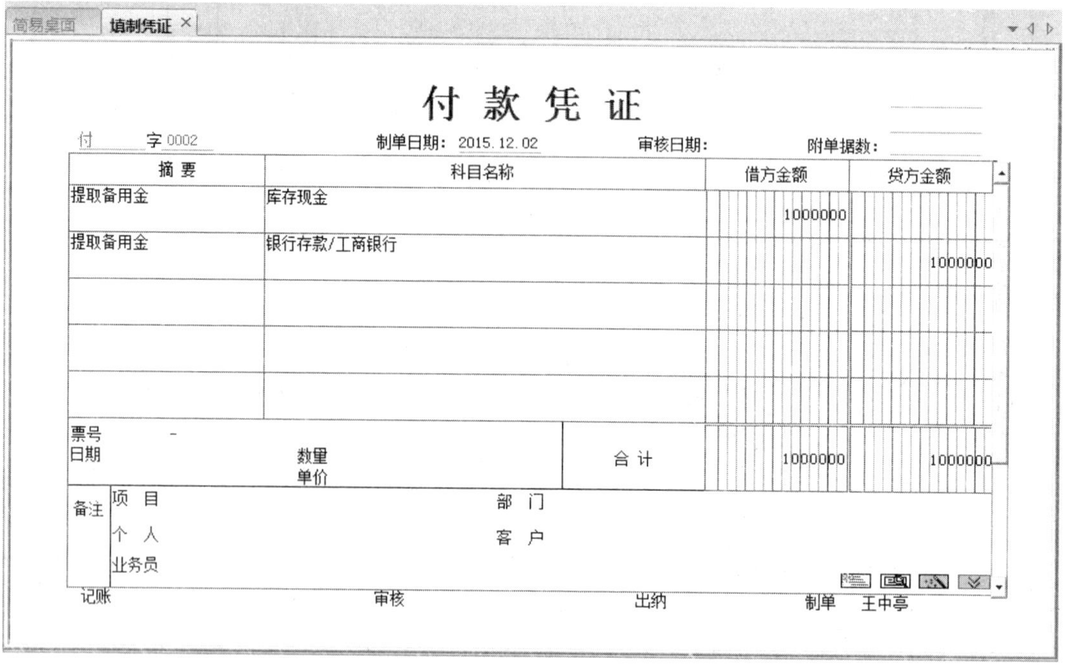

| 简易桌面 | 填制凭证 × | | | | ▼ ◀ ▶ |

付 款 凭 证

付　字 0002　　　　制单日期: 2015.12.02　　　审核日期:　　　附单据数:

摘　要	科目名称	借方金额	贷方金额
提取备用金	库存现金	1000000	
提取备用金	银行存款/工商银行		1000000

票号　-
日期

数量
单价

合　计　1000000　1000000

备注　项　目　　　部　门
个　人　　　客　户
业务员

记账　　　　　审核　　　　　出纳　　　　制单 王中亭

图 2-131　业务 5 记账凭证

2. 出纳签字

(1) 选择"系统/重注册"命令，使用"004 马家辉"账号登录到用友企业应用平台，登录日期设为"2015-12-02"。

(2) 选择"业务工作"/"财务会计"/"总账"/"凭证"/"出纳签字"命令，打开"出纳签字"窗口。

(3) 单击"确定"按钮，单击需要签字的凭证，单击"签字"按钮，完成出纳签字，返回"出纳签字列表"窗口。

3. 审核凭证

(1) 选择"系统/重注册"命令，使用"001 张丽"账号登录到用友企业应用平台，登录日期设为"2015-12-02"。

(2) 选择"业务工作"/"财务会计"/"总账"/"凭证"/"审核凭证"命令，打开"凭证审核"窗口。

(3) 单击"确定"按钮，单击需要审核的凭证，单击"审核"按钮，完成审核，返回"凭证审核列表"窗口。

【业务6】

2015 年 12 月 3 日，向上海裕达汽车销售修理有限公司支付一车间固定资产修理费，取得增值税专用发票(发票号：00679426)，不含税金额 3 000.00 元，税额 510.00 元，采用电汇方式结算，另通过银行转账支付电汇手续费 7.50 元。

【业务说明】

本笔业务是支付车间固定资产修理费业务，并取得增值税专用发票，以电汇方式进行结算，因此，应在总账系统中增加劳务存货，在应付款管理系统中填制采购专用发票及付款单，再审核应付款单及付款单，进行手工核销，并进行制单处理。对于支付电汇手续费部分，可在总账系统中填制凭证。最后由出纳对收付款凭证进行出纳签字，再由主管审核凭证。

【岗位说明】

账套主管张丽在企业应用平台修改基础设置，增加劳务存货修理费，并添加存货计量单位。总账会计王中亭负责在应付款管理系统中填制采购专用发票及付款单，并由账套主管张丽对应付款单和付款单进行审核，手工核销，并进行制单处理。再由总账会计王中亭在总账系统中填制支付电汇手续费的付款凭证。最后，出纳马家辉进行出纳签字，会计主管张丽、总账会计王中亭分别审核相关凭证。

【实训指导】

1. 修改基础设置

(1) 使用"001 张丽"账号登录到用友企业应用平台，登录日期设为"2015-12-03"。

(2) 选择"基础设置"/"基础档案"/"存货"/"计量单位"命令，打开"计量单位"窗口，在左侧列表中选择"002 数量"，单击"单位"按钮，进入"计量单位"对话框，单击"增加"按钮，在"计量单位编码"中输入"07"，在"计量单位名称"中输入"次"，单击"保存"按钮，再退出，如图 2-132 所示。

图 2-132　"计量单位"对话框

(3) 选择"基础设置"/"基础档案"/"存货"/"存货分类"命令，打开"存货分类"窗口，单击"增加"按钮，在"分类编码"中输入"3"，在"分类名称"中输入"劳务"，单击"保存"按钮，再退出，如图 2-133 所示。

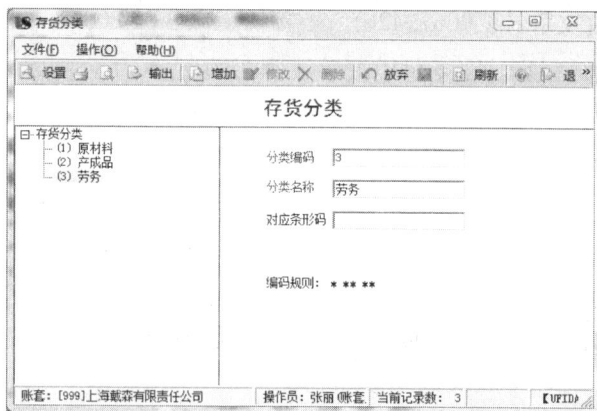

图 2-133　"存货分类"窗口

(4) 选择"基础设置"/"基础档案"/"存货"/"存货档案"命令，打开"存货档案"窗口，在左侧列表选择"3 劳务"，单击"增加"按钮，打开"增加存货档案"对话框，在"存货编码"输入"301"，在"存货名称"中输入"维修费"，"计量单位组"选择"002-数量"，"主计量单位"选择"07-次"，"存货属性"选中"外购"复选框，单击"保存"按钮，再退出，如图 2-134 所示。

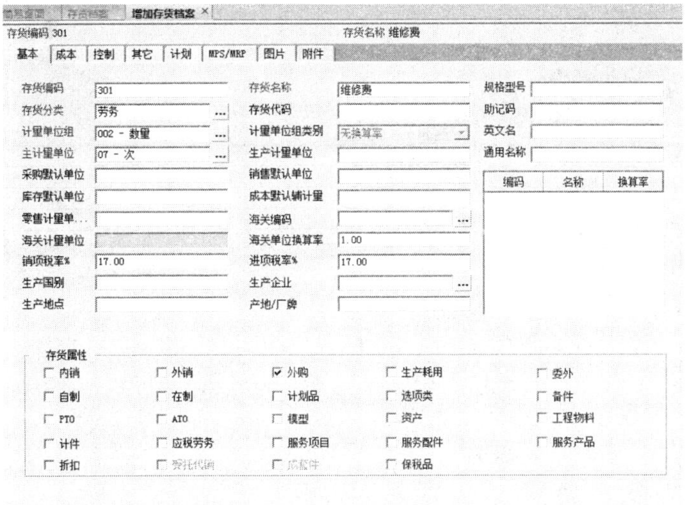

图 2-134 "增加存货档案"对话框

(5) 选择"基础设置"/"基础档案"/"客商信息"/"供应商档案"命令，打开"供应商档案"窗口，单击"增加"按钮，打开"增加供应商档案"对话框，在"供应商编码"中输入"004"，在"供应商名称"中输入"上海裕达汽车销售修理有限公司"，在"供应商简称"中输入"上海裕达"，单击"保存"按钮，再退出，如图 2-135 所示。

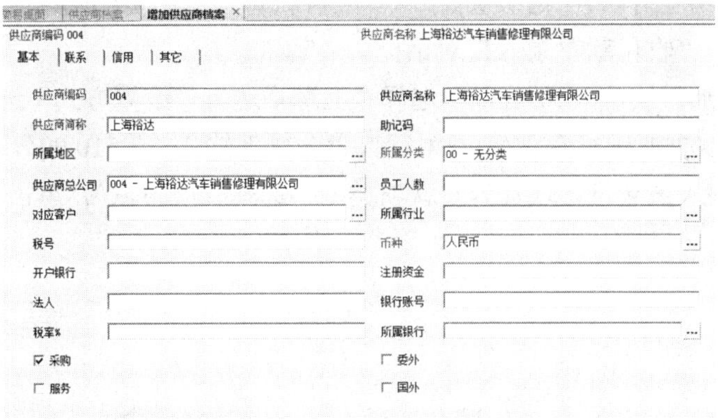

图 2-135 "增加供应商档案"对话框

2. 录入采购专用发票

(1) 选择"系统/重注册"命令，使用"002 王中亭"账号登录到用友企业应用平台，登录日期设为"2015-12-03"。

(2) 选择"业务工作"/"财务会计"/"应付款管理"/"应付单据处理"/"应付单据录入"命令，打开"单据类别"窗口。

(3) 单击"确定"按钮，打开"采购专用发票"窗口，单击"增加"按钮，录入采购专用发票信息，在"发票号"中输入"00679426"，"供应商"选择"上海裕达"，"部门名称"选择"一车间"，"存货编码"选择"301 维修费"，输入"数量"为"1.00"，"原币单价"为"3 000.00"，单击"保存"按钮，如图 2-136 所示。

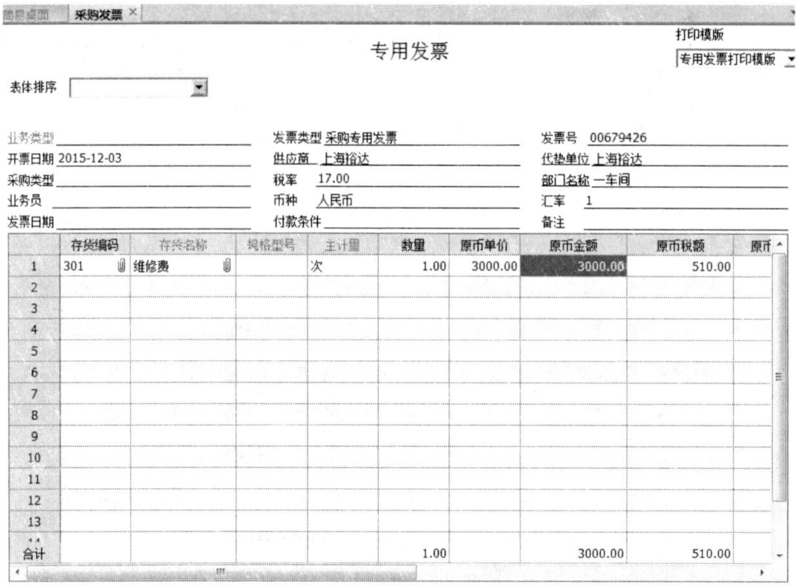

图 2-136 "采购专用发票"窗口

3. 录入付款单

(1) 选择"业务工作"/"财务会计"/"应付款管理"/"应付单据处理"/"应付单据录入"命令，打开"收付款单录入"对话框。

(2) 单击"增加"按钮，"供应商"选择"上海裕达"，"结算方式"选择"5 其他"，"结算科目"选择"100201 银行存款/工商银行"，"金额"输入"3 510.00"，"部门"选择"一车间"，"摘要"输入"支付修理费"，"款项类型"选择"应付款"，单击"保存"按钮，如图 2-137 所示。

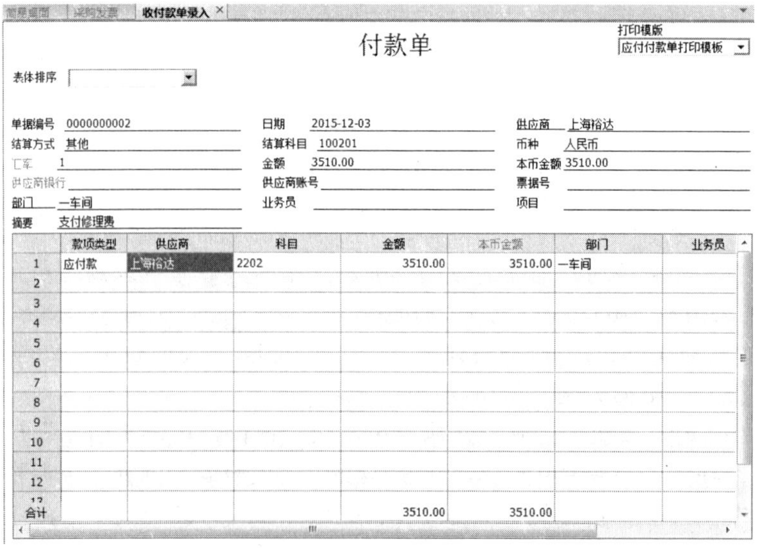

图 2-137 付款单

4. 应付单据、付款单据审核

(1) 选择"系统/重注册"命令,使用"001 张丽"账号登录到用友企业应用平台,登录日期设为"2015-12-03"。

(2) 选择"业务工作"/"财务会计"/"应付款管理"/"应付单据处理"/"应付单据审核"命令,打开"应付单查询条件"对话框。

(3) 单击"确定"按钮,进入"应付单据列表"窗口,双击选择需要审核的单据,单击"审核"按钮。

(4) 选择"业务工作"/"财务会计"/"应付款管理"/"付款单据处理"/"付款单据审核"命令,打开"付款单查询条件"对话框。

(5)单击"确定"按钮,进入"收付款单列表"窗口,双击选择需要审核的单据,单击"审核"按钮。

5. 手工核销

(1) 选择"业务工作"/"财务会计"/"应付款管理"/"核销处理"/"手工核销"命令,打开"核销条件"对话框。

(2) "供应商"选择"上海裕达",单击"确定"按钮。

(3) 在"采购专用发票"的"本次结算"栏内输入"3 510.00"。

(4) 单击"保存"按钮。

6. 制单处理

(1) 选择"业务工作"/"财务会计"/"应付款管理"/"制单处理"命令,打开"制单查询"对话框。

(2) 选择"发票制单""应付单制单""收付款单制单""核销制单",单击"确定"按钮,进入"应付制单"窗口。

(3) 单击"全选"按钮,再单击"制单"按钮。

(4) 修改凭证类别为"转账凭证",凭证中借方金额为"3 000.00"的"科目名称"选择为"660204 管理费用/其他",单击"保存"按钮,如图 2-138 所示。

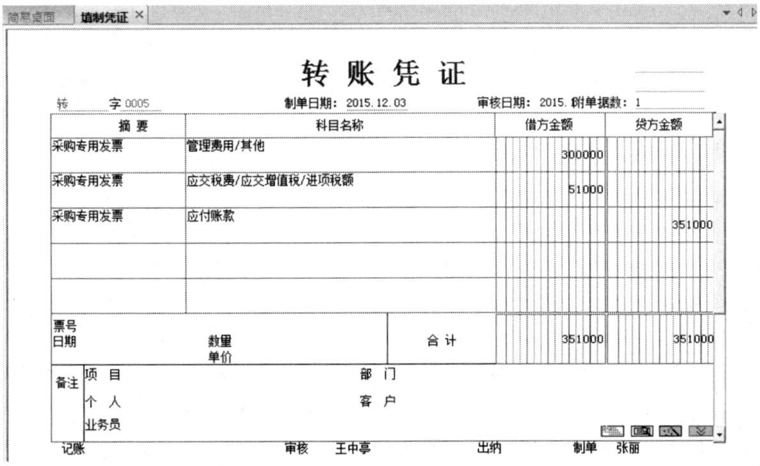

图 2-138 业务 6 记账凭证(1)

(5) 单击"下一张"按钮，修改凭证类别为"付款凭证"，检查凭证信息无误，单击"保存"按钮，如图 2-139 所示。

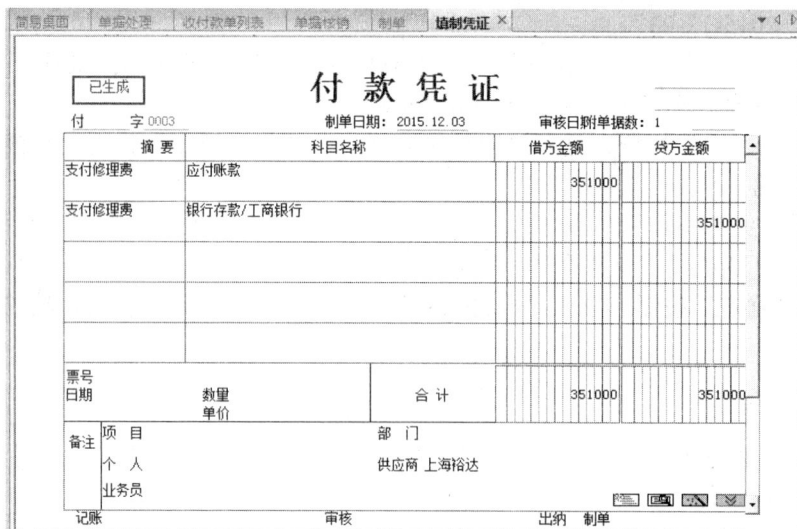

图 2-139　业务 6 记账凭证(2)

7. 填制凭证

(1) 选择"系统/重注册"命令，使用"002 王中亭"账号登录到用友企业应用平台，登录日期设为"2015-12-03"。

(2) 选择"业务工作"/"财务会计"/"总账"/"凭证"/"填制凭证"命令，打开"填制凭证"窗口，单击"增加"按钮，修改凭证类别为"付款凭证"，输入摘要"支付电汇手续费"，选择借方科目"6603 财务费用"，输入借方金额"7.50"；选择贷方科目"100201银行存款/工商银行"，输入贷方金额"7.50"；单击"保存"按钮，如图 2-140 所示。

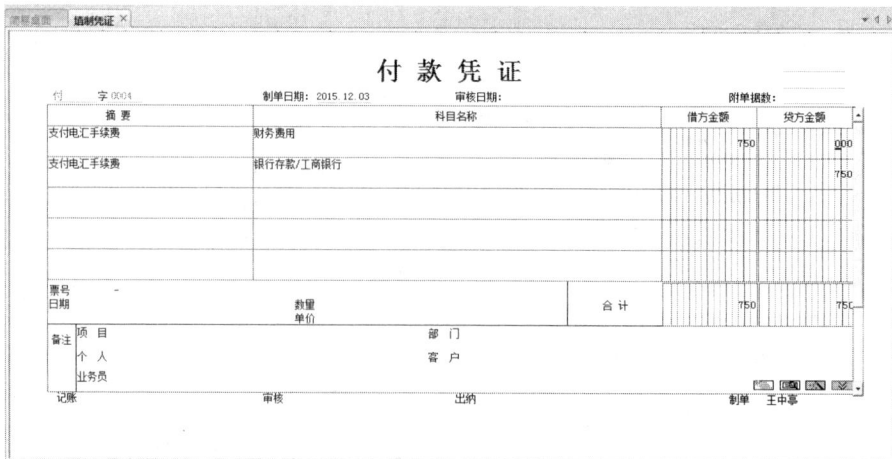

图 2-140　业务 6 记账凭证(3)

8. 出纳签字

(1) 使用"004 马家辉"账号登录到用友企业应用平台，登录日期设为"2015-12-03"。

(2) 选择"业务工作"/"财务会计"/"总账"/"凭证"/"出纳签字"命令，打开"出纳签字"窗口。

(3) 单击"确定"按钮，单击需要签字的凭证，单击"签字"按钮，完成出纳签字，返回"出纳签字列表"窗口。

9. 审核凭证

(1) 选择"系统/重注册"命令，分别使用"001 张丽""002 王中亭"账号登录到用友企业应用平台，登录日期设为"2015-12-03"。

(2) 选择"业务工作"/"财务会计"/"总账"/"凭证"/"审核凭证"命令，打开"凭证审核"窗口。

(3) 单击"确定"按钮，单击需要审核的凭证，单击"审核"按钮，完成审核，返回"凭证审核列表"窗口。

【业务 7】

2015 年 12 月 3 日，2 日从北京旺兴环保科技有限公司购进的活性炭、HEPA 滤网运达企业，并验收入库。其中，活性炭数量为 200kg，单价为 20 元/kg，金额 4 000.00 元；HEPA 滤网数量为 200 件，单价为 130 元/件，金额为 26 000.00 元。

【业务说明】

本笔业务是采购原材料验收入库，在总账系统中填制凭证，并审核记账。

【岗位说明】

成本会计李宏负责在总账系统中填制记账凭证，会计主管张丽审核凭证。

【实训指导】

1. 填制凭证

(1) 使用"003 李宏"账号登录到用友企业应用平台，登录日期设为"2015-12-03"。

(2) 选择"业务工作"/"财务会计"/"总账"/"凭证"/"填制凭证"命令，打开"填制凭证"窗口，单击"增加"按钮，修改凭证类别为"转账凭证"，在"摘要"中输入"2 日采购活性炭、HEPA 滤网验收入库"；选择借方科目"140302 原材料/活性炭"，输入辅助核算"数量"为"200"，"单价"为"20.00"；选择借方科目"140303 原材料/HEPA 滤网"，输入辅助核算"数量"为"200"，"单价"为"130.00"；选择贷方科目"140202 在途物资/活性炭"，输入辅助核算"数量"为"200"，"单价"为"20.00"；选择贷方科目"140203 在途物资/HEPA 滤网"，输入辅助核算"数量"为"200"，"单价"为"130.00"；单击"保存"按钮，如图 2-141 所示。

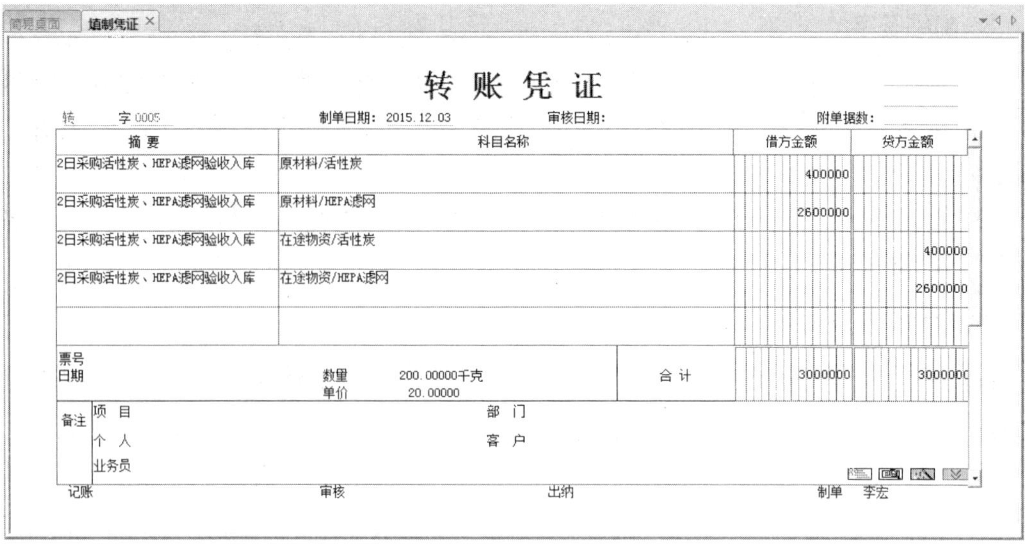

图 2-141　业务 7 记账凭证

2. 审核凭证

(1) 使用"001 张丽"账号登录到用友企业应用平台，登录日期设为"2015-12-03"。

(2) 选择"业务工作"/"财务会计"/"总账"/"凭证"/"审核凭证"命令，打开"凭证审核"窗口。

(3) 单击"确定"按钮，单击需要审核的凭证，单击"审核"按钮，完成审核，返回"凭证审核列表"窗口。

【业务 8】

2015 年 12 月 4 日，向银行申请签发银行汇票，金额 100 000.00 元，另通过银行转账支付申请银行汇票手续费 35.00 元。

【业务说明】

本笔业务是申请签发银行汇票业务，在总账系统中填制凭证，并对记账凭证进行出纳签字、主管审核。

【岗位说明】

总账会计王中亭负责在总账系统中填制记账凭证，出纳马家辉进行出纳签字，会计主管张丽审核凭证。

【实训指导】

1. 填制凭证

(1) 使用"002 王中亭"账号登录到用友企业应用平台，登录日期设为"2015-12-04"。

(2) 选择"业务工作"/"财务会计"/"总账"/"凭证"/"填制凭证"命令，打开"填制凭证"窗口，单击"增加"按钮，修改凭证类别为"付款凭证"，输入摘要为"申请银行汇票"，选择借方科目"101201 其他货币资金/银行汇票存款"，输入借方金额"100 000.00"；选择贷方科目"100201 银行存款/工商银行"，辅助核算项"结算方式"选择"5 其他"，输入贷方金额"100 000.00"，单击"保存"按钮，如图 2-142 所示。

(3) 单击"增加"按钮，修改凭证类别为"付款凭证"，输入摘要"支付申请银行汇票手续费"，选择借方科目"6603 财务费用"，输入借方金额"35.00"；选择贷方科目"100201 银行存款/工商银行"，辅助核算项"结算方式"选择"5 其他"，输入贷方金额"35.00"，单击"保存"按钮，如图 2-143 所示。

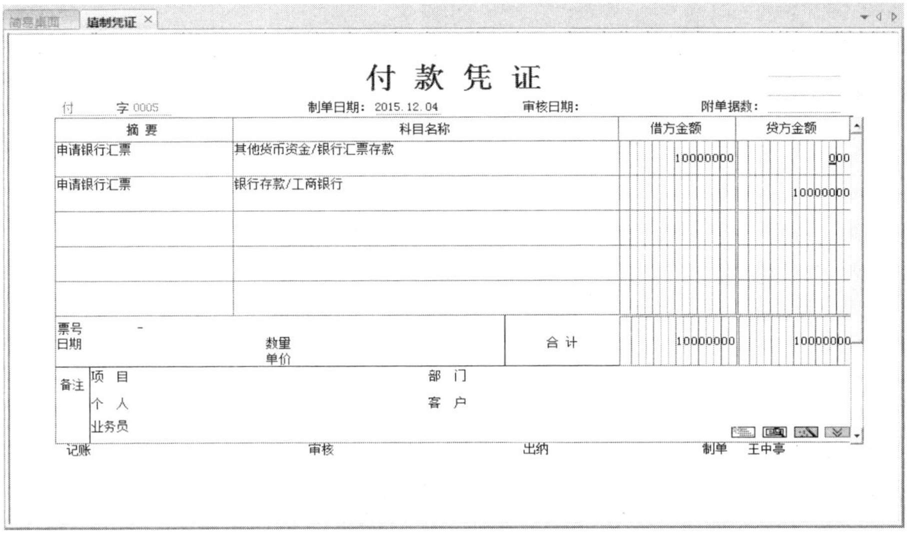

图 2-142 业务 8 记账凭证(1)

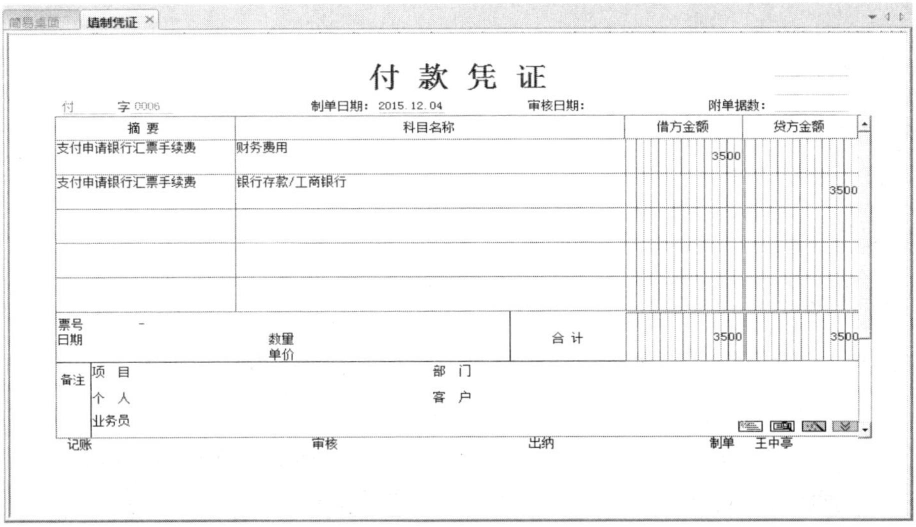

图 2-143 业务 8 记账凭证(2)

2. 出纳签字

(1) 选择"系统/重注册"命令，使用"004 马家辉"账号登录到用友企业应用平台，登录日期设为"2015-12-04"。

(2) 选择"业务工作"/"财务会计"/"总账"/"凭证"/"出纳签字"命令，打开"出纳签字"窗口。

(3) 单击"确定"按钮，单击需要签字的凭证，单击"签字"按钮，完成出纳签字，返回"出纳签字列表"窗口。

3. 审核凭证

(1) 选择"系统/重注册"命令，使用"001 张丽"账号登录到用友企业应用平台，登录日期设为"2015-12-04"。

(2) 选择"业务工作"/"财务会计"/"总账"/"凭证"/"审核凭证"命令，打开"凭证审核"窗口。

(3) 单击"确定"按钮，单击需要审核的凭证，单击"审核"按钮，完成审核，返回"凭证审核列表"窗口。

【业务9】

2015 年 12 月 5 日，以证券资金账户款项从二级市场购买东土科技 10 000 股，每股面值 16.20 元，支付手续费 536.00 元，准备近期出售。

【业务说明】

本笔业务是购买交易性金融资产业务，在总账系统中填制凭证，并对记账凭证进行主管审核。

【岗位说明】

总账会计王中亭负责在总账系统中填制记账凭证，出纳马家辉进行出纳签字，会计主管张丽审核凭证。

【实训指导】

1. 填制凭证

(1) 使用"002 王中亭"账号登录到用友企业应用平台，登录日期设为"2015-12-05"。

(2) 选择"业务工作"/"财务会计"/"总账"/"凭证"/"填制凭证"命令，打开"填制凭证"窗口，单击"增加"按钮，修改凭证类别为"转账凭证"，输入摘要"购买交易性金融资产"，选择借方科目"1101 交易性金融资产"，输入借方金额"162 000.00"，选择借方科目"6111 投资收益"，输入借方金额"536.00"，选择贷方科目"101202 其他货币资金/存出投资款"，输入贷方金额"162 536.00"，单击"保存"按钮，如图 2-144 所示。

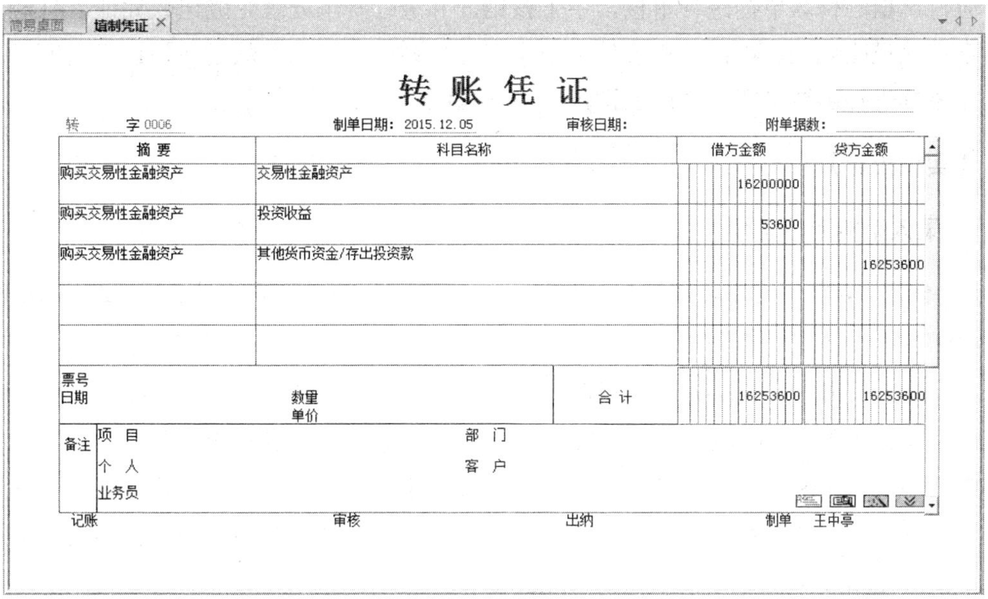
简易桌面　填制凭证

转 账 凭 证

转　字 0006　制单日期：2015.12.05　审核日期：　附单据数：

摘要	科目名称	借方金额	贷方金额
购买交易性金融资产	交易性金融资产	16200000	
购买交易性金融资产	投资收益	53600	
购买交易性金融资产	其他货币资金/存出投资款		16253600
票号 日期	数量 单价　合计	16253600	16253600

备注　项目　部门
个人　客户
业务员

记账　审核　出纳　制单　王中亭

图 2-144　业务 9 记账凭证

2. 审核凭证

(1) 选择“系统/重注册”命令，使用“001 张丽”账号登录到用友企业应用平台，登录日期设为“2015-12-05”。

(2) 选择“业务工作”/“财务会计”/“总账”/“凭证”/“审核凭证”命令，打开“凭证审核”窗口。

(3) 单击“确定”按钮，单击需要审核的凭证，单击“审核”按钮，完成审核，返回“凭证审核列表”窗口。

【业务 10】

2015 年 12 月 6 日，采购部李丽从上海宏达环保科技有限公司购进原材料光触媒，取得增值税专用发票(发票号：00374518)，发票上注明数量 400 瓶，单价 200 元/瓶，不含税金额 80 000.00 元，税额 13 600.00 元。用银行汇票结算(票据号：0984532)，收到银行退回余款 6 400.00 元。

【业务说明】

本笔业务是普通采购业务，在应付款管理系统中录入采购专用发票，填制付款单，对应付单据以及付款单据审核后，进行制单处理，再在总账系统中填制余款退回的记账凭证，对记账凭证进行出纳签字、主管审核。

【岗位说明】

总账会计王中亭负责在应付款管理系统中录入采购专用发票及付款单，由会计主管张丽对应付单据、付款单据进行审核，手工核销，并进行制单处理生成记账凭证，总账会计王中亭审核记账凭证。再由总账会计王中亭在总账系统中填制余款退回的记账凭证，并由出纳马家辉进行出纳签字，会计主管张丽审核凭证。

【实训指导】

1. 录入采购专用发票

(1) 使用"002 王中亭"账号登录到用友企业应用平台，登录日期设为"2015-12-06"。

(2) 选择"业务工作"/"财务会计"/"应付款管理"/"应付单据处理"/"应付单据录入"命令，打开"单据类别"窗口。

(3) 单击"确定"按钮，打开"采购专用发票"窗口，单击"增加"按钮，输入"发票号"为"00374518"，选择供应商"上海宏达"，选择"部门名称"为"采购部"，选择"业务员"为"李丽"，选择"存货编码"为"101 光触媒"，输入数量"400"，输入原币单价"200.00"，单击"保存"按钮，如图 2-145 所示。

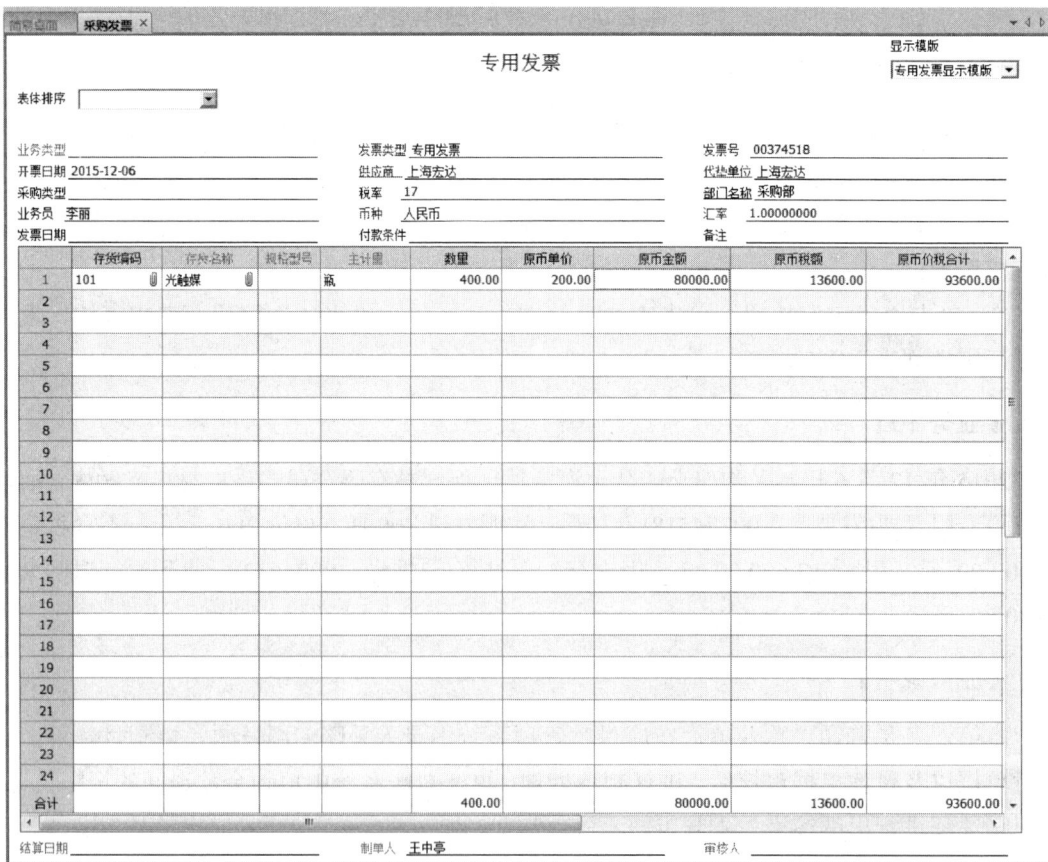

图 2-145　"采购专用发票"窗口

2. 录入付款单

(1) 选择"业务工作"/"财务会计"/"应付款管理"/"付款单据处理"/"付款单据录入"命令，打开"收付款单录入"窗口。

(2) 单击"增加"按钮，选择供应商"上海宏达"，选择结算方式"银行汇票"，输入金额"93 600.00"，选择部门"采购部"，选择业务员"李丽"，选择款项类型"应付款"，单击"保存"按钮，如图 2-146 所示。

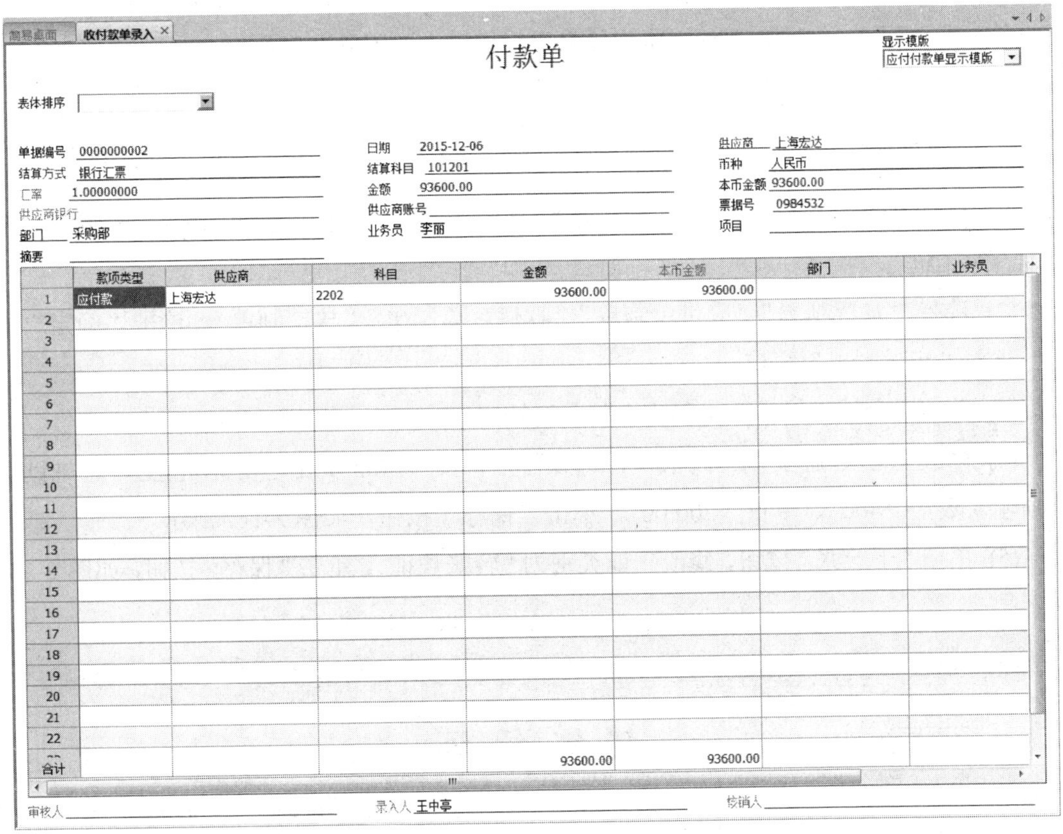

图 2-146　付款单

3. 应付单据、付款单据审核

(1) 选择"系统/重注册"命令，使用"001 张丽"账号登录到用友企业应用平台，登录日期设为"2015-12-06"。

(2) 选择"业务工作"/"财务会计"/"应付款管理"/"应付单据处理"/"应付单据审核"命令，打开"应付单查询条件"对话框。

(3) 单击"确定"按钮，进入"应付单据列表"窗口，双击选择需要审核的单据，单击"审核"按钮。

(4) 选择"业务工作"/"财务会计"/"应付款管理"/"付款单据处理"/"付款单据审核"命令，打开"付款单查询条件"对话框。

(5) 单击"确定"按钮，进入"收付款单列表"窗口，双击选择需要审核的单据，单击"审核"按钮。

4. 手工核销

(1) 选择"业务工作"/"财务会计"/"应付款管理"/"核销处理"/"手工核销"命令，打开"核销条件"对话框。

(2) "供应商"选择"上海宏达"，单击"确定"按钮。

(3) 在"采购专用发票"的"本次结算"栏内输入"93 600.00"。

(4) 单击"保存"按钮。

5. 制单处理

(1) 选择"业务工作"/"财务会计"/"应付款管理"/"制单处理"命令，打开"制单查询"对话框。

(2) 选择"发票制单""应付单制单""收付款单制单""核销制单"，单击"确定"按钮，进入"应付制单"窗口。

(3) 单击"全选"按钮，再单击"制单"按钮。

(4) 修改凭证类别为"转账凭证"，选择借方科目"140201 在途物资/光触媒"，辅助核算项输入数量"400"，单价"200.00"，单击"保存"按钮，如图 2-147 所示。

(5) 单击"下一张"按钮，修改凭证类别为"转账凭证"，单击"保存"按钮，如图 2-148 所示。

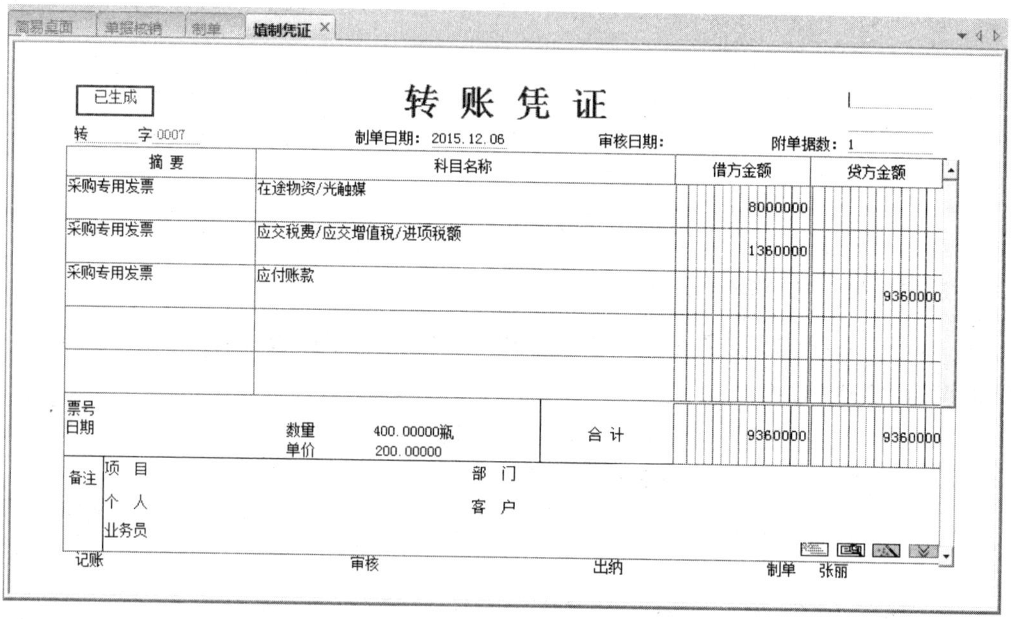

图 2-147　业务 10 记账凭证(1)

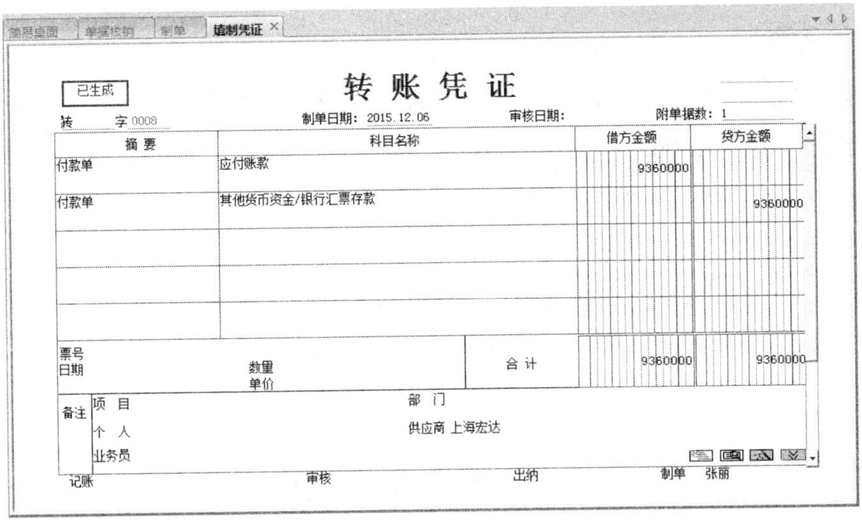

图 2-148 业务 10 记账凭证(2)

6. 填制凭证

(1) 选择"系统/重注册"命令，使用"002 王中亭"账号登录到用友企业应用平台，登录日期设为"2015-12-06"。

(2) 选择"业务工作"/"财务会计"/"总账"/"凭证"/"填制凭证"命令，打开"填制凭证"窗口，单击"增加"按钮，修改凭证类别为"收款凭证"，输入摘要"收到银行汇票结算多余款项"，选择借方科目"100201 银行存款/工商银行"，辅助核算项"结算方式"选择"4 银行汇票"，输入借方金额"6 400.00"，选择贷方科目"101201 其他货币资金/银行汇票存款"，输入贷方金额"6 400.00"，单击"保存"按钮，如图 2-149 所示。

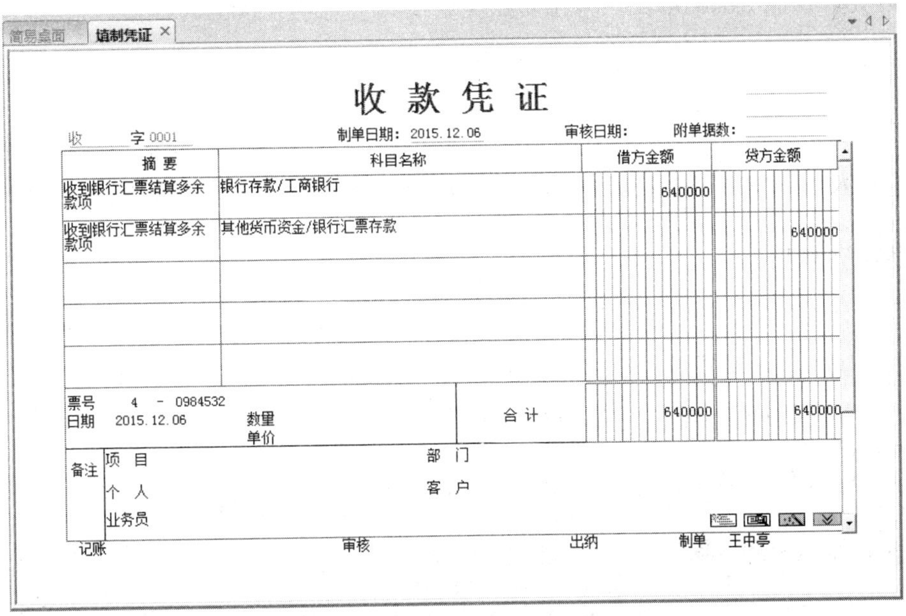

图 2-149 业务 10 记账凭证(3)

7. 出纳签字

(1) 选择"系统/重注册"命令，使用"004 马家辉"账号登录到用友企业应用平台，登录日期设为"2015-12-06"。

(2) 选择"业务工作"/"财务会计"/"总账"/"凭证"/"出纳签字"命令，打开"出纳签字"窗口。

(3) 单击"确定"按钮，单击需要签字的凭证，单击"签字"按钮，完成出纳签字，返回"出纳签字列表"窗口。

8. 审核凭证

(1) 选择"系统/重注册"命令，分别使用"001 张丽""002 王中亭"账号登录到用友企业应用平台，登录日期设为"2015-12-06"。

(2) 选择"业务工作"/"财务会计"/"总账"/"凭证"/"审核凭证"命令，打开"凭证审核"窗口。

(3) 单击"确定"按钮，单击需要审核的凭证，单击"审核"按钮，完成审核，返回"凭证审核列表"窗口。

【业务 11】

2015 年 12 月 7 日，采购部李丽从深圳普新有限责任公司购进其他辅助材料，取得增值税专用发票(发票号：00425698)，发票上注明数量 200 套，单价 60 元/套，不含税金额 12 000.00 元，税额 2 040.00 元。开出转账支票结算(支票号：00337766)。

【业务说明】

本笔业务是普通采购业务，在应付款管理系统中录入采购专用发票，填制付款单，对应付单据以及付款单据审核后，进行制单处理，对记账凭证进行出纳签字、主管审核。

【岗位说明】

总账会计王中亭负责在应付款管理系统中录入采购专用发票及付款单，由会计主管张丽对应付单据、付款单据进行审核，手工核销，并进行制单处理生成记账凭证，出纳马家辉进行出纳签字，总账会计王中亭审核记账凭证。

【实训指导】

1. 录入采购专用发票

(1) 使用"002 王中亭"账号登录到用友企业应用平台，登录日期设为"2015-12-07"。

(2) 选择"业务工作"/"财务会计"/"应付款管理"/"应付单据处理"/"应付单据录入"命令，打开"单据类别"窗口。

(3) 单击"确定"按钮，打开"采购专用发票"窗口，单击"增加"按钮，输入发票号"00425698"，选择供应商"深圳普新"，选择部门"采购部"，选择业务员"李丽"，选择存货编码"104 其他辅助材料"，输入数量"200"，输入原币单价"60.00"，单击"保存"按钮，如图 2-150 所示。

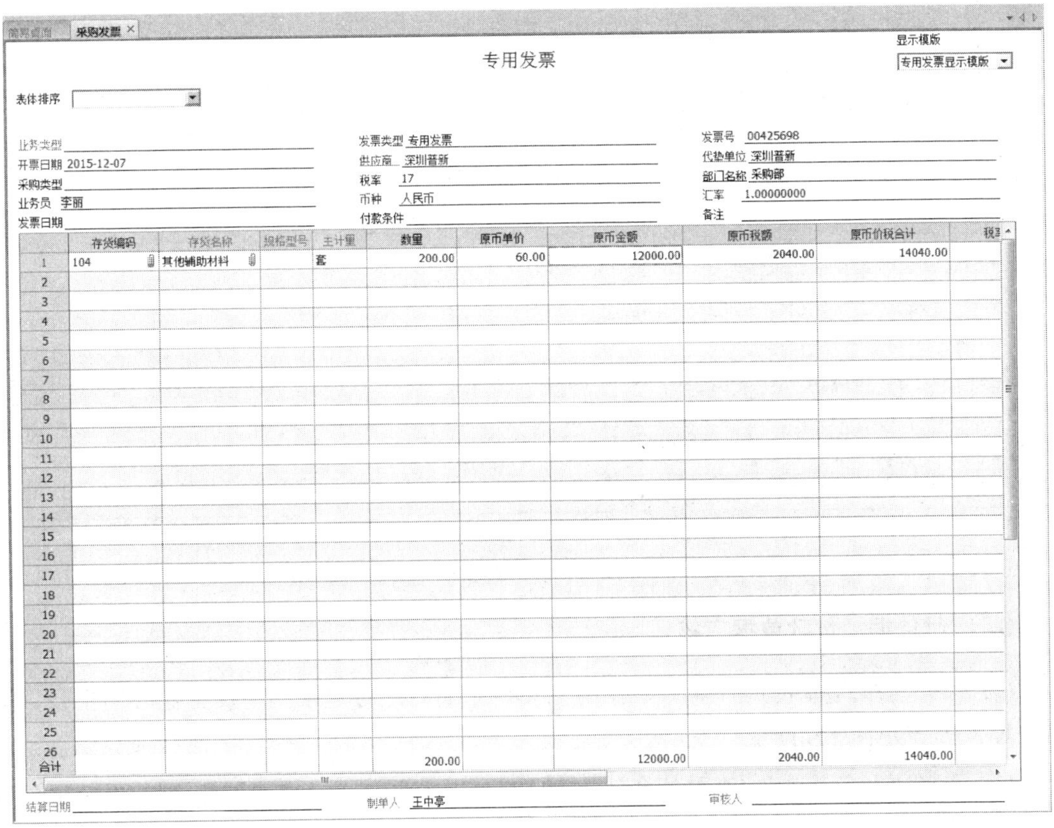

图 2-150　"采购专用发票"窗口

2. 录入付款单

(1) 选择"业务工作"/"财务会计"/"应付款管理"/"付款单据处理"/"付款单据录入"命令，打开"收付款单录入"窗口。

(2) 单击"增加"按钮，选择供应商"深圳普新"，选择结算方式"转账支票"，输入金额"14 040.00"，输入票据号"00337766"，选择部门"采购部"，选择业务员"李丽"，选择款项类型"应付款"，单击"保存"按钮，如图 2-151 所示。

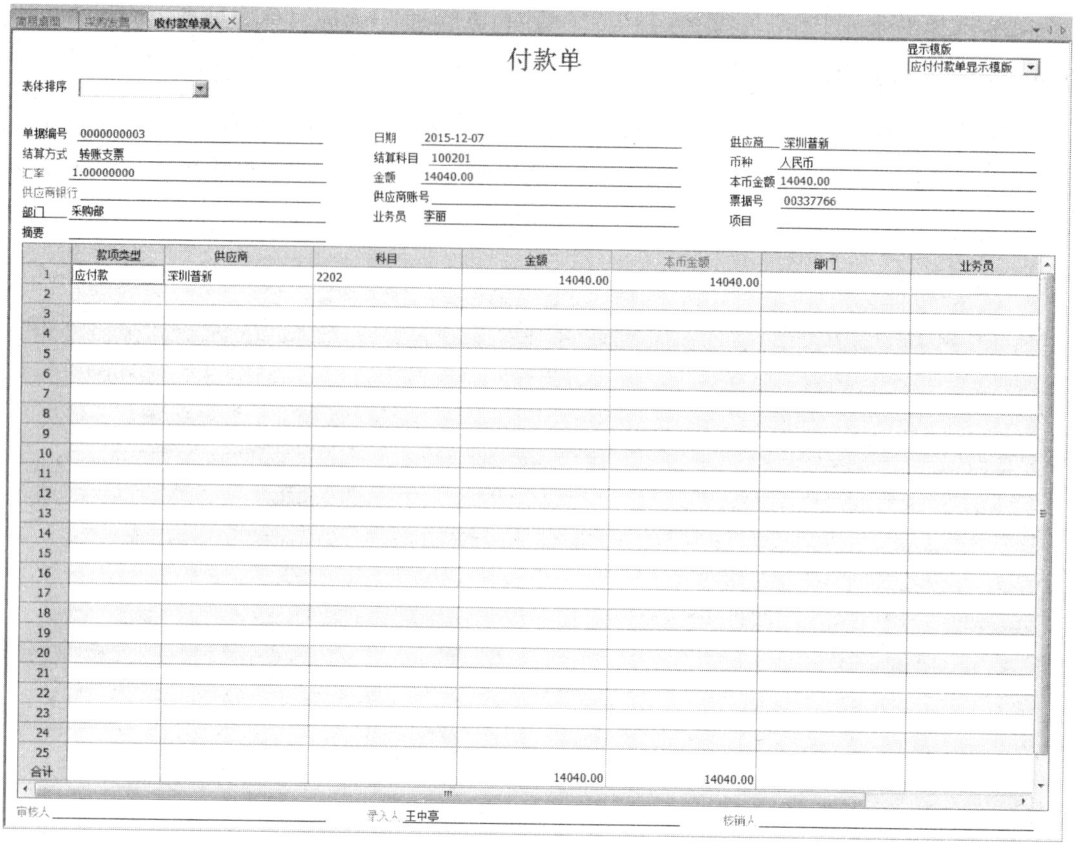

图 2-151　付款单

3. 应付单据、付款单据审核

(1) 选择"系统/重注册"命令，使用"001 张丽"账号登录到用友企业应用平台，登录日期设为"2015-12-07"。

(2) 选择"业务工作"/"财务会计"/"应付款管理"/"应付单据处理"/"应付单据审核"命令，打开"应付单查询条件"对话框。

(3) 单击"确定"按钮，进入"应付单据列表"窗口，双击选择需要审核的单据，单击"审核"按钮。

(4) 选择"业务工作"/"财务会计"/"应付款管理"/"付款单据处理"/"付款单据审核"命令，打开"付款单查询条件"对话框。

(5) 单击"确定"按钮，进入"收付款单列表"窗口，双击选择需要审核的单据，单击"审核"按钮。

4. 手工核销

(1) 选择"业务工作"/"财务会计"/"应付款管理"/"核销处理"/"手工核销"命令，打开"核销条件"对话框。

(2) "供应商"选择"深圳普新"，单击"确定"。

(3) 在"采购专用发票"的"本次结算"栏内输入"14 040.00"。

(4) 单击"保存"按钮。

5. 制单处理

(1) 选择"业务工作"/"财务会计"/"应付款管理"/"制单处理"命令，打开"制单查询"对话框。

(2) 选择"发票制单""应付单制单""收付款单制单""核销制单"，单击"确定"按钮，进入"应付制单"窗口。

(3) 单击"全选"按钮，再单击"制单"按钮。

(4) 修改凭证类别为"转账凭证"，选择借方科目"140204 在途物资/辅助材料"，单击"保存"按钮，如图 2-152 所示。

(5) 单击"下一张"按钮，修改凭证类别为"付款凭证"，单击"保存"按钮，如图 2-153 所示。

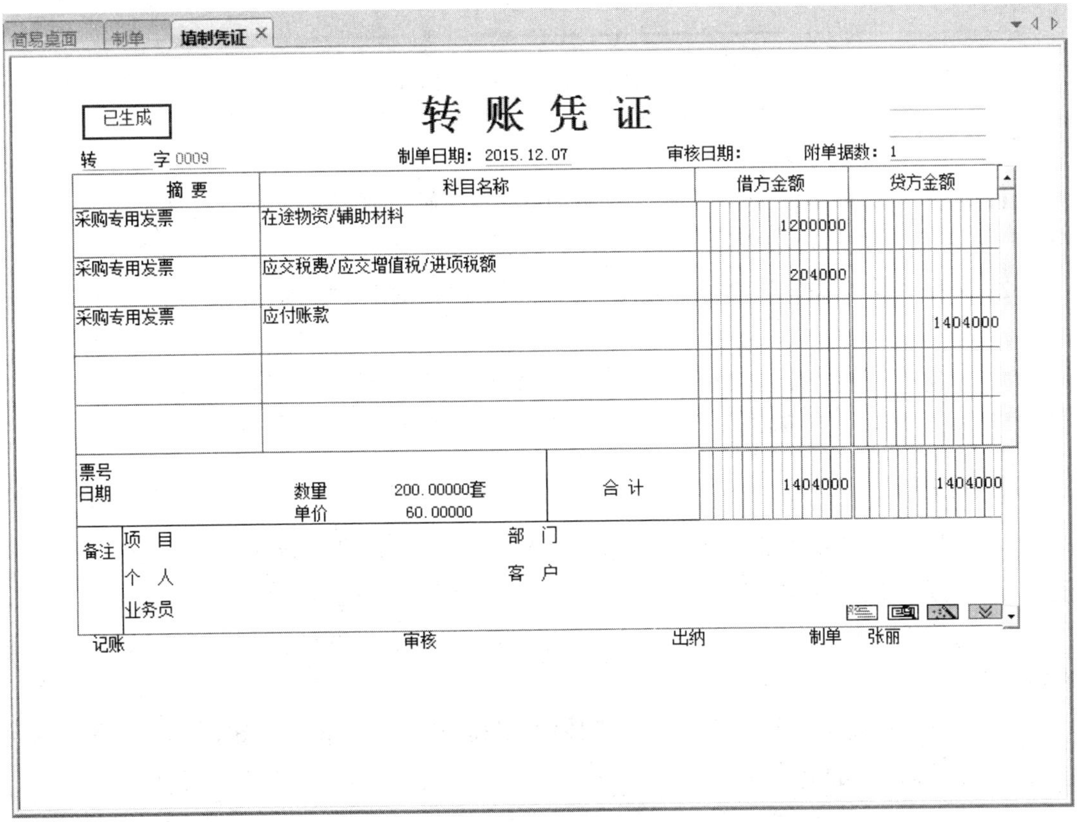

图 2-152　业务 11 记账凭证(1)

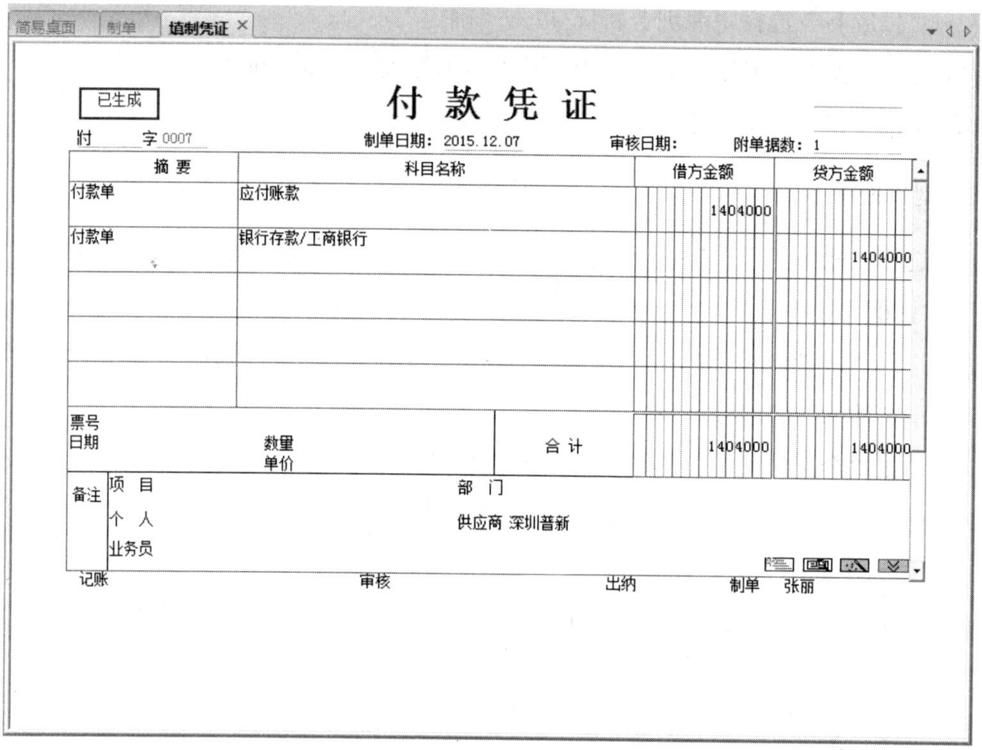
简易桌面 制单 填制凭证

已生成

付 款 凭 证

付 字 0007 制单日期：2015.12.07 审核日期： 附单据数：1

摘要	科目名称	借方金额	贷方金额
付款单	应付账款	1404000	
付款单	银行存款/工商银行		1404000
票号 日期	数量 单价 合计	1404000	1404000

备注 项目 部门

个人 供应商 深圳普新

业务员

记账 审核 出纳 制单 张丽

图 2-153 业务 11 记账凭证(2)

6. 出纳签字

(1) 选择“系统/重注册”命令，使用“004 马家辉”账号登录到用友企业应用平台，登录日期设为“2015-12-07”。

(2) 选择“业务工作”/“财务会计”/“总账”/“凭证”/“出纳签字”命令，打开“出纳签字”窗口。

(3) 单击“确定”按钮，单击需要签字的凭证，单击“签字”按钮，完成出纳签字，返回“出纳签字列表”窗口。

7. 审核凭证

(1) 选择“系统/重注册”命令，使用“002 王中亭”账号登录到用友企业应用平台，登录日期设为“2015-12-07”。

(2) 选择“业务工作”/“财务会计”/“总账”/“凭证”/“审核凭证”命令，打开“凭证审核”窗口。

(3) 单击“确定”按钮，单击需要审核的凭证，单击“审核”按钮，完成审核，返回“凭证审核列表”窗口。

【业务 12】

2015 年 12 月 8 日，6 日从上海宏达环保科技有限公司购进原材料光触媒运达企业，并验收入库，其中 2 瓶损坏，属于运输途中合理损耗。(原取得增值税专用发票上注明数量 400 瓶，单价 200 元/瓶，不含税金额 80 000.00 元)。

【业务说明】

本笔业务是采购原材料验收入库，运输途中存在合理损耗，验收入库存货总成本不变，单位成本需要重新计算，在总账系统中填制凭证，并审核凭证。

【岗位说明】

成本会计李宏负责在总账系统中填制记账凭证，会计主管张丽审核凭证。

【实训指导】

1. 填制凭证

(1) 使用“003 李宏”账号登录到用友企业应用平台，登录日期设为“2015-12-08”。

(2) 选择“业务工作”/“财务会计”/“总账”/“凭证”/“填制凭证”命令，打开“填制凭证”窗口，单击“增加”按钮，修改凭证类别为“转账凭证”，输入摘要“6 日采购光触媒验收入库，合理损耗 2 瓶”，选择借方科目“140301 原材料/光触媒”，辅助核算项输入数量“400”，不需要输入单价，输入借方金额“80 000.00”，其辅助核算项单价将自动计算，选择贷方科目“140201 在途物资/光触媒”，辅助核算项输入数量“400”，单价“200.00”，贷方金额“80 000.00”，单击“保存”按钮，如图 2-154 所示。

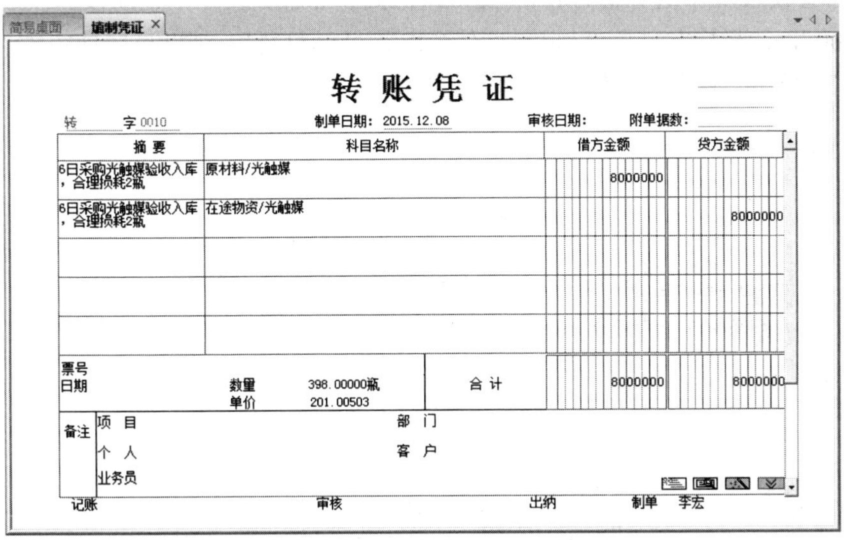
简易桌面 填制凭证

转 账 凭 证

转 字 0010 制单日期：2015.12.08 审核日期： 附单据数：

摘要	科目名称	借方金额	贷方金额
6日采购光触媒验收入库，合理损耗2瓶	原材料/光触媒	8000000	
6日采购光触媒验收入库，合理损耗2瓶	在途物资/光触媒		8000000
票号 日期 数量 398.00000瓶 单价 201.00503	合计	8000000	8000000

备注 项目 部门 个人 客户 业务员

记账 审核 出纳 制单 李宏

图 2-154 业务 12 记账凭证

2. 审核凭证

(1) 选择“系统/重注册”命令，使用“001 张丽”账号登录到用友企业应用平台，登录日期设为“2015-12-08”。

(2) 选择“业务工作”/“财务会计”/“总账”/“凭证”/“审核凭证”命令，打开“凭证审核”窗口。

(3) 单击“确定”按钮，单击需要审核的凭证，单击“审核”按钮，完成审核，返回“凭证审核列表”窗口。

【业务 13】

2015 年 12 月 9 日，7 日从深圳普新有限责任公司购进其他辅助材料运达企业，并验收入库，数量 200 套，单价 60 元/套，不含税金额 12 000.00 元。

【业务说明】

本笔业务是采购原材料验收入库，在总账系统中填制凭证，并审核凭证。

【岗位说明】

成本会计李宏负责在总账系统中填制记账凭证，会计主管张丽审核凭证。

【实训指导】

1. 填制凭证

(1) 使用“003 李宏”账号登录到用友企业应用平台，登录日期设为“2015-12-09”。

(2) 选择“业务工作”/“财务会计”/“总账”/“凭证”/“填制凭证”命令，打开“填制凭证”窗口，单击“增加”按钮，修改凭证类别为“转账凭证”，输入摘要“7 日购进其他辅助材料验收入库”，选择借方科目“140304 原材料/辅助材料”，辅助核算项数量“200”，单价“60.00”，选择贷方科目“140204 在途物资/辅助材料”，辅助核算项数量“200”，单价“60.00”，单击“保存”按钮，如图 2-155 所示。

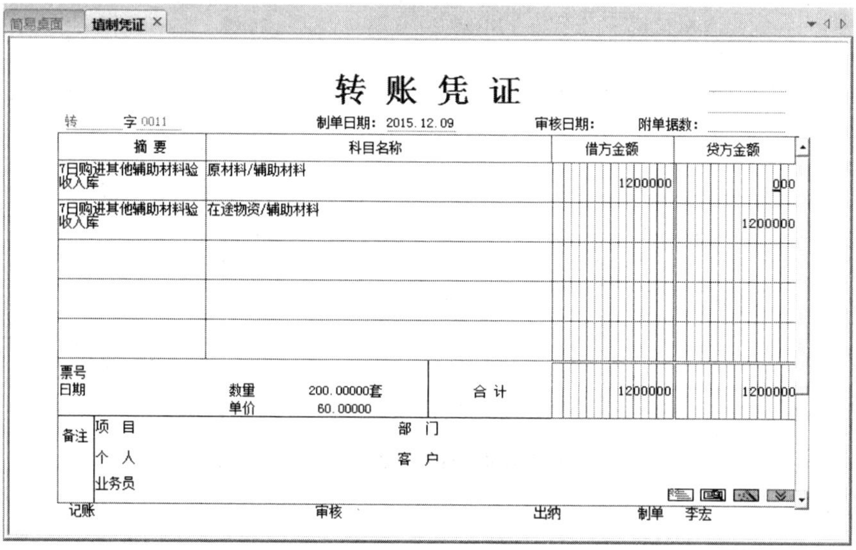

简易桌面　填制凭证

转 账 凭 证

转　字 0011　　制单日期：2015.12.09　　审核日期：　　附单据数：

摘 要	科目名称	借方金额	贷方金额
7日购进其他辅助材料验收入库	原材料/辅助材料	1200000	000
7日购进其他辅助材料验收入库	在途物资/辅助材料		1200000
票号 日期　数量 200.00000套 单价 60.00000	合 计	1200000	1200000

备注　项 目　　部 门
个 人　　客 户
业务员

记账　审核　出纳　制单 李宏

图 2-155　业务 13 记账凭证

2. 审核凭证

(1) 选择"系统/重注册"命令，使用"001 张丽"账号登录到用友企业应用平台，登录日期设为"2015-12-09"。

(2) 选择"业务工作"/"财务会计"/"总账"/"凭证"/"审核凭证"命令，打开"凭证审核"窗口。

(3) 单击"确定"按钮，单击需要审核的凭证，单击"审核"按钮，完成审核，返回"凭证审核列表"窗口。

【业务 14】

2015 年 12 月 10 日，销售部尚可欣向北京大悦有限公司销售空气净化器 A-100、B-200 各 400 台。已开出增值税专用发票(发票号：00452398)，发票上注明：销售 A-100 数量 400 台，单价 1 150 元/台，不含税金额 460 000.00 元，税额 78 200.00 元；销售 B-200 数量 400 台，单价 1 350 元/台，不含税金额 540 000.00 元，税额 91 800.00 元。当日收到北京大悦开出转账支票(支票号：00537612)支付款项的 50%，商品已经发出，北京大悦有限公司待收到货物后 30 日内支付剩余款项。

【业务说明】

本笔业务是普通销售业务，销售当日收到部分款项，在应收款系统中录入销售专用发票、收款单，审核应收单及收款单，进行手工单据核销，并在应收款系统中进行制单处理，再进入总账系统进行出纳签字、审核凭证。

【岗位说明】

会计主管张丽在应收款系统中录入销售专用发票及收款单，审核应收单及收款单，进行手工核销，并进行制单处理，生成凭证。由出纳马家辉进行出纳签字，总账会计王中亭审核凭证。

【实训指导】

1. 录入销售专用发票

(1) 使用"001 张丽"账号登录到用友企业应用平台，登录日期设为"2015-12-10"。

(2) 选择"业务工作"/"财务会计"/"应收款管理"/"应收单据处理"/"应收单据录入"命令，打开"单据类别"窗口。

(3) 单击"确定"按钮，打开"销售专用发票"窗口，录入销售专用发票信息，首次录入销售专用发票时，单击"销售类型"的"参照"按钮，打开"销售类型基本参照"窗口，如图 2-156 所示。

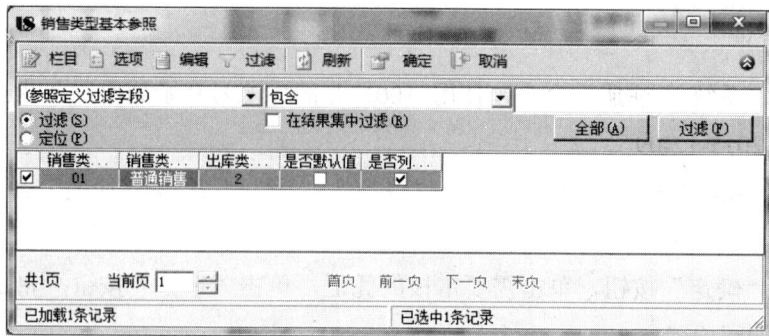

图 2-156　"销售类型基本参照"窗口

(4) 单击"编辑"按钮，打开"销售类型"窗口，单击"增加"按钮，输入"销售类型编码"为"01"，"销售类型名称"为"普通销售"，如图 2-157 所示。

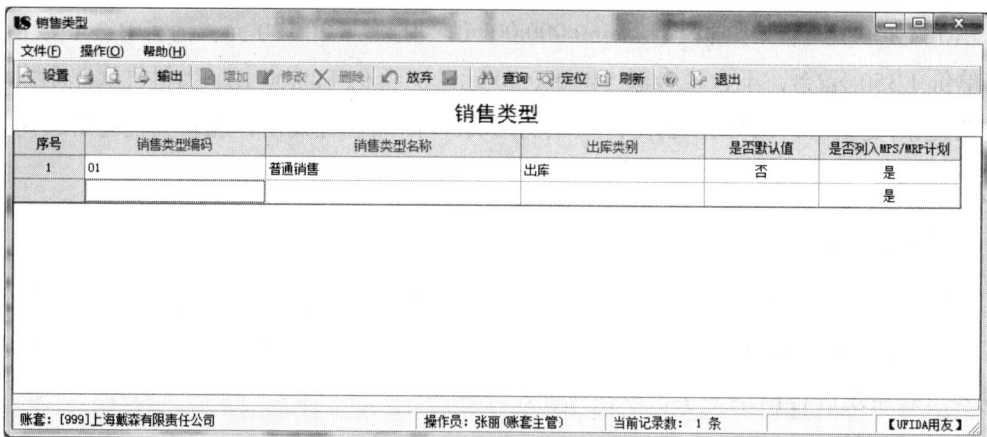

图 2-157　"销售类型"窗口

(5) 单击"出库类别"的"参照"按钮，打开"收发类别档案基本参照"窗口，如图 2-158 所示。

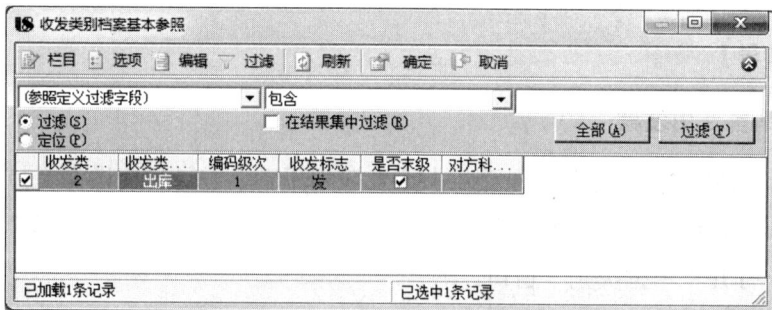

图 2-158　"收发类别档案基本参照"窗口

(6) 单击"编辑"按钮，打开"收发类别"窗口，增加"1 入库""2 出库"，如图 2-159 所示。

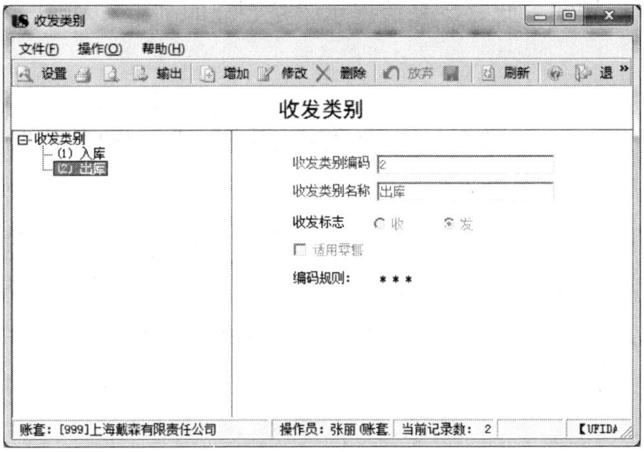

图 2-159 "收发类别"窗口

(7) 依次单击"保存"按钮，返回"销售专用发票"窗口，单击"增加"按钮，输入发票号"00452398"，选择客户"北京大悦"，选择部门"销售部"，选择业务员"尚可欣"，选择存货编码"201"，"存货名称"为"A-100"，输入数量"400"，无税单价"1 150.00"，选择存货编码"202"，"存货名称"为"B-200"，输入数量"400"，无税单价"1 350.00"，单击"保存"按钮，如图 2-160 所示。

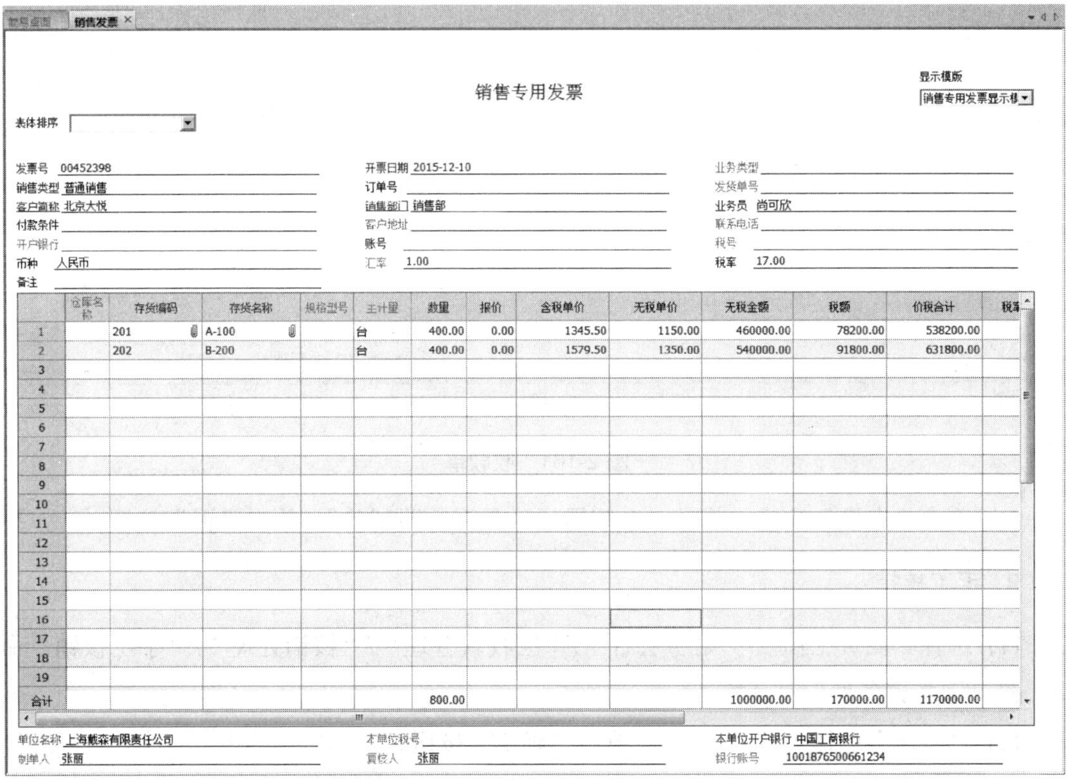

图 2-160 "销售专用发票"窗口

(8) 单击“审核”按钮。此时，系统提示“是否立即制单”，单击“否”按钮。

2. 录入收款单

(1) 选择“业务工作”/“财务会计”/“应收款管理”/“收款单据处理”/“收款单据录入”命令，打开“收付款单录入”窗口。

(2) 单击“增加”按钮，选择客户“北京大悦”，选择结算方式“转账支票”，输入金额“585 000.00”，输入票据号“00537612”，选择部门“销售部”，选择业务员“尚可欣”，选择款项类型“应收款”，单击“保存”按钮，如图2-161所示。

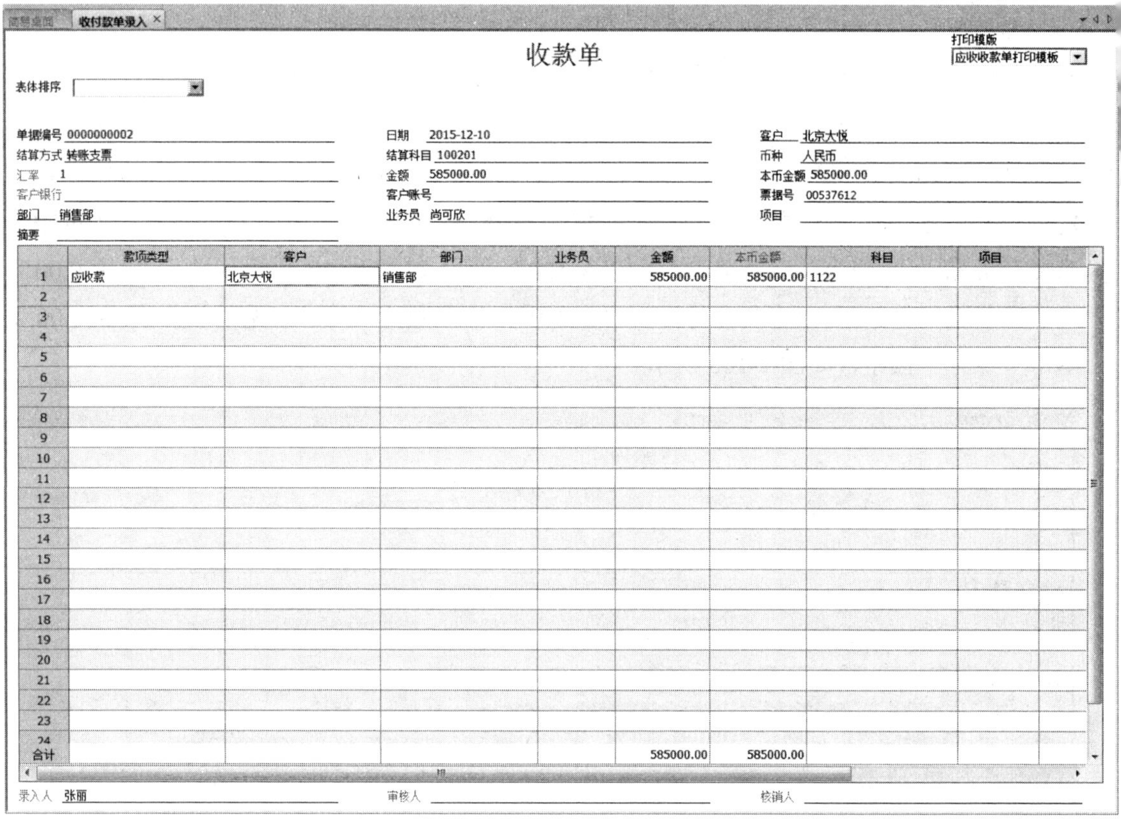

收款单

打印模版 应收收款单打印模板

表体排序

单据编号 0000000002　　日期 2015-12-10　　客户 北京大悦

结算方式 转账支票　　结算科目 100201　　币种 人民币

汇率 1　　金额 585000.00　　本币金额 585000.00

客户银行　　客户账号　　票据号 00537612

部门 销售部　　业务员 尚可欣　　项目

摘要

	款项类型	客户	部门	业务员	金额	本币金额	科目	项目
1	应收款	北京大悦	销售部		585000.00	585000.00	1122	
合计					585000.00	585000.00		

录入人 张丽　　审核人　　核销人

图2-161　收款单

(3) 单击“审核”按钮。此时，系统提示“是否立即制单”，单击“否”按钮。

3. 手工核销

(1) 选择“业务工作”/“财务会计”/“应收款管理”/“核销处理”/“手工核销”命令，打开“核销条件”对话框。

(2) “客户”选择“北京大悦”，单击“确定”按钮。

(3) 在“销售专用发票”的“本次结算”栏内输入“585 000.00”，如图2-162所示。

(4) 单击“保存”按钮。

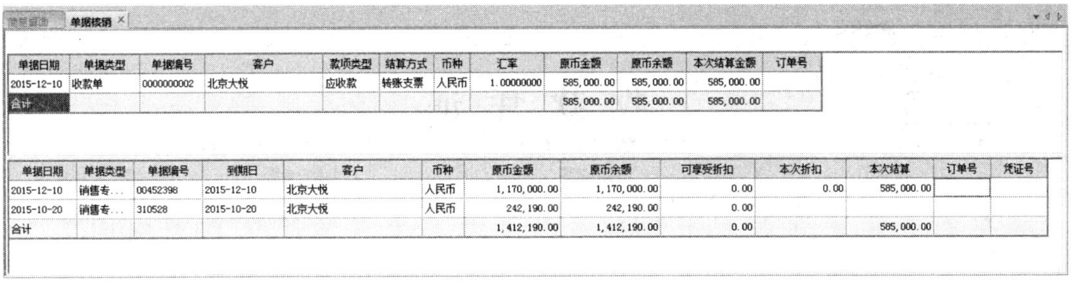

图 2-162　单据核销

4. 制单处理

(1) 选择"业务工作"/"财务会计"/"应收款管理"/"制单处理"命令，打开"制单查询"对话框。

(2) 选择"发票制单""应收单制单""收付款单制单""核销制单"，单击"确定"按钮，进入"应收制单"窗口。

(3) 单击"全选"按钮，再单击"制单"按钮。

(4) 选择凭证类别为"转账凭证"，单击"保存"按钮，如图 2-163 所示。

(5) 单击"下一张"按钮，修改凭证类别为"收款凭证"，单击"保存"按钮，如图 2-164 所示。

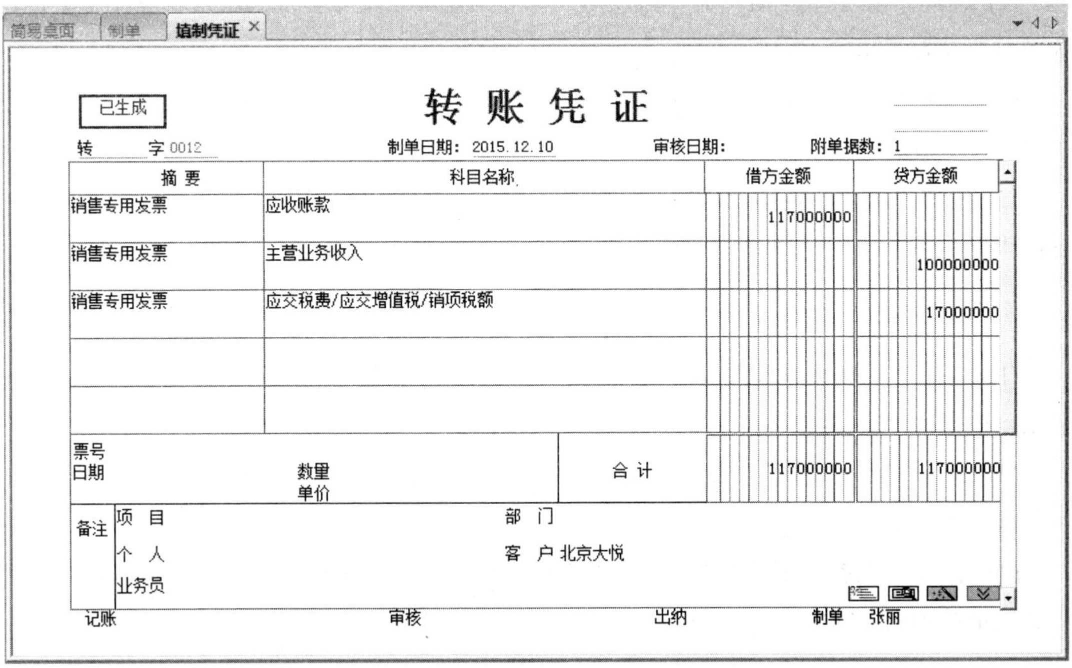

图 2-163　业务 14 记账凭证(1)

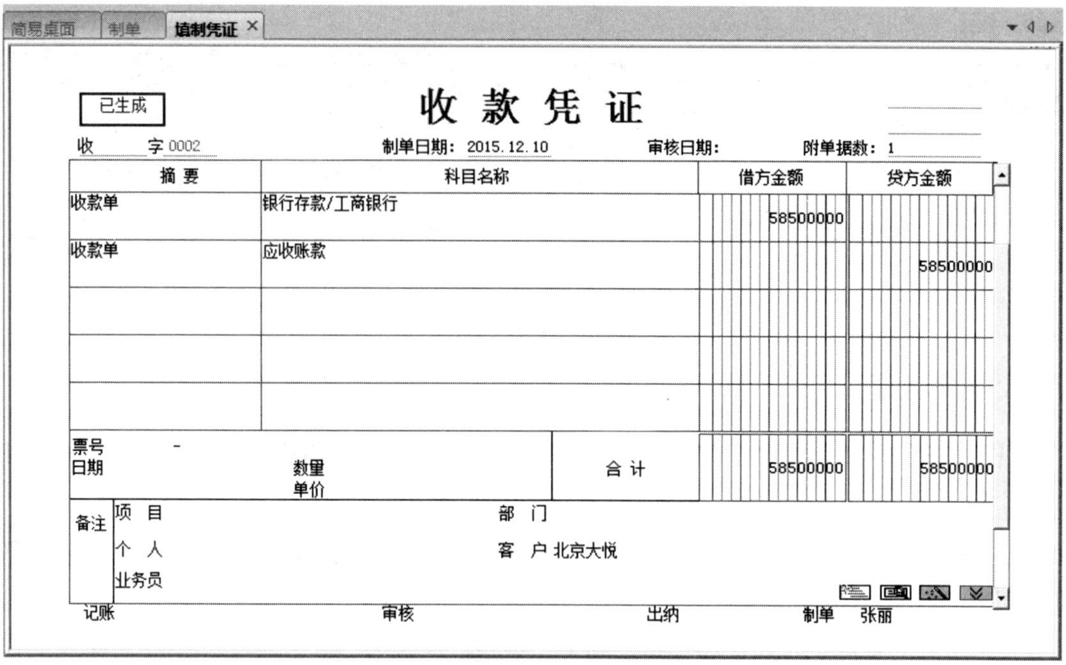

图 2-164 业务 14 记账凭证(2)

5. 出纳签字

(1) 选择"系统/重注册"命令，使用"004 马家辉"账号登录到用友企业应用平台，登录日期设为"2015-12-10"。

(2) 选择"业务工作"/"财务会计"/"总账"/"凭证"/"出纳签字"命令，打开"出纳签字"窗口。

(3) 单击"确定"按钮，单击需要签字的凭证，单击"签字"按钮，完成出纳签字，返回"出纳签字列表"窗口。

6. 审核凭证

(1) 选择"系统/重注册"命令，使用"002 王中亭"账号登录到用友企业应用平台，登录日期设为"2015-12-10"。

(2) 选择"业务工作"/"财务会计"/"总账"/"凭证"/"审核凭证"命令，打开"凭证审核"窗口。

(3) 单击"确定"按钮，单击需要审核的凭证，单击"审核"按钮，完成审核，返回"凭证审核列表"窗口。

【业务 15】

2015 年 12 月 10 日，发放 11 月工资。

特色业务：中国工商银行上海浦东支行批量代付成功清单

机构名称：中国工商银行上海浦东支行　　　　　2015年12月10日

账号	姓名	金额
66022033001	吴文汇	6431.00
66022033002	张丽	5684.00
66022033003	王中亭	4935.60
66022033004	李宏	4935.60
66022033005	马家辉	4130.50
66022033006	汪洋	4130.50
66022033007	李丽	3727.95
66022033008	王文静	5310.50
66022033009	赵辉	4694.07
66022033010	刘云	4694.07
66022033011	何政	5310.50
66022033012	赵石磊	4694.07
66022033013	陈明	4533.05
66022033014	尚可欣	3727.95
66022033015	石菲菲	3154.00
66022033016	刘宇	3154.00
66022033017	刘欣桐	5534.60
合计		78781.96

【业务说明】

本笔业务是银行代发工资业务，在总账系统中进行自定义转账定义，利用自定义转账生成记账凭证，并由出纳签字、主管审核凭证。

【岗位说明】

总账会计王中亭在总账系统中进行自定义转账定义，并利用自定义转账生成记账凭证，再由出纳马家辉进行出纳签字，会计主管张丽审核凭证。

【实训指导】

1. 自定义转账定义

(1) 使用"002 王中亭"账号登录到用友企业应用平台，登录日期设为"2015-12-10"。

(2) 选择"业务工作"/"财务会计"/"总账"/"期末"/"转账定义"/"自定义转账"命令，打开"自定义转账设置"窗口。

(3) 单击"增加"按钮，打开"转账目录"对话框，如图 2-165 所示，输入"转账序号"为"01"，"转账说明"为"支付工资"，"凭证类别"选择"付款凭证"。

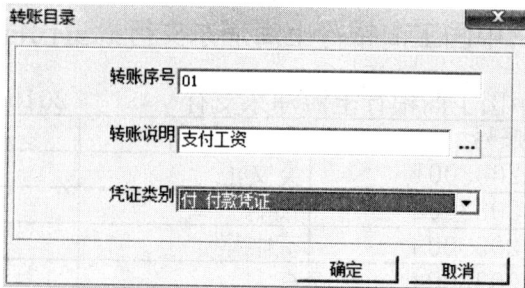

图 2-165　"转账目录"对话框

(4) 单击"确定"按钮，单击"增行"按钮，"科目编码"选择"221101"，"方向"选择"借"，单击"金额公式"的"参照"按钮，选择"QC(221101，月)"。

(5) 单击"增行"按钮，"科目编码"选择"100201"，"方向"选择"贷"，单击"金额公式"的"参照"按钮，选择"CE()"，如图 2-166 所示。

(6) 单击"保存"按钮，再单击"退出"按钮。

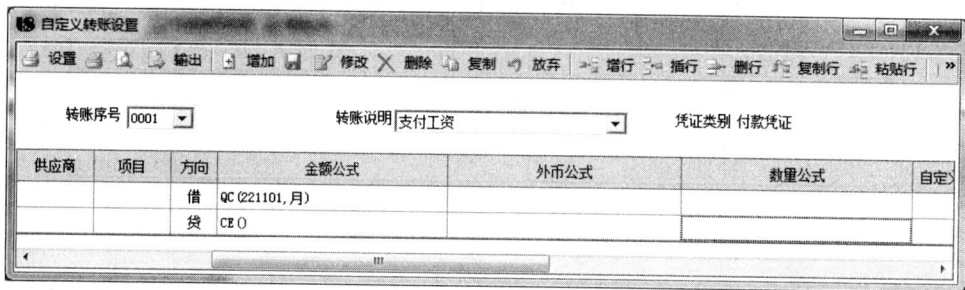

图 2-166　自定义转账设置

2. 记账

(1) 选择"业务工作"/"财务会计"/"总账"/"凭证"/"记账"命令，打开"记账"窗口。

(2) 单击"记账"按钮，系统将自动记账，系统显示"记账完毕"，单击"确定"按钮，完成记账。

3. 自定义转账生成

(1) 选择"业务工作"/"财务会计"/"总账"/"期末"/"转账生成"命令，打开"转账生成"窗口，如图 2-167 所示。

(2) 在左侧选中"自定义转账"单选按钮，选择"0001 支付工资"，单击"确定"按钮，生成付款凭证，对凭证内容进行编辑后单击"保存"按钮，如图 2-168 所示。

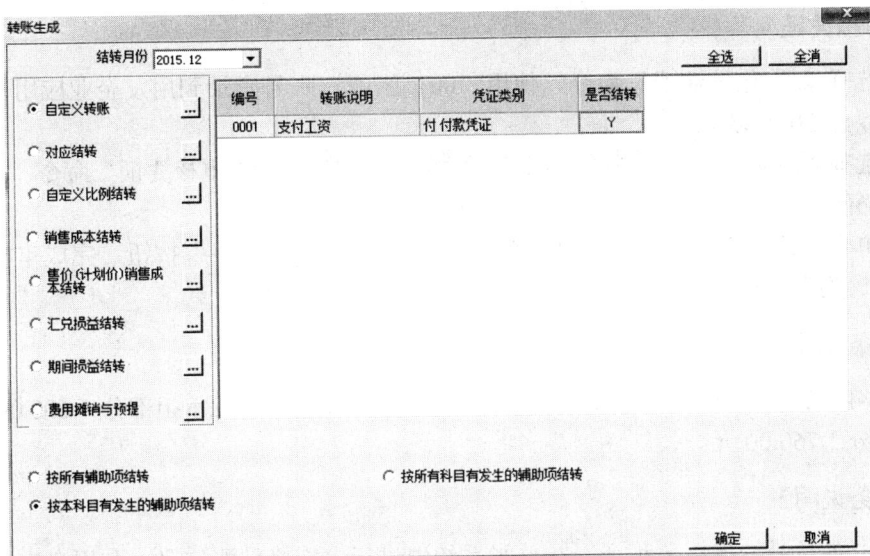

图 2-167 "转账生成"窗口

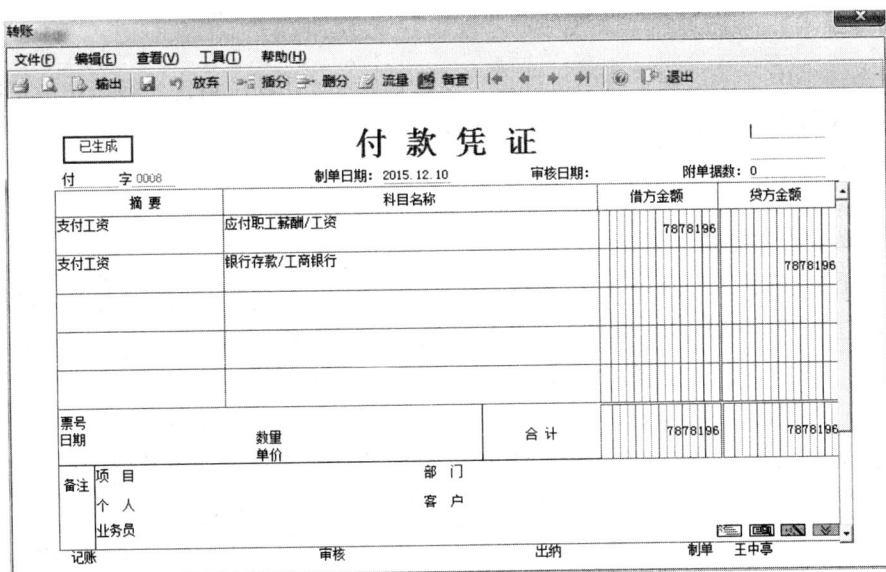

图 2-168 业务 15 记账凭证

4. 出纳签字

(1) 选择"系统/重注册"命令,使用"004 马家辉"账号登录到用友企业应用平台,登录日期设为"2015-12-10"。

(2) 选择"业务工作"/"财务会计"/"总账"/"凭证"/"出纳签字"命令,打开"出纳签字"窗口。

(3) 单击"确定"按钮,单击需要签字的凭证,单击"签字"按钮,完成出纳签字,返回"出纳签字列表"窗口。

5. 审核凭证

(1) 选择"系统/重注册"命令，使用"001 张丽"账号登录到用友企业应用平台，登录日期设为"2015-12-10"。

(2) 选择"业务工作"/"财务会计"/"总账"/"凭证"/"审核凭证"命令，打开"凭证审核"窗口。

(3) 单击"确定"按钮，单击需要审核的凭证，单击"审核"按钮，完成审核，返回"凭证审核列表"窗口。

【业务 16】

2015 年 12 月 10 日，缴纳 11 月份住房公积金，其中，企业承担部分 9 600.00 元，个人承担部分 5 760.00 元。

【业务说明】

本笔业务是缴纳住房公积金，在总账系统中进行自定义转账定义，利用自定义转账生成记账凭证，并由出纳签字、主管审核凭证。

【岗位说明】

总账会计王中亭在总账系统中进行自定义转账定义，并利用自定义转账生成记账凭证，再由出纳马家辉进行出纳签字，会计主管张丽审核凭证。

【实训指导】

1. 自定义转账定义

(1) 使用"002 王中亭"账号登录到用友企业应用平台，登录日期设为"2015-12-10"。

(2) 选择"业务工作"/"财务会计"/"总账"/"期末"/"转账定义"/"自定义转账"命令，打开"自定义转账设置"窗口。

(3) 单击"增加"按钮，打开"转账目录"对话框，如图 2-169 所示，输入"转账序号"为"02"，"转账说明"为"缴纳住房公积金"，"凭证类别"选择"付款凭证"。

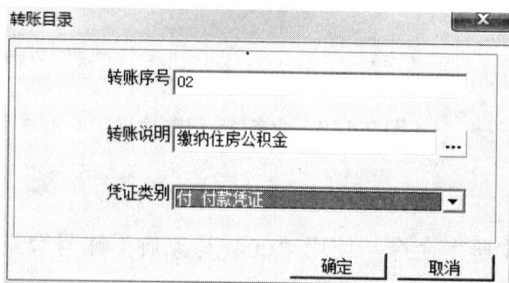

图 2-169 "转账目录"对话框

(4) 单击"确定"按钮，单击"增行"按钮，"科目编码"选择"221103"，"方向"选择"借"，单击"金额公式"的"参照"按钮，选择"QC(221103，月)"。

(5) 单击"增行"按钮，"科目编码"选择"224101"，"方向"选择"借"，单击"金额公式"的"参照"按钮，选择"QC(224101，月)"。

(6) 单击"增行"按钮，"科目编码"选择"100201"，"方向"选择"贷"，单击"金额公式"的"参照"按钮，选择"CE()"，如图 2-170 所示。

(7) 单击"保存"按钮，再单击"退出"按钮。

图 2-170　自定义转账设置

2. 记账

(1) 选择"业务工作"/"财务会计"/"总账"/"凭证"/"记账"命令，打开"记账"窗口。

(2) 单击"记账"按钮，系统将自动记账，系统显示"记账完毕"，单击"确定"按钮，完成记账。

3. 自定义转账生成

(1) 选择"业务工作"/"财务会计"/"总账"/"期末"/"转账生成"命令，打开"转账生成"窗口。

(2) 在左侧选中"自定义转账"单选按钮，选择"002 缴纳住房公积金"，单击"确定"按钮，生成付款凭证，对凭证内容进行编辑后单击"保存"按钮，如图 2-171 所示。

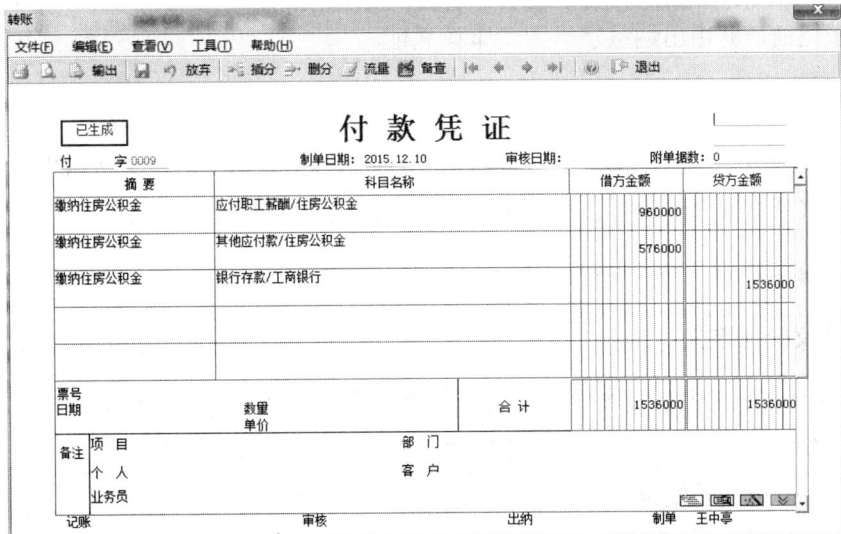

图 2-171　业务 16 记账凭证

4. 出纳签字

(1) 选择"系统/重注册"命令,使用"004 马家辉"账号登录到用友企业应用平台,登录日期设为"2015-12-10"。

(2) 选择"业务工作"/"财务会计"/"总账"/"凭证"/"出纳签字"命令,打开"出纳签字"窗口。

(3) 单击"确定"按钮,单击需要签字的凭证,单击"签字"按钮,完成出纳签字,返回"出纳签字列表"窗口。

5. 审核凭证

(1) 选择"系统/重注册"命令,使用"001 张丽"账号登录到用友企业应用平台,登录日期设为"2015-12-10"。

(2) 选择"业务工作"/"财务会计"/"总账"/"凭证"/"审核凭证"命令,打开"凭证审核"窗口。

(3) 单击"确定"按钮,单击需要审核的凭证,单击"审核"按钮,完成审核,返回"凭证审核列表"窗口。

【业务 17】

2015 年 12 月 10 日,缴纳 11 月社会保险费,其中,企业承担部分 24 768.00 元,个人承担部分 10 560.00 元。

【业务说明】

本笔业务是缴纳社会保险费业务,在总账系统中进行自定义转账定义,利用自定义转账生成记账凭证,并由出纳签字、主管审核凭证。

【岗位说明】

总账会计王中亭在总账系统中进行自定义转账定义,并利用自定义转账生成记账凭证,再由出纳马家辉进行出纳签字,会计主管张丽审核凭证。

【实训指导】

1. 自定义转账定义

(1) 使用"002 王中亭"账号登录到用友企业应用平台,登录日期设为"2015-12-10"。

(2) 选择"业务工作"/"财务会计"/"总账"/"期末"/"转账定义"/"自定义转账"命令,打开"自定义转账设置"窗口。

(3) 单击"增加"按钮,打开"转账目录"对话框,如图 2-172 所示,输入"转账序号"为"03","转账说明"为"缴纳社会保险费","凭证类别"选择"付款凭证"。

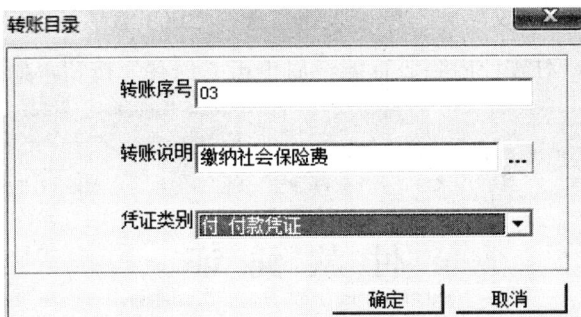

图 2-172 "转账目录"对话框

(4) 单击"确定"按钮，单击"增行"按钮，"科目编码"选择"221102"，"方向"选择"借"，单击"金额公式"的"参照"按钮，选择"QC(221102，月)"。

(5) 单击"增行"按钮，"科目编码"选择"224102"，"方向"选择"借"，单击"金额公式"的"参照"按钮，选择"QC(224102，月)"。

(6) 单击"增行"按钮，"科目编码"选择"100201"，"方向"选择"贷"，单击"金额公式"的"参照"按钮，选择"CE()"，如图 2-173 所示。

(7) 单击"保存"按钮，再单击"退出"按钮。

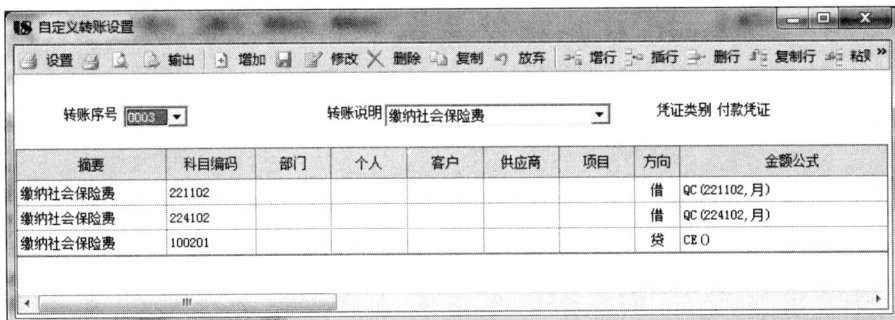

图 2-173 自定义转账设置

2. 记账

(1) 选择"业务工作"/"财务会计"/"总账"/"凭证"/"记账"命令，打开"记账"窗口。

(2) 单击"记账"按钮，系统将自动记账，系统显示"记账完毕"，单击"确定"按钮，完成记账。

3. 自定义转账生成

(1) 选择"业务工作"/"财务会计"/"总账"/"期末"/"转账生成"命令，打开"转账生成"窗口。

(2) 在左侧选中"自定义转账"单选按钮，选择"003 缴纳社会保险费"，单击"确定"按钮，生成付款凭证，对凭证内容进行编辑后单击"保存"按钮，如图 2-174 所示。

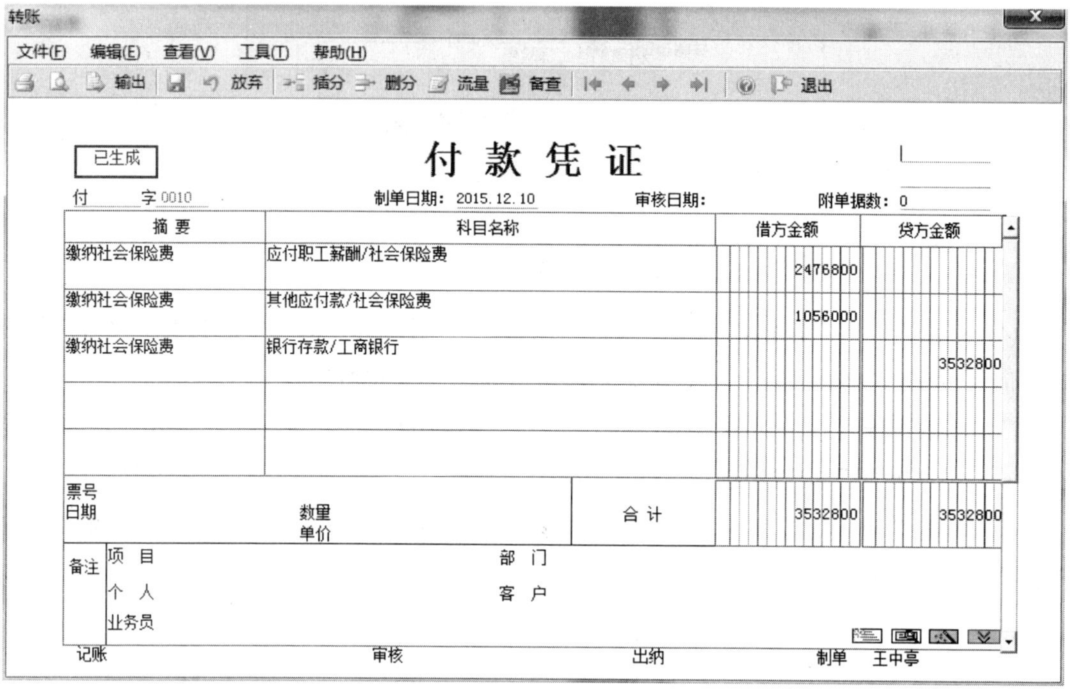

图 2-174　业务 17 记账凭证

4. 出纳签字

(1) 选择"系统/重注册"命令，使用"004 马家辉"账号登录到用友企业应用平台，登录日期设为"2015-12-10"。

(2) 选择"业务工作"/"财务会计"/"总账"/"凭证"/"出纳签字"命令，打开"出纳签字"窗口。

(3) 单击"确定"按钮，单击需要签字的凭证，单击"签字"按钮，完成出纳签字，返回"出纳签字列表"窗口。

5. 审核凭证

(1) 选择"系统/重注册"命令，使用"001 张丽"账号登录到用友企业应用平台，登录日期设为"2015-12-10"。

(2) 选择"业务工作"/"财务会计"/"总账"/"凭证"/"审核凭证"命令，打开"凭证审核"窗口。

(3) 单击"确定"按钮，单击需要审核的凭证，单击"审核"按钮，完成审核，返回"凭证审核列表"窗口。

【业务 18】

2015 年 12 月 11 日，销售部尚可欣报销差旅费，已预借差旅费 3 000.00 元，本次报销金额 2 930.00 元，余款以现金退回。

【业务说明】

本笔业务是报销差旅费业务，在总账系统中填制凭证，并由出纳签字、主管审核凭证。

【岗位说明】

总账会计王中亭在总账系统填制凭证，由出纳马家辉进行出纳签字，会计主管张丽审核凭证。

【实训指导】

1. 填制凭证

(1) 使用“002 王中亭”账号登录到用友企业应用平台，登录日期设为“2015-12-11”。

(2) 选择“业务工作”/“财务会计”/“总账”/“凭证”/“填制凭证”命令，打开“填制凭证”窗口，单击“增加”按钮，修改凭证类别为“收款凭证”，录入摘要“销售部尚可欣报销差旅费”，选择借方科目“660104 销售费用/其他”，输入借方金额“2 930.00”，选择借方科目“1001 库存现金”，输入借方金额“70.00”，选择贷方科目“122101 其他应收款/职工借款”，辅助核算项“部门”选择“销售部”，“业务员”选择“尚可欣”，输入贷方金额“3 000.00”，单击“保存”按钮，如图 2-175 所示。

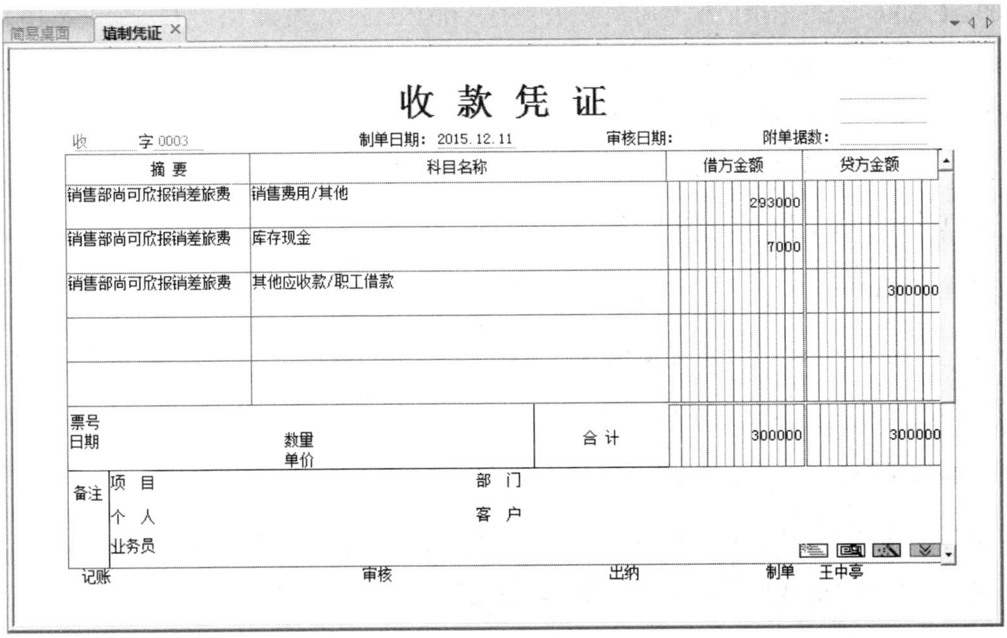
简易桌面 填制凭证

收款凭证

收 字 0003 制单日期：2015.12.11 审核日期： 附单据数：

摘要	科目名称	借方金额	贷方金额
销售部尚可欣报销差旅费	销售费用/其他	293000	
销售部尚可欣报销差旅费	库存现金	7000	
销售部尚可欣报销差旅费	其他应收款/职工借款		300000
票号 日期 数量 单价	合计	300000	300000

备注 项目 部门 个人 客户 业务员

记账 审核 出纳 制单 王中亭

图 2-175 业务 18 记账凭证

2. 出纳签字

(1) 选择"系统/重注册"命令，使用"004 马家辉"账号登录到用友企业应用平台，登录日期设为"2015-12-11"。

(2) 选择"业务工作"/"财务会计"/"总账"/"凭证"/"出纳签字"命令，打开"出纳签字"窗口。

(3) 单击"确定"按钮，单击需要签字的凭证，单击"签字"按钮，完成出纳签字，返回"出纳签字列表"窗口。

3. 审核凭证

(1) 选择"系统/重注册"命令，使用"001 张丽"账号登录到用友企业应用平台，登录日期设为"2015-12-11"。

(2) 选择"业务工作"/"财务会计"/"总账"/"凭证"/"审核凭证"命令，打开"凭证审核"窗口。

(3) 单击"确定"按钮，单击需要审核的凭证，单击"审核"按钮，完成审核，返回"凭证审核列表"窗口。

【业务 19】

2015 年 12 月 12 日，销售部尚可欣向四川信达商贸有限公司销售空气净化器 A-100、B-200、C-300。已开出增值税专用发票(发票号：00452453)，发票上注明：销售 A-100 数量 400 台，单价 1 150 元/台，不含税金额 460 000.00 元，税额 78 200.00 元；销售 B-200 数量 500 台，单价 1 350 元/台，不含税金额 675 000.00 元，税额 114 750.00 元；销售 C-300 数量 600 台，单价 390 元/台，不含税金额 234 000.00 元，税额 39 780.00 元。商品已经发出，合同约定现金折扣条款(2/10，1/20，n/30)。

【业务说明】

本笔业务是附有现金折扣条款的普通销售业务，在应收款系统中录入销售专用发票，审核应收单，并在应收款系统中进行制单处理，再进入总账系统审核凭证。

【岗位说明】

会计主管张丽在应收款系统中录入销售专用发票，审核应收单，并进行制单处理，生成凭证。由总账会计王中亭在总账系统中审核凭证。

【实训指导】

1. 录入销售专用发票

(1) 使用“001 张丽”账号登录到用友企业应用平台，登录日期设为“2015-12-12”。

(2) 选择“业务工作”/“财务会计”/“应收款管理”/“应收单据处理”/“应收单据录入”命令，打开“单据类别”窗口。

(3) 单击“确定”按钮，打开“销售专用发票”窗口，录入销售专用发票信息，单击“保存”按钮，如图 2-176 所示。

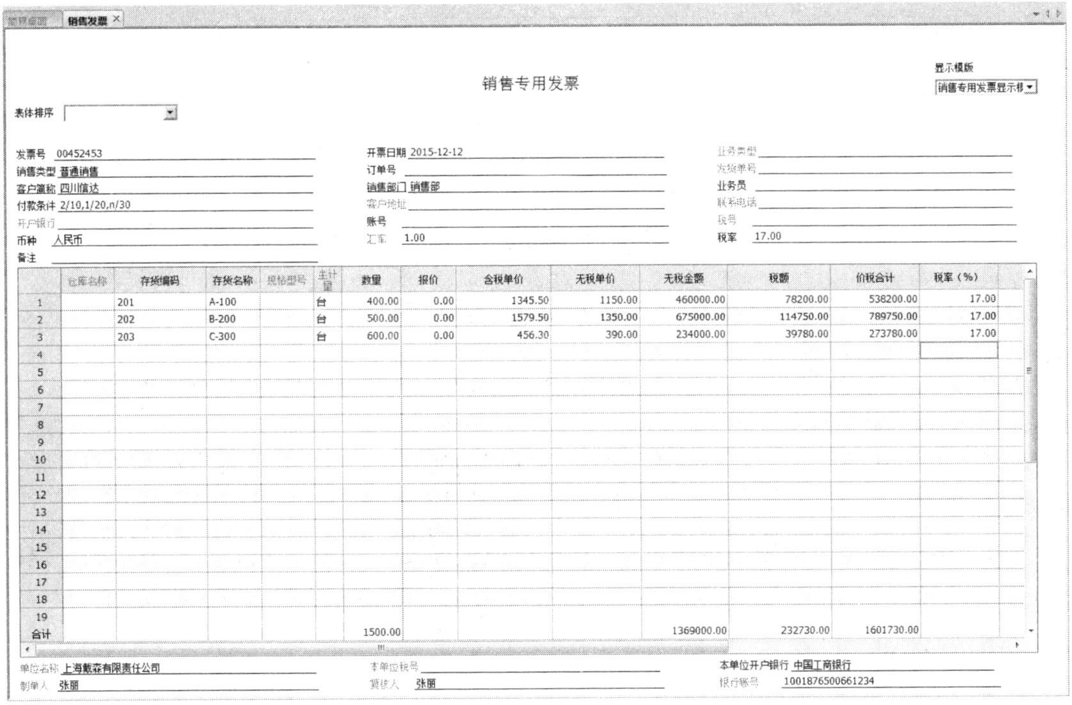

	仓库名称	存货编码	存货名称	规格型号	主计量	数量	报价	含税单价	无税单价	无税金额	税额	价税合计	税率（%）
1		201	A-100		台	400.00	0.00	1345.50	1150.00	460000.00	78200.00	538200.00	17.00
2		202	B-200		台	500.00	0.00	1579.50	1350.00	675000.00	114750.00	789750.00	17.00
3		203	C-300		台	600.00	0.00	456.30	390.00	234000.00	39780.00	273780.00	17.00
4													
5													
6													
7													
8													
9													
10													
11													
12													
13													
14													
15													
16													
17													
18													
19													
合计						1500.00				1369000.00	232730.00	1601730.00	

图 2-176　“销售专用发票”窗口

(4) 单击“审核”按钮。此时，系统提示“是否立即制单”，单击“否”按钮。

2. 制单处理

(1) 选择“业务工作”/“财务会计”/“应收款管理”/“制单处理”命令，打开“制单查询”对话框。

(2) 选择“发票制单”“应收单制单”，单击“确定”按钮，进入“应收制单”窗口。

(3) 单击“全选”按钮，再单击“制单”按钮。

(4) 将凭证信息修改、补充完整，单击“保存”按钮，如图 2-177 所示。

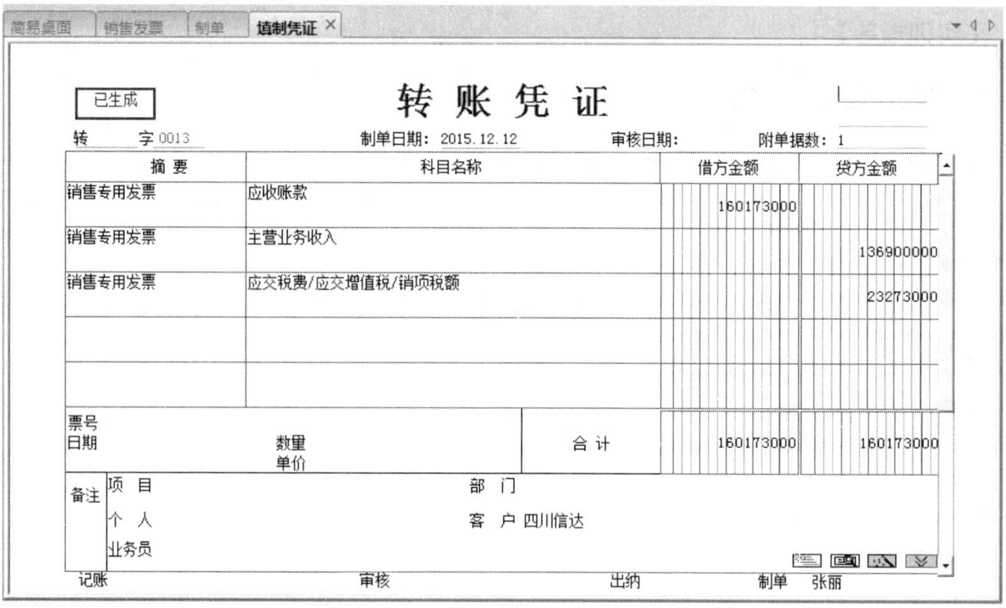

图 2-177 业务 19 记账凭证

3. 审核凭证

(1) 选择"系统/重注册"命令,使用"002 王中亭"账号登录到用友企业应用平台,登录日期设为"2015-12-12"。

(2) 选择"业务工作"/"财务会计"/"总账"/"凭证"/"审核凭证"命令,打开"凭证审核"窗口。

(3) 单击"确定"按钮,单击需要审核的凭证,单击"审核"按钮,完成审核,返回"凭证审核列表"窗口。

【业务 20】

2015 年 12 月 14 日,公益性捐赠 30 000.00 元,开出转账支票(支票号:00332736)。

【业务说明】

本笔业务是对外捐赠业务,在总账系统中填制凭证,并由出纳签字、主管审核凭证。

【岗位说明】

总账会计王中亭在总账系统填制凭证,由出纳马家辉进行出纳签字,会计主管张丽审核凭证。

【实训指导】

1. 填制凭证

(1) 使用"002 王中亭"账号登录到用友企业应用平台,登录日期设为"2015-12-14"。

(2) 选择"业务工作"/"财务会计"/"总账"/"凭证"/"填制凭证"命令，打开"填制凭证"窗口，单击"增加"按钮，修改凭证类别为"付款凭证"，输入摘要"公益性捐赠"，选择借方科目"6711 营业外支出"，输入借方金额"30 000.00"，选择贷方科目"100201 银行存款/工商银行"，辅助核算项"结算方式"选择"转账支票"，"票号"输入"00332736"，输入贷方金额"30 000.00"，单击"保存"按钮，如图 2-178 所示。

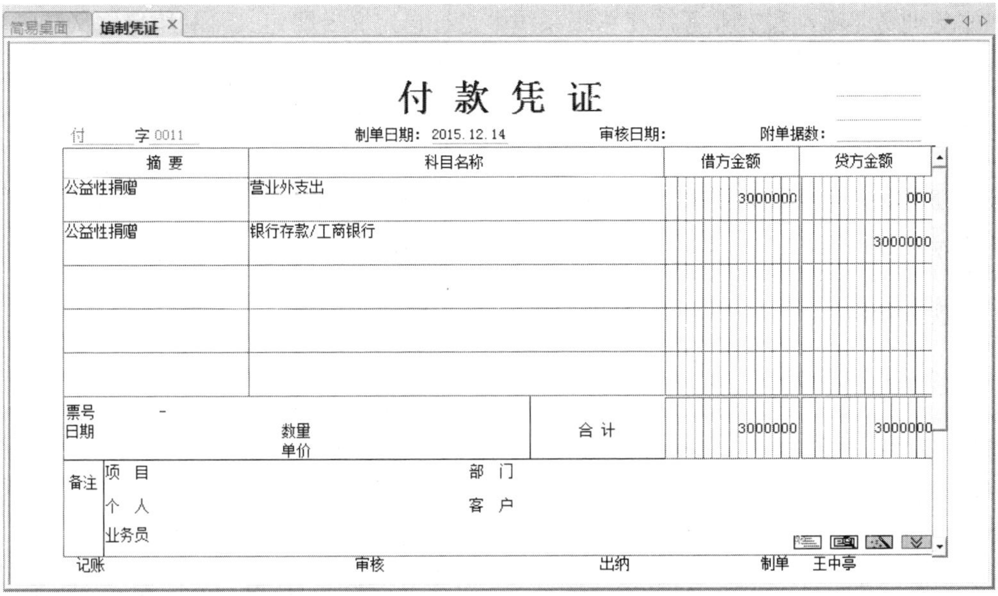

图 2-178 业务 20 记账凭证

2. 出纳签字

(1) 选择"系统/重注册"命令，使用"004 马家辉"账号登录到用友企业应用平台，登录日期设为"2015-12-14"。

(2) 选择"业务工作"/"财务会计"/"总账"/"凭证"/"出纳签字"命令，打开"出纳签字"窗口。

(3) 单击"确定"按钮，单击需要签字的凭证，单击"签字"按钮，完成出纳签字，返回"出纳签字列表"窗口。

3. 审核凭证

(1) 选择"系统/重注册"命令，使用"001 张丽"账号登录到用友企业应用平台，登录日期设为"2015-12-14"。

(2) 选择"业务工作"/"财务会计"/"总账"/"凭证"/"审核凭证"命令，打开"凭证审核"窗口。

(3) 单击"确定"按钮，单击需要审核的凭证，单击"审核"按钮，完成审核，返回"凭证审核列表"窗口。

【业务 21】

2015 年 12 月 15 日，缴纳 11 月增值税 359 724.00 元，城市维护建设税 25 180.68 元，教育费附加 10 791.72 元，代扣代缴个人所得税 898.04 元。

【业务说明】

本笔业务是缴纳税费业务，在总账系统中进行自定义转账定义，利用自定义转账生成记账凭证，并由出纳签字、主管审核凭证。

【岗位说明】

总账会计王中亭在总账系统中进行自定义转账定义，并利用自定义转账生成记账凭证，再由出纳马家辉进行出纳签字，会计主管张丽审核凭证。

【实训指导】

1. 自定义转账定义

(1) 使用"002 王中亭"账号登录到用友企业应用平台，登录日期设为"2015-12-15"。

(2) 选择"业务工作"/"财务会计"/"总账"/"期末"/"转账定义"/"自定义转账"命令，打开"自定义转账设置"窗口。

(3) 单击"增加"按钮，打开"转账目录"对话框，如图 2-179 所示，输入"转账序号"为"0004"，"转账说明"为"缴纳增值税"，"凭证类别"选择"付款凭证"。

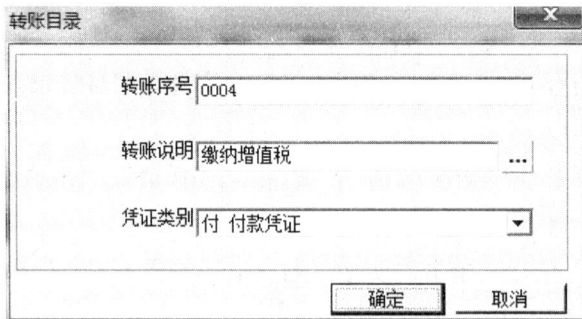

图 2-179 "转账目录"对话框

(4) 单击"确定"按钮，单击"增行"按钮，"科目编码"选择"222102"，"方向"选择"借"，单击"金额公式"的"参照"按钮，选择"QC(222102，月)"。

(5) 单击"增行"按钮，"科目编码"选择"100201"，"方向"选择"贷"，单击"金额公式"的"参照"按钮，选择"CE()"，如图 2-180 所示。

(6) 单击"保存"按钮，再单击"退出"按钮。

(7) 用同样的方法增加"05 缴纳城建税、教育费附加"和"06 代扣代缴个人所得税"。

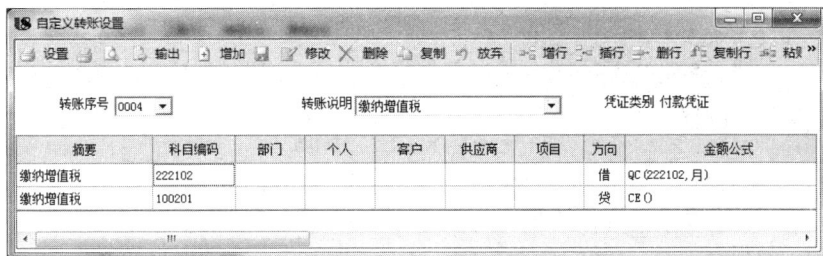

图 2-180　自定义转账设置

2. 记账

(1) 选择"业务工作"/"财务会计"/"总账"/"凭证"/"记账"命令，打开"记账"窗口。

(2) 单击"记账"按钮，系统将自动记账，系统显示"记账完毕"，单击"确定"按钮，完成记账。

3. 自定义转账生成

(1) 选择"业务工作"/"财务会计"/"总账"/"期末"/"转账生成"命令，打开"转账生成"窗口。

(2) 在左侧选中"自定义转账"单选按钮，选择"004 缴纳增值税""05 缴纳城建税、教育费附加"和"06 代扣代缴个人所得税"，如图 2-181 所示。

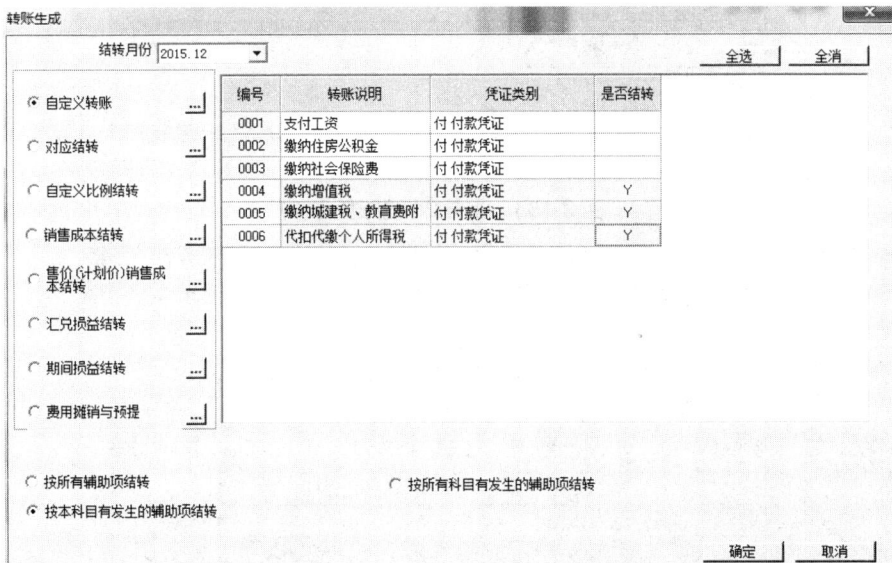

图 2-181　"转账生成"窗口

(3) 单击"确定"按钮，生成付款凭证，对凭证内容进行编辑后单击"保存"按钮，如图 2-182～图 2-184 所示。

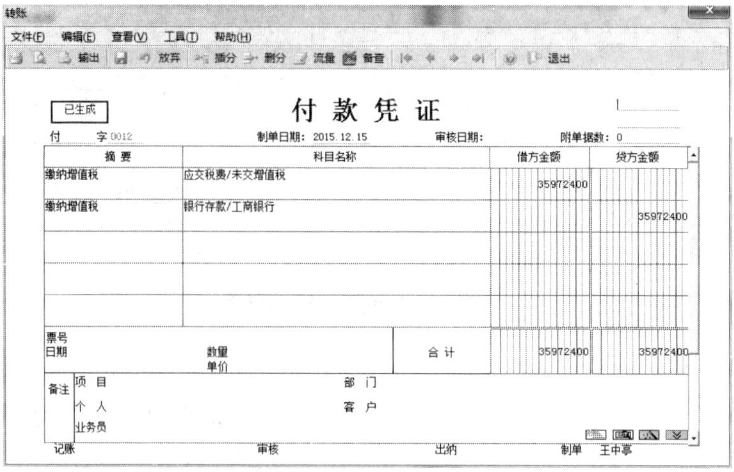

转账

文件(F) 编辑(E) 查看(V) 工具(T) 帮助(H)

输出 放弃 插分 删分 流量 备查 退出

已生成

付 款 凭 证

付 字 0012　　制单日期：2015.12.15　　审核日期：　　附单据数：0

摘要	科目名称	借方金额	贷方金额
缴纳增值税	应交税费/未交增值税	35972400	
缴纳增值税	银行存款/工商银行		35972400
票号 日期	数量 单价 合计	35972400	35972400

备注　项目　　部门

个人　　客户

业务员

记账　　审核　　出纳　　制单　王中亭

图 2-182　业务 21 记账凭证(1)

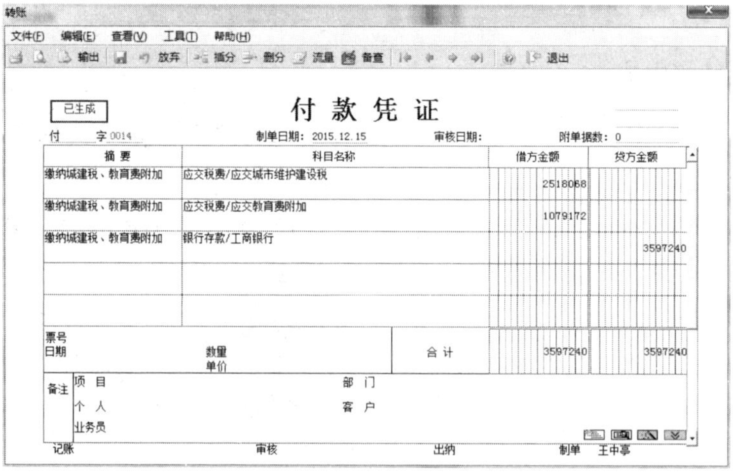

转账

文件(F) 编辑(E) 查看(V) 工具(T) 帮助(H)

输出 放弃 插分 删分 流量 备查 退出

已生成

付 款 凭 证

付 字 0014　　制单日期：2015.12.15　　审核日期：　　附单据数：0

摘要	科目名称	借方金额	贷方金额
缴纳城建税、教育费附加	应交税费/应交城市维护建设税	2518068	
缴纳城建税、教育费附加	应交税费/应交教育费附加	1079172	
缴纳城建税、教育费附加	银行存款/工商银行		3597240
票号 日期	数量 单价 合计	3597240	3597240

备注　项目　　部门

个人　　客户

业务员

记账　　审核　　出纳　　制单　王中亭

图 2-183　业务 21 记账凭证(2)

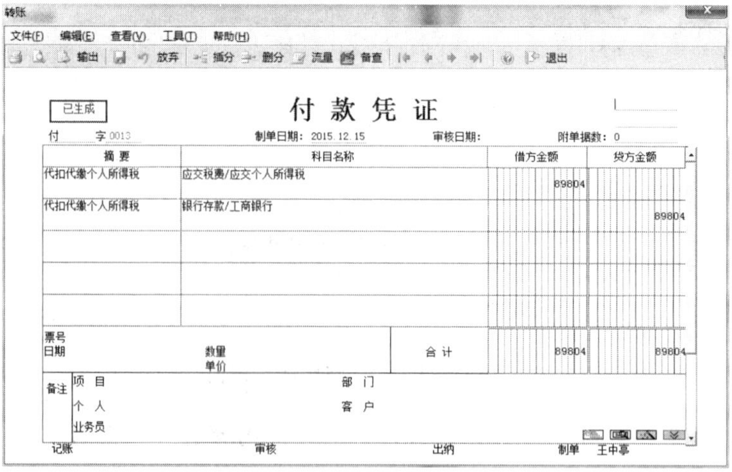

转账

文件(F) 编辑(E) 查看(V) 工具(T) 帮助(H)

输出 放弃 插分 删分 流量 备查 退出

已生成

付 款 凭 证

付 字 0013　　制单日期：2015.12.15　　审核日期：　　附单据数：0

摘要	科目名称	借方金额	贷方金额
代扣代缴个人所得税	应交税费/应交个人所得税	89804	
代扣代缴个人所得税	银行存款/工商银行		89804
票号 日期	数量 单价 合计	89804	89804

备注　项目　　部门

个人　　客户

业务员

记账　　审核　　出纳　　制单　王中亭

图 2-184　业务 21 记账凭证(3)

4. 出纳签字

(1) 选择"系统/重注册"命令，使用"004 马家辉"账号登录到用友企业应用平台，登录日期设为"2015-12-15"。

(2) 选择"业务工作"/"财务会计"/"总账"/"凭证"/"出纳签字"命令，打开"出纳签字"窗口。

(3) 单击"确定"按钮，单击需要签字的凭证，单击"签字"按钮，完成出纳签字，返回"出纳签字列表"窗口。

5. 审核凭证

(1) 选择"系统/重注册"命令，使用"001 张丽"账号登录到用友企业应用平台，登录日期设为"2015-12-15"。

(2) 选择"业务工作"/"财务会计"/"总账"/"凭证"/"审核凭证"命令，打开"凭证审核"窗口。

(3) 单击"确定"按钮，单击需要审核的凭证，单击"审核"按钮，完成审核，返回"凭证审核列表"窗口。

【业务22】

2015 年 12 月 16 日，采购部李丽预付给上海宏达环保科技有限公司材料采购款100 000.00 元，开出转账支票(支票号：00372939)。

【业务说明】

本笔业务是预付货款业务，在应付款管理系统中录入付款单，审核付款单，并进行制单处理。在总账系统中由出纳签字、主管审核凭证。

【岗位说明】

总账会计王中亭在应付款管理系统中录入付款单，会计主管张丽审核付款单，并进行制单处理。再进入总账系统中，由出纳马家辉进行出纳签字，会计主管张丽审核凭证。

【实训指导】

1. 录入付款单

(1) 使用"002 王中亭"账号登录到用友企业应用平台，登录日期设为"2015-12-16"。

(2) 选择"业务工作"/"财务会计"/"应付款管理"/"付款单据处理"/"付款单据录入"命令，打开"收付款单录入"窗口。

(3) 录入付款单信息，"供应商"选择"上海宏达"，"结算方式"选择"转账支票"，"金额"输入"100 000.00"，"票据号"输入"00372939"，"部门"选择"采购部"，"业务员"选择"李丽"，"摘要"输入"预付货款"，注意将"款项类型"修改为"预付款"，单击"保存"按钮，如图 2-185 所示。

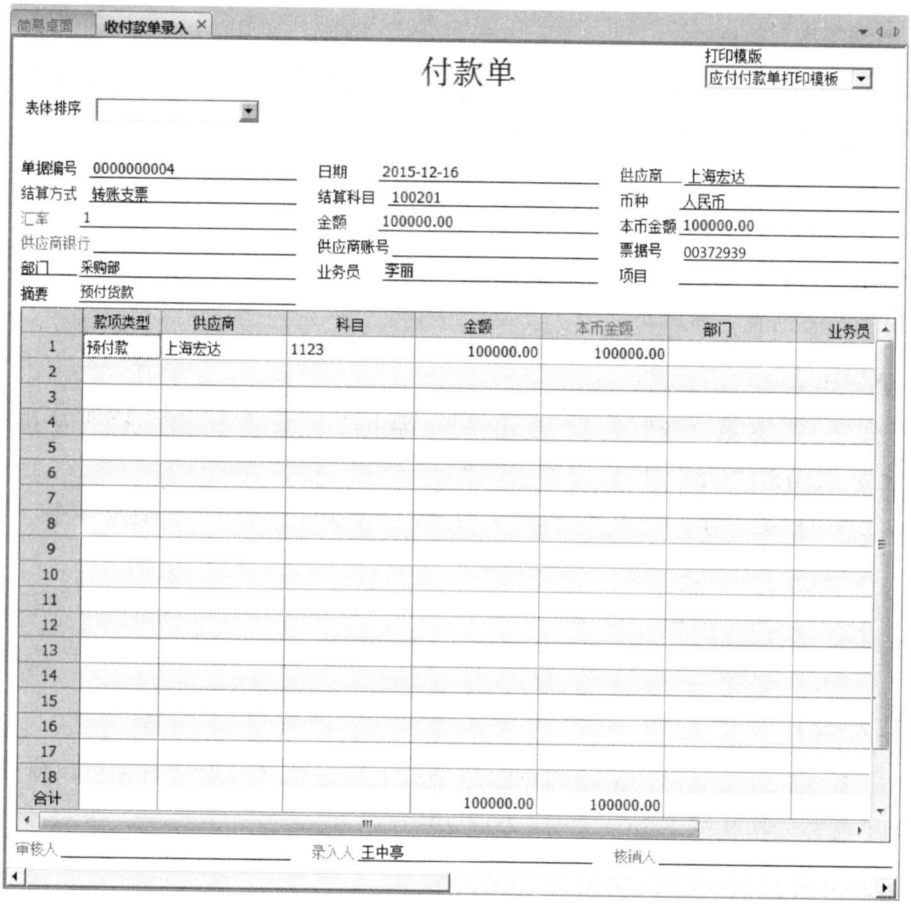
简易桌面　收付款单录入

付款单

打印模版：应付付款单打印模板

表体排序

单据编号 0000000004　日期 2015-12-16　供应商 上海宏达

结算方式 转账支票　结算科目 100201　币种 人民币

汇率 1　金额 100000.00　本币金额 100000.00

供应商银行　供应商账号　票据号 00372939

部门 采购部　业务员 李丽　项目

摘要 预付货款

	款项类型	供应商	科目	金额	本币金额	部门	业务员
1	预付款	上海宏达	1123	100000.00	100000.00		
2							
3							
4							
5							
6							
7							
8							
9							
10							
11							
12							
13							
14							
15							
16							
17							
18							
合计				100000.00	100000.00		

审核人　录入人 王中亭　核销人

图 2-185　付款单

2. 付款单审核

(1) 使用“001 张丽”账号登录到用友企业应用平台，登录日期设为“2015-12-16”。

(2) 选择“业务工作”/“财务会计”/“应付款管理”/“付款单据处理”/“付款单据审核”命令，打开“付款单查询条件”对话框。

(3) 单击“确定”按钮，进入“收付款单列表”窗口，双击选择需要审核的单据，单击“审核”按钮。

3. 制单处理

(1) 选择“业务工作”/“财务会计”/“应付款管理”/“制单处理”命令，打开“制单查询”对话框。

(2) 选择“收付款单制单”选项，单击“确定”按钮，进入“收付款单制单”窗口。

(3) 单击“全选”按钮，再单击“制单”按钮。

(4) 修改凭证类别为“付款凭证”，单击“保存”按钮，如图 2-186 所示。

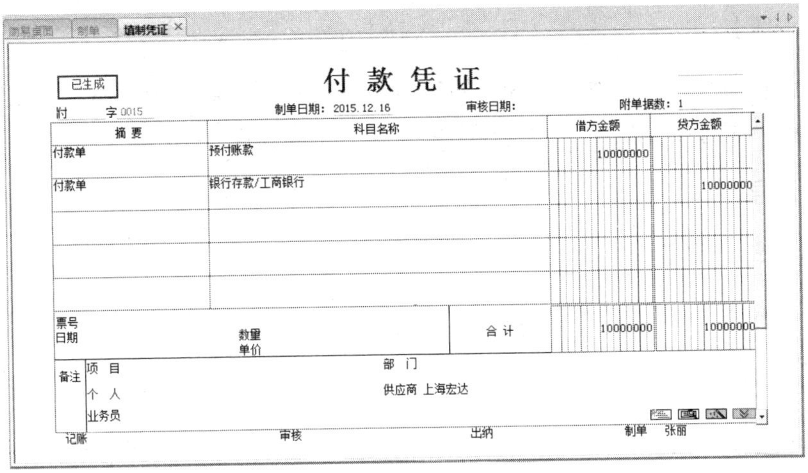

图 2-186　业务 22 记账凭证

4. 出纳签字

(1) 选择"系统/重注册"命令，使用"004 马家辉"账号登录到用友企业应用平台，登录日期设为"2015-12-16"。

(2) 选择"业务工作"/"财务会计"/"总账"/"凭证"/"出纳签字"命令，打开"出纳签字"窗口。

(3) 单击"确定"按钮，单击需要签字的凭证，单击"签字"按钮，完成出纳签字，返回"出纳签字列表"窗口。

5. 审核凭证

(1) 选择"系统/重注册"命令，使用"002 王中亭"账号登录到用友企业应用平台，登录日期设为"2015-12-16"。

(2) 选择"业务工作"/"财务会计"/"总账"/"凭证"/"审核凭证"命令，打开"凭证审核"窗口。

(3) 单击"确定"按钮，单击需要审核的凭证，单击"审核"按钮，完成审核，返回"凭证审核列表"窗口。

【业务 23】

2015 年 12 月 17 日，销售部尚可欣向广州万方有限责任公司销售车载空气净化器 C-300，已开出增值税专用发票(发票号：00452402)，发票上注明数量 300 台，单价 390 元/台，不含税金额 117 000.00 元，税额 19 890.00 元。商品已经发出，已预收货款 50 000.00 元，广州万方有限责任公司开出银行承兑汇票(票号：38470162)支付剩余款项。

【业务说明】

本笔业务是已预收款项销售业务，在应收款系统中录入销售专用发票、票据管理，审核应收单及收款单，进行手工单据核销，并在应收款系统中进行制单处理，再进入总账系统审核凭证。

【岗位说明】

会计主管张丽在应收款系统中录入销售专用发票及票据管理录入银行承兑汇票，审核应收单及收款单，进行手工核销，并进行制单处理，生成凭证。由总账会计王中亭审核凭证。

【实训指导】

1. 录入销售专用发票

(1) 使用“001 张丽”账号登录到用友企业应用平台，登录日期设为“2015-12-17”。

(2) 选择“业务工作”/“财务会计”/“应收款管理”/“应收单据处理”/“应收单据录入”命令，打开“单据类别”窗口。

(3) 单击“确定”按钮，打开“销售专用发票”窗口，录入销售专用发票信息，“发票号”输入“00452402”，“开票日期”选择“2015-12-17”，“销售类型”选择“普通销售”，“客户简称”选择“广州万方”，“销售部门”选择“销售部”，“业务员”选择“尚可欣”，“存货编码”选择“203”，“存货名称”为“C-300”，输入“数量”为“300.00”，“无税单价”为“390.00”，单击“保存”按钮，如图 2-187 所示。

(4) 单击“审核”按钮。此时，系统提示“是否立即制单”，单击“否”按钮。

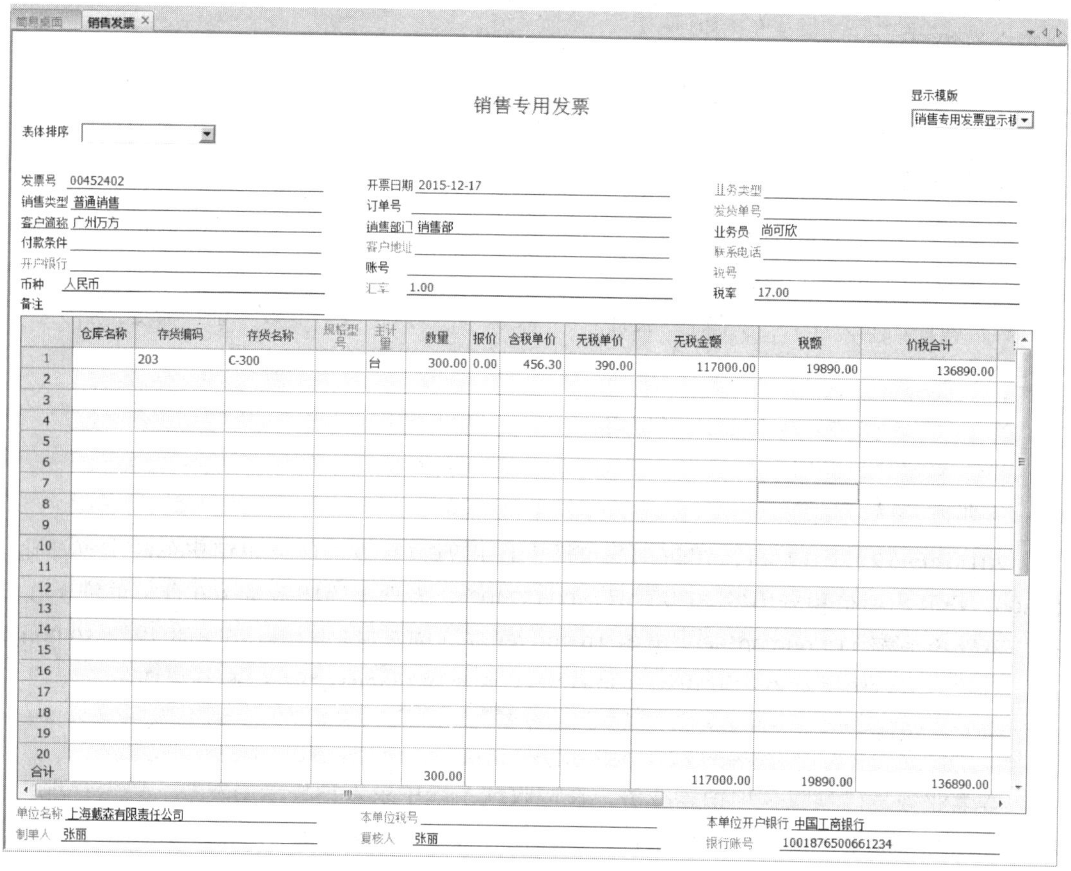
简易桌面　销售发票

销售专用发票

表体排序　　显示模版　销售专用发票显示模

发票号 00452402　开票日期 2015-12-17　业务类型
销售类型 普通销售　订单号　发货单号
客户简称 广州万方　销售部门 销售部　业务员 尚可欣
付款条件　客户地址　联系电话
开户银行　账号　税号
币种 人民币　汇率 1.00　税率 17.00
备注

	仓库名称	存货编码	存货名称	规格型号	主计量	数量	报价	含税单价	无税单价	无税金额	税额	价税合计
1		203	C-300		台	300.00	0.00	456.30	390.00	117000.00	19890.00	136890.00
2												
3												
4												
5												
6												
7												
8												
9												
10												
11												
12												
13												
14												
15												
16												
17												
18												
19												
20												
合计						300.00				117000.00	19890.00	136890.00

单位名称 上海戴森有限责任公司　本单位税号　本单位开户银行 中国工商银行
制单人 张丽　复核人 张丽　银行账号 1001876500661234

图 2-187　“销售专用发票”窗口

2. 票据管理

(1) 选择"业务工作"/"财务会计"/"应收款管理"/"票据管理"命令，打开"应收票据"窗口。

(2) 单击"增加"按钮，录入应收票据信息，"银行名称"选择"01 中国工商银行"，"票据类型"选择"银行承兑汇票"，"票据编号"输入"38470162"，"出票日期"选择"2015-12-17"，"到期日"选择"2016-03-17"，"出票人"为"广州万方有限责任公司"，"出票人账号"单击"参照"按钮，单击"编辑"按钮，选择"广州万方"，单击"修改"按钮，增加银行信息"开户银行"为"中国建设银行广州天河支行"，"账号"输入"6552098724351090"，依次单击"保存"按钮，然后单击"退出"按钮。"收款人"选择"上海戴森有限责任公司"，"收款人账号"选择"1001876500661234"，"金额"输入"86 890.00"，"部门"选择"销售部"，"业务员"选择"尚可欣"，"票据摘要"输入"收到剩余货款"，单击"保存"按钮，如图 2-188 所示。

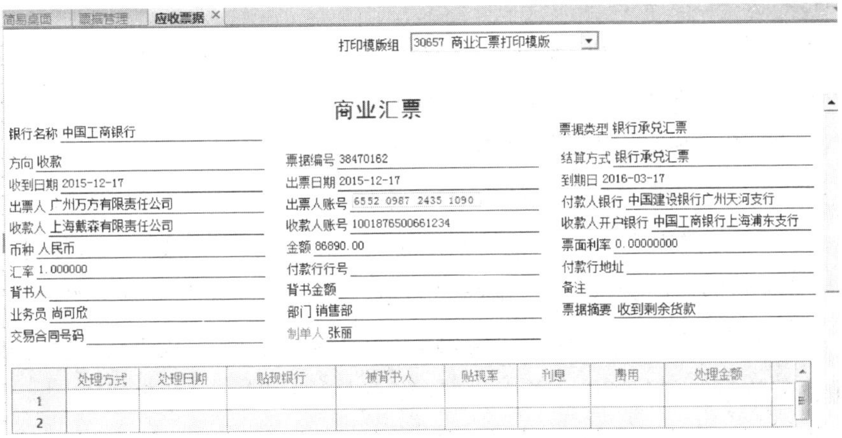

图 2-188 应收票据

3. 收款单据审核

(1) 选择"业务工作"/"财务会计"/"应收款管理"/"收款单据处理"/"收款单据审核"命令，打开"收款单查询条件"对话框。

(2) 单击"确定"按钮，进入"收付款单列表"窗口，双击选择需要审核的单据，单击"审核"按钮。

4. 手工核销

(1) 选择"业务工作"/"财务会计"/"应收款管理"/"核销处理"/"手工核销"命令，打开"核销条件"对话框。

(2) "客户"选择"广州万方"，单击"确定"按钮。

(3) 在日期为"2015-08-27"的"收款单"的"本次结算金额"栏内输入"50 000.00"；在日期为"2015-12-17"的"销售专用发票"的"本次结算"栏内输入"136 890.00"，如

图 2-189 所示。

(4) 单击“保存”按钮。

简易桌面 | 单据核销 ×

单据日期	单据类型	单据编号	客户	款项类型	结算方式	币种	汇率	原币金额	原币余额	本次结算金额	订单号
2015-08-27	收款单	0000000001	广州万方	预收款	转账支票	人民币	1.00000000	50,000.00	50,000.00	50,000.00	
2015-12-17	收款单	0000000003	广州万方	应收款	银行承...	人民币	1.00000000	86,890.00	86,890.00	86,890.00	
合计								136,890.00	136,890.00	136,890.00	

单据日期	单据类型	单据编号	到期日	客户	币种	原币金额	原币余额	可享受折扣	本次折扣	本次结算	订单号	凭证号
2015-12-17	销售专...	00452402	2015-12-17	广州万方	人民币	136,890.00	136,890.00	0.00	0.00	136,890.00		
2015-09-25	销售专...	420371	2015-09-25	广州万方	人民币	91,260.00	91,260.00	0.00				
合计						228,150.00	228,150.00	0.00		136,890.00		

图 2-189　单据核销

5. 制单处理

(1) 选择“业务工作”/“财务会计”/“应收款管理”/“制单处理”命令，打开“制单查询”对话框。

(2) 选择“发票制单”“应收单制单”“收付款单制单”“核销制单”“票据管理”，单击“确定”按钮，进入“应收制单”窗口。

(3) 单击“全选”按钮，再单击“制单”按钮。

(4) 将凭证类别修改为“转账凭证”，单击“保存”按钮，如图 2-190 所示。

(5) 单击“下一张”按钮，将凭证类别修改为“转账凭证”，选择借方科目为“应收票据”，辅助核算项不需要修改，单击“确定”按钮，单击“保存”按钮，如图 2-191 所示。

(6) 单击“下一张”按钮，将凭证类别修改为“转账凭证”，按空格键将“预收账款”对应贷方金额调整至借方金额栏，单击“保存”按钮，如图 2-192 所示。

简易桌面 | 制单 | 填制凭证 ×

已生成

转 账 凭 证

转　字 0014　　制单日期：2015.12.17　　审核日期：　　附单据数：1

摘要	科目名称	借方金额	贷方金额
销售专用发票	应收账款	13689000	
销售专用发票	主营业务收入		11700000
销售专用发票	应交税费/应交增值税/销项税额		1989000
票号 日期	数量 单价	合计 13689000	13689000

备注　项　目　　部　门

个　人　　客　户 广州万方

业务员

记账　　审核　　出纳　　制单　张丽

图 2-190　业务 23 记账凭证(1)

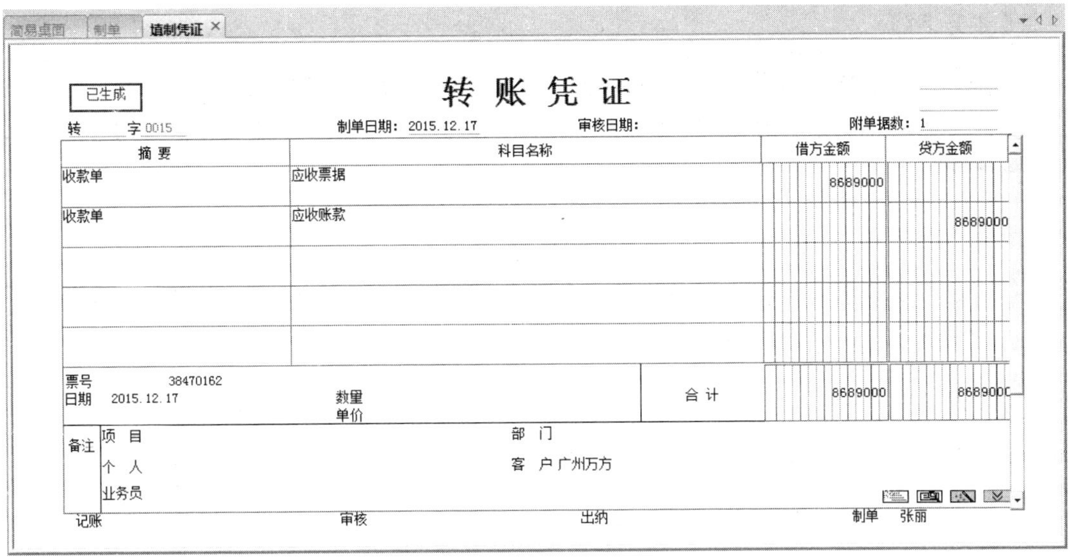

图 2-191 业务 23 记账凭证(2)

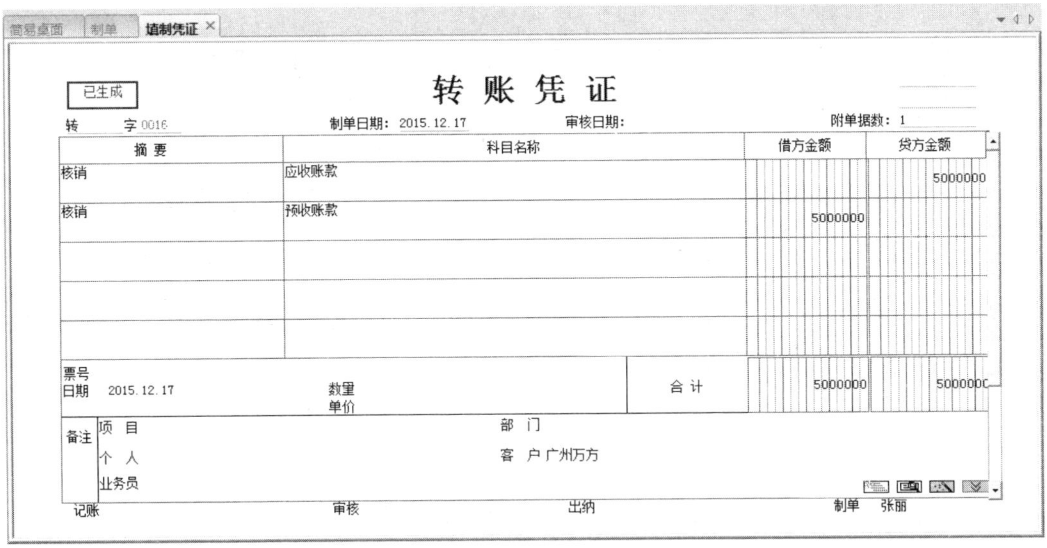

图 2-192 业务 23 记账凭证(3)

6. 审核凭证

(1) 选择"系统/重注册"命令,使用"002 王中亭"账号登录到用友企业应用平台,登录日期设为"2015-12-17"。

(2) 选择"业务工作"/"财务会计"/"总账"/"凭证"/"审核凭证"命令,打开"凭证审核"窗口。

(3) 单击"确定"按钮,单击需要审核的凭证,单击"审核"按钮,完成审核,返回"凭证审核列表"窗口。

【业务 24】

2015 年 12 月 18 日，购进进口机器设备(SC-7020)一台，安装费用由供货方承担，款项已经支付，设备已经安装完毕并交付使用，设备价款 216 000.00 元，增值税额 36 720.00 元，设备预计净残值为零，预计使用年限为 10 年。

【业务说明】

本笔业务是购进固定资产业务，在固定资产系统中增加固定资产，并制单，在总账系统中进行出纳签字、主管审核凭证。

【岗位说明】

总账会计王中亭在固定资产系统中增加固定资产并制单，出纳马家辉进行出纳签字，会计主管张丽审核凭证。

【实训指导】

1. 增加固定资产

(1) 使用"002 王中亭"账号登录到用友企业应用平台，登录日期设为"2015-12-18"。

(2) 选择"业务工作"/"财务会计"/"固定资产"/"卡片"/"资产增加"命令，打开"固定资产类别档案"窗口，选择"021 生产线"，如图 2-193 所示。

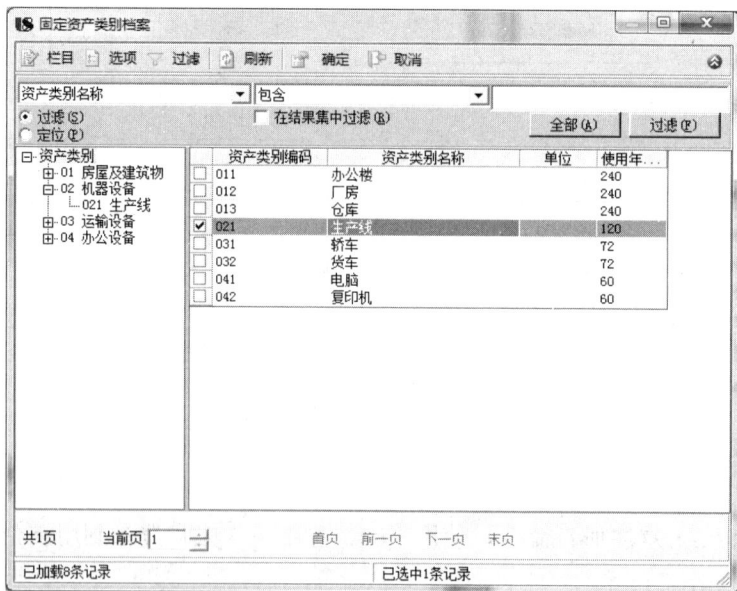

图 2-193　"固定资产类别档案"窗口

(3) 单击"确定"按钮，打开"固定资产卡片"窗口，录入新增固定资产相关信息，"固定资产名称"输入"设备 SC-7020"，"增加方式"选择"直接购入"，"使用状况"选择"在用"，"使用部门"选择"单部门使用"，再选择"一车间"，"原值"输入"216 000.00"，单击"保存"按钮，如图 2-194 所示。

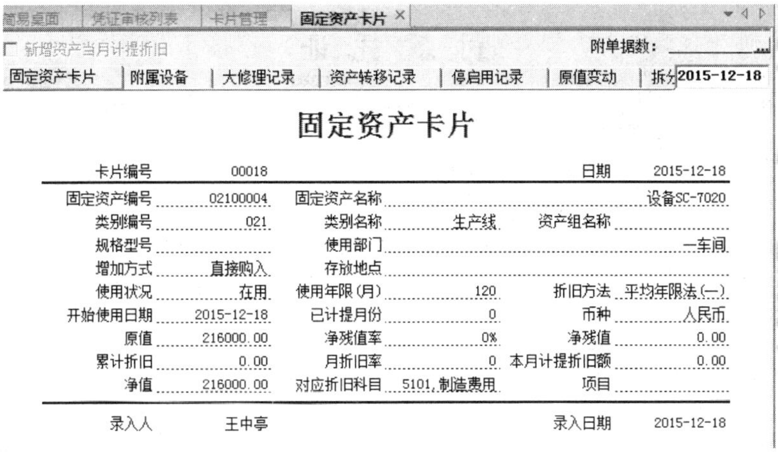

图 2-194　"固定资产卡片"窗口

2. 批量制单

(1) 选择"业务工作"/"财务会计"/"固定资产"/"处理"/"批量制单"命令，打开"查询条件选择——批量制单"对话框，"业务类型"选择"新增资产"。

(2) 单击"确定"按钮，进入"批量制单"窗口，双击选择"1 新增资产"，如图 2-195 所示。

(3) 单击"制单设置"标签，将第一行科目设置为"160102 机器设备"，如图 2-196 所示。

(4) 单击"凭证"按钮，进入"填制凭证"窗口，单击"插分"按钮，增加"应交税费/应交增值税/进项税额"，金额为"36 720.00"，单击"保存"按钮，如图 2-197 所示。

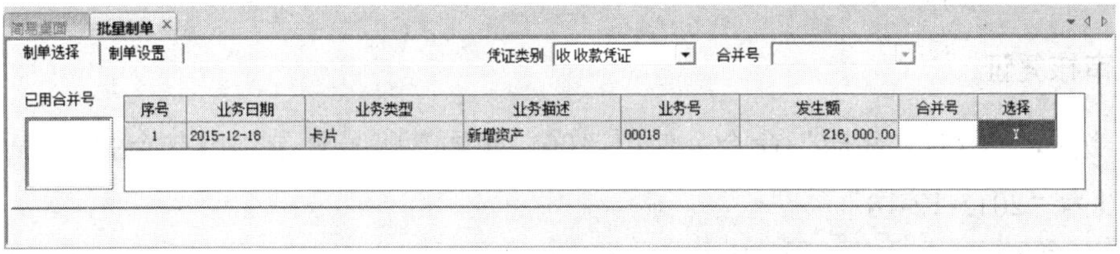

图 2-195　批量制单——制单选择

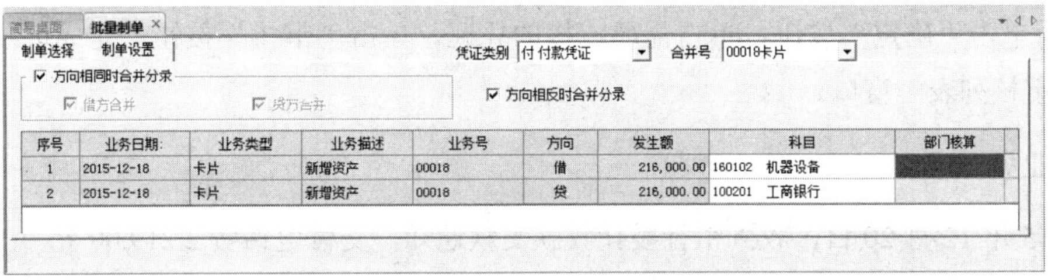

图 2-196　批量制单——制单设置

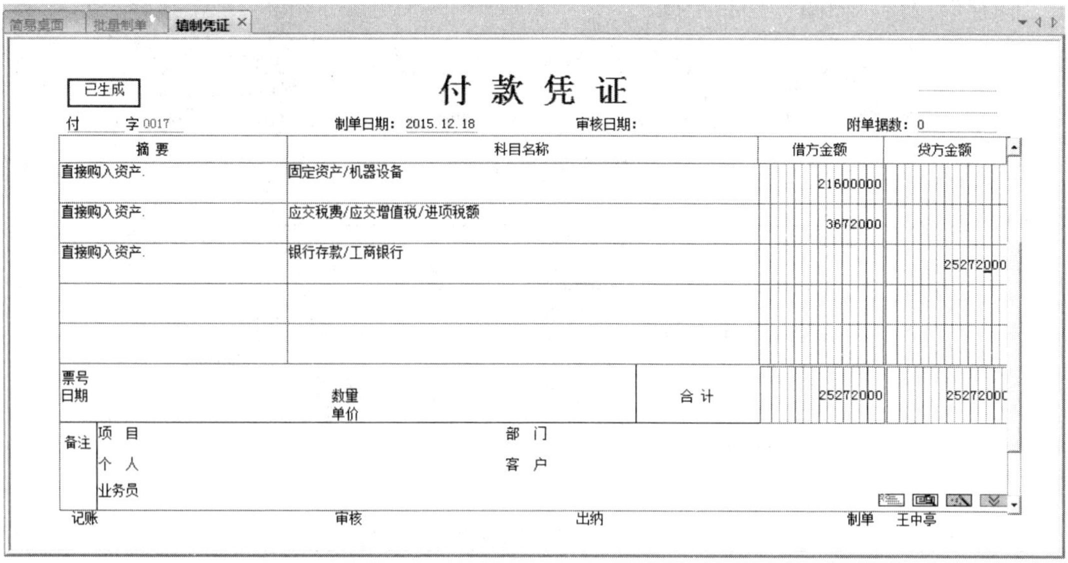

付 款 凭 证				
已生成				
付 字 0017	制单日期：2015.12.18	审核日期：		附单据数：0
摘 要	科目名称		借方金额	贷方金额
直接购入资产.	固定资产/机器设备		21600000	
直接购入资产.	应交税费/应交增值税/进项税额		3672000	
直接购入资产.	银行存款/工商银行			25272000
票号 日期	数量 单价	合 计	25272000	25272000
备注 项 目 个 人 业务员	部 门 客 户			
记账	审核	出纳	制单 王中亭	

图 2-197　业务 24 记账凭证

3. 出纳签字

(1) 选择"系统/重注册"命令，使用"004 马家辉"账号登录到用友企业应用平台，登录日期设为"2015-12-18"。

(2) 选择"业务工作"/"财务会计"/"总账"/"凭证"/"出纳签字"命令，打开"出纳签字"窗口。

(3) 单击"确定"按钮，单击需要签字的凭证，单击"签字"按钮，完成出纳签字，返回"出纳签字列表"窗口。

4. 审核凭证

(1) 选择"系统/重注册"命令，使用"001 张丽"账号登录到用友企业应用平台，登录日期设为"2015-12-18"。

(2) 选择"业务工作"/"财务会计"/"总账"/"凭证"/"审核凭证"命令，打开"凭证审核"窗口。

(3) 单击"确定"按钮，单击需要审核的凭证，单击"审核"按钮，完成审核，返回"凭证审核列表"窗口。

【业务 25】

2015 年 12 月 20 日，收到银行委托收款支款通知，支付电话费 2 219.00 元。

【业务说明】

本笔业务是支付电话费业务，在总账系统中填制凭证，并由出纳签字、主管审核凭证。

【岗位说明】

总账会计王中亭在总账系统中填制记账凭证，出纳马家辉进行出纳签字，会计主管张丽审核凭证。

【实训指导】

1. 填制凭证

(1) 使用"002 王中亭"账号登录到用友企业应用平台，登录日期设为"2015-12-20"。

(2) 选择"业务工作"/"财务会计"/"总账"/"凭证"/"填制凭证"命令，打开"填制凭证"窗口，单击"增加"按钮，修改凭证类别为"付款凭证"，输入摘要"支付管理部门电话费"，选择借方科目"660201 管理费用/办公费"，输入借方金额"2 219.00"，选择贷方科目"100201 银行存款/工商银行"，辅助核算项"结算方式"选择"5 其他"，输入贷方金额"2 219.00"，单击"保存"按钮，如图 2-198 所示。

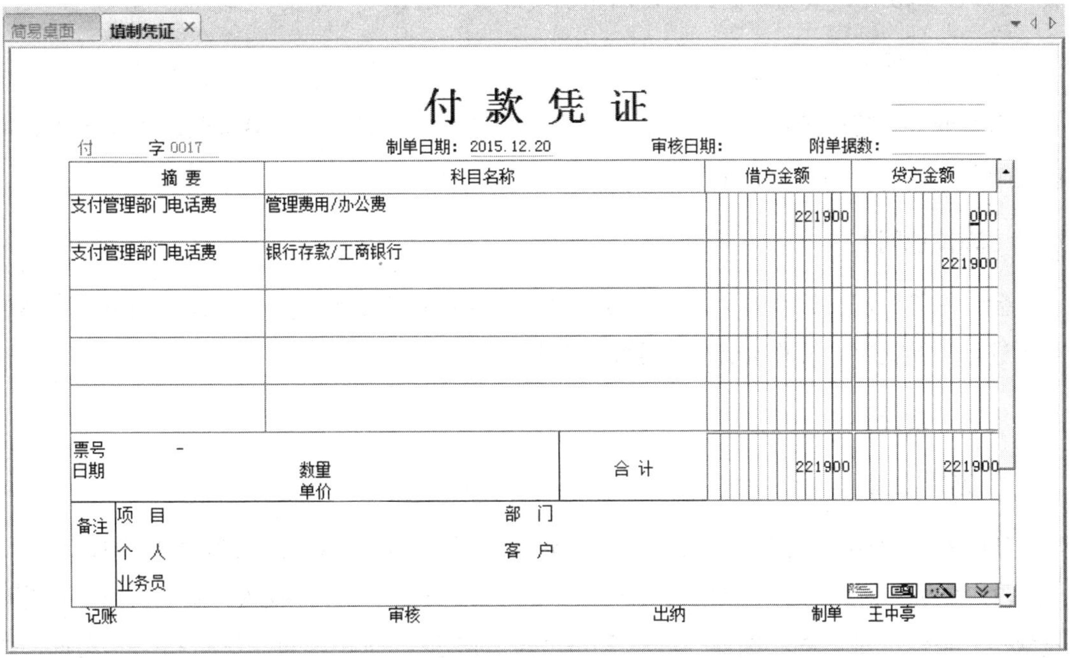

图 2-198　业务 25 记账凭证

2. 出纳签字

(1) 选择"系统/重注册"命令，使用"004 马家辉"账号登录到用友企业应用平台，登录日期设为"2015-12-20"。

(2) 选择"业务工作"/"财务会计"/"总账"/"凭证"/"出纳签字"命令，打开"出纳签字"窗口。

(3) 单击"确定"按钮，单击需要签字的凭证，单击"签字"按钮，完成出纳签字，返回"出纳签字列表"窗口。

3. 审核凭证

(1) 选择"系统/重注册"命令，使用"001 张丽"账号登录到用友企业应用平台，登录日期设为"2015-12-20"。

(2) 选择"业务工作"/"财务会计"/"总账"/"凭证"/"审核凭证"命令，打开"凭证审核"窗口。

(3) 单击"确定"按钮，单击需要审核的凭证，单击"审核"按钮，完成审核，返回"凭证审核列表"窗口。

【业务 26】

2015 年 12 月 21 日，收到 12 日四川信达商贸有限公司扣除现金折扣后剩余款项，金额 1 569 695.40 元，依据合同约定，四川信达商贸有限公司可享受 2%现金折扣。

【业务说明】

本笔业务是现金折扣处理业务，在应收款系统中通过选择收款完成收款单据录入、审核及制单，再由出纳签字、主管审核凭证。

【岗位说明】

会计主管张丽在应收款系统中通过选择收款完成收款单据录入、审核及制单，出纳马家辉进行出纳签字，总账会计王中亭审核凭证。

【实训指导】

1. 选择收款

(1) 使用"001 张丽"账号登录到用友企业应用平台，登录日期设为"2015-12-21"。

(2) 选择"业务工作"/"财务会计"/"应收款管理"/"选择收款"命令，打开"选择收款——条件"对话框，选择"客户"为"四川信达"，选中"可享受折扣"复选框，如图 2-199 所示。

(3) 单击"确定"按钮，进入"选择收款——单据"窗口，如图 2-200 所示。

(4) 双击选中日期为"2015-12-12"的应收款记录，单击"确认"按钮，进入"选择收款——收款单"对话框，"结算方式"选择"5 其他"，如图 2-201 所示。

(5) 单击"确定"按钮，完成收款单选择。

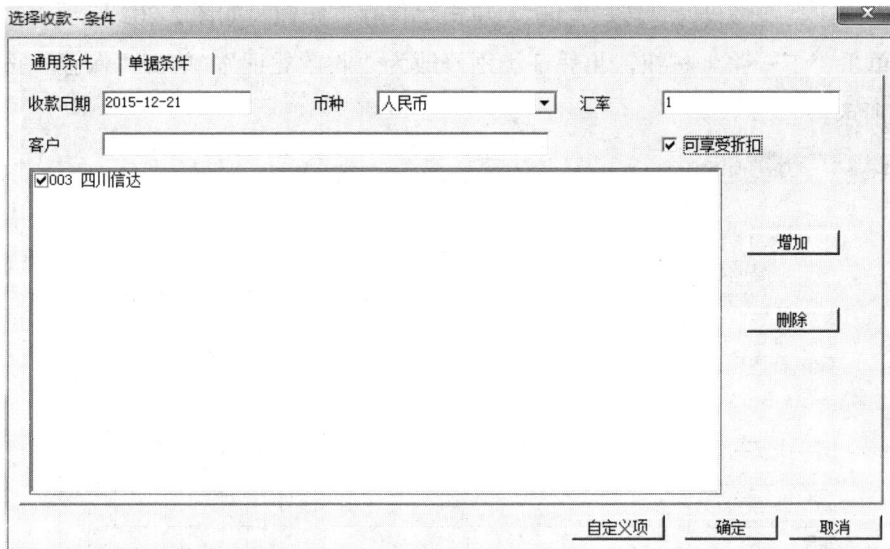

图 2-199 选择收款——条件

图 2-200 选择收款——单据

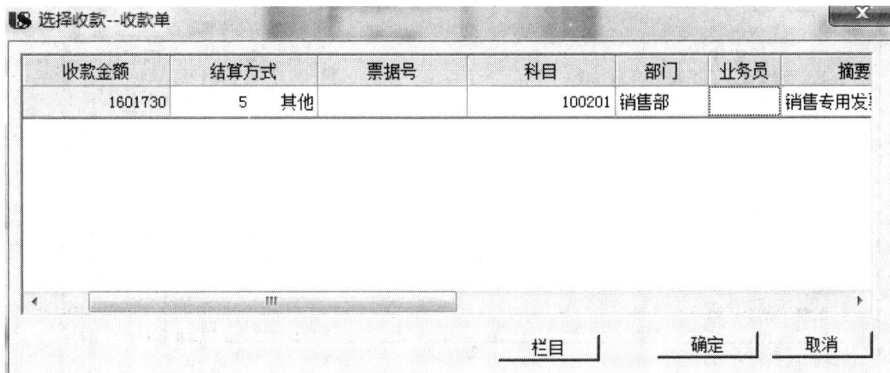

图 2-201 选择收款——收款单

2. 制单处理

(1) 选择"业务工作"/"财务会计"/"应收款管理"/"制单处理"命令,打开"制单查询"对话框。

(2) 选择"收付款单制单""核销制单",单击"确定"按钮,进入"应收制单"窗口。

(3) 单击"全选"按钮,再单击"制单"按钮。

(4) 将凭证类别修改为“转账凭证”，单击“保存”按钮，如图 2-202 所示。

(5) 单击“下一张”按钮，将凭证类别修改为“收款凭证”，单击“保存”按钮，如图 2-203 所示。

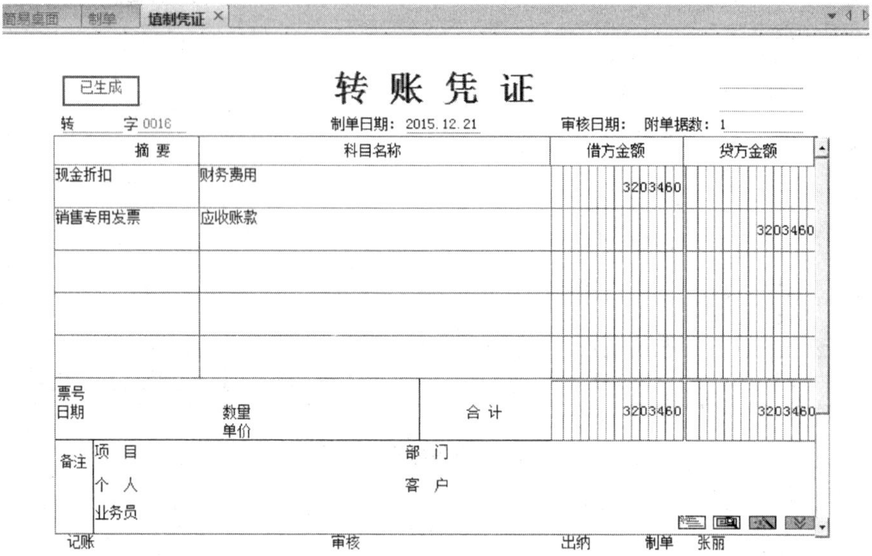

简易桌面 | 制单 | 填制凭证

已生成

转账凭证

转 字 0016　　制单日期：2015.12.21　　审核日期：　附单据数：1

摘要	科目名称	借方金额	贷方金额
现金折扣	财务费用	3203460	
销售专用发票	应收账款		3203460
票号 日期 数量 单价	合计	3203460	3203460

备注　项目　部门　个人　客户　业务员

记账　审核　出纳　制单 张丽

图 2-202　业务 26 记账凭证(1)

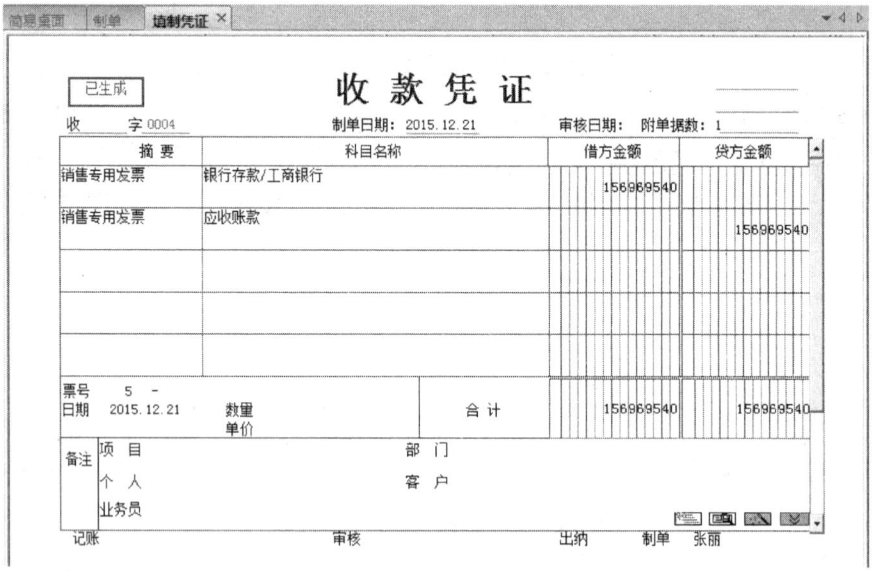

简易桌面 | 制单 | 填制凭证

已生成

收款凭证

收 字 0004　　制单日期：2015.12.21　　审核日期：　附单据数：1

摘要	科目名称	借方金额	贷方金额
销售专用发票	银行存款/工商银行	156969540	
销售专用发票	应收账款		156969540
票号 5 - 日期 2015.12.21 数量 单价	合计	156969540	156969540

备注　项目　部门　个人　客户　业务员

记账　审核　出纳　制单 张丽

图 2-203　业务 26 记账凭证(2)

3. 出纳签字

(1) 选择“系统/重注册”命令，使用“004 马家辉”账号登录到用友企业应用平台，登录日期设为“2015-12-21”。

(2) 选择"业务工作"/"财务会计"/"总账"/"凭证"/"出纳签字"命令,打开"出纳签字"窗口。

(3) 单击"确定"按钮,单击需要签字的凭证,单击"签字"按钮,完成出纳签字,返回"出纳签字列表"窗口。

4. 审核凭证

(1) 选择"系统/重注册"命令,使用"002 王中亭"账号登录到用友企业应用平台,登录日期设为"2015-12-21"。

(2) 选择"业务工作"/"财务会计"/"总账"/"凭证"/"审核凭证"命令,打开"凭证审核"窗口。

(3) 单击"确定"按钮,单击需要审核的凭证,单击"审核"按钮,完成审核,返回"凭证审核列表"窗口。

【业务 27】

2015 年 12 月 22 日,将上月已转入处置状态的设备 AC-6010 对外出售,不含税销售额 53 000.00 元,增值税额 9 010.00 元。该设备于 2009 年 12 月购入,其进项税额已于当年抵扣。收到购买方开出的转账支票(支票号:00628712)。

【业务说明】

本笔业务是处置固定资产业务,在总账系统中填制凭证,并由出纳签字、主管审核凭证。

【岗位说明】

总账会计王中亭在总账系统中填制凭证,出纳马家辉进行出纳签字,主管会计张丽审核凭证。

【实训指导】

1. 填制凭证

(1) 使用"002 王中亭"账号登录到用友企业应用平台,登录日期设为"2015-12-22"。

(2) 选择"业务工作"/"财务会计"/"总账"/"凭证"/"填制凭证"命令,打开"填制凭证"窗口,单击"增加"按钮,修改凭证类别为"收款凭证",输入摘要"出售固定资产",选择借方科目"100201 银行存款/工商银行",辅助核算项"结算方式"选择"转账支票","票号"输入"00628712",输入借方金额"62 010.00",选择贷方科目"1606 固定资产清理",输入贷方金额"53 000.00",选择贷方科目"22210102 应交税费/应交增值税/销项税额",输入贷方金额"9 010.00",单击"保存"按钮,如图 2-204 所示。

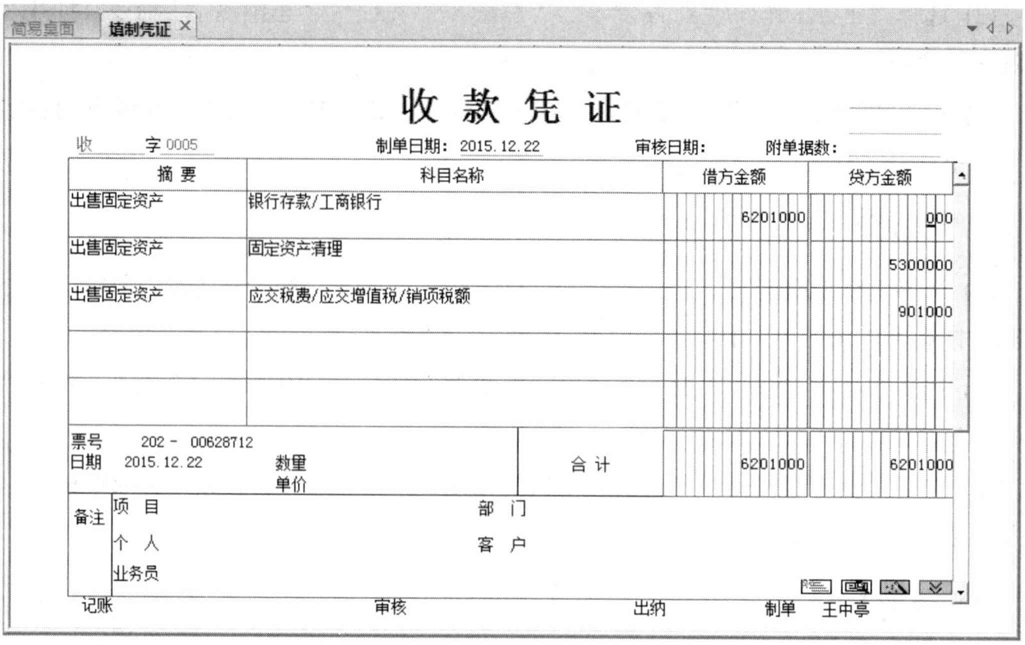
简易桌面 填制凭证

收款凭证

收 字 0005 制单日期：2015.12.22 审核日期： 附单据数：

摘要	科目名称	借方金额	贷方金额
出售固定资产	银行存款/工商银行	6201000	000
出售固定资产	固定资产清理		5300000
出售固定资产	应交税费/应交增值税/销项税额		901000
票号 202 - 00628712 日期 2015.12.22 数量 单价	合计	6201000	6201000

备注 项目 部门
个人 客户
业务员

记账 审核 出纳 制单 王中亭

图 2-204 业务 27 记账凭证

2. 出纳签字

(1) 选择“系统/重注册”命令，使用“004 马家辉”账号登录到用友企业应用平台，登录日期设为“2015-12-22”。

(2) 选择“业务工作”/“财务会计”/“总账”/“凭证”/“出纳签字”命令，打开“出纳签字”窗口。

(3) 单击“确定”按钮，单击需要签字的凭证，单击“签字”按钮，完成出纳签字，返回“出纳签字列表”窗口。

3. 审核凭证

(1) 选择“系统/重注册”命令，使用“001 张丽”账号登录到用友企业应用平台，登录日期设为“2015-12-22”。

(2) 选择“业务工作”/“财务会计”/“总账”/“凭证”/“审核凭证”命令，打开“凭证审核”窗口。

(3) 单击“确定”按钮，单击需要审核的凭证，单击“审核”按钮，完成审核，返回“凭证审核列表”窗口。

【业务 28】

2015 年 12 月 22 日，现金支付固定资产清理费用 500.00 元。

【业务说明】

本笔业务是处置固定资产业务，在总账系统中填制凭证，并由出纳签字、主管审核凭证。

【岗位说明】

总账会计王中亭在总账系统中填制凭证，出纳马家辉进行出纳签字，主管会计张丽审核凭证。

【实训指导】

1. 填制凭证

(1) 使用"002 王中亭"账号登录到用友企业应用平台，登录日期设为"2015-12-22"。

(2) 选择"业务工作"/"财务会计"/"总账"/"凭证"/"填制凭证"命令，打开"填制凭证"窗口，单击"增加"按钮，将凭证类别修改为"付款凭证"，输入摘要"支付固定资产清理费用"，选择借方科目"1606 固定资产清理"，输入借方金额"500.00"，选择贷方科目"1001 库存现金"，输入贷方金额"500.00"，单击"保存"按钮，如图 2-205 所示。

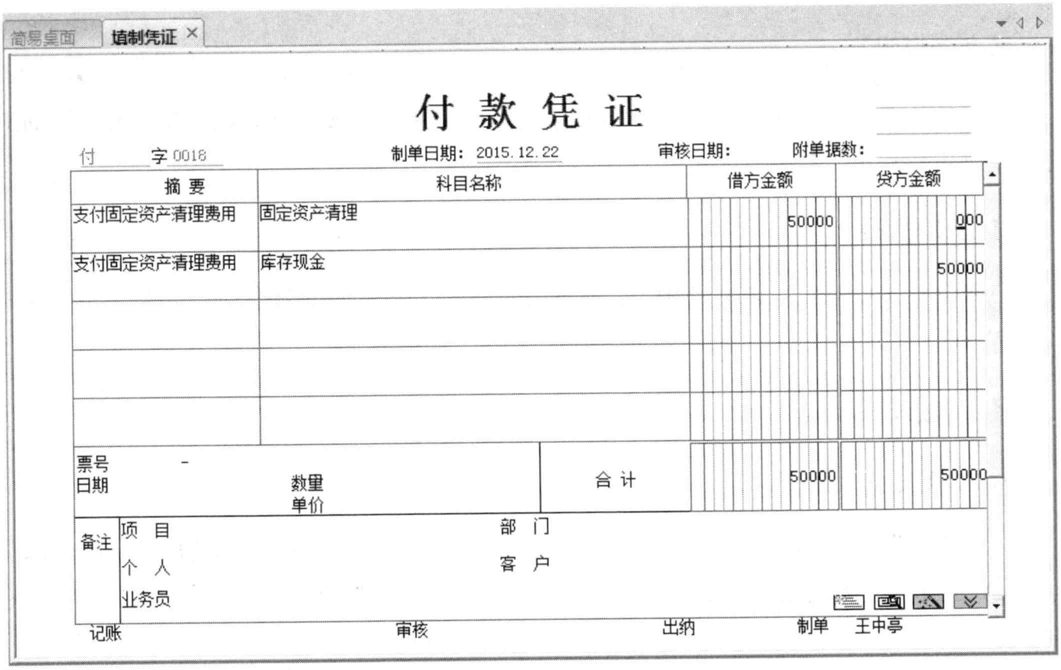

图 2-205 业务 28 记账凭证

2. 出纳签字

(1) 选择"系统/重注册"命令，使用"004 马家辉"账号登录到用友企业应用平台，登录日期设为"2015-12-22"。

(2) 选择"业务工作"/"财务会计"/"总账"/"凭证"/"出纳签字"命令，打开"出纳签字"窗口。

(3) 单击"确定"按钮，单击需要签字的凭证，单击"签字"按钮，完成出纳签字，返回"出纳签字列表"窗口。

3. 审核凭证

(1) 选择"系统/重注册"命令，使用"001 张丽"账号登录到用友企业应用平台，登录日期设为"2015-12-22"。

(2) 选择"业务工作"/"财务会计"/"总账"/"凭证"/"审核凭证"命令，打开"凭证审核"窗口。

(3) 单击"确定"按钮，单击需要审核的凭证，单击"审核"按钮，完成审核，返回"凭证审核列表"窗口。

【业务29】

2015 年 12 月 22 日，结转固定资产清理净损益。

【业务说明】

本笔业务是处置固定资产业务，在总账系统中自定义转账定义、转账生成记账凭证，并由主管审核凭证。

【岗位说明】

总账会计王中亭在总账系统中自定义转账定义、转账生成记账凭证，主管会计张丽审核凭证。

【实训指导】

1. 记账

(1) 使用"002 王中亭"账号登录到用友企业应用平台，登录日期设为"2015-12-22"。

(2) 选择"业务工作"/"财务会计"/"总账"/"凭证"/"记账"命令，打开"记账"窗口。

(3) 单击"记账"按钮，系统打开"期初试算平衡表"，单击"确定"按钮，系统自动完成记账工作。

2. 自定义转账定义

(1) 选择"业务工作"/"财务会计"/"总账"/"期末"/"转账定义"/"自定义转账"

命令，打开"自定义转账设置"窗口。

(2) 单击"增加"按钮，打开"转账目录"对话框，如图 2-206 所示，输入"转账序号"为"07"，"转账说明"为"结转固定资产处置净损益"，"凭证类别"选择"转账凭证"。

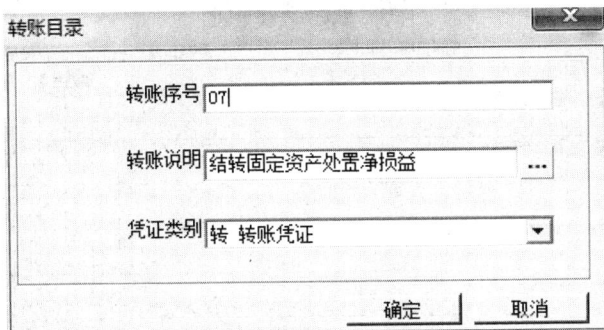

图 2-206 "转账目录"对话框

(3) 单击"确定"按钮，单击"增行"按钮，"科目编码"选择"1606 固定资产清理"，"方向"选择"货"，单击"金额公式"的"参照"按钮，选择"QM(1606，月)"。

(4) 单击"增行"按钮，"科目编码"选择"6711 营业外支出"，"方向"选择"借"，单击"金额公式"的"参照"按钮，选择"CE()"，如图 2-207 所示。

(5) 单击"保存"按钮，再单击"退出"按钮。

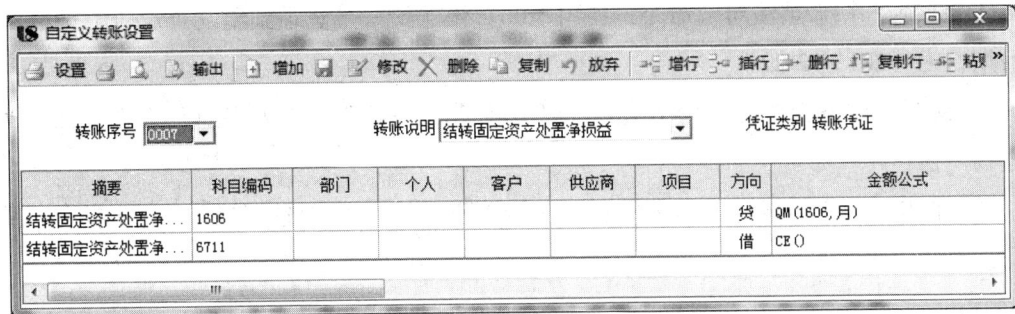

图 2-207 自定义转账设置

3. 自定义转账生成

(1) 选择"业务工作"/"财务会计"/"总账"/"期末"/"转账生成"命令，打开"转账生成"窗口。

(2) 在左侧选中"自定义转账"单选按钮，选择"007 结转固定资产处置净损益"，单击"确定"按钮，生成转账凭证，对凭证内容进行编辑后单击"保存"按钮，如图 2-208 所示。

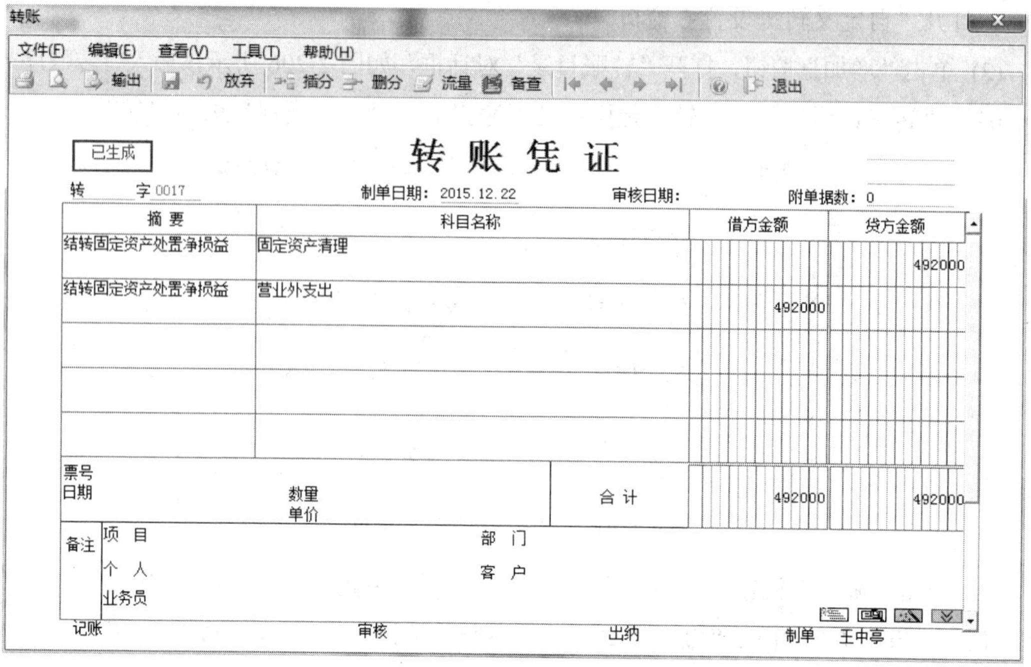

图 2-208　业务 29 记账凭证

4. 审核凭证

(1) 选择"系统/重注册"命令,使用"001 张丽"账号登录到用友企业应用平台,登录日期设为"2015-12-22"。

(2) 选择"业务工作"/"财务会计"/"总账"/"凭证"/"审核凭证"命令,打开"凭证审核"窗口。

(3) 单击"确定"按钮,单击需要审核的凭证,单击"审核"按钮,完成审核,返回"凭证审核列表"窗口。

【业务 30】

2015 年 12 月 23 日,签发转账支票(支票号:00336584),金额 35 100.00 元,支付 2 日向北京旺兴环保科技有限公司购进材料所欠货款。

【业务说明】

本笔业务是支付前欠货款业务,在应收款系统中通过选择付款完成收款单据录入、审核及制单,再由出纳签字、主管审核凭证。

【岗位说明】

会计主管张丽在应收款系统中通过选择付款完成付款单据录入、审核及制单,出纳马家辉进行出纳签字,总账会计王中亭审核凭证。

【实训指导】

1. 选择付款

(1) 使用"001 张丽"账号登录到用友企业应用平台，登录日期设为"2015-12-23"。

(2) 选择"业务工作"/"财务会计"/"应付款管理"/"选择付款"命令，打开"选择付款——条件"对话框，选择"供应商"为"北京旺兴"，如图 2-209 所示。

(3) 单击"确定"按钮，进入"选择付款——单据"窗口，如图 2-210 所示。

(4) 双击选中日期为"2015-12-02"的应付款记录，单击"确认"按钮，进入"选择付款——付款单"对话框，"结算方式"选择"202 转账支票"，"票据号"输入"00336584"，如图 2-211 所示。

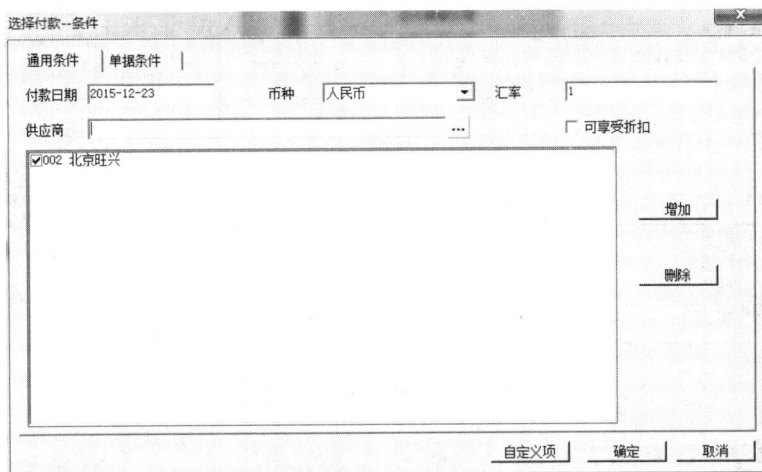

(5) 单击"确定"按钮，完成付款单选择。

图 2-209　选择付款——条件

图 2-210　选择付款——单据

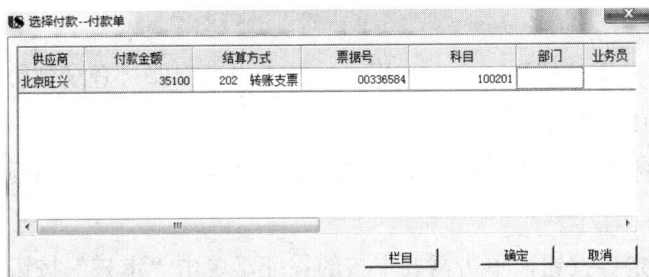

图 2-211　选择付款——付款单

2. 制单处理

(1) 选择"业务工作"/"财务会计"/"应付款管理"/"制单处理"命令，打开"制单查询"对话框。

(2) 选择"收付款单制单""核销制单"，单击"确定"按钮，进入"应付制单"窗口。

(3) 单击"全选"按钮，再单击"制单"按钮。

(4) 将凭证类别修改为"付款凭证"，单击"保存"按钮，如图 2-212 所示。

简易桌面	制单	填制凭证 ×					▼ ◀ ▷

付 款 凭 证

已生成						
付 字 0019		制单日期：2015.12.23	审核日期：		附单据数：1	
摘 要	科目名称			借方金额	贷方金额	
采购专用发票	应付账款			3510000		
采购专用发票	银行存款/工商银行				3510000	
票号 日期	数量 单价		合 计	3510000	3510000	
备注 项 目 个 人 业务员		部 门 供应商 北京旺兴				
记账	审核	出纳	制单 张丽			

图 2-212 业务 30 记账凭证

3. 出纳签字

(1) 选择"系统/重注册"命令，使用"004 马家辉"账号登录到用友企业应用平台，登录日期设为"2015-12-23"。

(2) 选择"业务工作"/"财务会计"/"总账"/"凭证"/"出纳签字"命令，打开"出纳签字"窗口。

(3) 单击"确定"按钮，单击需要签字的凭证，单击"签字"按钮，完成出纳签字，返回"出纳签字列表"窗口。

4. 审核凭证

(1) 选择"系统/重注册"命令，使用"002 王中亭"账号登录到用友企业应用平台，登录日期设为"2015-12-23"。

(2) 选择"业务工作"/"财务会计"/"总账"/"凭证"/"审核凭证"命令，打开"凭证审核"窗口。

(3) 单击"确定"按钮，单击需要审核的凭证，单击"审核"按钮，完成审核，返回"凭证审核列表"窗口。

【业务 31】

2015 年 12 月 24 日，收到广州万方有限责任公司开出的转账支票(支票号：00623478)支付前欠货款 91 260.00 元。

【业务说明】

本笔业务是收回货款业务，在应收款系统中通过选择收款完成收款单据录入、审核及制单，再由出纳签字、主管审核凭证。

【岗位说明】

会计主管张丽在应收款系统中通过选择收款完成收款单据录入、审核及制单，出纳马家辉进行出纳签字，总账会计王中亭审核凭证。

【实训指导】

1. 选择收款

(1) 使用"001 张丽"账号登录到用友企业应用平台，登录日期设为"2015-12-24"。

(2) 选择"业务工作"/"财务会计"/"应收款管理"/"选择收款"命令，打开"选择收款——条件"对话框，选择"客户"为"广州万方"，如图 2-213 所示。

(3) 单击"确定"按钮，进入"选择收款——单据"窗口，如图 2-214 所示。

(4) 双击选中日期为"2015-09-25"的应收款记录，单击"确认"按钮，进入"选择收款——收款单"对话框，"结算方式"选择"202 转账支票"，"票据号"输入"00623478"，如图 2-215 所示。

(5) 单击"确定"按钮，完成收款单选择。

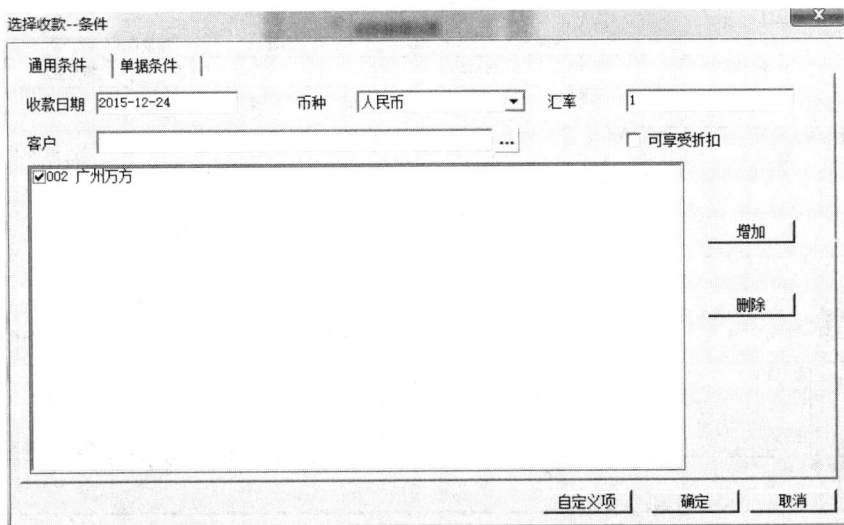

图 2-213 选择收款——条件

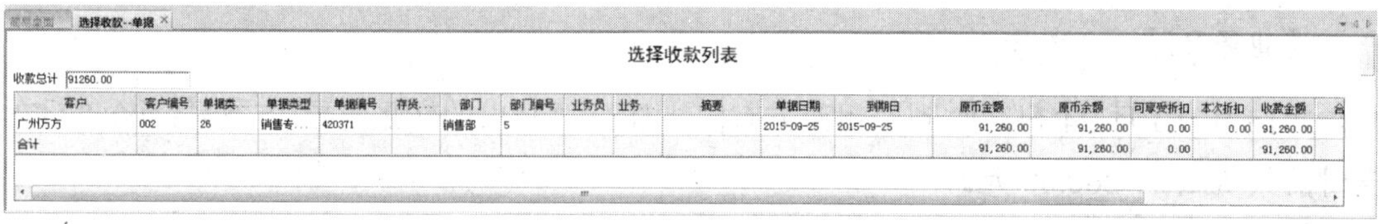

图 2-214　选择收款——单据

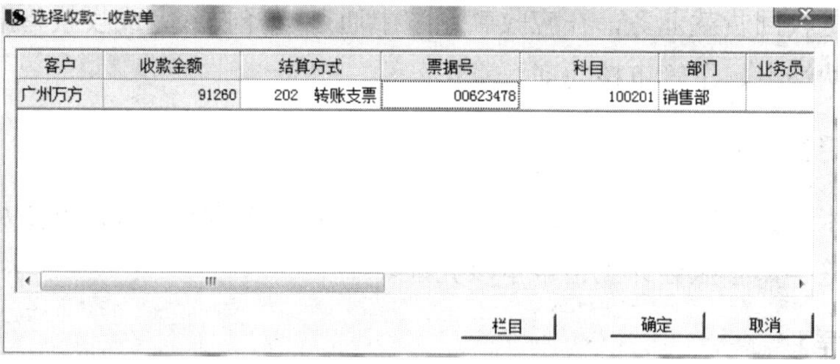

图 2-215　选择收款——收款单

2. 制单处理

(1) 选择"业务工作"/"财务会计"/"应收款管理"/"制单处理"命令，打开"制单查询"对话框。

(2) 选择"收付款单制单""核销制单"，单击"确定"按钮，进入"应收制单"窗口。

(3) 单击"全选"按钮，再单击"制单"按钮。

(4) 将凭证信息修改、补充完整，单击"保存"按钮，如图 2-216 所示。

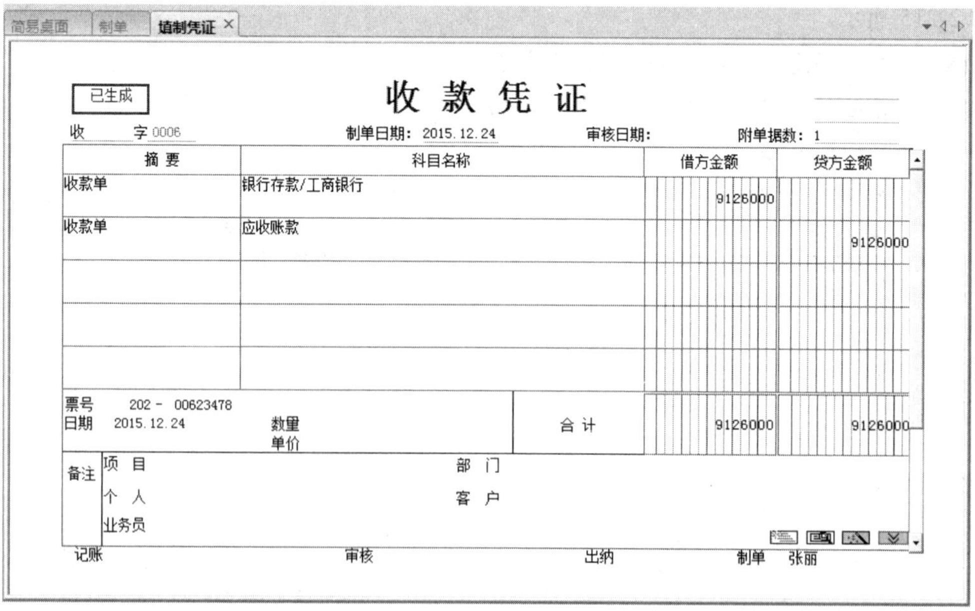

图 2-216　业务 31 记账凭证

3. 出纳签字

(1) 选择"系统/重注册"命令，使用"004 马家辉"账号登录到用友企业应用平台，登录日期设为"2015-12-24"。

(2) 选择"业务工作"/"财务会计"/"总账"/"凭证"/"出纳签字"命令，打开"出纳签字"窗口。

(3) 单击"确定"按钮，单击需要签字的凭证，单击"签字"按钮，完成出纳签字，返回"出纳签字列表"窗口。

4. 审核凭证

(1) 选择"系统/重注册"命令，使用"002 王中亭"账号登录到用友企业应用平台，登录日期设为"2015-12-24"。

(2) 选择"业务工作"/"财务会计"/"总账"/"凭证"/"审核凭证"命令，打开"凭证审核"窗口。

(3) 单击"确定"按钮，单击需要审核的凭证，单击"审核"按钮，完成审核，返回"凭证审核列表"窗口。

【业务 32】

2015 年 12 月 26 日，收到职工刘宇违反公司纪律交来罚款 200.00 元。

【业务说明】

本笔业务是收到职工违纪罚款业务，在总账系统中填制凭证，并由出纳签字、主管审核凭证。

【岗位说明】

总账会计王中亭在总账系统中填制记账凭证，出纳马家辉进行出纳签字，会计主管张丽审核凭证。

【实训指导】

1. 填制凭证

(1) 使用"002 王中亭"账号登录到用友企业应用平台，登录日期设为"2015-12-26"。

(2) 选择"业务工作"/"财务会计"/"总账"/"凭证"/"填制凭证"命令，打开"填制凭证"窗口，单击"增加"按钮，将凭证类别修改为"收款凭证"，输入摘要"收到职工违纪罚款"，选择借方科目"1001 库存现金"，输入借方金额"200.00"，选择贷方科目"6301 营业外收入"，输入贷方金额"200.00"，单击"保存"按钮，如图 2-217 所示。

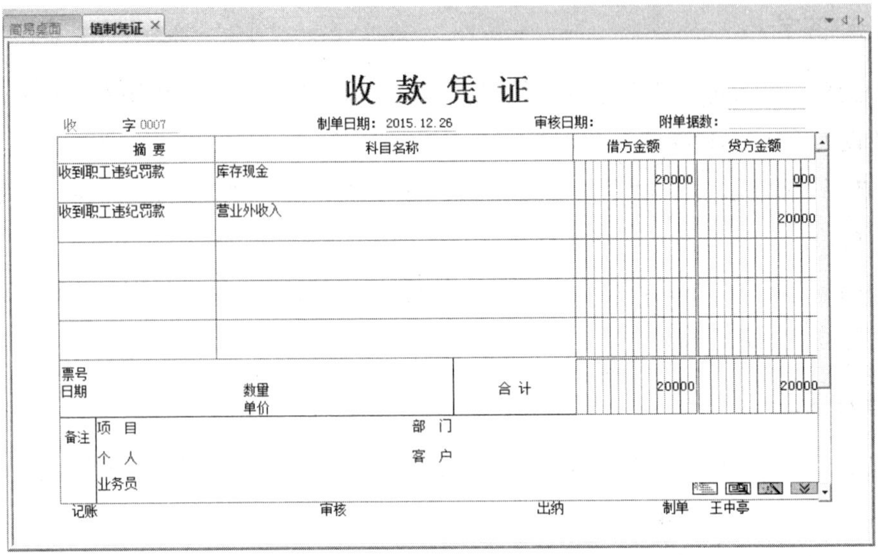

图 2-217　业务 32 记账凭证

2. 出纳签字

(1) 选择"系统/重注册"命令，使用"004 马家辉"账号登录到用友企业应用平台，登录日期设为"2015-12-26"。

(2) 选择"业务工作"/"财务会计"/"总账"/"凭证"/"出纳签字"命令，打开"出纳签字"窗口。

(3) 单击"确定"按钮，单击需要签字的凭证，单击"签字"按钮，完成出纳签字，返回"出纳签字列表"窗口。

3. 审核凭证

(1) 选择"系统/重注册"命令，使用"001 张丽"账号登录到用友企业应用平台，登录日期设为"2015-12-26"。

(2) 选择"业务工作"/"财务会计"/"总账"/"凭证"/"审核凭证"命令，打开"凭证审核"窗口。

(3) 单击"确定"按钮，单击需要审核的凭证，单击"审核"按钮，完成审核，返回"凭证审核列表"窗口。

【业务 33】

2015 年 12 月 27 日，采购部李丽报销业务招待费 1 092.00 元，以现金支付。

【业务说明】

本笔业务是报销招待费业务，在总账系统中填制凭证，并由出纳签字、主管审核凭证。

【岗位说明】

总账会计王中亭在总账系统中填制记账凭证，出纳马家辉进行出纳签字，会计主管张丽审核凭证。

【实训指导】

1. 填制凭证

(1) 使用"002 王中亭"账号登录到用友企业应用平台，登录日期设为"2015-12-27"。

(2) 选择"业务工作"/"财务会计"/"总账"/"凭证"/"填制凭证"命令，打开"填制凭证"窗口，单击"增加"按钮，将凭证类别修改为"付款凭证"，输入摘要"报销餐费"，选择借方科目"660204 管理费用/其他"，输入借方金额"1 092.00"，选择贷方科目"1001 库存现金"，输入贷方金额"1 092.00"，单击"保存"按钮，如图 2-218 所示。

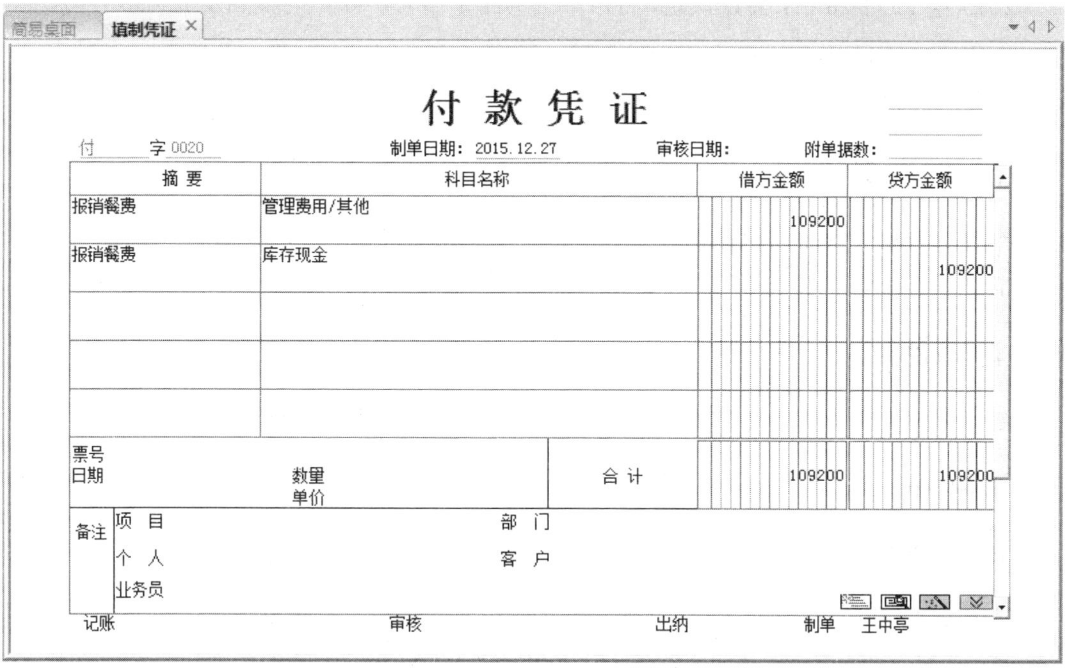

简易桌面	填制凭证 ×					

付 款 凭 证

付　字 0020　　　制单日期: 2015.12.27　　　审核日期:　　　附单据数:

摘　要	科目名称	借方金额	贷方金额
报销餐费	管理费用/其他	109200	
报销餐费	库存现金		109200

票号 日期	数量 单价	合　计	109200	109200

备注　项　目　　　　　　部　门
　　　个　人　　　　　　客　户
　　　业务员

记账　　　　　　审核　　　　　　出纳　　　　制单　王中亭

图 2-218　业务 33 记账凭证

2. 出纳签字

(1) 选择"系统/重注册"命令，使用"004 马家辉"账号登录到用友企业应用平台，登录日期设为"2015-12-27"。

(2) 选择"业务工作"/"财务会计"/"总账"/"凭证"/"出纳签字"命令，打开"出纳签字"窗口。

(3) 单击"确定"按钮,单击需要签字的凭证,单击"签字"按钮,完成出纳签字,返回"出纳签字列表"窗口。

3. 审核凭证

(1) 选择"系统/重注册"命令,使用"001 张丽"账号登录到用友企业应用平台,登录日期设为"2015-12-27"。

(2) 选择"业务工作"/"财务会计"/"总账"/"凭证"/"审核凭证"命令,打开"凭证审核"窗口。

(3) 单击"确定"按钮,单击需要审核的凭证,单击"审核"按钮,完成审核,返回"凭证审核列表"窗口。

【业务 34】

2015 年 12 月 28 日,会议决定,将自产空气净化器 A-100 作为福利发放给本公司职工。空气净化器 A-100 不含税单价 1 150 元/台,本次共发放 17 台,其中生产车间管理人员 2 台,生产车间工人 3 台,销售人员 2 台,管理部门相关人员 10 台。

【业务说明】

本笔业务是发放非货币性福利业务,在总账系统中填制凭证,并由出纳签字、主管审核凭证。

【岗位说明】

总账会计王中亭在总账系统中填制记账凭证,会计主管张丽审核凭证。

【实训指导】

1. 填制凭证

(1) 使用"002 王中亭"账号登录到用友企业应用平台,登录日期设为"2015-12-28"。

(2) 选择"业务工作"/"财务会计"/"总账"/"凭证"/"填制凭证"命令,打开"填制凭证"窗口,单击"增加"按钮,将凭证类别修改为"转账凭证",输入摘要"以产品 A-100 作为福利发放给职工",选择借方科目"221104 应付职工薪酬/非货币性福利",输入借方金额"22 873.50",选择贷方科目"6601 主营业务收入",输入贷方金额"19 550.00",选择贷方科目"22210102 应交税费/应交增值税/销项税额",输入贷方金额"3 323.50",单击"保存"按钮,如图 2-219 所示。

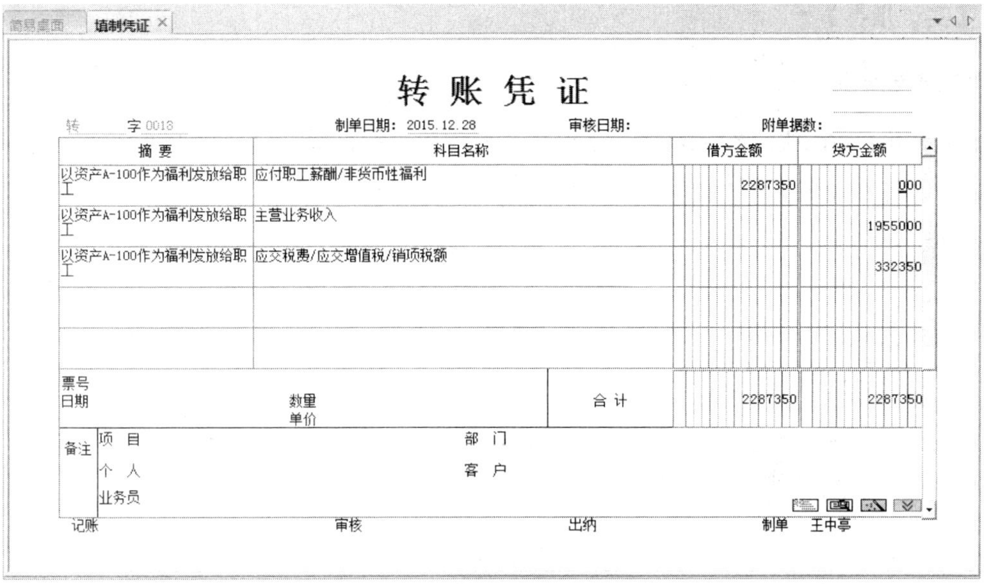

图 2-219 业务 34 记账凭证

2. 审核凭证

(1) 选择"系统/重注册"命令,使用"001 张丽"账号登录到用友企业应用平台,登录日期设为"2015-12-28"。

(2) 选择"业务工作"/"财务会计"/"总账"/"凭证"/"审核凭证"命令,打开"凭证审核"窗口。

(3) 单击"确定"按钮,单击需要审核的凭证,单击"审核"按钮,完成审核,返回"凭证审核列表"窗口。

【业务 35】

2015 年 12 月 31 日,将 12 月 17 日收到的广州万方有限责任公司当日签发的银行承兑汇票(票号:38470162)办理贴现。汇票金额 86 890.00 元,汇票到期日 2016 年 3 月 17 日。

注:月贴现率为 0.6%,计算贴现期时,另加 3 天异地结算期,2016 年 2 月为 29 天。

【业务说明】

本笔业务是银行承兑汇票贴现业务,在应收款管理系统中进行票据贴现,再进入总账系统进行出纳签字、主管审核凭证。

【岗位说明】

主管会计张丽在应收款系统中进行票据贴现操作,出纳马家辉进行出纳签字,总账会计王中亭审核凭证。

【实训指导】

1. 票据贴现

(1) 使用"001 张丽"账号登录到用友企业应用平台，登录日期设为"2015-12-31"。

(2) 选择"业务工作"/"财务会计"/"应收款管理"/"票据管理"命令，打开"查询条件选择"对话框，"方向"选择"收款"，"票据类型"选择"银行承兑汇票"，如图 2-220 所示。

(3) 单击"确定"按钮，打开"票据管理"窗口，双击"选择"选项，单击"贴现"按钮，如图 2-221 所示。

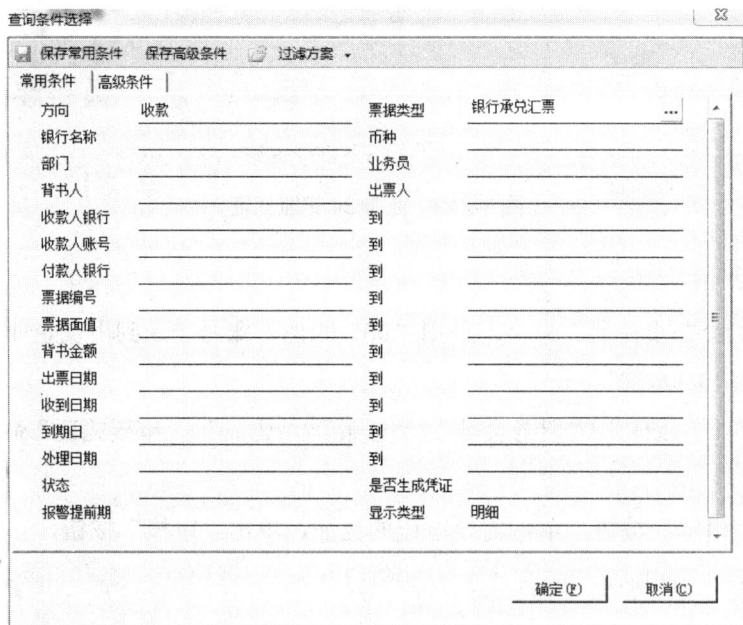

图 2-220　"查询条件选择"对话框

图 2-221　"票据管理"窗口

(4) 打开"票据贴现"对话框，其中，"贴现方式"选择"异地"，"贴现率"输入"7.2"(本系统中贴现率为年利率)，系统将自动计算出"贴现净额"为"85 499.76"，"费用"为"1 390.24"，"结算科目"选择"100201 银行存款/工商银行"，单击"确定"按钮，如图 2-222 所示。

(5) 此时系统提示"是否立即制单"，单击"是"按钮。

(6) 检查凭证类别是否为"收款凭证"，将"票据费用"对应的借方科目选择"6603 财务费用"，将"票据贴现"对应的贷方科目选择"1121 应收票据"，辅助核算项不需要修改，单击"确定"按钮，单击"保存"按钮，如图 2-223 所示。

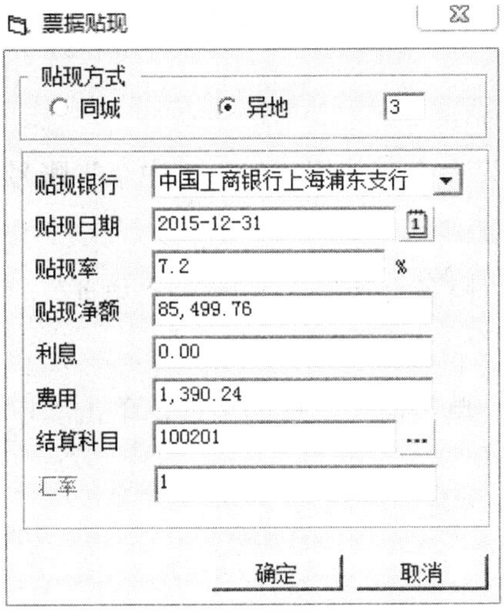

图 2-222 "票据贴现"对话框

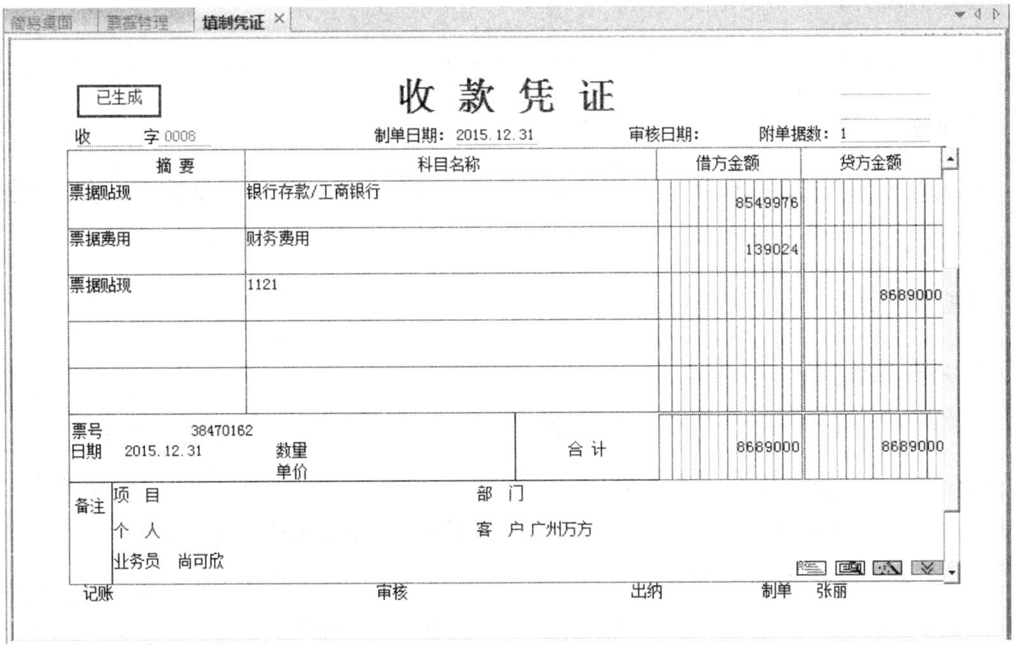

图 2-223 业务 35 记账凭证

2. 出纳签字

(1) 选择"系统/重注册"命令，使用"004 马家辉"账号登录到用友企业应用平台，登录日期设为"2015-12-31"。

（2）选择"业务工作"/"财务会计"/"总账"/"凭证"/"出纳签字"命令，打开"出纳签字"窗口。

（3）单击"确定"按钮，单击需要签字的凭证，单击"签字"按钮，完成出纳签字，返回"出纳签字列表"窗口。

3. 审核凭证

（1）选择"系统/重注册"命令，使用"002 王中亭"账号登录到用友企业应用平台，登录日期设为"2015-12-31"。

（2）选择"业务工作"/"财务会计"/"总账"/"凭证"/"审核凭证"命令，打开"凭证审核"窗口。

（3）单击"确定"按钮，单击需要审核的凭证，单击"审核"按钮，完成审核，返回"凭证审核列表"窗口。

【业务 36】

2015 年 12 月 31 日，支付短期借款利息 562.50 元。

【业务说明】

本笔业务是支付借款利息业务，在总账系统中填制凭证，并由出纳签字、主管审核凭证。

【岗位说明】

总账会计王中亭在总账系统中填制记账凭证，出纳马家辉进行出纳签字，会计主管张丽审核凭证。

【实训指导】

1. 填制凭证

（1）使用"002 王中亭"账号登录到用友企业应用平台，登录日期设为"2015-12-31"。

（2）选择"业务工作"/"财务会计"/"总账"/"凭证"/"填制凭证"命令，打开"填制凭证"窗口，单击"增加"按钮，修改凭证类别为"付款凭证"，输入摘要"支付借款利息"，选择借方科目"6603 财务费用"，输入借方金额"562.50"，选择贷方科目"100201 银行存款/工商银行"，辅助核算项"结算方式"选择"5 其他"，输入贷方金额"562.50"，单击"保存"按钮，如图 2-224 所示。

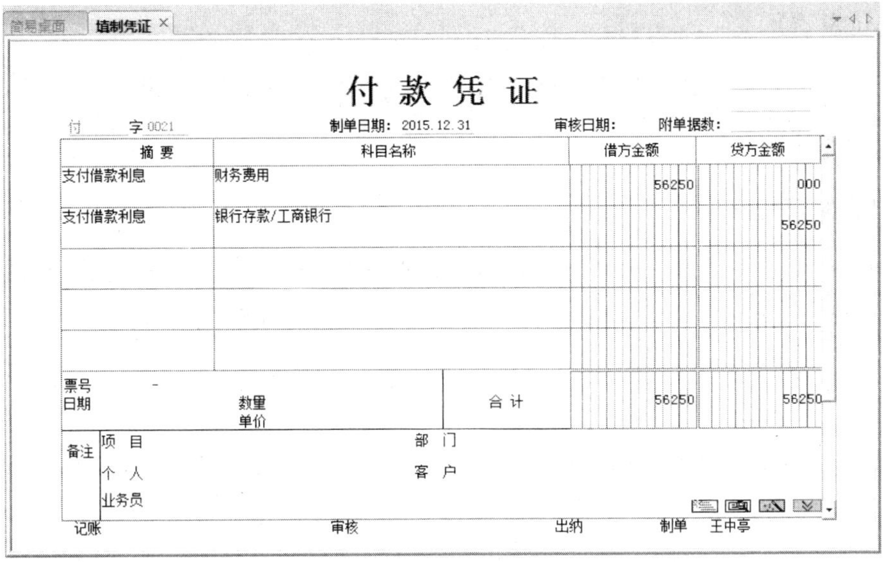

图 2-224　业务 36 记账凭证

2. 出纳签字

(1) 选择"系统/重注册"命令，使用"004 马家辉"账号登录到用友企业应用平台，登录日期设为"2015-12-31"。

(2) 选择"业务工作"/"财务会计"/"总账"/"凭证"/"出纳签字"命令，打开"出纳签字"窗口。

(3) 单击"确定"按钮，单击需要签字的凭证，单击"签字"按钮，完成出纳签字，返回"出纳签字列表"窗口。

3. 审核凭证

(1) 选择"系统/重注册"命令，使用"001 张丽"账号登录到用友企业应用平台，登录日期设为"2015-12-31"。

(2) 选择"业务工作"/"财务会计"/"总账"/"凭证"/"审核凭证"命令，打开"凭证审核"窗口。

(3) 单击"确定"按钮，单击需要审核的凭证，单击"审核"按钮，完成审核，返回"凭证审核列表"窗口。

【业务 37】

2015 年 12 月 31 日，计提本月固定资产折旧。

【业务说明】

本笔业务是计提固定资产折旧业务，在固定资产系统中计提折旧，并制单处理，在总账系统中主管审核凭证。

【岗位说明】

总账会计王中亭在固定资产系统中计提折旧并制单，会计主管张丽审核凭证。

【实训指导】

1. 计提本月折旧

(1) 使用"002 王中亭"账号登录到用友企业应用平台，登录日期设为"2015-12-31"。

(2) 选择"业务工作"/"财务会计"/"固定资产"/"处理"/"计提本月折旧"命令，系统提示"是否要查看折旧清单？"，单击"是"按钮。系统提示"本操作将计提本月折旧，并花费一定时间，是否继续？"，单击"是"按钮，进入"折旧清单"窗口，如图 2-225 所示。

卡片编号	资产编号	资产名称	原值	计提原值	本月计提折旧额	累计折旧	本年计提折旧	减值准备	净值	净残值	折旧率	单位折旧	本月工作量	累计工作量	规格型号
00001	01100001	办公楼	000.00	1,500,000.00	6,300.00	762,300.00	6,300.00	0.00	700.00	0.00	0.0042		0.000	0.000	
00002	01200001	一车间	000.00	7,350,000.00	30,870.00	735,270.00	30,870.00	0.00	730.00	0.00	0.0042		0.000	0.000	
00003	01200002	二车间	000.00	2,450,000.00	10,290.00	245,090.00	10,290.00	0.00	910.00	0.00	0.0042		0.000	0.000	
00004	01300001	原材料仓库	000.00	400,000.00	1,680.00	203,280.00	1,680.00	0.00	720.00	0.00	0.0042		0.000	0.000	
00005	01300002	产成品仓库	000.00	500,000.00	2,100.00	254,100.00	2,100.00	0.00	900.00	0.00	0.0042		0.000	0.000	
00006	02100001	第一生产线	000.00	400,000.00	3,320.00	322,040.00	3,320.00	0.00	960.00	0.00	0.0083		0.000	0.000	
00007	02100002	第二生产线	000.00	350,000.00	2,905.00	281,785.00	2,905.00	0.00	215.00	0.00	0.0083		0.000	0.000	
00008	02100003	第三生产线	000.00	200,000.00	1,660.00	161,020.00	1,660.00	0.00	980.00	0.00	0.0083		0.000	0.000	
00009	03100001	轿车一	000.00	250,000.00	3,475.00	6,950.00	3,475.00	0.00	050.00	0.00	0.0139		0.000	0.000	
00010	03100002	轿车二	000.00	150,000.00	2,085.00	4,170.00	2,085.00	0.00	830.00	0.00	0.0139		0.000	0.000	
00011	03200001	货车	000.00	400,000.00	5,560.00	11,120.00	5,560.00	0.00	560.00	0.00	0.0139		0.000	0.000	
00012	04100001	戴尔台式机	000.00	22,000.00	367.40	11,022.00	367.40	0.00	978.00	0.00	0.0167		0.000	0.000	
00013	04100002	戴尔笔记本	000.00	20,000.00	334.00	10,020.00	334.00	0.00	980.00	0.00	0.0167		0.000	0.000	
00014	04100003	华硕笔记本	000.00	12,000.00	200.40	6,012.00	200.40	0.00	988.00	0.00	0.0167		0.000	0.000	
00015	04200001	兄弟一体机	000.00	20,000.00	334.00	10,020.00	334.00	0.00	980.00	0.00	0.0167		0.000	0.000	
00016	04200002	惠普一体机	000.00	14,000.00	233.80	7,014.00	233.80	0.00	986.00	0.00	0.0167		0.000	0.000	
00017	04200003	惠普打印机	000.00	10,000.00	167.00	5,010.00	167.00	0.00	990.00	0.00	0.0167		0.000	0.000	
合计			000.00	14,048,000.00	71,881.60	036,223.00	71,881.60	0.00	777.00	0.00			0.000	0.000	

图 2-225　"折旧清单"窗口

(3) 单击"退出"按钮，系统提示"固定资产折旧完成"，单击"确定"按钮，进入"折旧分配表"窗口，如图 2-226 所示。

部门编号	部门名称	项目编号	项目名称	科目编号	科目名称	折旧额
1	总经理办公			660202	折旧费	9,775.00
2	财务部			660202	折旧费	701.40
3	采购部			660202	折旧费	567.80
401	一车间			5101	制造费用	42,655.00
402	二车间			5101	制造费用	11,950.00
5	销售部			660103	折旧费	2,452.40
601	原材料库			660202	折旧费	1,680.00
602	产成品库			660202	折旧费	2,100.00
合计						71,881.60

图 2-226　"折旧分配表"窗口

(4) 单击"凭证"按钮，进入"填制凭证"窗口，修改凭证类别为"转账凭证"，单击"保存"按钮，如图 2-227 所示。

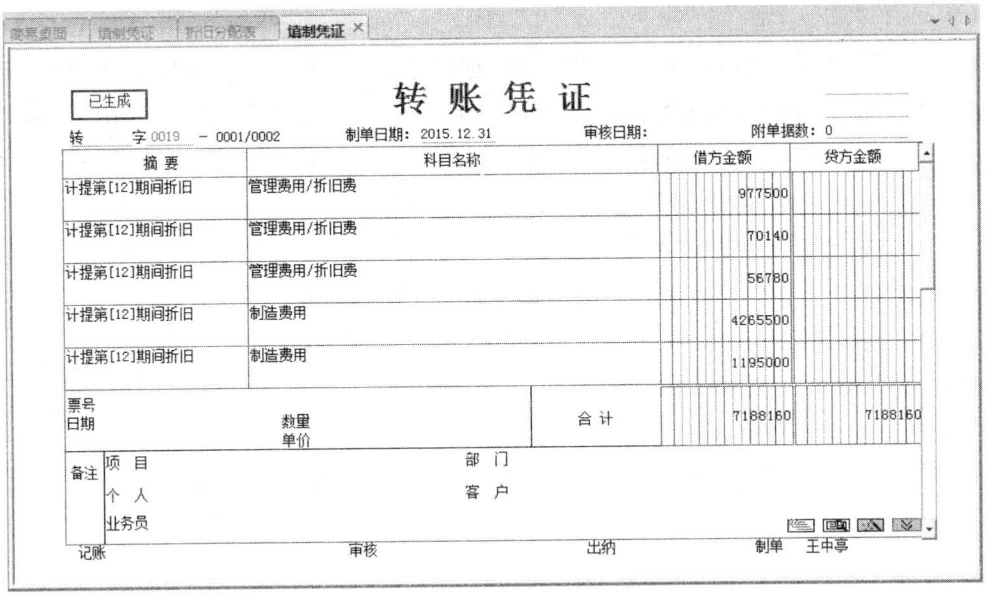

图 2-227 业务 37 记账凭证

2. 审核凭证

(1) 选择"系统/重注册"命令，使用"001 张丽"账号登录到用友企业应用平台，登录日期设为"2015-12-31"。

(2) 选择"业务工作"/"财务会计"/"总账"/"凭证"/"审核凭证"命令，打开"凭证审核"窗口。

(3) 单击"确定"按钮，单击需要审核的凭证，单击"审核"按钮，完成审核，返回"凭证审核列表"窗口。

【业务 38】

2015 年 12 月 31 日，计提本月无形资产摊销，该项专利权原值 2 400 000.00 元，预计使用年限为 10 年，采用平均年限法摊销。

【业务说明】

本笔业务是无形资产摊销业务，在总账系统中填制凭证，并由主管审核凭证。

【岗位说明】

总账会计王中亭在总账系统中填制记账凭证，会计主管张丽审核凭证。

【实训指导】

1. 填制凭证

(1) 使用"002 王中亭"账号登录到用友企业应用平台，登录日期设为"2015-12-31"。

(2) 选择“业务工作”/“财务会计”/“总账”/“凭证”/“填制凭证”命令，打开“填制凭证”窗口，单击“增加”按钮，将凭证类别修改为“转账凭证”，输入摘要“无形资产摊销”，选择借方科目“660202 管理费用/折旧费”，输入借方金额“20 000.00”，选择贷方科目“1702 累计摊销”，输入贷方金额“20 000.00”，单击“保存”按钮，如图 2-228 所示。

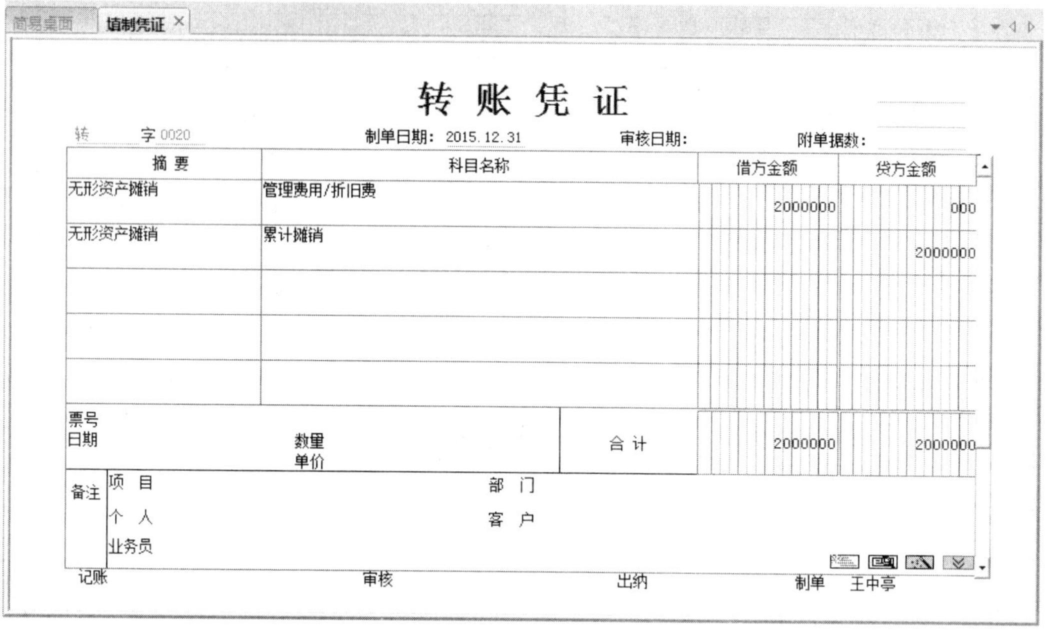
简易桌面 填制凭证

转账凭证

转 字 0020 制单日期：2015.12.31 审核日期： 附单据数：

摘要	科目名称	借方金额	贷方金额
无形资产摊销	管理费用/折旧费	2000000	000
无形资产摊销	累计摊销		2000000
票号 日期	数量 单价 合计	2000000	2000000

备注 项 目 部 门
个 人 客 户
业务员

记账 审核 出纳 制单 王中亭

图 2-228 业务 38 记账凭证

2. 审核凭证

(1) 选择“系统/重注册”命令，使用“001 张丽”账号登录到用友企业应用平台，登录日期设为“2015-12-31”。

(2) 选择“业务工作”/“财务会计”/“总账”/“凭证”/“审核凭证”命令，打开“凭证审核”窗口。

(3) 单击“确定”按钮，单击需要审核的凭证，单击“审核”按钮，完成审核，返回“凭证审核列表”窗口。

【业务 39】

2015 年 12 月 31 日，本月 5 日所购买股票东土科技，每股市价 17.50 元。

【业务说明】

本笔业务是确认交易性金融资产公允价值变动业务，在总账系统中填制凭证，并由主管审核凭证。

【岗位说明】

总账会计王中亭在总账系统中填制记账凭证，会计主管张丽审核凭证。

【实训指导】

1. 填制凭证

(1) 使用"002 王中亭"账号登录到用友企业应用平台，登录日期设为"2015-12-31"。

(2) 选择"业务工作"/"财务会计"/"总账"/"凭证"/"填制凭证"命令，打开"填制凭证"窗口，单击"增加"按钮，将凭证类别修改为"转账凭证"，输入摘要"交易性金融资产公允价值变动"，选择借方科目"1101 交易性金融资产"，输入借方金额"13 000.00"，选择贷方科目"6101 公允价值变动损益"，输入贷方金额"13 000.00"，单击"保存"按钮，如图 2-229 所示。

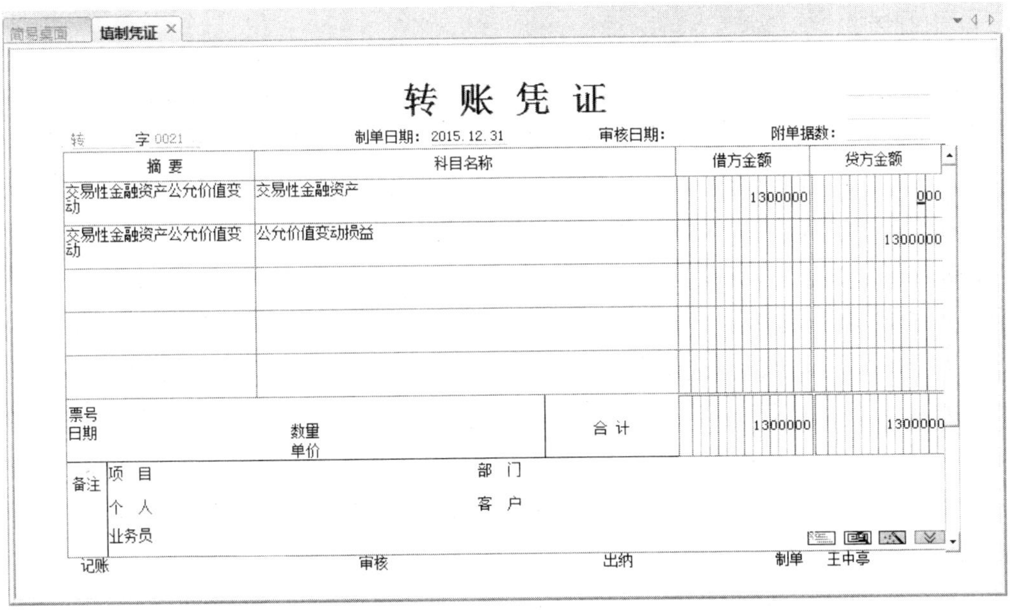

图 2-229 业务 39 记账凭证

2. 审核凭证

(1) 选择"系统/重注册"命令，使用"001 张丽"账号登录到用友企业应用平台，登录日期设为"2015-12-31"。

(2) 选择"业务工作"/"财务会计"/"总账"/"凭证"/"审核凭证"命令，打开"凭证审核"窗口。

(3) 单击"确定"按钮，单击需要审核的凭证，单击"审核"按钮，完成审核，返回"凭证审核列表"窗口。

【业务40】

2015 年 12 月 31 日，分配本月发生的职工福利。本月 28 日，会议决定，将自产空气净化器 A-100 作为福利发放给本公司职工。空气净化器 A-100 不含税单价 1 150 元/台，本次共发放 17 台，其中生产车间管理人员 2 台，生产车间工人 3 台(生产 A-100、B-200、C-300 工人各 1 台)，销售人员 2 台，管理部门相关人员 10 台。

【业务说明】

本笔业务是分配非货币性福利业务，在总账系统中填制凭证，并由主管审核凭证。

【岗位说明】

总账会计王中亭在总账系统中填制记账凭证，会计主管张丽审核凭证。

【实训指导】

1. 填制凭证

(1) 使用"002 王中亭"账号登录到用友企业应用平台，登录日期设为"2015-12-31"。

(2) 选择"业务工作"/"财务会计"/"总账"/"凭证"/"填制凭证"命令，打开"填制凭证"窗口，单击"增加"按钮，将凭证类别修改为"转账凭证"，输入摘要"分配非货币性福利"，选择借方科目"50010201 生产成本/直接人工/空气净化器 A-100"，输入借方金额"1 345.50"，选择借方科目"50010202 生产成本/直接人工/空气净化器 B-200"，输入借方金额"1 345.50"，选择借方科目"50010203 生产成本/直接人工/车载空气净化器 C-300"，输入借方金额"1 345.50"，选择借方科目"5101 制造费用"，输入借方金额"2 691.00"，选择借方科目"660203 管理费用/工资"，辅助核算项单击"辅助明细"，打开"分录合并录入"对话框，依次输入各管理部门分配额，如图 2-230 所示。选择借方科目"660102 销售费用/工资"，输入借方金额"2 691.00"，选择贷方科目"221104 应付职工薪酬/非货币性福利"，输入贷方金额"22 873.50"，单击"保存"按钮，如图 2-231 所示。

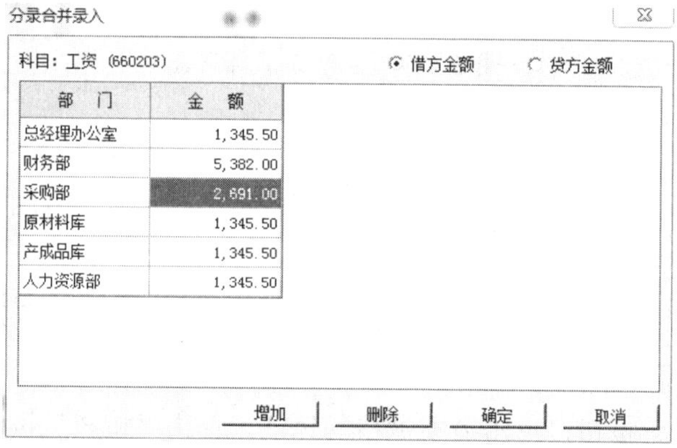

图 2-230 "分录合并录入"对话框

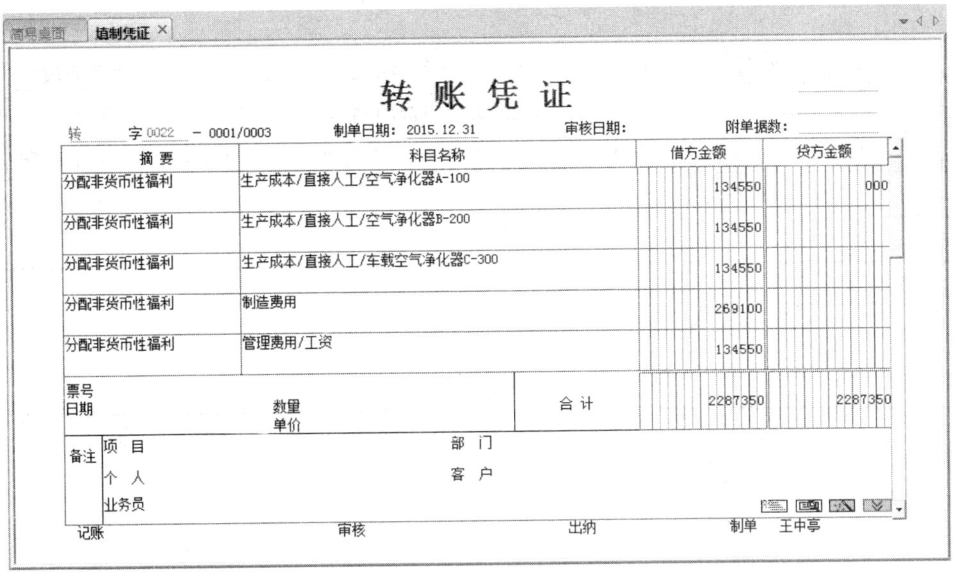

图 2-231　业务 40 记账凭证

2. 审核凭证

(1) 选择"系统/重注册"命令，使用"001 张丽"账号登录到用友企业应用平台，登录日期设为"2015-12-31"。

(2) 选择"业务工作"/"财务会计"/"总账"/"凭证"/"审核凭证"命令，打开"凭证审核"窗口。

(3) 单击"确定"按钮，单击需要审核的凭证，单击"审核"按钮，完成审核，返回"凭证审核列表"窗口。

【业务 41】

2015 年 12 月 31 日，分配本月应付工资、社会保险费、住房公积金。生产工人工资按照工时进行分配，分配率保留 4 位小数，分配金额保留 2 位小数，尾数差调整计入 C-300。

工资分摊设置如表 2-39 所示。

表 2-39　工资分摊设置(100%)

部　门	人员类别	工资项目	借方科目	贷方科目
总经理办公室				
财务部				
原材料库	企业管理人员	应发合计	660203 管理费用/工资	221101 应付职工薪酬/工资
产成品库				
人力资源部				

部　门	人员类别	工资项目	借方科目	贷方科目
采购部	经营人员	应发合计	660203 管理费用/工资	221101 应付职工薪酬/工资
销售部	经营人员	应发合计	660102 销售费用/工资	221101 应付职工薪酬/工资
一车间 二车间	车间管理人员	应发合计	5101 制造费用	221101 应付职工薪酬/工资

社会保险费分摊设置如表 2-40 所示。

表 2-40　社会保险费分摊设置(25.8%)

部　门	人员类别	工资项目	借方科目	贷方科目
总经理办公室 财务部 原材料库 产成品库 人力资源部	企业管理人员	应发合计	660203 管理费用/工资	221102 应付职工薪酬/社会保险费
采购部	经营人员	应发合计	660203 管理费用/工资	221102 应付职工薪酬/社会保险费
销售部	经营人员	应发合计	660102 销售费用/工资	221102 应付职工薪酬/社会保险费
一车间 二车间	车间管理人员	应发合计	5101 制造费用	221102 应付职工薪酬/社会保险费

住房公积金分摊设置如表 2-41 所示。

表 2-41　住房公积金分摊设置(10%)

部　门	人员类别	工资项目	借方科目	贷方科目
总经理办公室 财务部 原材料库 产成品库 人力资源部	企业管理人员	应发合计	660203 管理费用/工资	221103 应付职工薪酬/住房公积金
采购部	经营人员	应发合计	660203 管理费用/工资	221103 应付职工薪酬/住房公积金
销售部	经营人员	应发合计	660102 销售费用/工资	221103 应付职工薪酬/住房公积金
一车间 二车间	车间管理人员	应发合计	5101 制造费用	221103 应付职工薪酬/住房公积金

【业务说明】

本笔业务是分配职工薪酬业务，在薪资管理系统中进行工资分摊并制单，在总账系统中审核凭证。

【岗位说明】

会计主管张丽在薪资管理系统中进行工资分摊并制单，总账会计王中亭在总账系统中审核凭证。

【实训指导】

1. 工资分摊设置

(1) 使用"001 张丽"账号登录到用友企业应用平台，登录日期设为"2015-12-31"。

(2) 选择"业务工作"/"人力资源"/"薪资管理"/"工资类别"/"打开工资类别"命令，打开"打开工资类别"对话框，选择"001 在职人员"，单击"确定"按钮，如图 2-232 所示。

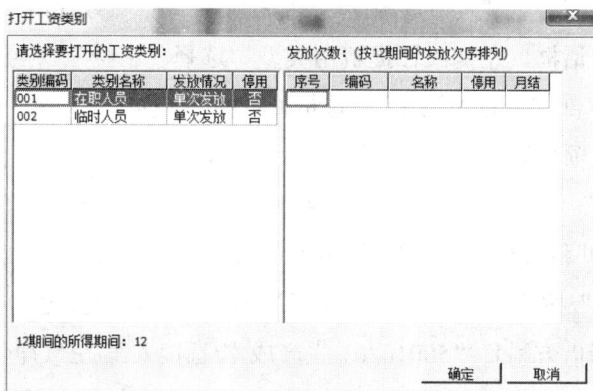

图 2-232　"打开工资类别"对话框

(3) 选择"业务工作"/"人力资源"/"薪资管理"/"业务处理"/"工资分摊"命令，打开"工资分摊"对话框，单击"工资分摊设置"按钮，单击"增加"按钮，打开"分摊计提比例设置"对话框，在"计提类型名称"文本框中输入"工资"，"分摊计提比例"输入"100%"，如图 2-233 所示。

(4) 单击"下一步"按钮，进入"分摊构成设置"窗口，输入相关信息，单击"完成"按钮，如图 2-234 所示。

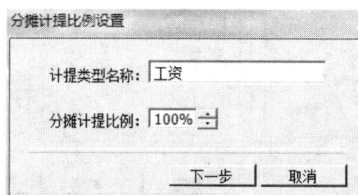

图 2-233　分摊计提比例设置

图 2-234　分摊构成设置

（5）用同样的方法设置社会保险费、住房公积金。

2. 工资分摊制单

（1）选择"业务工作"/"人力资源"/"薪资管理"/"业务处理"/"工资分摊"命令，打开"工资分摊"对话框，左侧"计提费用类型"选择"工资""社会保险费""住房公积金"，选中"选择核算部门"的"全选"复选框，右侧"计提分配方式"选择"分配到部门"，并选中"明细到工资项目"复选框，如图 2-235 所示。

（2）单击"确定"按钮，进入"工资分摊明细"窗口，如图 2-236 所示，"类型"选择"工资"，选中"合并科目相同、辅助项相同的分录"复选框。

（3）单击"制单"按钮，进入"填制凭证"窗口，单击"插分"按钮，输入计算出的生产工人工资，选择借方科目"50010201 生产成本/直接人工/空气净化器 A-100"，输入借方金额"6 412.50"，选择借方科目"50010202 生产成本/直接人工/空气净化器 B-200"，输入借方金额"5 985.00"，选择借方科目"50010203 生产成本/直接人工/车载空气净化器 C-300"，输入借方金额"4 702.50"，"应付职工薪酬/工资"对应贷方金额修改为"96 000.00"，选择"凭证类别"为"转账凭证"，单击"保存"，如图 2-237 所示。

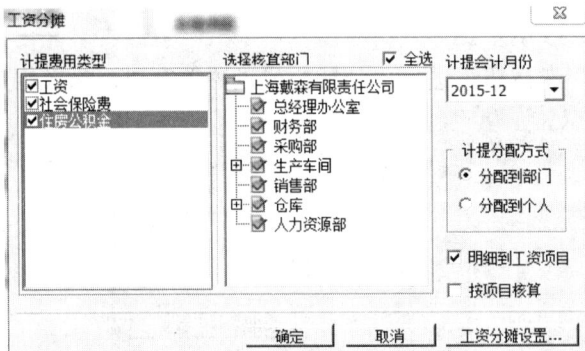

图 2-235　"工资分摊"对话框

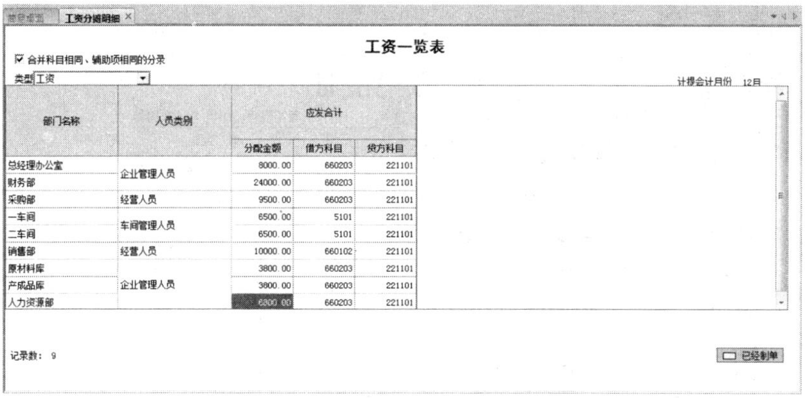
工资分摊明细

工资一览表

☑ 合并科目相同、辅助项相同的分录

类型 工资

计提会计月份　12月

部门名称	人员类别	应发合计		
		分配金额	借方科目	贷方科目
总经理办公室	企业管理人员	8000.00	660203	221101
财务部		24000.00	660203	221101
采购部	经营人员	9500.00	660203	221101
一车间	车间管理人员	6500.00	5101	221101
二车间		6500.00	5101	221101
销售部	经营人员	10000.00	660102	221101
原材料库	企业管理人员	3800.00	660203	221101
产成品库		3800.00	660203	221101
人力资源部		6800.00	660203	221101

记录数：9　　已经制单

图 2-236　“工资分摊明细”窗口

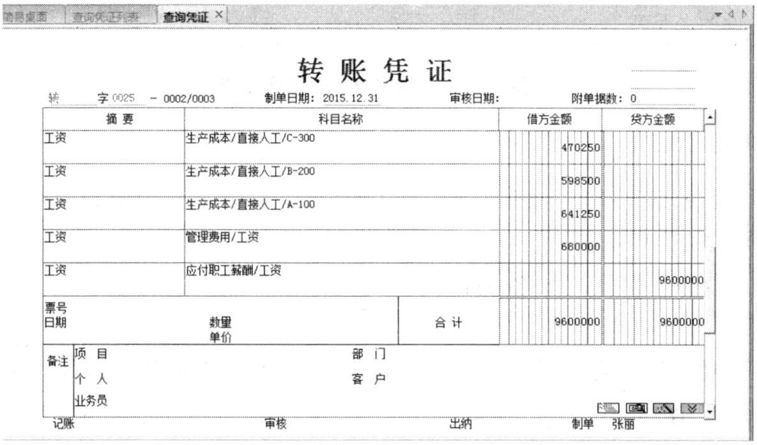
简易桌面　查询凭证列表　查询凭证

转 账 凭 证

转　字 0025 － 0002/0003　制单日期：2015.12.31　审核日期：　附单据数：0

摘 要	科目名称	借方金额	贷方金额
工资	生产成本/直接人工/C-300	470250	
工资	生产成本/直接人工/B-200	598500	
工资	生产成本/直接人工/A-100	641250	
工资	管理费用/工资	680000	
工资	应付职工薪酬/工资		9600000
票号 日期	数量 单价　合 计	9600000	9600000

备注　项 目　部 门　个 人　客 户　业务员

记账　审核　出纳　制单 张丽

图 2-237　业务 41 记账凭证(1)

(4) 用同样的方法完成社会保险费分摊、住房公积金分摊，如图 2-238、图 2-239 所示。

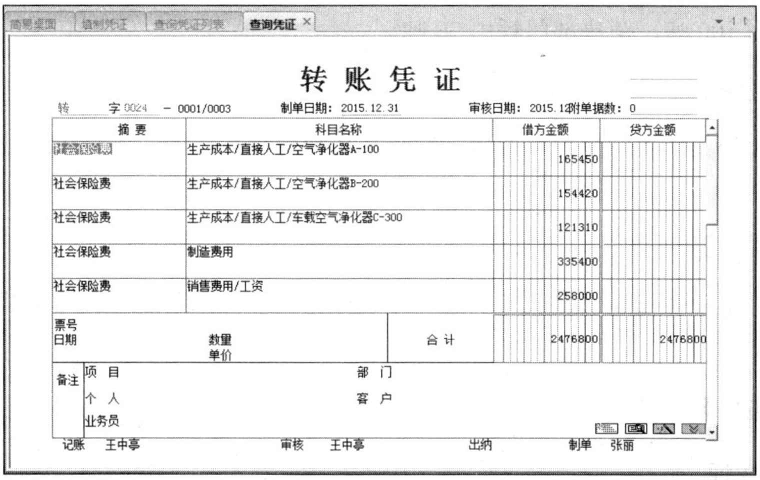
简易桌面　填制凭证　查询凭证列表　查询凭证

转 账 凭 证

转　字 0024 － 0001/0003　制单日期：2015.12.31　审核日期：2015.12　附单据数：0

摘 要	科目名称	借方金额	贷方金额
社会保险费	生产成本/直接人工/空气净化器A-100	165450	
社会保险费	生产成本/直接人工/空气净化器B-200	154420	
社会保险费	生产成本/直接人工/车载空气净化器C-300	121310	
社会保险费	制造费用	335400	
社会保险费	销售费用/工资	258000	
票号 日期	数量 单价　合 计	2476800	2476800

备注　项 目　部 门　个 人　客 户　业务员

记账 王中亭　审核 王中亭　出纳　制单 张丽

图 2-238　业务 41 记账凭证(2)

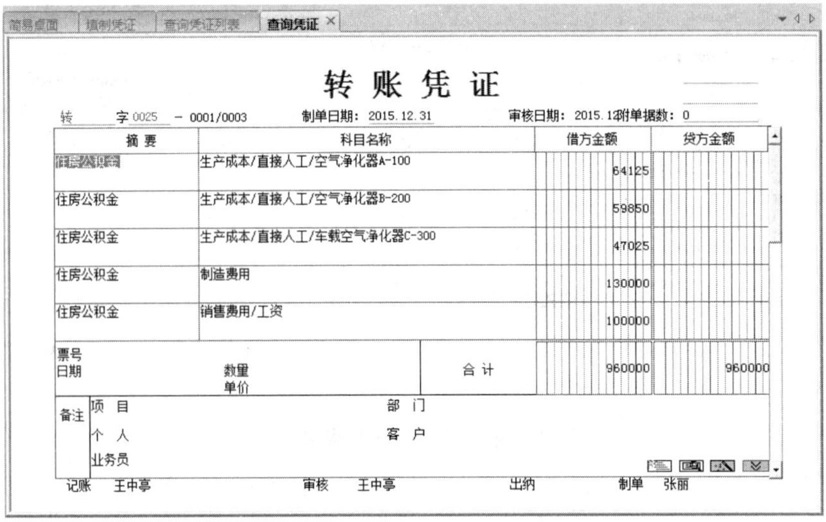

简易桌面 | 填制凭证 | 查询凭证列表 | 查询凭证

转 账 凭 证

转 字 0025 - 0001/0003　制单日期：2015.12.31　审核日期：2015.12.31　附单据数：0

摘要	科目名称	借方金额	贷方金额
住房公积金	生产成本/直接人工/空气净化器A-100	64125	
住房公积金	生产成本/直接人工/空气净化器B-200	59850	
住房公积金	生产成本/直接人工/车载空气净化器C-300	47025	
住房公积金	制造费用	130000	
住房公积金	销售费用/工资	100000	
票号 日期　数量 单价	合计	960000	960000

备注　项目　部门　个人　客户　业务员

记账 王中亭　审核 王中亭　出纳　制单 张丽

图 2-239　业务 41 记账凭证(3)

3. 审核凭证

(1) 选择“系统/重注册”命令，使用“002 王中亭”账号登录到用友企业应用平台，登录日期设为“2015-12-31”。

(2) 选择“业务工作”/“财务会计”/“总账”/“凭证”/“审核凭证”命令，打开“凭证审核”窗口。

(3) 单击“确定”按钮，单击需要审核的凭证，单击“审核”按钮，完成审核，返回“凭证审核列表”窗口。

【业务 42】

2015 年 12 月 31 日，分配本月水费。收到自来水公司开具的发票，注明数量 400 吨，单价 4.20 元/吨，不含税金额 1 680.00 元，税额 218.40 元。其中，生产车间耗用 230 吨，管理部门耗用 100 吨，销售部门耗用 70 吨。

【业务说明】

本笔业务是支付水费并分摊业务，在总账系统中填制凭证，并由出纳签字、主管审核凭证。

【岗位说明】

总账会计王中亭在总账系统中填制记账凭证，出纳马家辉进行出纳签字，会计主管张丽审核凭证。

【实训指导】

1. 填制凭证

(1) 使用“002 王中亭”账号登录到用友企业应用平台，登录日期设为“2015-12-31”。

(2) 选择"业务工作"/"财务会计"/"总账"/"凭证"/"填制凭证"命令,打开"填制凭证"窗口,单击"增加"按钮,将凭证类别修改为"付款凭证",输入摘要"支付水费",选择借方科目"5101 制造费用",输入借方金额"966.00",选择借方科目"660204 管理费用/其他",输入借方金额"420.00",选择借方科目"660104 销售费用/其他",输入借方金额"294.00",选择借方科目"22210101 应交税费/应交增值税/进项税额",输入借方金额"218.40",选择贷方科目"100201 银行存款/工商银行",辅助核算项"结算方式"选择"5 其他",输入贷方金额"1 898.40",单击"保存"按钮,如图 2-240 所示。

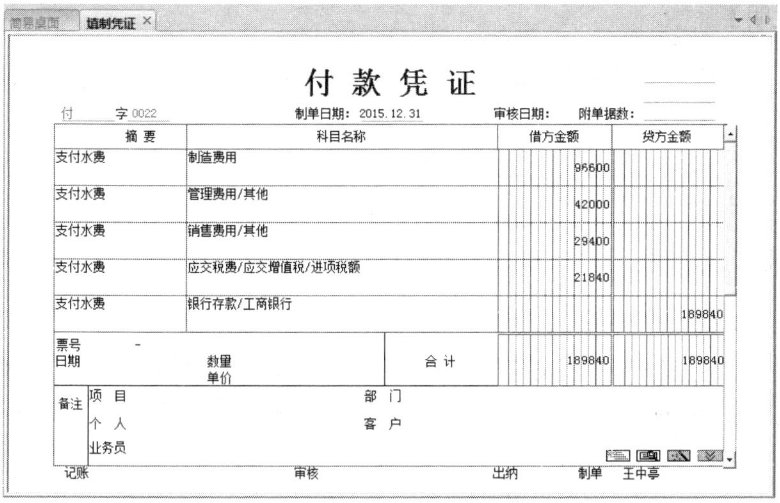

图 2-240 业务 42 记账凭证

2. 出纳签字

(1) 选择"系统/重注册"命令,使用"004 马家辉"账号登录到用友企业应用平台,登录日期设为"2015-12-31"。

(2) 选择"业务工作"/"财务会计"/"总账"/"凭证"/"出纳签字"命令,打开"出纳签字"窗口。

(3) 单击"确定"按钮,单击需要签字的凭证,单击"签字"按钮,完成出纳签字,返回"出纳签字列表"窗口。

3. 审核凭证

(1) 选择"系统/重注册"命令,使用"001 张丽"账号登录到用友企业应用平台,登录日期设为"2015-12-31"。

(2) 选择"业务工作"/"财务会计"/"总账"/"凭证"/"审核凭证"命令,打开"凭证审核"窗口。

(3) 单击"确定"按钮,单击需要审核的凭证,单击"审核"按钮,完成审核,返回"凭证审核列表"窗口。

【业务 43】

2015 年 12 月 31 日,分配本月电费。收到供电公司开具的发票,注明数量 7 000 千瓦时，单价 0.80 元/千瓦时，不含税金额 5 600.00 元，税额 952.00 元。其中，生产车间耗用 4 500 千瓦时，管理部门耗用 1 500 千瓦时，销售部门耗用 1 000 千瓦时。

【业务说明】

本笔业务是支付电费并分摊业务，在总账系统中填制凭证，并由出纳签字、主管审核凭证。

【岗位说明】

总账会计王中亭在总账系统中填制记账凭证，出纳马家辉进行出纳签字，会计主管张丽审核凭证。

【实训指导】

1. 填制凭证

(1) 使用“002 王中亭”账号登录到用友企业应用平台，登录日期设为“2015-12-31”。

(2) 选择“业务工作”/“财务会计”/“总账”/“凭证”/“填制凭证”命令，打开“填制凭证”窗口，单击“增加”按钮，将凭证类别修改为“付款凭证”，输入摘要“支付电费”，选择借方科目“5101 制造费用”，输入借方金额“3 600.00”，选择借方科目“660204 管理费用/其他”，输入借方金额“1 200.00”，选择借方科目“660104 销售费用/其他”，输入借方金额“800.00”，选择借方科目“22210101 应交税费/应交增值税/进项税额”，输入借方金额“952.00”，选择贷方科目“100201 银行存款/工商银行”，辅助核算项“结算方式”选择“5 其他”，输入贷方金额“6 552.00”，单击“保存”按钮，如图 2-241 所示。

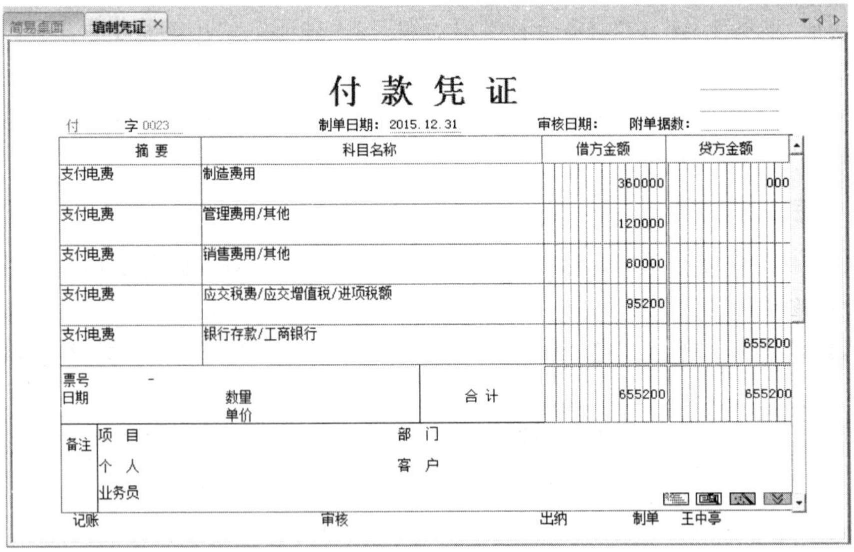
简易桌面　填制凭证

付 款 凭 证

付 字 0023　制单日期：2015.12.31　审核日期：　附单据数：

摘要	科目名称	借方金额	贷方金额
支付电费	制造费用	360000	000
支付电费	管理费用/其他	120000	
支付电费	销售费用/其他	80000	
支付电费	应交税费/应交增值税/进项税额	95200	
支付电费	银行存款/工商银行		655200
票号 - 日期	数量 单价 合计	655200	655200

备注　项目　部门　个人　客户　业务员

记账　审核　出纳　制单 王中亭

图 2-241　业务 43 记账凭证

2. 出纳签字

(1) 选择"系统/重注册"命令，使用"004 马家辉"账号登录到用友企业应用平台，登录日期设为"2015-12-31"。

(2) 选择"业务工作"/"财务会计"/"总账"/"凭证"/"出纳签字"命令，打开"出纳签字"窗口。

(3) 单击"确定"按钮，单击需要签字的凭证，单击"签字"按钮，完成出纳签字，返回"出纳签字列表"窗口。

3. 审核凭证

(1) 选择"系统/重注册"命令，使用"001 张丽"账号登录到用友企业应用平台，登录日期设为"2015-12-31"。

(2) 选择"业务工作"/"财务会计"/"总账"/"凭证"/"审核凭证"命令，打开"凭证审核"窗口。

(3) 单击"确定"按钮，单击需要审核的凭证，单击"审核"按钮，完成审核，返回"凭证审核列表"窗口。

【业务 44】

2015 年 12 月 31 日，编制发出材料汇总表，分配并结转本月发出材料实际成本。

【业务说明】

本笔业务是分配并结转发出材料实际成本业务，在总账系统中填制凭证，并由出纳签字、主管审核凭证。

【岗位说明】

总账会计王中亭在总账系统中填制记账凭证，会计主管张丽审核凭证。

【实训指导】

1. 填制凭证

(1) 使用"002 王中亭"账号登录到用友企业应用平台，登录日期设为"2015-12-31"。

(2) 选择"业务工作"/"财务会计"/"总账"/"凭证"/"填制凭证"命令，打开"填制凭证"窗口，单击"增加"按钮，将凭证类别修改为"转账凭证"，输入摘要"结转分配材料成本"，选择借方科目"50010101 生产成本/直接材料/空气净化器 A-100"，输入借方金额"93 502.00"，选择借方科目"50010102 生产成本/直接材料/空气净化器 B-200"，输入借方金额"160 800.00"，选择借方科目"50010103 生产成本/直接材料/车载空气净化器 C-300"，输入借方金额“23 950.50”，选择贷方科目“140301 原材料/光触媒”，辅助核算项“数量”输入“950”，输入贷方金额“190 252.50”，选择贷方科目“140302 原材料/活性炭”，辅助核算项“数量”输入“450”，输入贷方金额“9 000.00”，选择贷方科目“140303 原材料/HEPA 滤网”，辅助核算项“数量”输入“400”，输入贷方金额“52 000.00”，选择贷方科目“140304 原材料/其他辅助材料”，辅助核算项“数量”输入“450”，输入贷方金额“27 000.00”，单击“保存”按钮，如图 2-242 所示。

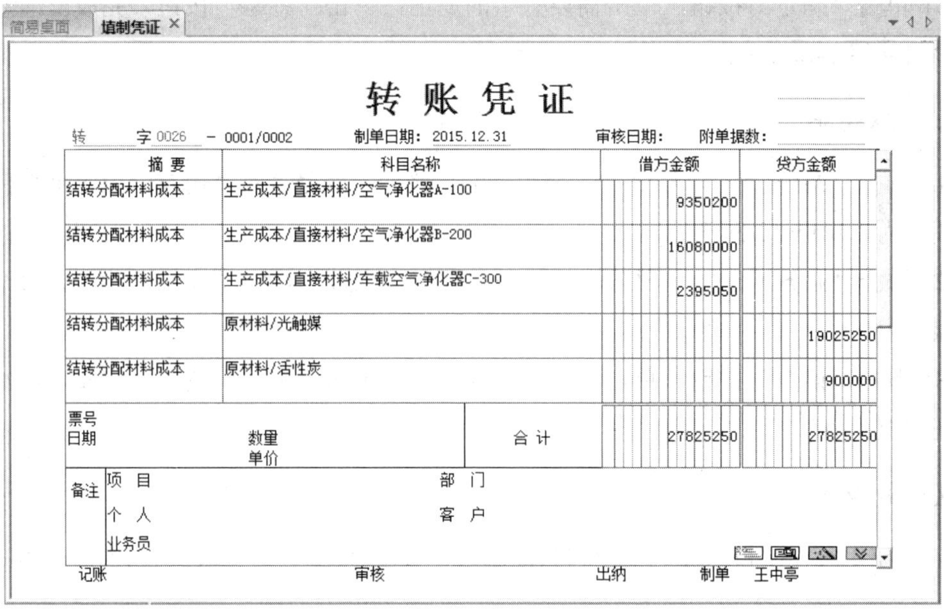
简易桌面　填制凭证

转 账 凭 证

转 字 0026 - 0001/0002　制单日期：2015.12.31　审核日期：　附单据数：

摘 要	科目名称	借方金额	贷方金额
结转分配材料成本	生产成本/直接材料/空气净化器A-100	9350200	
结转分配材料成本	生产成本/直接材料/空气净化器B-200	16080000	
结转分配材料成本	生产成本/直接材料/车载空气净化器C-300	2395050	
结转分配材料成本	原材料/光触媒		19025250
结转分配材料成本	原材料/活性炭		900000
票号 日期　数量 单价	合 计	27825250	27825250

备注　项 目　部 门　个 人　客 户　业务员

记账　审核　出纳　制单　王中亭

图 2-242　业务 44 记账凭证

2. 审核凭证

(1) 选择“系统/重注册”命令，使用“001 张丽”账号登录到用友企业应用平台，登录日期设为“2015-12-31”。

(2) 选择“业务工作”/“财务会计”/“总账”/“凭证”/“审核凭证”命令，打开“凭证审核”窗口。

(3) 单击“确定”按钮，单击需要审核的凭证，单击“审核”按钮，完成审核，返回“凭证审核列表”窗口。

【业务 45】

2015 年 12 月 31 日，分配并结转本月发生制造费用。制造费用按照工时进行分配，分配率保留 4 位小数，分配金额保留 2 位小数，尾数差调整计入 C-300。

【业务说明】

本笔业务是分配并结转发生制造费用业务，在总账系统中填制凭证，并由主管审核凭证。

【岗位说明】

总账会计王中亭在总账系统中填制记账凭证，会计主管张丽审核凭证。

【实训指导】

1. 记账

(1) 使用“002 王中亭”账号登录到用友企业应用平台，登录日期设为“2015-12-31”。

(2) 选择“业务工作”/“财务会计”/“总账”/“凭证”/“记账”命令，打开“记账”窗口。

(3) 单击“记账”按钮，系统打开“期初试算平衡表”，单击“确定”按钮，系统自动完成记账工作。

2. 查询科目

(1) 选择“业务工作”/“财务会计”/“总账”/“账表”/“科目账”/“余额表”命令，打开“发生额及余额查询条件”对话框，如图 2-243 所示，在“科目”中选择“5101 制造费用”。

(2) 单击“确定”按钮，打开“发生额及余额表”窗口，如图 2-244 所示，查询“5101 制造费用”发生额为“79 516.00”，进行制造费用分配计算。

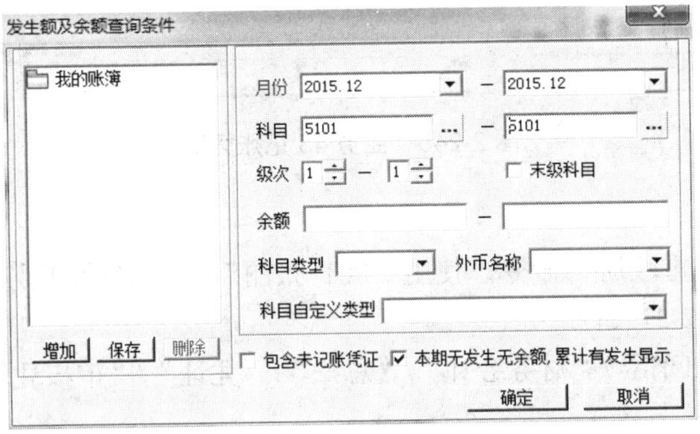

图 2-243 “发生额及余额查询条件”对话框

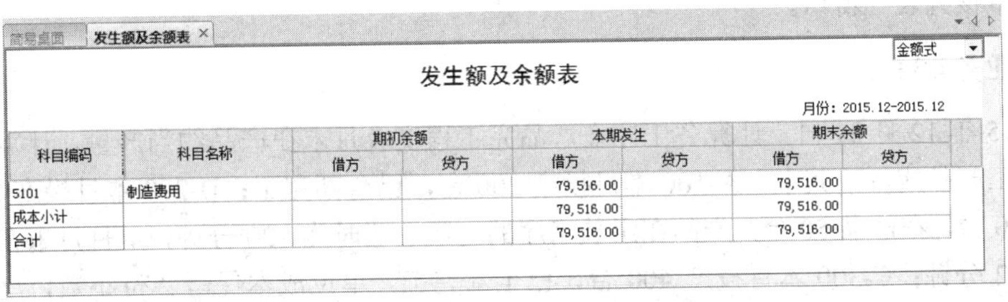

发生额及余额表

科目编码	科目名称	期初余额		本期发生		期末余额	
		借方	贷方	借方	贷方	借方	贷方
5101	制造费用			79,516.00		79,516.00	
成本小计				79,516.00		79,516.00	
合计				79,516.00		79,516.00	

图 2-244 “发生额及余额表”窗口

3. 填制凭证

(1) 使用"002 王中亭"账号登录到用友企业应用平台，登录日期设为"2015-12-31"。

(2) 选择"业务工作"/"财务会计"/"总账"/"凭证"/"填制凭证"命令，打开"填制凭证"窗口，单击"增加"按钮，将凭证类别修改为"转账凭证"，输入摘要"分配并结转制造费用"，选择借方科目"50010301 生产成本/制造费用/空气净化器 A-100"，输入借方金额"29 818.50"，选择借方科目"50010302 生产成本/制造费用/空气净化器 B-200"，输入借方金额"27 830.60"，选择借方科目"50010303 生产成本/制造费用/车载空气净化器 C-300"，输入借方金额"21 866.90"，选择贷方科目"5101 制造费用"，输入贷方金额"79 516.00"，单击"保存"按钮，如图 2-245 所示。

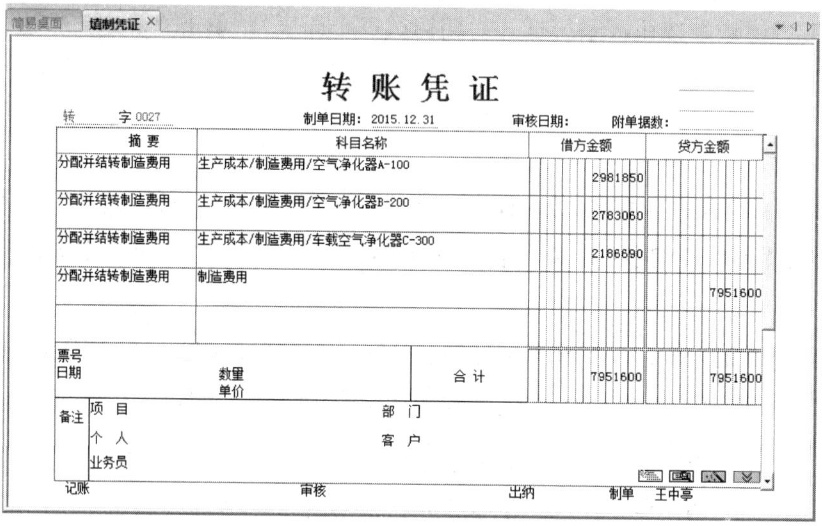

图 2-245　业务 45 记账凭证

4. 审核凭证

(1) 选择"系统/重注册"命令，使用"001 张丽"账号登录到用友企业应用平台，登录日期设为"2015-12-31"。

(2) 选择"业务工作"/"财务会计"/"总账"/"凭证"/"审核凭证"命令，打开"凭证审核"窗口。

(3) 单击"确定"按钮，单击需要审核的凭证，单击"审核"按钮，完成审核，返回"凭证审核列表"窗口。

【业务 46】

2015 年 12 月 31 日，计算各工序在产品完工程度及月末在产品约当产量，计算并结转本月完工产品成本。其中：A-100 本月投产 200 台，已全部完工；B-200 本月投产 200 台，完工 150 台，在产品 50 台，产品在组装工序的定额总工时为 120 分钟，本月月末在产品已组装 112 分钟；C-300 本月投产 400 台，已全部完工。单位成本保留 2 位小数，尾数差计入期末在产品成本。

【业务说明】

本笔业务是计算并结转完工产品成本业务，在总账系统中填制凭证，并由主管审核凭证。

【岗位说明】

总账会计王中亭在总账系统中填制记账凭证，会计主管张丽审核凭证。

【实训指导】

1. 记账

(1) 使用"002 王中亭"账号登录到用友企业应用平台，登录日期设为"2015-12-31"。

(2) 选择"业务工作"/"财务会计"/"总账"/"凭证"/"记账"命令，打开"记账"窗口。

(3) 单击"记账"按钮，系统打开"期初试算平衡表"，单击"确定"按钮，系统自动完成记账工作。

2. 查询科目

(1) 选择"业务工作"/"财务会计"/"总账"/"账表"/"科目账"/"明细账"命令，打开"明细账查询条件"对话框，如图 2-246 所示，在"月份综合明细账"下拉列表框中选择科目"5001 生产成本"，在"科目"中选择"500101"—"500103"。

(2) 单击"确定"按钮，打开"生产成本明细账"窗口，如图 2-247 所示，查询"5001 生产成本"相关明细科目发生额，并进行分配计算。

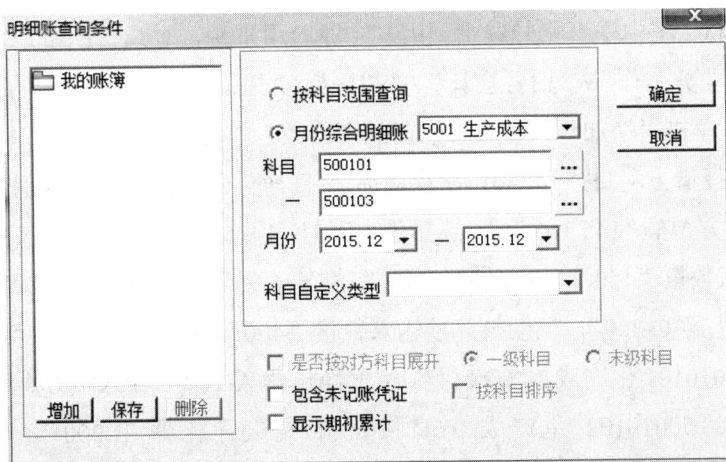

图 2-246 "明细账查询条件"对话框

简易桌面 明细账 ×

生产成本明细账

金额式

科目 500101 直接材料

月份：2015.12-2015.12

2015年 月	日	凭证号数	科目编码	科目名称	摘要	借方	贷方	方向	余额
12			500101	直接材料	期初余额			借	5,677.50
12			500101	直接材料	当前合计（月净额：278,252.50）	278,252.50		借	283,930.00
12			500101	直接材料	当前累计	278,252.50		借	283,930.00
12			50010101	空气净化器A-100	期初余额			借	5,677.50
12	31	转-0026	50010101	空气净化器A-100	结转分配材料成本	93,502.00		借	99,179.50
12			50010101	空气净化器A-100	当前合计（月净额：93,502.00）	93,502.00		借	99,179.50
12			50010101	空气净化器A-100	当前累计	93,502.00		借	99,179.50
12			50010101	空气净化器A-100	结转下年			借	99,179.50
12	31	转-0026	50010102	空气净化器B-200	结转分配材料成本	160,800.00		借	160,800.00
12			50010102	空气净化器B-200	当前合计（月净额：160,800.00）	160,800.00		借	160,800.00
12			50010102	空气净化器B-200	当前累计	160,800.00		借	160,800.00
12			50010102	空气净化器B-200	结转下年			借	160,800.00
12	31	转-0026	50010103	车载空气净化器C-300	结转分配材料成本	23,950.50		借	23,950.50
12			50010103	车载空气净化器C-300	当前合计（月净额：23,950.50）	23,950.50		借	23,950.50
12			50010103	车载空气净化器C-300	当前累计	23,950.50		借	23,950.50
12			50010103	车载空气净化器C-300	结转下年			借	23,950.50
12			500102	直接人工	期初余额			借	1,096.00
12			500102	直接人工	当前合计（月净额：27,258.30）	27,258.30		借	28,354.30
12			500102	直接人工	当前累计	27,258.30		借	28,354.30
12			50010201	空气净化器A-100	期初余额			借	1,096.00
12	31	转-0022	50010201	空气净化器A-100	分配非货币性福利	1,345.50		借	2,441.50
12	31	转-0023	50010201	空气净化器A-100	工资	6,412.50		借	8,854.00
12	31	转-0024	50010201	空气净化器A-100	社会保险费	1,654.50		借	10,508.50
12	31	转-0025	50010201	空气净化器A-100	住房公积金	641.25		借	11,149.75
12			50010201	空气净化器A-100	当前合计（月净额：10,053.75）	10,053.75		借	11,149.75
12			50010201	空气净化器A-100	当前累计	10,053.75		借	11,149.75
12			50010201	空气净化器A-100	结转下年			借	11,149.75
12	31	转-0022	50010202	空气净化器B-200	分配非货币性福利	1,345.50		借	1,345.50
12	31	转-0023	50010202	空气净化器B-200	工资	5,985.00		借	7,330.50
12	31	转-0024	50010202	空气净化器B-200	社会保险费	1,544.20		借	8,874.70

图 2-247 “生产成本明细账”窗口

3. 填制凭证

(1) 使用“002 王中亭”账号登录到用友企业应用平台，登录日期设为“2015-12-31”。

(2) 选择“业务工作”/“财务会计”/“总账”/“凭证”/“填制凭证”命令，打开“填制凭证”窗口，单击“增加”按钮，将凭证类别修改为“转账凭证”，输入摘要“结转完工产品成本”，选择借方科目“140501 库存商品/空气净化器 A-100”，辅助核算项输入数量“200”，输入借方金额“145 168.45”，选择借方科目“140502 库存商品/空气净化器 B-200”，辅助核算项输入数量“150”，输入借方金额“151 686.00”，选择借方科目“140503 库存商品/车载空气净化器 C-300”，辅助核算项输入数量“400”，输入借方金额“53 548.75”，选择贷方科目“50010101 生产成本/直接材料/空气净化器 A-100”，输入贷方金额“99 179.50”，选择贷方科目“50010102 生产成本/直接材料/空气净化器 B-200”，输入贷方金额“120 600.00”，选择贷方科目“50010103 生产成本/直接材料/车载空气净化器 C-300”，输入贷方金额“23 950.50”，选择贷方科目“50010201 生产成本/直接人工/空气净化器 A-100”，输入贷方金额“11 149.75”，选择贷方科目“50010202 生产成本/直接人工/空气净化器

B-200"，输入贷方金额"7 894.50"，选择贷方科目"50010203 生产成本/直接人工/车载空气净化器 C-300"，输入贷方金额"7 731.35"，选择贷方科目"50010301 生产成本/制造费用/空气净化器 A-100"，输入贷方金额"34 839.20"，选择贷方科目"50010302 生产成本/制造费用/空气净化器 B-200"，输入贷方金额"23 191.50"，选择贷方科目"50010303 生产成本/制造费用/车载空气净化器 C-300"，输入贷方金额"21 866.90"，单击"保存"按钮，如图 2-248 所示。

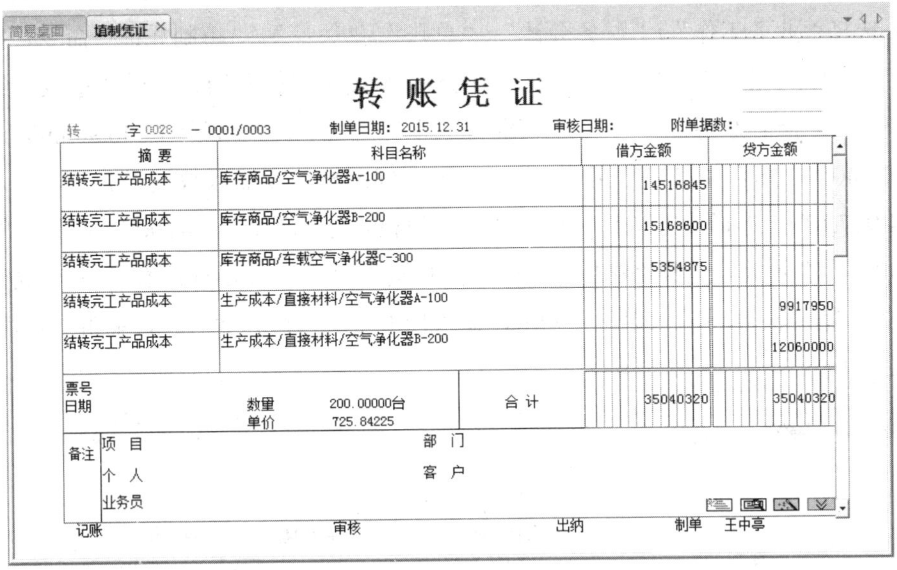

图 2-248 业务 46 记账凭证

4. 审核凭证

(1) 选择"系统/重注册"命令，使用"001 张丽"账号登录到用友企业应用平台，登录日期设为"2015-12-31"。

(2) 选择"业务工作"/"财务会计"/"总账"/"凭证"/"审核凭证"命令，打开"凭证审核"窗口。

(3) 单击"确定"按钮，单击需要审核的凭证，单击"审核"按钮，完成审核，返回"凭证审核列表"窗口。

【业务 47】

2015 年 12 月 31 日，计算并结转本月销售成本，其中 A-100 销售 817 台，B-200 销售 900 台，C-300 销售 900 台。单位成本保留 2 位小数，尾数差计入销售产品成本。

【业务说明】

本笔业务是计算并结转本月销售成本业务，在总账系统中填制凭证，并由主管审核凭证。

【岗位说明】

总账会计王中亭在总账系统中填制记账凭证，会计主管张丽审核凭证。

【实训指导】

1. 填制凭证

(1) 使用"002 王中亭"账号登录到用友企业应用平台，登录日期设为"2015-12-31"。

(2) 选择"业务工作"/"财务会计"/"总账"/"凭证"/"填制凭证"命令，打开"填制凭证"窗口，单击"增加"按钮，将凭证类别修改为"转账凭证"，输入摘要"结转本月销售成本"，选择借方科目"6401 主营业务成本"，输入借方金额"1 546 903.93"，选择贷方科目"140501 库存商品/空气净化器 A-100"，辅助核算项输入数量"817"，输入贷方金额"574 917.18"，选择贷方科目"140502 库存商品/空气净化器 B-200"，辅助核算项输入数量"900"，输入贷方金额"861 358.00"，选择贷方科目"140503 库存商品/车载空气净化器 C-300"，辅助核算项输入数量"900"，输入贷方金额"110 628.75"，单击"保存"按钮，如图 2-249 所示。

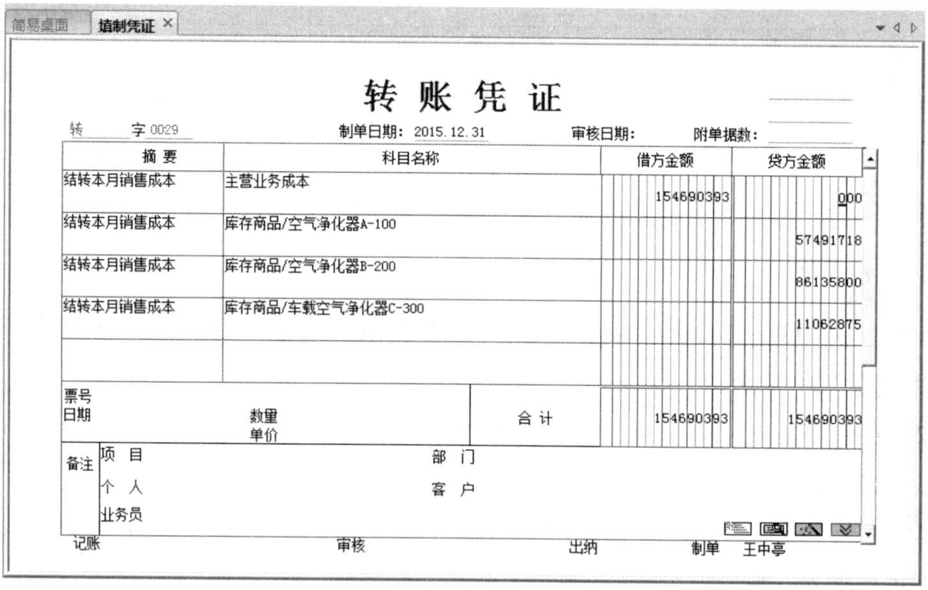

图 2-249　业务 47 记账凭证

2. 审核凭证

(1) 选择"系统/重注册"命令，使用"001 张丽"账号登录到用友企业应用平台，登录日期设为"2015-12-31"。

(2) 选择"业务工作"/"财务会计"/"总账"/"凭证"/"审核凭证"命令，打开"凭证审核"窗口。

（3）单击"确定"按钮，单击需要审核的凭证，单击"审核"按钮，完成审核，返回"凭证审核列表"窗口。

【业务48】

2015年12月31日，计算并结转本月应代扣三险一金及个人所得税。

个人承担社会保险费分摊设置如表2-42所示。

表2-42　个人承担社会保险费分摊设置(11%)

部　门	人员类别	工资项目	借方科目	贷方科目
总经理办公室	企业管理人员	应发合计	221101 应付职工薪酬/工资	224102 其他应付款/社会保险费
财务部				
原材料库				
产成品库				
人力资源部				
采购部	经营人员			
销售部	经营人员			
一车间	生产人员			
二车间				
一车间	车间管理人员			
二车间				

个人承担住房公积金分摊设置如表2-43所示。

表2-43　个人承担住房公积金分摊设置(6%)

部　门	人员类别	工资项目	借方科目	贷方科目
总经理办公室	企业管理人员	应发合计	221101 应付职工薪酬/工资	224101 其他应付款/住房公积金
财务部				
原材料库				
产成品库				
人力资源部				
采购部	经营人员			
销售部	经营人员			
一车间	生产人员			
二车间				
一车间	车间管理人员			
二车间				

【业务说明】

本笔业务是结转本月代扣三险一金及个人所得税业务，在薪资管理系统中进行工资分摊并制单，在总账系统中审核凭证。

【岗位说明】

会计主管张丽在薪资管理系统中进行工资分摊并制单，总账会计王中亭在总账系统中审核凭证。

【实训指导】

1. 工资分摊设置

(1) 使用"001 张丽"账号登录到用友企业应用平台，登录日期设为"2015-12-31"。

(2) 选择"业务工作"/"人力资源"/"薪资管理"/"工资类别"/"打开工资类别"命令，打开"打开工资类别"窗口，选择"001 在职人员"，单击"确定"按钮。

(3) 选择"业务工作"/"人力资源"/"薪资管理"/"业务处理"/"工资分摊"命令，打开"工资分摊"对话框，单击"工资分摊设置"按钮，单击"增加"按钮，打开"分摊计提比例设置"对话框，在"计提类型名称"文本框中输入"个人承担社会保险费"，"分摊计提比例"输入"11%"，如图 2-250 所示。

(4) 单击"下一步"按钮，进入"分摊构成设置"窗口，输入相关信息，单击"完成"按钮，如图 2-251 所示。

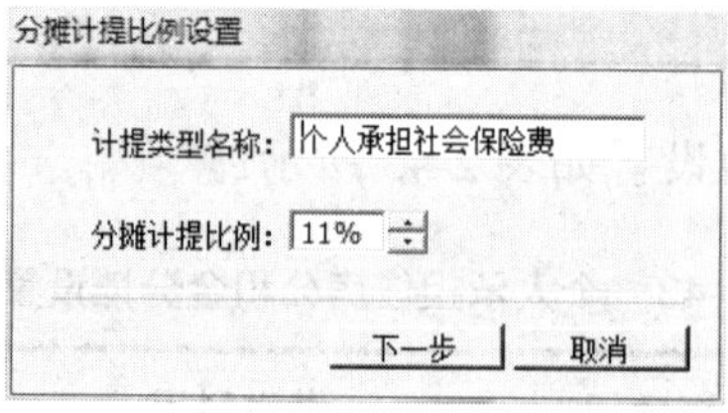

图 2-250　分摊计提比例设置

部门名称	人员类别	工资项目	借方科目	借方项目大类	借方项目	贷方科目	贷方项目大类
总经理办公室,…	企业管理人员	应发合计	221101			224102	
采购部	经营人员	应发合计	221101			224102	
一车间,二车间	车间管理人员	应发合计	221101			224102	
一车间,二车间	生产人员	应发合计	221101			224102	
销售部	经营人员	应发合计	221101			224102	

图 2-251　分摊构成设置

(5) 用同样的方法设置个人承担住房公积金。

2. 工资分摊制单

(1) 选择"业务工作"/"人力资源"/"薪资管理"/"业务处理"/"工资分摊"命令，打开"工资分摊"对话框，在左侧的"计提费用类型"列表框选中"个人承担社会保险费""个人承担住房公积金"复选框，选中"选择核算部门"列表框的"全选"复选框，在右侧的"计提分配方式"选项组选中"分配到部门"复选框，并选中"明细到工资项目"复选框，如图 2-252 所示。

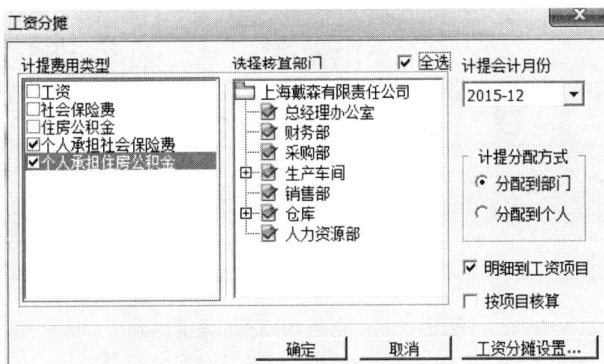

图 2-252 "工资分摊"对话框

(2) 单击"确定"按钮，进入"工资分摊明细"窗口，如图 2-253 所示，"类型"选择"个人承担社会保险费"，选中"合并科目相同、辅助项相同的分录"复选框。

(3) 单击"制单"按钮，进入"填制凭证"窗口，选择"凭证类别"为"转账凭证"，单击"保存"按钮，如图 2-254 所示。

个人承担社会保险费一览表

☑ 合并科目相同、辅助项相同的分录

类型 个人承担社会保险费　　　　　　　　　　　　　　　　　　计提会计月份　12月

部门名称	人员类别	应发合计				
		计提基数	计提比例	计提金额	借方科目	贷方科目
总经理办公室	企业管理人员	8000.00	11.00%	880.00	221101	224102
财务部		24000.00	11.00%	2640.00	221101	224102
采购部	经营人员	9500.00	11.00%	1045.00	221101	224102
一车间	车间管理人员	6500.00	11.00%	715.00	221101	224102
	生产人员	11400.00	11.00%	1254.00	221101	224102
二车间	车间管理人员	6500.00	11.00%	715.00	221101	224102
	生产人员	5700.00	11.00%	627.00	221101	224102
销售部	经营人员	10000.00	11.00%	1100.00	221101	224102
原材料库		3800.00	11.00%	418.00	221101	224102
产成品库	企业管理人员	3800.00	11.00%	418.00	221101	224102
人力资源部		6800.00	11.00%	748.00	221101	224102

记录数：11

☐ 已经制单

图 2-253 "工资分摊明细"窗口

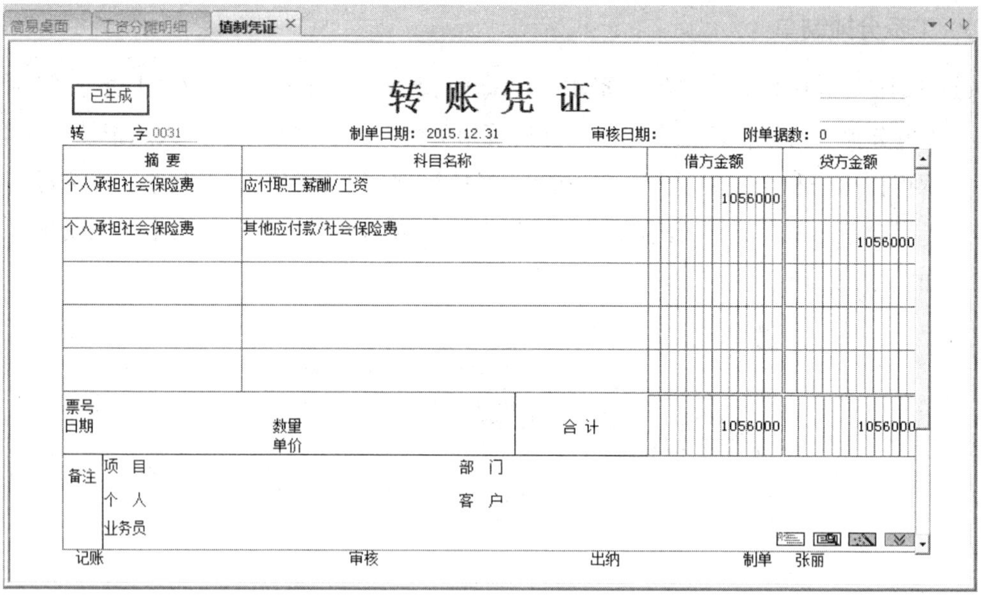

图 2-254　业务 48 记账凭证(1)

(4) 用同样的方法完成个人承担住房公积金分摊，如图 2-255 所示。

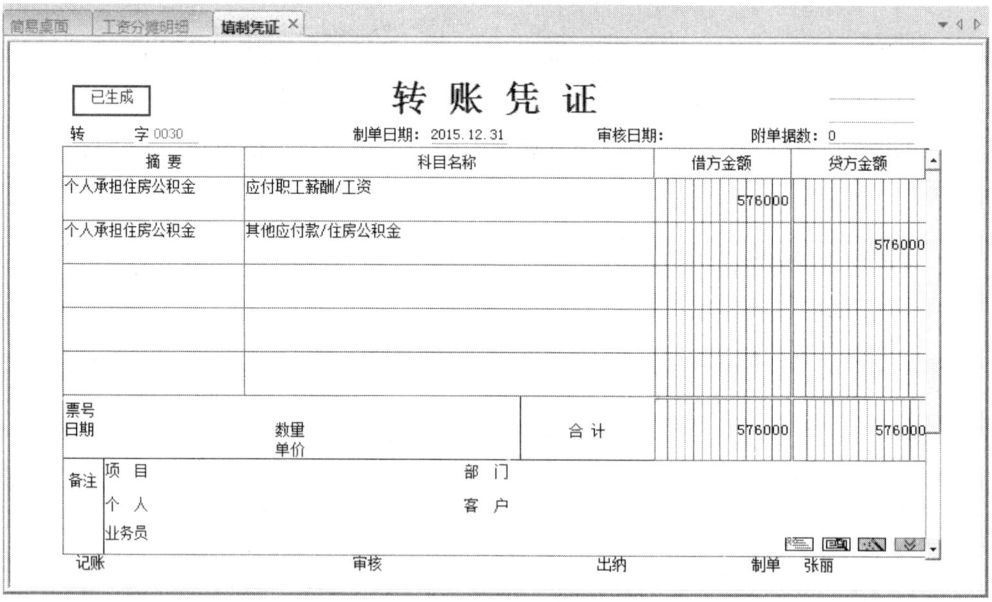

图 2-255　业务 48 记账凭证(2)

3. 查询代扣个人所得税

(1) 选择"业务工作"/"人力资源"/"薪资管理"/"业务处理"/"工资变动"命令，打开"工资变动"窗口，如图 2-256 所示。

(2) 查询代扣税金额为"898.04"。

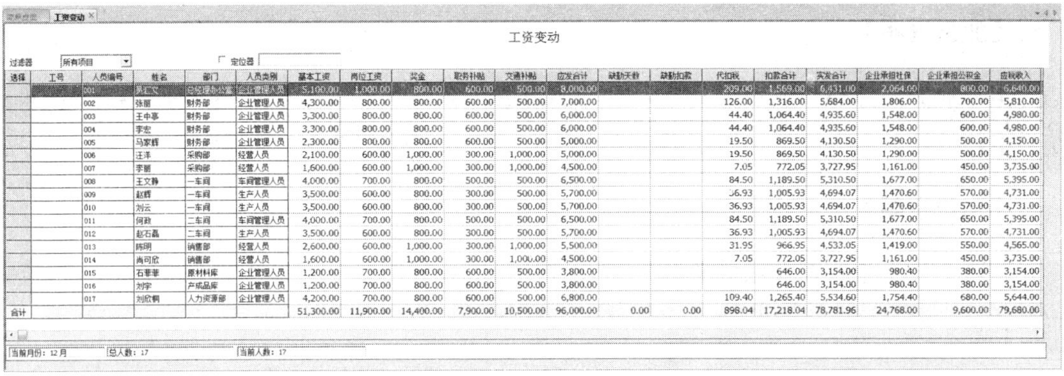

图 2-256　"工资变动"窗口

4. 填制凭证

(1) 使用"001 张丽"账号登录到用友企业应用平台,登录日期设为"2015-12-31"。

(2) 选择"业务工作"/"财务会计"/"总账"/"凭证"/"填制凭证"命令,打开"填制凭证"窗口,输入"业务 48 代扣个人所得税"记账凭证,如图 2-257 所示。

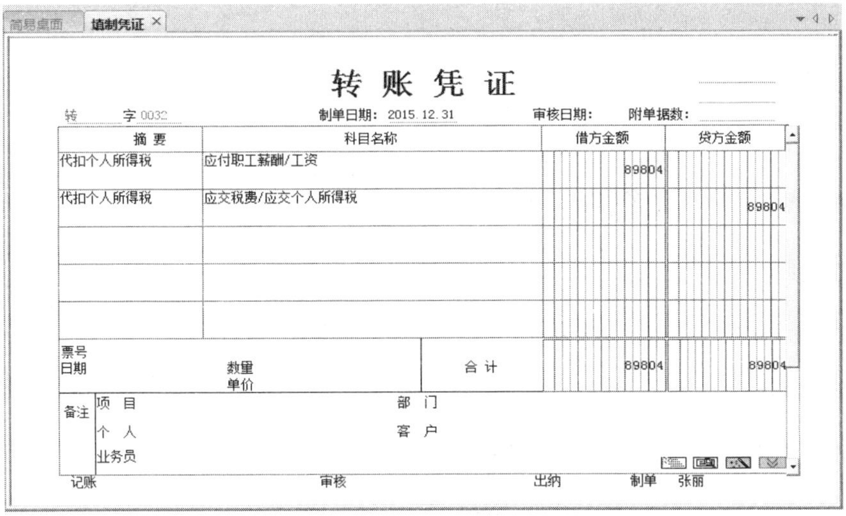

图 2-257　业务 48 记账凭证(3)

5. 审核凭证

(1) 选择"系统/重注册"命令,使用"002 王中亭"账号登录到用友企业应用平台,登录日期设为"2015-12-31"。

(2) 选择"业务工作"/"财务会计"/"总账"/"凭证"/"审核凭证"命令,打开"凭证审核"窗口。

(3) 单击"确定"按钮,单击需要审核的凭证,单击"审核"按钮,完成审核,返回"凭证审核列表"窗口。

【业务 49】

2015 年 12 月 31 日,计提坏账准备。

【业务说明】

本笔业务是计提坏账准备业务，在应收款管理系统中计提坏账准备并制单，在总账系统中审核凭证。

【岗位说明】

总账会计王中亭在应收款管理系统计提坏账准备并制单，会计主管张丽在总账系统中审核凭证。

【实训指导】

1. 计提坏账准备

(1) 使用"002 王中亭"账号登录到用友企业应用平台，登录日期设为"2015-12-31"。

(2) 选择"业务工作"/"财务会计"/"应收款管理"/"坏账处理"/"计提坏账准备"命令，打开"应收账款百分比法"窗口，如图 2-258 所示。

(3) 单击"确认"按钮，系统提示"是否立即制单？"，单击"是"按钮，进入"填制凭证"窗口，修改"凭证类别"为"转账凭证"，单击"保存"按钮，如图 2-259 所示。

应收账款...	计提比率	坏账准备	坏账准备余额	本次计提
985,140.00	0.500%	4,925.70	2,457.00	2,468.70

图 2-258 "应收账款百分比法"窗口

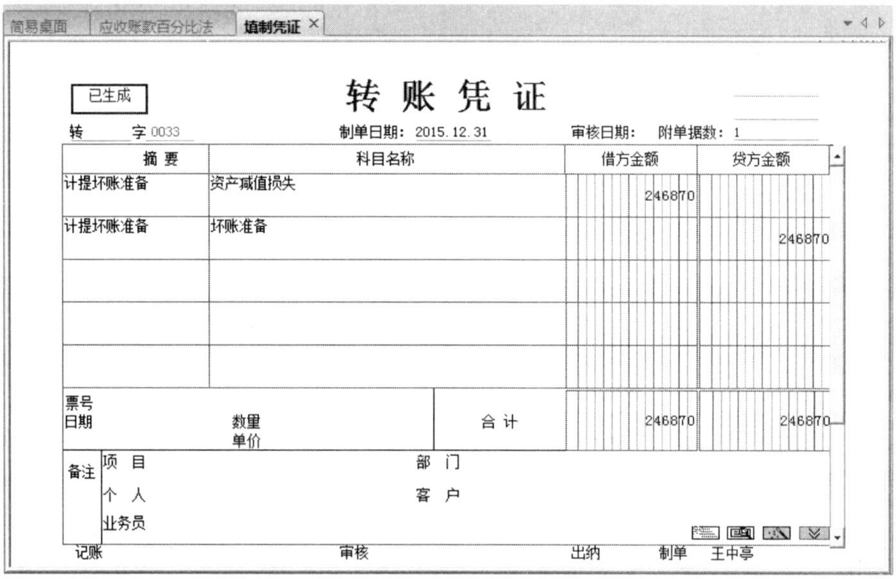

图 2-259 业务 49 记账凭证

2. 审核凭证

(1) 选择"系统/重注册"命令，使用"001 张丽"账号登录到用友企业应用平台，登录日期设为"2015-12-31"。

(2) 选择"业务工作"/"财务会计"/"总账"/"凭证"/"审核凭证"命令，打开"凭证审核"窗口。

(3) 单击"确定"按钮，单击需要审核的凭证，单击"审核"按钮，完成审核，返回"凭证审核列表"窗口。

【业务 50】

2015 年 12 月 31 日，计算并结转本月未交增值税。

【业务说明】

本笔业务是计算并结转本月未交增值税业务，在总账系统中自定义转账生成凭证，并由主管审核凭证。

【岗位说明】

总账会计王中亭在总账系统中自定义转账生成凭证，会计主管张丽审核凭证。

【实训指导】

1. 记账

(1) 使用"002 王中亭"账号登录到用友企业应用平台，登录日期设为"2015-12-31"。

(2) 选择"业务工作"/"财务会计"/"总账"/"凭证"/"记账"命令，打开"记账"窗口。

(3) 单击"记账"按钮，系统打开"期初试算平衡表"，单击"确定"按钮，系统自动完成记账工作。

2. 自定义转账定义

(1) 使用"002 王中亭"账号登录到用友企业应用平台，登录日期设为"2015-12-31"。

(2) 选择"业务工作"/"财务会计"/"总账"/"期末"/"转账定义"/"自定义转账"命令，打开"自定义转账设置"窗口。

(3) 单击"增加"按钮，打开"转账目录"对话框，如图 2-260 所示，输入"转账序号"为"08"，"转账说明"为"转出未交增值税"，"凭证类别"选择"转账凭证"。

(4) 单击"确定"按钮，单击"增行"按钮，"科目编码"选择"22210104"，"方向"选择"借"，单击"金额公式"的"参照"按钮，选择"QM(222101，月)"。

(5) 单击"增行"按钮，"科目编码"选择"222102"，"方向"选择"贷"，单击"金额公式"的"参照"按钮，选择"JG()"，如图 2-261 所示。

(6) 单击"保存"按钮，再单击"退出"按钮。

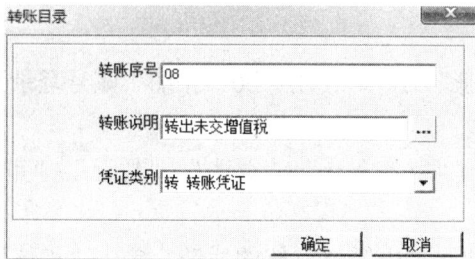

图 2-260 "转账目录"对话框

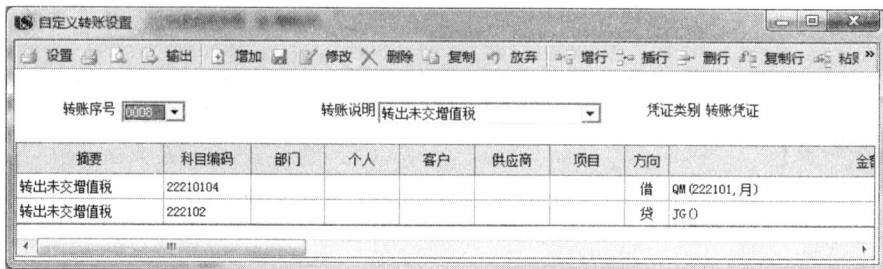

图 2-261 自定义转账设置

3. 自定义转账生成

(1) 选择"业务工作"/"财务会计"/"总账"/"期末"/"转账生成"命令,打开"转账生成"窗口。

(2) 在左侧选中"自定义转账"单选按钮,"摘要"选择"008 转出未交增值税",单击"确定"按钮,生成转账凭证,对凭证内容进行编辑后单击"保存"按钮,如图 2-262 所示。

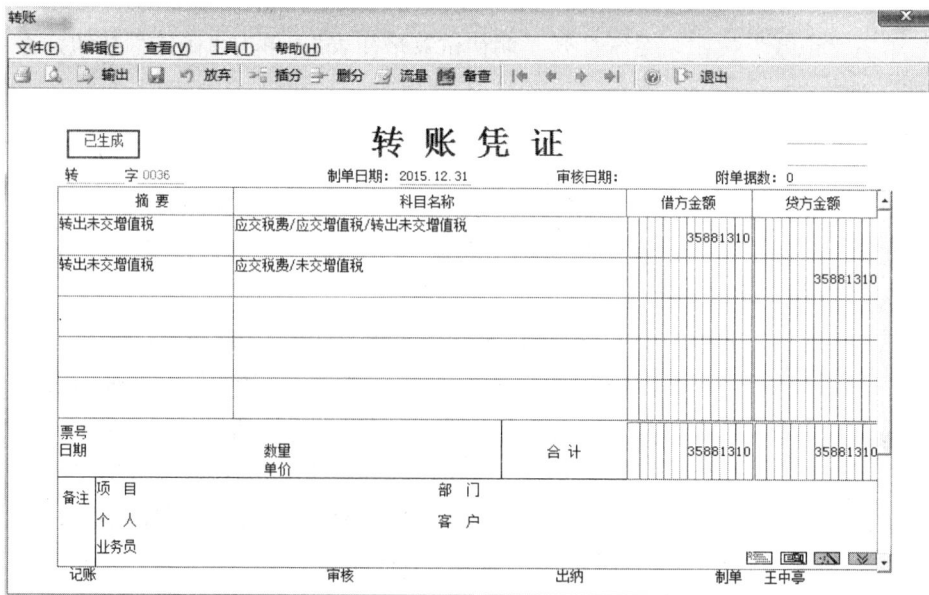

图 2-262 业务 50 记账凭证

4. 审核凭证

(1) 选择"系统/重注册"命令，使用"001 张丽"账号登录到用友企业应用平台，登录日期设为"2015-12-31"。

(2) 选择"业务工作"/"财务会计"/"总账"/"凭证"/"审核凭证"命令，打开"凭证审核"窗口。

(3) 单击"确定"按钮，单击需要审核的凭证，单击"审核"按钮，完成审核，返回"凭证审核列表"窗口。

【业务 51】

2015 年 12 月 31 日，计算本月应交城市维护建设税和教育费附加。

【业务说明】

本笔业务是计算本月应交城市维护建设税和教育费附加业务，在总账系统中自定义转账生成凭证，并由主管审核凭证。

【岗位说明】

总账会计王中亭在总账系统中自定义转账生成凭证，会计主管张丽审核凭证。

【实训指导】

1. 记账

(1) 使用"002 王中亭"账号登录到用友企业应用平台，登录日期设为"2015-12-31"。

(2) 选择"业务工作"/"财务会计"/"总账"/"凭证"/"记账"命令，打开"记账"窗口。

(3) 单击"记账"按钮，系统打开"期初试算平衡表"，单击"确定"按钮，系统自动完成记账工作。

2. 自定义转账定义

(1) 使用"002 王中亭"账号登录到用友企业应用平台，登录日期设为"2015-12-31"。

(2) 选择"业务工作"/"财务会计"/"总账"/"期末"/"转账定义"/"自定义转账"命令，打开"自定义转账设置"窗口。

(3) 单击"增加"按钮，打开"转账目录"对话框，如图 2-263 所示，输入"转账序号"为"09"，"转账说明"为"应交城建税、教育费附加"，"凭证类别"选择"转账凭证"。

(4) 单击"确定"按钮，单击"增行"按钮，"科目编码"选择"6403"，"方向"选择"借"，单击"金额公式"的"参照"按钮，选择"QM(222102，月)*0.1"。

(5) 单击"增行"按钮，"科目编码"选择"222103"，"方向"选择"贷"，单击"金额公式"的"参照"按钮，选择"QM(222102，月)*0.07"。

(6) 单击"增行"按钮，"科目编码"选择"222104"，"方向"选择"贷"，单击"金额公式"的"参照"按钮，选择"QM(222102，月)*0.03"，如图 2-264 所示。

(7) 单击"保存"按钮，再单击"退出"按钮。

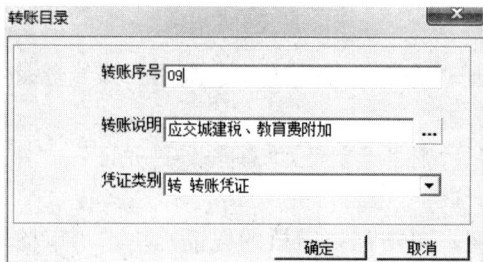

图 2-263　"转账目录"对话框

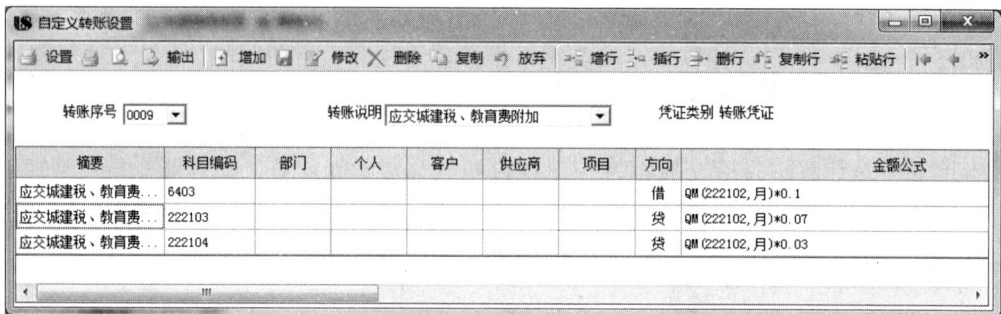

图 2-264　自定义转账设置

3. 自定义转账生成

(1) 选择"业务工作"/"财务会计"/"总账"/"期末"/"转账生成"命令，打开"转账生成"窗口。

(2) 在左侧选中"自定义转账"单选按钮，"摘要"选择"009 应交城建税、教育费附加"，单击"确定"按钮，生成转账凭证，对凭证内容进行编辑后单击"保存"按钮，如图 2-265 所示。

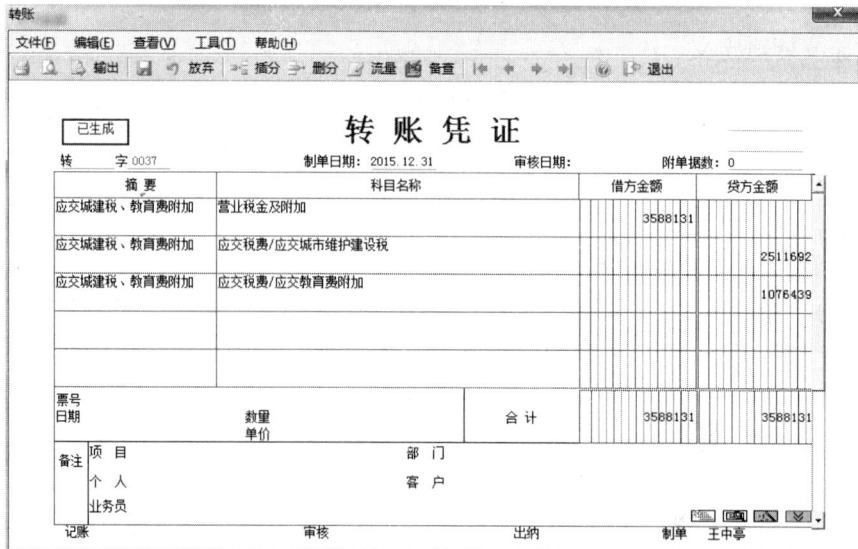

图 2-265　业务 51 记账凭证

4. 审核凭证

(1) 选择"系统/重注册"命令，使用"001 张丽"账号登录到用友企业应用平台，登录日期设为"2015-12-31"。

(2) 选择"业务工作"/"财务会计"/"总账"/"凭证"/"审核凭证"命令，打开"凭证审核"窗口。

(3) 单击"确定"按钮，单击需要审核的凭证，单击"审核"按钮，完成审核，返回"凭证审核列表"窗口。

【业务 52】

2015 年 12 月 31 日，结转损益(收入类)账户至本年利润。

【业务说明】

本笔业务是结转损益(收入类)账户至本年利润业务，在总账系统中期间损益结转生成凭证，并由主管审核凭证。

【岗位说明】

总账会计王中亭在总账系统中期间损益结转生成凭证，会计主管张丽审核凭证。

【实训指导】

1. 记账

(1) 使用"002 王中亭"账号登录到用友企业应用平台，登录日期设为"2015-12-31"。

(2) 选择"业务工作"/"财务会计"/"总账"/"凭证"/"记账"命令，打开"记账"窗口。

(3) 单击"记账"按钮，系统打开"期初试算平衡表"，单击"确定"按钮，系统自动完成记账工作。

2. 期间损益结转定义

(1) 使用"002 王中亭"账号登录到用友企业应用平台，登录日期设为"2015-12-31"。

(2) 选择"业务工作"/"财务会计"/"总账"/"期末"/"转账定义"/"期间损益"命令，打开"期间损益结转设置"窗口。

(3) "凭证类别"选择"转账凭证"，"本年利润科目"选择"4103 本年利润"，单击空白处任意位置，单击"确定"按钮，如图 2-266 所示。

图 2-266　期间损益结转设置

3. 期间损益结转生成凭证

(1) 选择"业务工作"/"财务会计"/"总账"/"期末"/"转账生成"命令，打开"转账生成"窗口。

(2) 在左侧选中"期间损益结转"单选按钮，"类型"选择"收入"，单击"全选"按钮，如图 2-267 所示。

(3) 单击"确定"按钮，生成凭证，核对凭证信息，确认无误后单击"保存"按钮，如图 2-268 所示。

图 2-267　转账生成

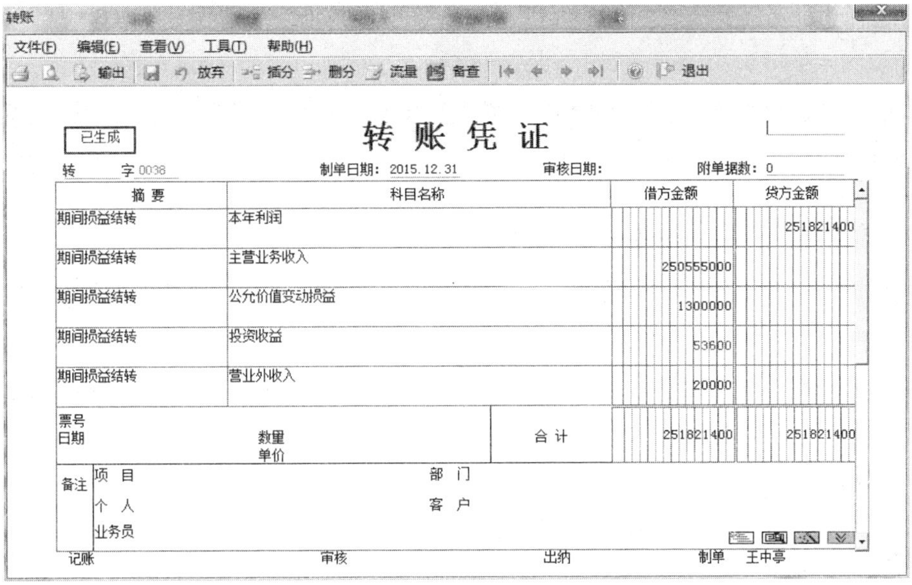

图 2-268　业务 52 记账凭证

4. 审核凭证

(1) 选择"系统/重注册"命令，使用"001 张丽"账号登录到用友企业应用平台，登录日期设为"2015-12-31"。

(2) 选择"业务工作"/"财务会计"/"总账"/"凭证"/"审核凭证"命令，打开"凭证审核"窗口。

(3) 单击"确定"按钮，单击需要审核的凭证，单击"审核"按钮，完成审核，返回"凭证审核列表"窗口。

【业务 53】

2015 年 12 月 31 日，结转损益(费用支出类)账户至本年利润。

【业务说明】

本笔业务是结转损益(费用支出类)账户至本年利润业务，在总账系统中期间损益结转生成凭证，并由会计主管审核凭证。

【岗位说明】

总账会计王中亭在总账系统中期间损益结转生成凭证，会计主管张丽审核凭证。

【实训指导】

1. 记账

(1) 使用"002 王中亭"账号登录到用友企业应用平台，登录日期设为"2015-12-31"。

(2) 选择"业务工作"/"财务会计"/"总账"/"凭证"/"记账"命令，打开"记账"窗口。

(3) 单击"记账"按钮，系统打开"期初试算平衡表"，单击"确定"按钮，系统自动完成记账工作。

2. 期间损益结转生成凭证

(1) 选择"业务工作"/"财务会计"/"总账"/"期末"/"转账生成"命令，打开"转账生成"窗口。

(2) 在左侧选中"期间损益结转"单选按钮，"类型"选择"支出"，单击"全选"按钮。

(3) 单击"确定"按钮，生成凭证，核对凭证信息，确认无误后单击"保存"按钮，如图 2-269 所示。

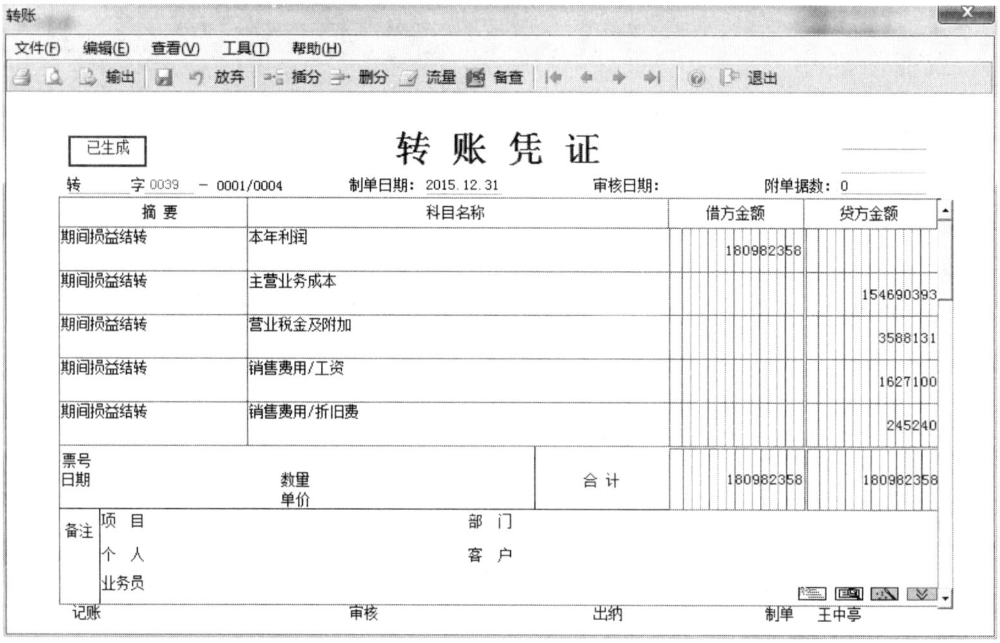

图 2-269　业务 53 记账凭证

3. 审核凭证

(1) 选择"系统/重注册"命令，使用"001 张丽"账号登录到用友企业应用平台，登录日期设为"2015-12-31"。

(2) 选择"业务工作"/"财务会计"/"总账"/"凭证"/"审核凭证"命令，打开"凭证审核"窗口。

(3) 单击"确定"按钮，单击需要审核的凭证，单击"审核"按钮，完成审核，返回"凭证审核列表"窗口。

【业务 54】

2015 年 12 月 31 日，预缴第四季度企业所得税 500 000.00 元。

【业务说明】

本笔业务是预缴企业所得税业务，在总账系统中填制凭证，并由出纳签字、主管审核凭证。

【岗位说明】

总账会计王中亭在总账系统中填制凭证，出纳马家辉进行出纳签字，主管会计张丽审核凭证。

【实训指导】

1. 填制凭证

(1) 使用“002 王中亭”账号登录到用友企业应用平台，登录日期设为“2015-12-31”。

(2) 选择“业务工作”/“财务会计”/“总账”/“凭证”/“填制凭证”命令，打开“填制凭证”窗口，单击“增加”按钮，将凭证类别修改为“付款凭证”，输入摘要“预缴第四季度企业所得税”，选择借方科目“222105 应交税费/应交企业所得税”，输入借方金额“500 000.00”，选择贷方科目“100201 银行存款/工商银行”，辅助核算项结算方式选择“5 其他”，输入贷方金额“500 000.00”，单击“保存”按钮，如图 2-270 所示。

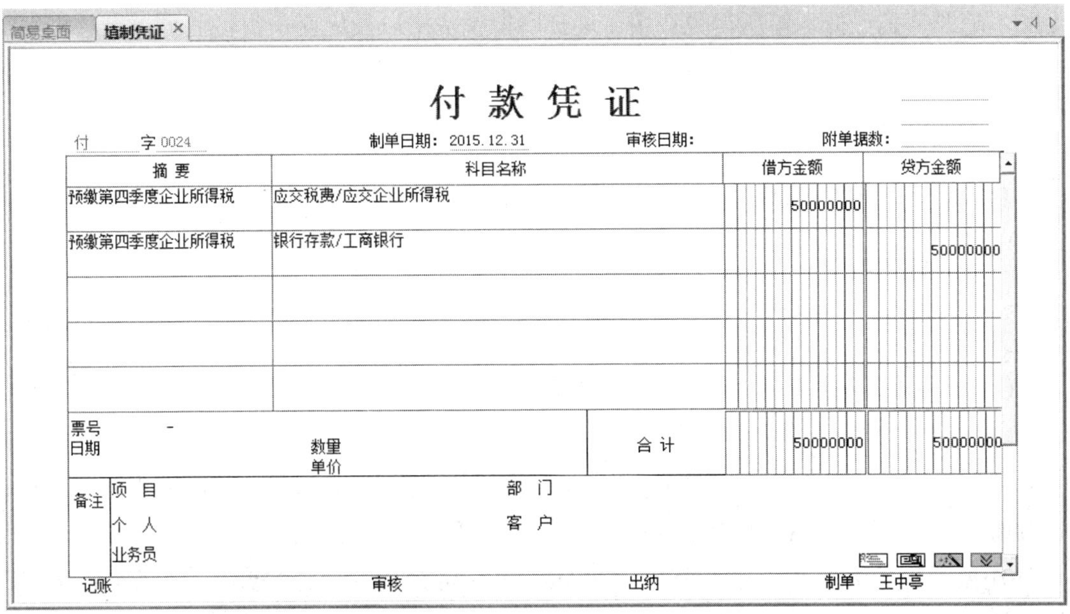
简易桌面　填制凭证

付款凭证

付　字 0024　　制单日期：2015.12.31　　审核日期：　　附单据数：

摘要	科目名称	借方金额	贷方金额
预缴第四季度企业所得税	应交税费/应交企业所得税	50000000	
预缴第四季度企业所得税	银行存款/工商银行		50000000
票号 - 日期　　数量 单价	合计	50000000	50000000

备注　项目　　部门
个人　　客户
业务员

记账　　审核　　出纳　　制单　王中亭

图 2-270　业务 54 记账凭证

2. 出纳签字

(1) 选择"系统/重注册"命令，使用"004 马家辉"账号登录到用友企业应用平台，登录日期设为"2015-12-31"。

(2) 选择"业务工作"/"财务会计"/"总账"/"凭证"/"出纳签字"命令，打开"出纳签字"窗口。

(3) 单击"确定"按钮，单击需要签字的凭证，单击"签字"按钮，完成出纳签字，返回"出纳签字列表"窗口。

3. 审核凭证

(1) 选择"系统/重注册"命令，使用"001 张丽"账号登录到用友企业应用平台，登录日期设为"2015-12-31"。

(2) 选择"业务工作"/"财务会计"/"总账"/"凭证"/"审核凭证"命令，打开"凭证审核"窗口。

(3) 单击"确定"按钮，单击需要审核的凭证，单击"审核"按钮，完成审核，返回"凭证审核列表"窗口。

【业务 55】

2015 年 12 月 31 日，计提本年所得税费用、递延所得税费用以及应交所得税。

【业务说明】

本笔业务是计提本年所得税费用、递延所得税费用以及应交所得税业务，在总账系统中填制凭证，并由主管审核凭证。

【岗位说明】

总账会计王中亭在总账系统中填制凭证，主管会计张丽审核凭证。

【实训指导】

1. 填制凭证

(1) 使用"002 王中亭"账号登录到用友企业应用平台，登录日期设为"2015-12-31"。

(2) 选择"业务工作"/"财务会计"/"总账"/"凭证"/"填制凭证"命令，打开"填制凭证"窗口，单击"增加"按钮，将凭证类别修改为"转账凭证"，输入摘要"计提所得税费用"，选择借方科目"1811 递延所得税资产"，输入借方金额"617.18"，选择借方科目"6801 所得税费用"，输入借方金额"1309404.76"，选择贷方科目"2901 递延所得税负债"，输入贷方金额"3 250.00"，选择贷方科目"222105 应交税费/应交企业所得税"，输入贷方金额"1 306 771.94"，单击"保存"按钮，如图 2-271 所示。

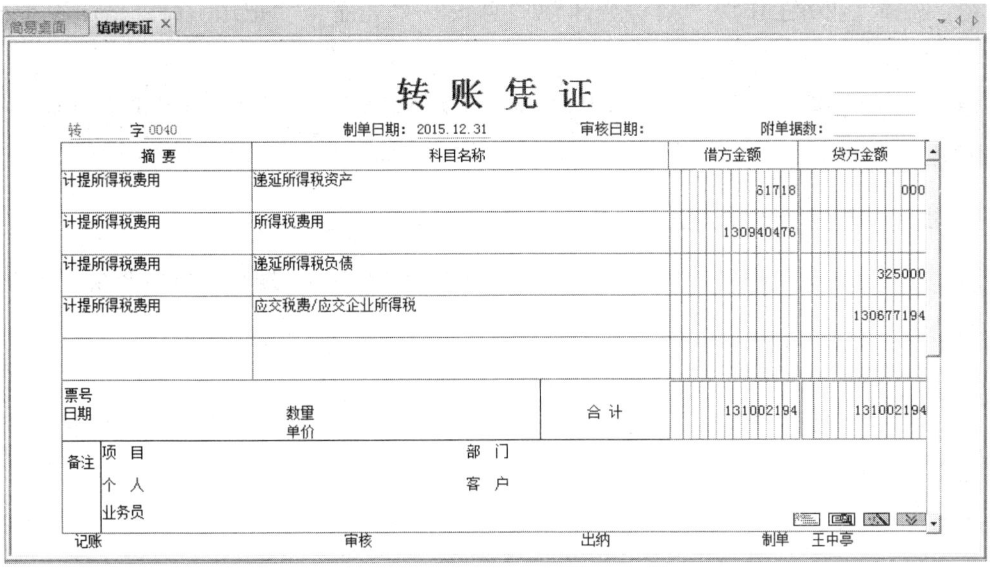

图 2-271 业务 55 记账凭证

2. 审核凭证

(1) 选择"系统/重注册"命令，使用"001 张丽"账号登录到用友企业应用平台，登录日期设为"2015-12-31"。

(2) 选择"业务工作"/"财务会计"/"总账"/"凭证"/"审核凭证"命令，打开"凭证审核"窗口。

(3) 单击"确定"按钮，单击需要审核的凭证，单击"审核"按钮，完成审核，返回"凭证审核列表"窗口。

【业务 56】

2015 年 12 月 31 日，结转所得税费用。

【业务说明】

本笔业务是结转所得税费用业务，在总账系统中期间损益结转生成凭证，并由主管审核凭证。

【岗位说明】

总账会计王中亭在总账系统中期间损益结转生成凭证，会计主管张丽审核凭证。

【实训指导】

1. 记账

(1) 使用"002 王中亭"账号登录到用友企业应用平台，登录日期设为"2015-12-31"。

(2) 选择“业务工作”/“财务会计”/“总账”/“凭证”/“记账”命令，打开“记账”窗口。

(3) 单击“记账”按钮，系统打开“期初试算平衡表”，单击“确定”按钮，系统自动完成记账工作。

2. 期间损益结转生成凭证

(1) 选择“业务工作”/“财务会计”/“总账”/“期末”/“转账生成”命令，打开“转账生成”窗口。

(2) 在左侧选中“期间损益结转”单选按钮，“类型”选择“支出”，单击“全选”按钮。

(3) 单击“确定”按钮，生成凭证，核对凭证信息，确认无误后单击“保存”按钮，如图 2-272 所示。

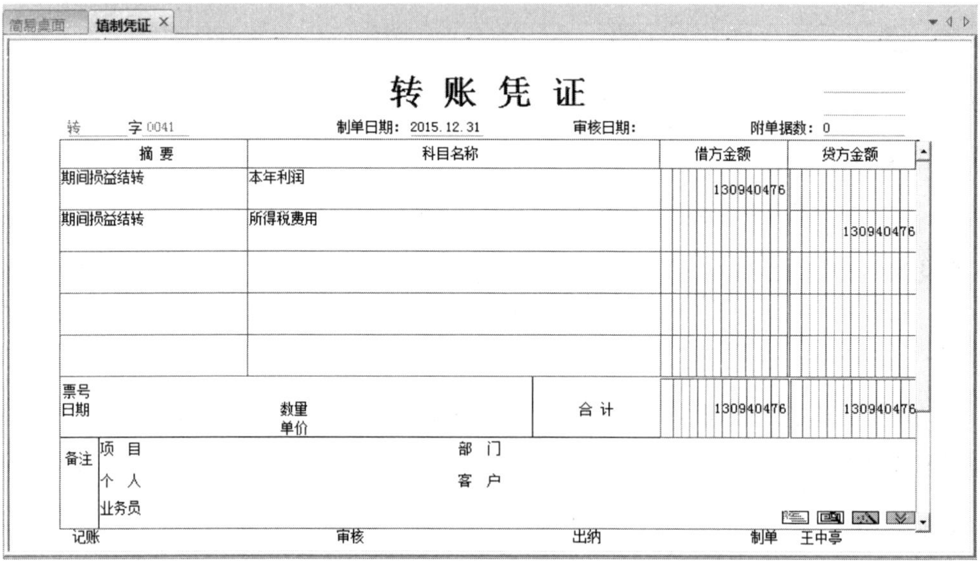
简易桌面 填制凭证

转账凭证

转 字 0041 制单日期：2015.12.31 审核日期： 附单据数：0

摘要	科目名称	借方金额	贷方金额
期间损益结转	本年利润	130940476	
期间损益结转	所得税费用		130940476
票号 日期	数量 单价 合计	130940476	130940476

备注 项目 部门 个人 客户 业务员

记账 审核 出纳 制单 王中亭

图 2-272 业务 56 记账凭证

3. 审核凭证

(1) 选择“系统/重注册”命令，使用“001 张丽”账号登录到用友企业应用平台，登录日期设为“2015-12-31”。

(2) 选择“业务工作”/“财务会计”/“总账”/“凭证”/“审核凭证”命令，打开“凭证审核”窗口。

(3) 单击“确定”按钮，单击需要审核的凭证，单击“审核”按钮，完成审核，返回“凭证审核列表”窗口。

【业务 57】

2015 年 12 月 31 日，将“本年利润”结转至“利润分配——未分配利润”。

【业务说明】

本笔业务是将"本年利润"结转至"利润分配——未分配利润"业务，在总账系统中对应结转生成凭证，并由主管审核凭证。

【岗位说明】

总账会计王中亭在总账系统中对应结转生成凭证，会计主管张丽审核凭证。

【实训指导】

1. 记账

(1) 使用"002 王中亭"账号登录到用友企业应用平台，登录日期设为"2015-12-31"。

(2) 选择"业务工作"/"财务会计"/"总账"/"凭证"/"记账"命令，打开"记账"窗口。

(3) 单击"记账"按钮，系统打开"期初试算平衡表"，单击"确定"按钮，系统自动完成记账工作。

2. 对应结转转账定义

(1) 使用"002 王中亭"账号登录到用友企业应用平台，登录日期设为"2015-12-31"。

(2) 选择"业务工作"/"财务会计"/"总账"/"期末"/"转账定义"/"对应结转"命令，打开"对应结转设置"窗口。

(3) 单击"增加"按钮，输入"编号"为"0001"，"凭证类别"选择"转账凭证"，"摘要"为"将本年利润结转至未分配利润"，选择"转出科目"为"4103"，单击"增行"按钮，选择"转入科目编码"为"410403"，输入"结转系数"为"1.00"，如图 2-273 所示。

(4) 单击"保存"按钮，再单击"退出"按钮。

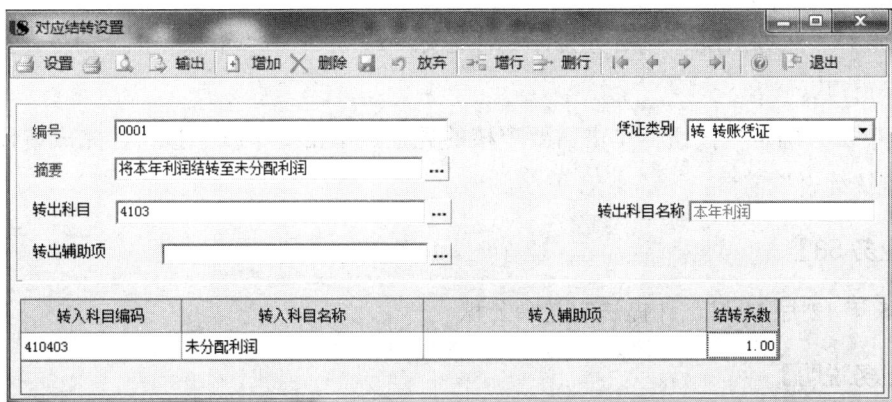

图 2-273　对应结转设置

3. 对应结转转账生成

(1) 选择"业务工作"/"财务会计"/"总账"/"期末"/"转账生成"命令,打开"转账生成"窗口。

(2) 在左侧选中"对应结转"单选按钮,单击"全选"按钮,单击"确定"按钮,生成转账凭证,对凭证内容进行编辑后单击"保存"按钮,如图 2-274 所示。

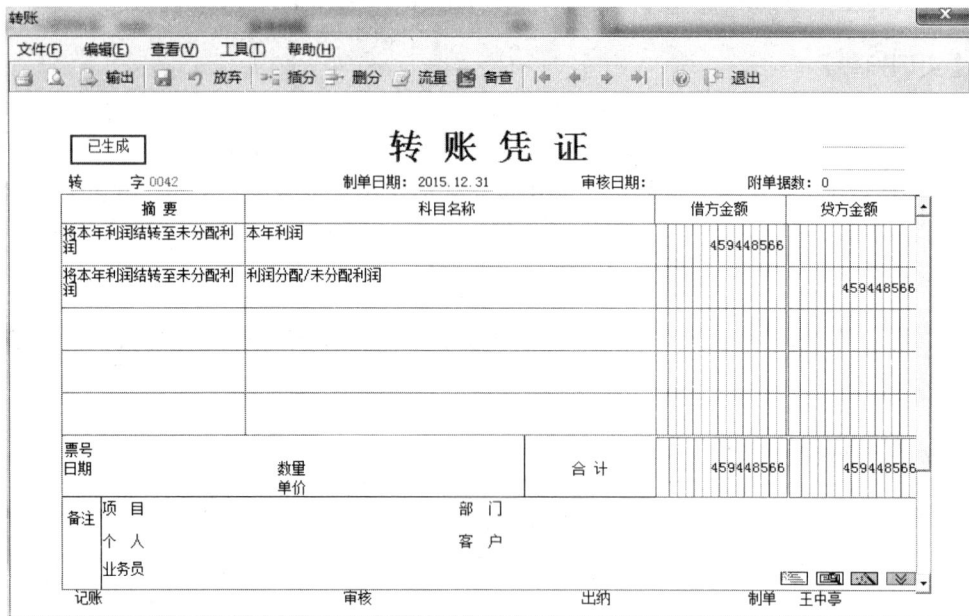

图 2-274 业务 57 记账凭证

4. 审核凭证

(1) 选择"系统/重注册"命令,使用"001 张丽"账号登录到用友企业应用平台,登录日期设为"2015-12-31"。

(2) 选择"业务工作"/"财务会计"/"总账"/"凭证"/"审核凭证"命令,打开"凭证审核"窗口。

(3) 单击"确定"按钮,单击需要审核的凭证,单击"审核"按钮,完成审核,返回"凭证审核列表"窗口。

【业务 58】

2015 年 12 月 31 日,计提法定盈余公积。

【业务说明】

本笔业务是计提法定盈余公积业务,在总账系统中自定义转账生成凭证,并由主管审核凭证。

【岗位说明】

总账会计王中亭在总账系统中自定义转账生成凭证，会计主管张丽审核凭证。

【实训指导】

1. 记账

(1) 使用"002 王中亭"账号登录到用友企业应用平台，登录日期设为"2015-12-31"。

(2) 选择"业务工作"/"财务会计"/"总账"/"凭证"/"记账"命令，打开"记账"窗口。

(3) 单击"记账"按钮，系统打开"期初试算平衡表"，单击"确定"按钮，系统自动完成记账工作。

2. 自定义转账定义

(1) 使用"002 王中亭"账号登录到用友企业应用平台，登录日期设为"2015-12-31"。

(2) 选择"业务工作"/"财务会计"/"总账"/"期末"/"转账定义"/"自定义转账"命令，打开"自定义转账设置"窗口。

(3) 单击"增加"按钮，打开"转账目录"对话框，输入"转账序号"为"10"，"转账说明"为"计提法定盈余公积"，"凭证类别"选择"转账凭证"。

(4) 单击"确定"按钮，单击"增行"按钮，"科目编码"选择"410401"，"方向"选择"借"，单击"金额公式"的"参照"按钮，选择"QM(410403，月)*0.1"。

(5) 单击"增行"按钮，"科目编码"选择"410101"，"方向"选择"贷"，单击"金额公式"的"参照"按钮，选择"JG()"，如图 2-275 所示。

(6) 单击"保存"按钮，再单击"退出"按钮。

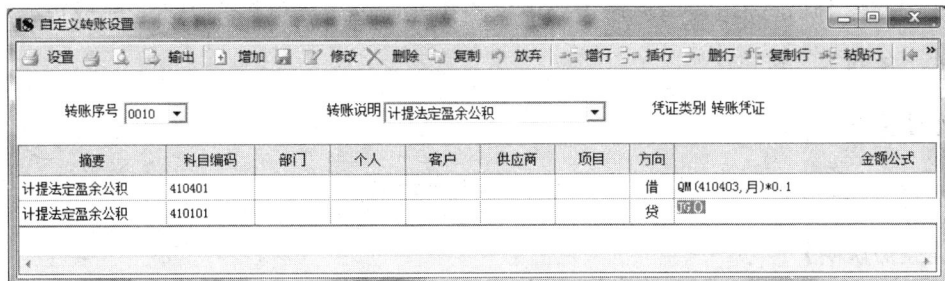

图 2-275　自定义转账设置

3. 自定义转账生成

(1) 选择"业务工作"/"财务会计"/"总账"/"期末"/"转账生成"命令，打开"转账生成"窗口。

(2) 在左侧选中"自定义转账"单选按钮,"摘要"选择"010计提法定盈余公积",单击"确定"按钮,生成转账凭证,对凭证内容进行编辑后单击"保存"按钮,如图2-276所示。

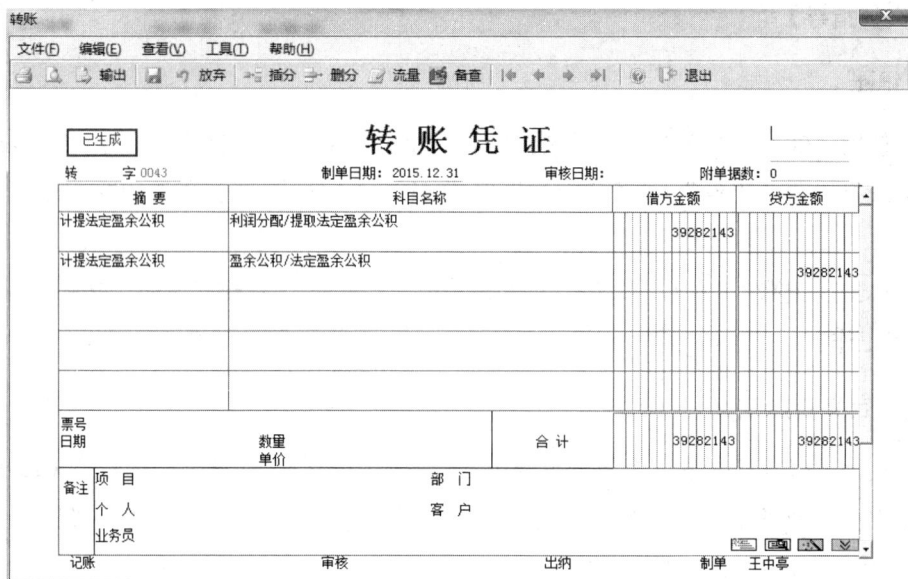

图2-276 业务58记账凭证

4. 审核凭证

(1) 选择"系统/重注册"命令,使用"001张丽"账号登录到用友企业应用平台,登录日期设为"2015-12-31"。

(2) 选择"业务工作"/"财务会计"/"总账"/"凭证"/"审核凭证"命令,打开"凭证审核"窗口。

(3) 单击"确定"按钮,单击需要审核的凭证,单击"审核"按钮,完成审核,返回"凭证审核列表"窗口。

【业务59】

2015年12月31日,结转利润分配明细账户余额。

【业务说明】

本笔业务是结转利润分配明细账户余额业务,在总账系统中对应结转生成凭证,并由主管审核凭证。

【岗位说明】

总账会计王中亭在总账系统中对应结转生成凭证,会计主管张丽审核凭证。

【实训指导】

1. 记账

(1) 使用"002 王中亭"账号登录到用友企业应用平台，登录日期设为"2015-12-31"。

(2) 选择"业务工作"/"财务会计"/"总账"/"凭证"/"记账"命令，打开"记账"窗口。

(3) 单击"记账"按钮，系统打开"期初试算平衡表"，单击"确定"按钮，系统自动完成记账工作。

2. 对应结转转账定义

(1) 使用"002 王中亭"账号登录到用友企业应用平台，登录日期设为"2015-12-31"。

(2) 选择"业务工作"/"财务会计"/"总账"/"期末"/"转账定义"/"对应结转"命令，打开"对应结转设置"窗口。

(3) 单击"增加"按钮，输入"编号"为"0002"，"凭证类别"选择"转账凭证"，"摘要"为"结转利润分配明细账户余额"，选择"转出科目"为"410401"，单击"增行"按钮，选择"转入科目编码"为"410403"，输入"结转系数"为"1.00"，如图 2-277 所示。

(4) 单击"保存"按钮，再单击"退出"按钮。

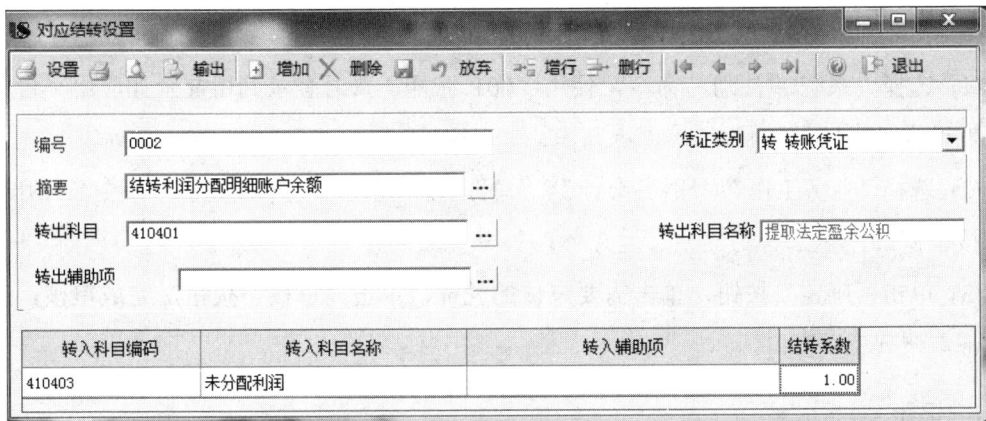

图 2-277 对应结转设置

3. 对应结转转账生成

(1) 选择"业务工作"/"财务会计"/"总账"/"期末"/"转账生成"命令，打开"转账生成"窗口。

(2) 在左侧选中"对应结转"单选按钮，"摘要"选择"002 结转利润分配明细账户余额"，单击"确定"按钮，生成转账凭证，对凭证内容进行编辑后单击"保存"按钮，如图 2-278 所示。

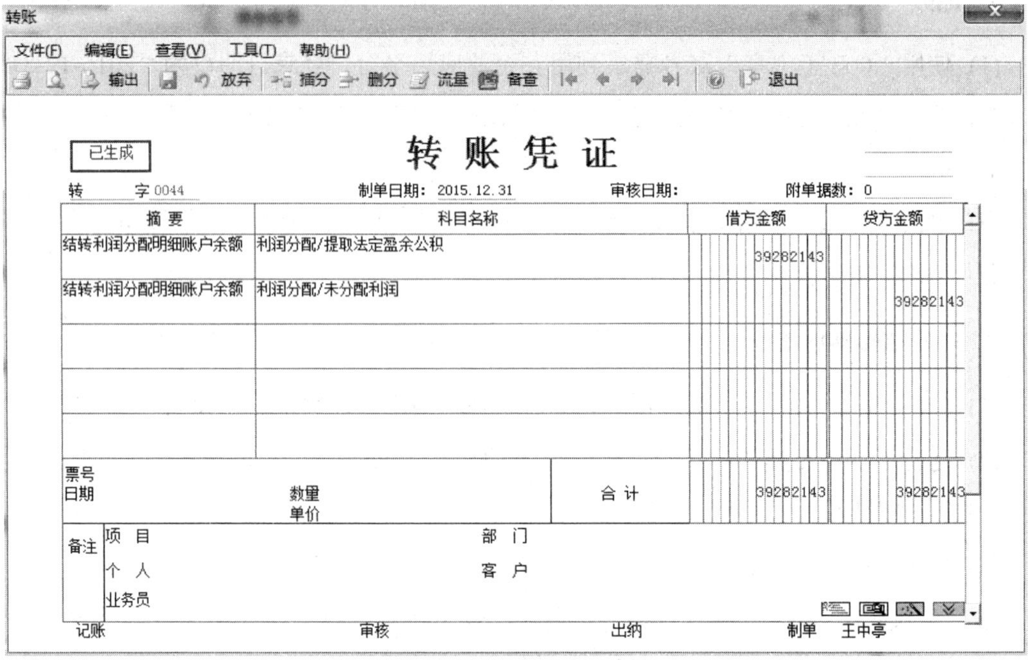

图 2-278　业务 59 记账凭证

4. 审核凭证

(1) 选择"系统/重注册"命令，使用"001 张丽"账号登录到用友企业应用平台，登录日期设为"2015-12-31"。

(2) 选择"业务工作"/"财务会计"/"总账"/"凭证"/"审核凭证"命令，打开"凭证审核"窗口。

(3) 单击"确定"按钮，单击需要审核的凭证，单击"审核"按钮，完成审核，返回"凭证审核列表"窗口。

5. 记账

(1) 选择"系统/重注册"命令，使用"002 王中亭"账号登录到用友企业应用平台，登录日期设为"2015-12-31"。

(2) 选择"业务工作"/"财务会计"/"总账"/"凭证"/"记账"命令，打开"记账"窗口。

(3) 单击"记账"按钮，系统打开"期初试算平衡表"，单击"确定"按钮，系统自动完成记账工作。

第四节 月末结账处理

一、对固定资产系统进行月末结账处理

(一) 实训要求

对固定资产模块经济业务进行期末处理。

(二) 实训指导

(1) 使用"001 张丽"账号登录到用友企业应用平台，登录日期设为"2015-12-31"。

(2) 选择"业务工作"/"财务会计"/"固定资产"/"处理"/"月末结账"命令，打开"月末结账"对话框，如图 2-279 所示。

(3) 单击"开始结账"按钮，弹出"与账务对账结果"提示框，单击"确定"按钮，如图 2-280 所示。

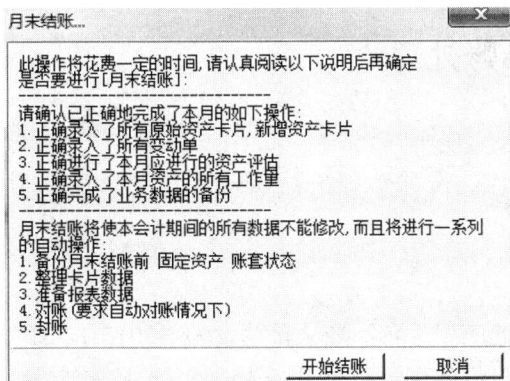

图 2-279 "月末结账"对话框

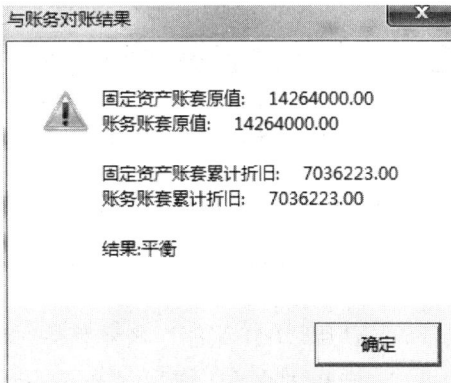

图 2-280 与账务对账结果

二、对薪资管理系统进行月末结账处理

(一) 实训要求

对薪资管理模块经济业务进行期末处理。

(二) 实训指导

(1) 使用"001 张丽"账号登录到用友企业应用平台，登录日期设为"2015-12-31"。

(2) 选择"业务工作"/"人力资源"/"薪资管理"/"业务处理"/"月末处理"命令，打开"月末处理"窗口，双击选择"001 在职人员"，如图 2-281 所示。

(3) 单击"确定"按钮，弹出"是否确认月结，所选清零工资项目将清零？"提示框，单击"是"按钮。

(4) 选择"业务工作"/"人力资源"/"薪资管理"/"业务处理"/"月末处理"命令，打开"月末结账"窗口，双击选择"002 临时人员"。

(5) 单击"确定"按钮，弹出"是否确认月结，所选清零工资项目将清零？"提示框，单击"是"按钮。

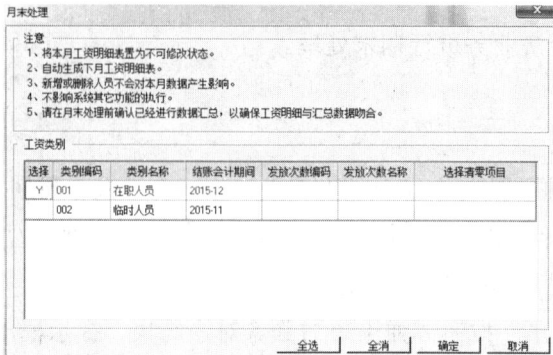

图 2-281 "月末处理"窗口

三、对应收款管理系统进行月末结账处理

(一) 实训要求

对应收款管理模块经济业务进行期末处理。

(二) 实训指导

(1) 使用"001 张丽"账号登录到用友企业应用平台，登录日期设为"2015-12-31"。

(2) 选择"业务工作"/"财务会计"/"应收款管理"/"期末处理"/"月末结账"命令，打开"月末处理"对话框，双击选择"十二月"，如图 2-282 所示。

(3) 单击"下一步"按钮，弹出"12 月份结账成功"提示框，单击"确定"按钮。

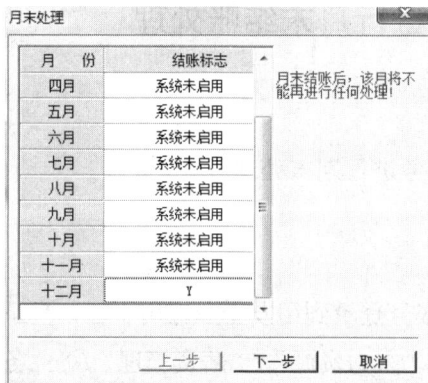

图 2-282 "月末处理"对话框

四、对应付款管理系统进行月末结账处理

(一) 实训要求

对应付款管理模块经济业务进行期末处理。

(二) 实训指导

(1) 使用"001 张丽"账号登录到用友企业应用平台,登录日期设为"2015-12-31"。

(2) 选择"业务工作"/"财务会计"/"应收款管理"/"期末处理"/"月末结账"命令,打开"月末处理"窗口,双击选择"十二月"。

(3) 单击"下一步"按钮,弹出"12 月份结账成功"提示框,单击"确定"按钮。

五、对总账系统进行月末结账处理

(一) 实训要求

对总账管理模块经济业务进行期末处理。

(二) 实训指导

(1) 使用"001 张丽"账号登录到用友企业应用平台,登录日期设为"2015-12-31"。

(2) 选择"业务工作"/"财务会计"/"总账"/"期末"/"对账"命令,打开"对账"窗口,双击选择"2015.12"。

(3) 单击"对账"按钮,显示"对账结果"为"正确",如图 2-283 所示。

(4) 单击"退出"按钮。

图 2-283 对账

(5) 选择"业务工作"/"财务会计"/"总账"/"期末"/"结账"命令,打开"结账"窗口,如图 2-284 所示。

(6) 单击"下一步"按钮，单击"对账"按钮，查看"工作报告"，如图 2-285 所示，单击"下一步"按钮，再单击"结账"按钮。

图 2-284　结账

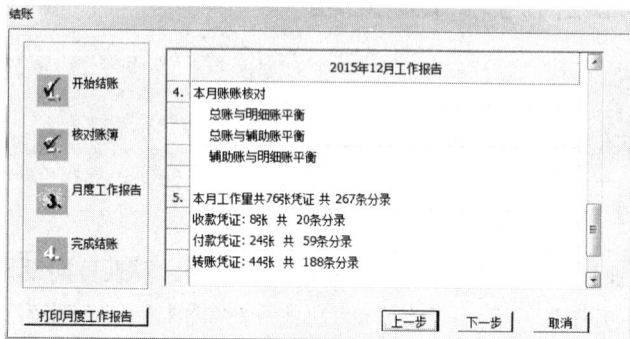

图 2-285　2015 年 12 月工作报告

第五节　报表

一、编制资产负债表

(一) 实训要求

编制资产负债表。利用报表模板设置资产负债表格式并计算报表数据。

(二) 实训指导

(1) 使用"001 张丽"账号登录到用友企业应用平台，登录日期设为"2015-12-31"。

(2) 选择"业务工作"/"财务会计"/"UFO 报表"命令，打开"UFO 报表"窗口。

(3) 选择"文件"/"新建"命令，建立一张空白报表。

(4) 选择"格式"/"报表模板"命令，打开"报表模板"对话框，选择"您所在的行业"为"2007 年新会计制度科目"，"财务报表"为"资产负债表"，如图 2-286 所示。

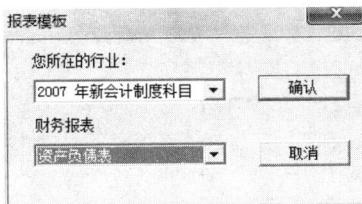

图 2-286　"报表模板"对话框

(5) 单击"确认"按钮，系统提示"模板格式将覆盖本表格式，是否继续？"，单击"确定"按钮，打开"资产负债表"模板，如图 2-287 所示。

图 2-287　"资产负债表"模板

(6) 将报表项目"未分配利润"的"期末余额"栏公式修改为"QM("4103",月,,,年,,)+QM("4104",月,,,年,,)"。

(7) 单击左下角"格式/数据"按钮，使当前状态为"数据"状态。

(8) 选择"数据"/"关键字"/"录入"命令，输入关键字"年"为"2015"，"月"为"12"，"日"为"31"，如图 2-288 所示。

(9) 单击"确认"按钮，系统提示"是否重算第 1 页？"，单击"是"按钮。系统自动计算资产负债表，如图 2-289、图 2-290 所示。

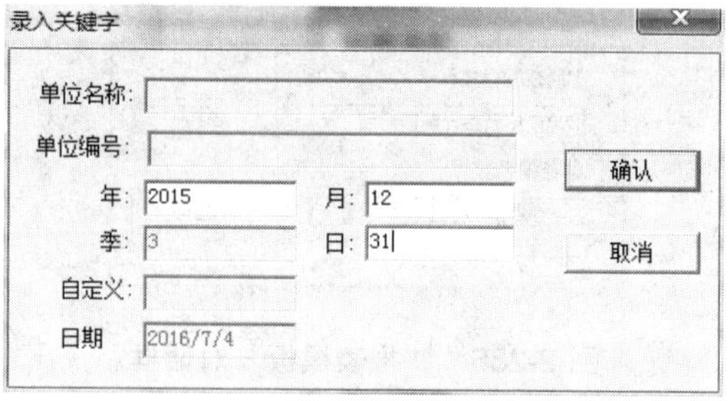

图 2-288 录入关键字

录入关键字

单位名称：	
单位编号：	
年：2015	月：12
季：3	日：31
自定义：	
日期 2016/7/4	

确认 取消

资产负债表

会企01表
单位:元

编制单位： 2015 年 12 月 31 日

资 产	行次	期末余额	年初余额	负债和所有者权益（或股东权益）	行次	期末余额	年初余额
流动资产：				流动负债：			
货币资金	1	2,970,202.36	2,307,654.00	短期借款	32	800,000.00	800,000.00
交易性金融资产	预习数据	175,000.00		交易性金融负债	33		
应收票据	3			应付票据	34	351,000.00	234,000.00
应收账款	4	980,214.30	488,943.00	应付账款	35	585,000.00	585,000.00
预付款项	5	100,000.00		预收款项	36		50,000.00
应收利息	6			应付职工薪酬	37	113,149.96	113,149.96
应收股利	7			应交税费	38	382,364.39	-423,405.56
其他应收款	8		3,000.00	应付利息	39		

图 2-289 资产负债表(1)

存货	9	1,036,164.57	2,254,294.20	应付股利	40		
一年内到期的非流动资产	10			其他应付款	41	16,320.00	16,320.00
其他流动资产	11			一年内到期的非流动负债	42		
流动资产合计	12	5,261,581.23	5,053,891.20	其他流动负债	43		
非流动资产：				流动负债合计	44	2,247,834.35	1,375,064.40
可供出售金融资产	13			非流动负债：			
持有至到期投资	14			长期借款	45		
长期应收款	15			应付债券	46		
长期股权投资	16			长期应付款	47		
投资性房地产	17			专项应付款	48		
固定资产	18	7,227,777.00	7,083,658.60	预计负债	49		
在建工程	19			递延所得税负债	50	3,250.00	
工程物资	20			其他非流动负债	51		
固定资产清理	21		57,420.00	非流动负债合计	52	3250.00	
生产性生物资产	22			负债合计	53	2251084.35	1375064.40
油气资产	23			所有者权益（或股东权益）：			
无形资产	24	1,920,000.00	1,940,000.00	实收资本（或股本）	54	8,000,000.00	8,000,000.00
开发支出	25			资本公积	55		
商誉	26			减：库存股	56		
长期待摊费用	27			盈余公积	57	624,112.43	231,291.00
递延所得税资产	28	1,231.43	614.25	未分配利润	58	3,535,392.88	4,529,228.65
其他非流动资产	29			所有者权益（或股东权益）合计	59	12,159,505.31	12,760,519.65
非流动资产合计	30	9149008.43	9081692.85				
资产总计	31	14410589.66	14135584.05	负债和所有者权益（或股东权益）总计	60	14,410,589.66	14,135,584.05

图 2-290 资产负债表(2)

二、编制利润表

(一) 实训要求

编制利润表。利用报表模板设置利润表格式并计算报表数据。

（二）实训指导

(1) 使用"001 张丽"账号登录到用友企业应用平台，登录日期设为"2015-12-31"。

(2) 选择"业务工作"/"财务会计"/"UFO 报表"命令，打开"UFO 报表"窗口。

(3) 选择"文件"/"新建"命令，建立一张空白报表。

(4) 选择"格式"/"报表模板"命令，打开"报表模板"对话框，选择"您所在的行业"为"2007 年新会计制度科目"，"财务报表"为"利润表"，如图 2-291 所示。

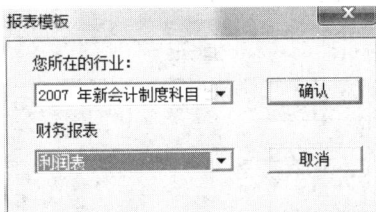

图 2-291　"报表模板"对话框

(5) 单击"确认"按钮，系统提示"模板格式将覆盖本表格式，是否继续？"，单击"确定"按钮，打开"利润表"模板，如图 2-292 所示。

图 2-292　"利润表"模板

(6) 单击左下角"格式/数据"按钮，使当前状态为"数据"状态。

(7) 选择"数据"/"关键字"/"录入"命令，输入关键字"年"为"2015"，"月"为"12"，如图 2-293 所示。

(8) 单击"确认"按钮，系统提示"是否重算第 1 页？"，单击"是"按钮。系统自动计算利润表，如图 2-294 所示。

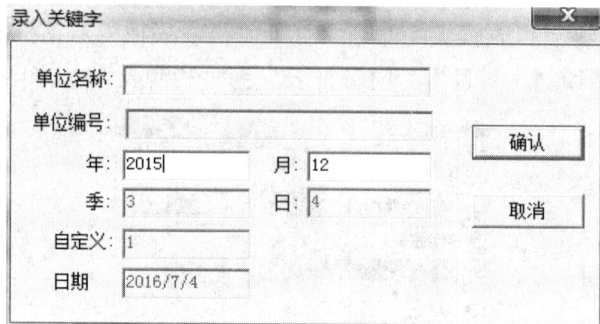

图 2-293　录入关键字

	A	B	C	D
1			利润表	
2				会企02表
3	编制单位：	2015 年	12 月	单位:元
4	项　　目	行数	本期金额	上期金额
5	一、营业收入	1	2,505,550.00	
6	减：营业成本	2	1,546,903.93	
7	营业税金及附加	3	35,881.31	
8	销售费用	4	22,747.40	
9	管理费用	5	132,872.40	
10	财务费用	6	34,029.84	
11	资产减值损失	7	2,468.70	
12	加：公允价值变动收益（损失以"−"号填列）	8	13,000.00	
13	投资收益（损失以"−"号填列）	9	536.00	
14	其中：对联营企业和合营企业的投资收益	10		
15	二、营业利润（亏损以"−"号填列）	11	744182.42	
16	加：营业外收入	12	200.00	
17	减：营业外支出	13	34,920.00	
18	其中：非流动资产处置损失	14		
19	三、利润总额（亏损总额以"−"号填列）	15	709462.42	
20	减：所得税费用	16	1,309,404.76	
21	四、净利润（净亏损以"−"号填列）	17	−599942.34	
22	五、每股收益：	18		
23	（一）基本每股收益	19		

数据　第1页

图 2-294　利润表

参 考 文 献

[1]企业会计准则编审委员会. 企业会计准则[M]. 上海：立信会计出版社，2017.

[2]陈金翠. 会计岗位实操大全. [M]. 北京：中国铁道出版社，2016.

[3]龚中华，何平. 用友 ERP-U8 完全使用详解[M]. 北京：人民邮电出版社，2013.

【业务 1】 2015 年 12 月 1 日，财务部购买办公用品，现金支付。(原始凭证：发票。)

上海增值税普通发票

3100543876　　　　　　　　　　　　　　　　No：28498723

开票日期： 2015年12月1日

购货单位	名　称：	上海戴森有限责任公司				密码区	3-695123>3965189-36954*258621<>2552193-+/<25862489631341369->6312411255->5<<685/-3		
	纳税人识别号：	220107655837594							
	地址、电话：	上海市浦东新区世纪大道101号 021-68578888							
	开户行及账号：	中国工商银行上海浦东支行 1001876500661234							

货物或应税劳务、服务名称	规格型号	单位	数量	单价	金额	税率	税额
办公用品		件	5	145.63	728.16	3%	21.84
合计					¥728.16		¥21.84
价税合计（大写）	柒佰伍拾元整				（小写）　¥750.00		

销货单位	名　称：	上海齐心办公用品有限公司	备注
	纳税人识别号：	140166756375866	
	地址、电话：	上海市黄浦区西藏南路800号 021-77880066	
	开户行及账号：	招商银行上海黄埔支行 2200569859612358	

收款人：　　　　复核：　　　　开票人：李霞　　　　销货单位（盖章）

第三联：发票联

【业务 2】 2015 年 12 月 1 日，采购部李丽从上海宏达环保科技有限公司采购原材料光触媒，开出银行承兑汇票结算。(原始凭证：增值税专用发票、银行承兑汇票、收款收据。)

上海增值税专用发票

4101136456　　　　　　　　　　　　　　　　No：00374512

开票日期： 2015年12月1日

购货单位	名　称：	上海戴森有限责任公司				密码区	3-695123>3965189-36954*258821<>2552193-+/<25862489631341369->6312411255->5<<685/-3		
	纳税人识别号：	220107655837594							
	地址、电话：	上海市浦东新区世纪大道101号 021-68578888							
	开户行及账号：	中国工商银行上海浦东支行 1001876500661234							

货物或应税劳务、服务名称	规格型号	单位	数量	单价	金额	税率	税额
光触媒	500ml/瓶	瓶	500	200.00	100000.00	17%	17000.00
合计					¥100,000.00		¥17,000.00
价税合计（大写）	壹拾壹万柒仟元整				（小写）　¥117,000.00		

销货单位	名　称：	上海宏达环保科技有限公司	备注
	纳税人识别号：	220107758115169	
	地址、电话：	上海市黄浦区西藏南路603号 021-77886699	
	开户行及账号：	招商银行上海黄埔支行 2200569832147845	

收款人：　　　　复核：　　　　开票人：王雯　　　　销货单位（盖章）发票专用章

第三联：发票联

银行承兑汇票

出票日期　　　贰零壹伍 年　壹拾贰 月　零壹 日　　　　GE 02　　78965403
（大写）

出票人全称	上海戴森有限责任公司		收款人	全称	上海宏达环保科技有限公司
出票人账号	1001876500661230			账号	2200569832147840
付款行全称	中国工商银行上海浦东支行			开户银行	招商银行上海黄浦支行

出票金额	人民币（大写）	壹拾壹万柒仟元整	亿 千 百 十 万 千 百 十 元 角 分 ￥ 1 1 7 0 0 0 0 0

汇票到期日（大写）	贰零壹陆年零叁月零壹日	付款	行号	310 258 695 741
承兑协议编号	003785			上海市浦东新区世纪大道1号

本汇票已经承兑，到期日由本行付款。

310258695741

汇票专用章

承兑日期：　2015年12月1日

出票人签章

备注　　　　　　　　　　复核　　记账

吴文汇印

本汇票请你承兑，到期无条件付款。

公司财务章

此联收款人开户行随托收凭证寄付款行作借方凭证附件

---- ✂ ----

收款收据

NO.00668462

2015 年　12 月　1 日

今收到	上海戴森有限责任公司
交来：	银行承兑汇票一张，票号：78965403
金额（大写）	壹拾壹万柒仟元整

￥　117000.00　　□现金　□支票　□信用卡　☑其他往来单位（章）

会计主管　　　　会计　　　　　出纳　　　　　经手人　　财务专用章

【业务3】 2015 年 12 月 2 日，1 日从上海宏达环保科技有限公司购进的原材料运达企业，并验收入库。(原始票据：入库单。)

入 库 单

2015 年 12 月 02 日　　单号　 1202

交货单位及部门	上海宏达环保科技有限公司	验收仓库	原材料库	入库日期	2015/12/2

编号	名称及规格	单位	数量		实际价格	
			交库	实收	单价	金额
1	光触媒 500ml/瓶	瓶	500	500	200.00	100000.00
合　计						¥100,000.00

保管员：　　　　质管员：　　　　经办人： 石菲菲

- ✂

【业务4】 2015 年 12 月 2 日，从北京旺兴环保科技公司采购原材料活性炭、HEPA 滤网，货款未付。(原始票据：增值税专用发票。)

北京增值税专用发票

5103296842　　　　　　　　　　　　　　　　No：00987632

开票日期： 2015年12月2日

购货单位	名　称：	上海戴森有限责任公司					密码区	9-862053>>7563<<-639479754>>969-++853163836725-+372916<>6243>++263428++51 61835475-738291-576253<
	纳税人识别号：	220107655837594						
	地址、电话：	上海市浦东新区世纪大道101号 021-68578888						
	开户行及账号：	中国工商银行上海浦东支行 1001876500661234						

货物或应税劳务、服务名称	规格型号	单位	数量	单价	金额	税率	税额
活性炭		kg	200	20.00	4000.00	17%	680.00
HEPA滤网		件	200	130.00	26000.00	17%	4420.00
合计					¥30,000.00		¥5,100.00
价税合计（大写）		叁万伍仟壹佰元整			（小写）¥35,100.00		

销货单位	名　称：	北京旺兴环保科技公司	备注
	纳税人识别号：	110109876235335	
	地址、电话：	北京市东城区正义路208号 010-62487777	
	开户行及账号：	中国建设银行北京东城支行 3106987623651862	

收款人：　　　　复核：　　　　开票人： 李运达　　　销货单位：(章)　发票专用章

第三联：发票联

【业务6】 2015 年 12 月 3 日，采用电汇方式支付一车间固定资产修理费。(原始票据：增值税专用发票、结算业务申请书、付款通知书。)

上海增值税专用发票

4101986536   No: 00679426

开票日期： 2015年12月3日

购货单位	名 称：	上海戴森有限责任公司
	纳税人识别号：	220107655837594
	地址、电话：	上海市浦东新区世纪大道101号 021-68578888
	开户行及账号：	中国工商银行上海浦东支行 1001876500661234

密码区：
9-862053>>7563<<-+—-《3-
+372916<>6243>++263428++51
618354>><-*&+-4279754375-
+==><<*+286738291-576253<

货物或应税劳务、服务名称	规格型号	单位	数量	单价	金额	税率	税额
维修费			1	3000.00	3000.00	17%	510.00
合计					¥3,000.00		¥510.00

价税合计（大写） 叁仟伍佰壹拾元整 （小写）¥3,510.00

销货单位	名 称：	上海裕达汽车销售修理有限公司
	纳税人识别号：	220109876345267
	地址、电话：	上海市徐汇区汾阳路90号 021-82867766
	开户行及账号：	中国建设银行上海徐汇支行 3106872417394658

收款人： 复核： 开票人：李珊 销货单位：（章） 发票专用章

第三联：发票联

中国工商银行 结算业务申请书

申请日期： 2015 年 12 月 03 日   AB09773098

业务类型： 电汇 ☑ 信汇 ☐ 汇票申请书 ☐ 本票申请书 ☐ 其他 ☐

申请人	全称	上海戴森有限责任公司
	账号或地址	1001 8765 0066 1234
	开户银行	中国工商银行上海浦东支行

收款人	全称	上海裕达汽车销售修理有限公司
	账号或地址	3106 8724 1739 4658
	开户银行	中国建设银行上海徐汇支行

金额	人民币（大写）	叁仟伍佰壹拾元整	亿	千	百	十	万	千	百	十	元	角	分
							¥	3	5	1	0	0	0

支付密码 7 7 6 5 4 5 6 2 4 8 7 3 2 0 1 6

电汇时需选择
普通 ☑
加急 ☐

附加信息及用途：
支付货款

会计主管： 授权： 复核： 记账：

第三联 此联付款行给付款人的回单

中国工商银行（上海浦东支行）付款通知书

日期 2015 年 12 月 03 日

机构号 301290870239　　　　　交易代码 9867453427651900

单位名称	上海戴森有限责任公司
账号	1001 8765 0066 1234

摘要

手续费　　　7.50

中国工商银行
上海浦东支行
2015.12.03
转讫
（02）

金额合计　¥7.50

第二联 回单

金额合计（大写）	人民币柒元伍角整

注：此付款通知书加盖我行业务公章方有效。

流水号　　786522017　　　　　　经办人　　方红

- ✂

【业务 7】 2015 年 12 月 3 日，2 日所采购活性炭、HEPA 滤网到货。(原始票据：入库单。)

入 库 单

2015　年　12　月　03　日　　单号　　1203

交货单位及部门	北京旺兴环保科技公司		验收仓库	原材料库	入库日期	2015/12/3

编号	名称及规格	单位	数量		实际价格	
			交库	实收	单价	金额
1	活性炭	kg	200	200	20.00	4000.00
合　计						¥4,000.00

保管员：　　　　质管员：　　　　经办人：　石菲菲

入 库 单

2015 年 12 月 03 日　　　单号　　1204

交货单位及部门	北京旺兴环保科技公司	验收仓库	原材料库	入库日期	2015/12/3	
编号	名称及规格	单位	数量		实际价格	
			交库	实收	单价	金额
1	HEPA滤网	件	200	200	130.00	26000.00
合　　计						¥26,000.00

保管员：　　　　质管员：　　　　经办人：　石菲菲

- ✂

【业务8】 2015 年 12 月 4 日，向银行申请签发银行汇票。(原始票据：业务委托书回执、银行收款凭证。)

ICBC 中国工商银行
业务委托书 回执
沪B00270990

委托人全称	上海戴森有限责任公司
委托人账号	1001 8765 0066 1234
收款人全称	上海宏达环保科技有限公司
收款人账号	2200 5698 3214 7845
金额	¥100000.00
委托日期	2015.12.04

中国工商银行
上海浦东支行
2015.12.04
转讫
(02)

此联为银行受理通知书。若委托人申请汇票或本票业务，应凭此联领取汇票或本票。

中国工商银行 收费凭条

2015 年 12 月 04 日

付款人名称	上海戴森有限责任公司			付款人账号	1001 8765 0066 1234										上述款项请从我账户支付。
服务项目（凭证种类）		数量	工本费	手续费	合　计										
					百	十	万	千	百	十	元	角	分		
银行汇票申请手续费				35.00					￥	3	5	0	0		
	合计									3	5				
币种（大写）	人民币叁拾伍元整							￥	3	5	0				
以下在购买凭证时填写															
领购人姓名				领购人证件类型											
				领购人证件号码											

事后监督： 记账：

【业务9】 2015 年 12 月 5 日，以证券资金账户款项从二级市场购买东土科技 10 000 股，每股面值 16.20 元，支付手续费 536.00 元，准备近期出售。(原始票据：证券公司对账单。)

信达证券上海浦东营业部对账单

客户编号： 300987326　　姓名： 上海戴森有限责任公司　　对账日期： 2015.12.05　打印柜员： 0089

资金信息：

币种	资金余额	可用金额	资产总值
人民币	137464.00	137464.00	299464.00

流水明细：

日期	币种	业务标志	证券名称	证券代码	发生数量	成交均价	佣金	印花税	其他费用	收付金额	资金余额
2015.12.05	人民币	股票买入	东土科技	300353	10000	16.20	324.	162.00	50.00	-162536.00	137464.00
合计											

汇总股票资料：

证券名称	证券代码	当前数	可用数	最新价	市值	币种
东土科技	300353	10000	10000	16.20	162000.00	人民币

【业务10】 2015 年 12 月 6 日，购进原材料，用银行汇票结算，收到银行退回余款。(原始票据：增值税专用发票、银行汇票多余款收账通知。)

上海增值税专用发票

4101136462　　　　　　　　　　　　　　　　　　　No：00374518

开票日期： 2015年12月6日

购货单位	名　称：	上海戴森有限责任公司					密码区	3-695123>3965189-36954*258621<>2552193-+/<2586248963134 1369->6312411255->5<<685/-3	
	纳税人识别号：	220107655837594							
	地址、电话：	上海市浦东新区世纪大道101号 021-68578888							
	开户行及账号：	中国工商银行上海浦东支行 1001876500661234							

货物或应税劳务、服务名称	规格型号	单位	数量	单价	金额	税率	税额
光触媒	500ml/瓶	瓶	400	200.00	80000.00	17%	13600.00
合　计					￥80,000.00		￥13,600.00

价税合计（大写）	玖万叁仟陆佰元整	（小写）　￥93,600.00

销货单位	名　称：	上海宏达环保科技有限公司	备注
	纳税人识别号：	220107758115169	
	地址、电话：	上海市黄浦区西藏南路603号 021-77886699	
	开户行及账号：	招商银行上海黄浦支行 2200569832147845	

收款人：　　　　　复核：　　　　　开票人： 王雯　　　　　销货单位：（章）

第三联：发票联

- ✂

中国工商银行 银行汇票

付款期限　壹 月　　　　[多余款 收账通知]　　　0309867　0984532

出票日期：（大写）	贰零壹伍年 壹拾贰月 零陆日	代理付款行：		行号：

收款人：	上海宏达环保科技有限公司											
出票金额：	人民币（大写）	壹拾万元整										
实际结算金额：	人民币（大写）	玖万叁仟陆佰元整	亿	千	百	十	万	千	百	十	元	角	分
						￥	9	3	6	0	0	0	0

申请人：	上海戴森有限责任公司
账号：	1001 8765 0066 1234
出票行：	中国工商银行上海浦东支行
行号：	310 258 695 741
备注：	

左列退回多余金额已收入你账户内。

中国工商银行 上海浦东支行 2015.12.06 转讫 （02）

	多余金额									
	亿	千	百	十	万	千	百	十	元	角	分
				￥	6	4	0	0	0	0

出票行签章　　　　　复核　　　　　记账

【业务 11】 2015 年 12 月 7 日，购进原材料，开出转账支票结算。(原始票据：增值税专用发票、转账支票存根、收款收据。)

深圳市增值税专用发票

3201984574　　　　　　　　　　　　　　　　No：00425698

开票日期：　2015年12月7日

购货单位	名　称：	上海戴森有限责任公司				密码区	3-695836927123>3965189-36954*258821<>2552193-+/<2586248963134136-9>6312411255->5<<685/-3		第三联：发票联
	纳税人识别号：	220107655837594							
	地址、电话：	上海市浦东新区世纪大道101号 021-68578888							
	开户行及账号：	中国工商银行上海浦东支行 1001876500661234							

货物或应税劳务、服务名称	规格型号	单位	数量	单价	金额	税率	税额
其他辅助材料		套	200	60.00	12000.00	17%	2040.00
合　计					¥12,000.00		¥2,040.00
价税合计（大写）	壹万肆仟零肆拾元整				（小写） ¥14,040.00		

销货单位	名　称：	深圳普新有限责任公司
	纳税人识别号：	260109875982357
	地址、电话：	深圳市福田区福田三路9号 0755-67598765
	开户行及账号：	深圳发展银行福田支行 3006285416940923

收款人：　　　　复核：　　　　开票人：李林林　　　　销货单位：（章）

中国工商银行

转账支票存根

31105634

00337766

附加信息

出票日期　年 12 月 7 日

收款人：　深圳普新有限责任公司

金额：　¥14,040.00

用途：　货款

单位主管：　会计：

收款收据

NO.07947621

2015 年 12 月 7 日

今收到　上海戴森有限责任公司

交来　转账支票一张，支票号：00337766

金额（大写）　壹万肆仟零肆拾元整

¥ 14040.00　□现金　☑支票　□信用卡　□其他　单位（盖章）

会计主管　　　会计　　　出纳　　　经手人 李林林

【业务 12】 2015 年 12 月 8 日，6 日从上海宏达环保科技有限公司购进原材料光触媒运达企业，并验收入库，其中 2 瓶损坏，属于运输途中合理损耗。(原始票据：入库单。)

入 库 单

2015 年 12 月 08 日　　单号　　1205

交货单位及部门	上海宏达环保科技有限公司		验收仓库	原材料库	入库日期	2015/12/8	
编号	名称及规格	单位	数量		实际价格		
			交库	实收	单价	金额	
1	光触媒 500ml/瓶	瓶	400	398	201.01	80000.00	
合　计						¥80,000.00	

保管员：　　　　质管员：　　　　　经办人：　石菲菲

- ✂

【业务 13】 2015 年 12 月 9 日，7 日从深圳普新有限责任公司购进其他辅助材料运达企业，并验收入库。(原始票据：入库单。)

入 库 单

2015 年 12 月 09 日　　单号　　1206

交货单位及部门	深圳普新有限责任公司		验收仓库	原材料库	入库日期	2015/12/9	
编号	名称及规格	单位	数量		实际价格		
			交库	实收	单价	金额	
1	其他辅助材料	套	200	200	60.00	12000.00	
合　计						¥12,000.00	

保管员：　　　　质管员：　　　　　经办人：　石菲菲

【业务14】　2015年12月10日，向北京大悦有限公司销售空气净化器A-100、B-200各400台，当日收到款项的50%，北京大悦有限公司待收到货物后30日内支付剩余款项。(原始票据：购销合同复印件、增值税专用发票、销售单、进账单。)

购 销 合 同

供方：上海戴森有限责任公司（以下简称甲方）
需方：北京大悦有限公司（以下简称乙方）

甲乙双方依照《中华人民共和国合同法》及有关法律、行政法规，遵循平等、自愿、公平和诚信原则，双方就采购有关事项协商一致，订立本合同如下：

一、产品内容：

产品名称	型号	数量	不含税单价	金额
空气净化器	A-100	400	1150.00	460000.00
空气净化器	B-200	400	1350.00	540000.00

合计人民币（大写）：壹佰万元整（￥1000000.00）

二、结算方式：
1、合同签订当日，甲方向乙方发出商品，乙方向甲方支付款项的50%。
2、乙方于收到货物后30日内支付剩余款项。
……

六、合同争议的解决方式：
本合同在履行过程中发生的争议，由甲乙双方协商解决；协商不成的依法向人民法院提起诉讼。

七、合同生效：
本合同经双方签字盖章后生效，一式两份，甲乙双方各执一份。

甲方：上海戴森有限责任公司　　　　　乙方：北京大悦有限公司
代表（签字）：吴汇文　　　　　　　　代表（签字）：林淑仪
日期：2015年12月10日　　　　　　　日期：2015年12月10日

上海增值税专用发票

4101237645　　　　　　　　　　　　　　　　　No：00452398

开票日期：　2015年12月10日

购货单位	名　称：	北京大悦有限公司
	纳税人识别号：	110109824397386
	地址、电话：	北京市朝阳区信义路808号　010-64236789
	开户行及账号：	中国工商银行北京朝阳支行 1001376592740093

密码区：276513-695123>3965189-36954*258621◇2552193-+/3745949494624<2586248963 1341369->6312411255-25373

货物或应税劳务、服务名称	规格型号	单位	数量	单价	金额	税率	税额
空气净化器	A-100	台	400	1150.00	460000.00	17%	78200.00
空气净化器	B-200	台	400	1350.00	540000.00	17%	91800.00
合计					￥1,000,000.00		￥170,000.00

价税合计（大写）　壹佰壹拾柒万元整　　　　　（小写）￥1,170,000.00

销货单位	名　称：	上海戴森有限责任公司
	纳税人识别号：	220107655837594
	地址、电话：	上海市浦东新区世纪大道101号　021-68578888
	开户行及账号：	中国工商银行上海浦东支行 1001876500661234

备注：220107655837594　发票专用章

收款人：　　　复核：　　　开票人：王中亭　　　销货单位（签章）

第一联：记账联

销售单

销售单位：　　上海戴森有限责任公司　　　地址电话：　　上海市浦东新区世纪大道101号 021-68578888　　编号：　　001

纳税识别号：　　220107655837594　　开户行及账号：　　中国工商银行上海浦东支行 1001876500661234　　　2015/12/10

编码	产品名称	规格型号	单位	单价	数量	金额	备注
1	空气净化器	A-100	台	1150.00	400	460000.00	不含税价
2	空气净化器	B-200	台	1350.00	400	540000.00	
合计	人民币（大写）：壹佰万元整					¥1,000,000.00	

销售经理：　　陈明　　　经手人：　　尚可欣　　　会计：　　王中亭　　　签收人：

中国工商银行　进账单　（收账通知）

2015 年 12 月 10 日

							亿	千	百	十	万	千	百	十	元	角	分
出票人	全称	北京大悦有限公司		收款人	全称	上海戴森有限责任公司											
	账号	1001 3765 9274 0090			账号	1001 8765 0066 1234											
	开户银行	中国工商银行北京朝阳支行			开户银行	中国工商银行上海浦东支行											
金额	人民币（大写）	伍拾捌万伍仟元整							¥	5	8	5	0	0	0	0	0
	票据种类	转账支票	票据张数	1													
	票据号码	00537612															

此联是收款人开户银行交给收款人的收账通知

中国工商银行
上海浦东支行
2015.12.10
转讫
（02）

复核　　　　记账　　　　　　　收款人开户银行签章

【业务 15】 2015 年 12 月 10 日，发放 11 月工资。(原始票据：工资结算汇总表、转账支票存根、批量代付清单。)

工资结算汇总表

2015 年 11 月 30 日　　　　　　　　　　　　　　　　　　　　金额单位：元

部 门		人 员	应付工资	代扣工资							实发工资
				养老保险(8%)	失业保险(1%)	医疗保险(2%)	住房公积金(6%)	三险一金合计	个人所得税	小计	
管理部门	总经理办公室	吴汇文	8 000.00	640.00	80.00	160.00	480.00	1 360.00	209.00	1 569.00	6 431.00
	财务部	张丽	7 000.00	560.00	70.00	140.00	420.00	1 190.00	126.00	1 316.00	5 684.00
		王中亭	6 000.00	480.00	60.00	120.00	360.00	1 020.00	44.40	1 064.40	4 935.60
		李宏	6 000.00	480.00	60.00	120.00	360.00	1 020.00	44.40	1 064.40	4 935.60
		马家辉	5 000.00	400.00	50.00	100.00	300.00	850.00	19.50	869.50	4 130.50
	人力资源部	刘欣桐	6 800.00	544.00	68.00	136.00	408.00	1 156.00	109.40	1 265.40	5 534.60
	采购部	汪洋	5 000.00	400.00	50.00	100.00	300.00	850.00	19.50	869.50	4 130.50
		李丽	4 500.00	360.00	45.00	90.00	270.00	765.00	7.05	772.05	3 727.95
	仓库	石菲菲	3 800.00	304.00	38.00	76.00	228.00	646.00	0.00	646.00	3 154.00
		刘宇	3 800.00	304.00	38.00	76.00	228.00	646.00	0.00	646.00	3 154.00
管理部门合计			55 900.00	4 472.00	559.00	1 118.00	3 354.00	9 503.00	579.25	10 082.25	45 817.75
销售部门		陈明	5 500.00	440.00	55.00	110.00	330.00	935.00	31.95	966.95	4 533.05
		尚可欣	4 500.00	360.00	45.00	90.00	270.00	765.00	7.05	772.05	3 727.95
销售部门合计			10 000.00	800.00	100.00	200.00	600.00	1 700.00	39.00	1 739.00	8 261.00
生产车间	生产工人	赵辉	5 700.00	456.00	57.00	114.00	342.00	969.00	36.93	1 005.93	4 694.07
		刘云	5 700.00	456.00	57.00	114.00	342.00	969.00	36.93	1 005.93	4 694.07
		赵石磊	5 700.00	456.00	57.00	114.00	342.00	969.00	36.93	1 005.93	4 694.07
	车间工人合计		17 100.00	1 368.00	171.00	342.00	1 026.00	2 907.00	110.79	3 017.79	14 082.21
	车间管理人员	王文静	6 500.00	520.00	65.00	130.00	390.00	1 105.00	84.50	1 189.50	5 310.50
		何政	6 500.00	520.00	65.00	130.00	390.00	1 105.00	84.50	1 189.50	5 310.50
	车间管理人员合计		13 000.00	1 040.00	130.00	260.00	780.00	2 210.00	169.00	2 379.00	10 621.00
合计			96 000.00	7 680.00	960.00	1 920.00	5 760.00	16 320.00	898.04	17 218.04	78 781.96

审核：　王中亭　　　　　　　　　　　　　　　　制单：　刘欣桐

中国工商银行

转账支票存根

31105698

00337895

附加信息

出票日期　2015 年 12 月 10 日

收款人：

上海戴森有限责任公司

金额：　¥78,781.96

用途：　发放工资

单位主管：　　会计：

特色业务：中国工商银行上海浦东支行批量代付成功清单

机构名称：中国工商银行上海浦东支行　　　　2015年12月10日

账号	姓名	金额
66022033001	吴汇文	6431.00
66022033002	张丽	5684.00
66022033003	王中亭	4935.60
66022033004	李宏	4935.60
66022033005	马家辉	4130.50
66022033006	汪洋	4130.50
66022033007	李丽	3727.95
66022033008	王文静	5310.50
66022033009	赵辉	4694.07
66022033010	刘云	4694.07
66022033011	何政	5310.50
66022033012	赵石磊	4694.07
66022033013	陈明	4533.05
66022033014	尚可欣	3727.95
66022033015	石菲菲	3154.00
66022033016	刘宇	3154.00
66022033017	刘欣桐	5534.60
合计		78781.96

中国工商银行
上海浦东支行
转讫
（02）

【业务16】 2015 年 12 月 10 日，缴纳 11 月份住房公积金。(原始票据：住房公积金计算表、住房公积金汇(补)缴书、转账支票存根。)

住房公积金计算表

2015年　　　　11月　　　　30日　　金额单位：元

部门		应付工资	住房公积金		
			企业承担部分（10%）	个人承担部分（6%）	小计
管理部门		55,900.00	5,590.00	3,354.00	8,944.00
销售部门		10,000.00	1,000.00	600.00	1,600.00
生产车间	生产工人	17,100.00	1,710.00	1,026.00	2,736.00
	管理人员	13,000.00	1,300.00	780.00	2,080.00
合计		96,000.00	9,600.00	5,760.00	15,360.00

审核：王中亭　　　　　制单：刘欣桐

住房公积金汇（补）缴书

2015 年 12 月 10 日　　附：缴存变更清册　　页

缴款单位	单位名称	上海戴森有限责任公司	收款单位	单位名称	上海戴森有限责任公司
	单位账号	1001 8765 0066 1234		公积金账号	1001 3366 6895 2356
	开户银行	中国工商银行上海浦东支行		开户银行	中国工商银行上海浦东支行

缴款类型	☑ 汇缴　□ 补缴	补缴原因	
缴款人数	17　缴款时间 2015 年 11 月 至 2015 年 11 月	月数	1
缴款方式	□ 现金　☑ 转账		

金额（大写）	人民币 壹万伍仟叁佰陆拾元整					千	百	十	万	千	百	十	元	角	分
								1	5	3	6	0	0	0

上次汇缴		本次增加汇缴		本次减少汇缴		本次汇（补）缴	
人数	金额	人数	金额	人数	金额	人数	金额
17	15,360.00					17	15,360.00

上述款项已划转至市住房公积金管理中心住房公积金存款账户内

复核：　　　经办：　　　　　2015 年 11 月 30 日

业务受理章（银行盖章）

中国工商银行

转账支票存根

31105699

00337896

附加信息

_____

_____

出票日期　2015 年 12 月 10 日

收款人：

上海戴森有限责任公司

金额：　¥15,360.00

用途：　缴纳公积金

单位主管：　　会计：

【业务 17】 2015 年 12 月 10 日，缴纳 11 月份社会保险费。(原始票据：社会保险费计算表、电子缴税回单。)

社会保险费计算表

2015年　　11月　　30日

金额单位：元

部门		应付工资	养老保险		失业保险		医疗保险		工伤保险	生育保险	小计
			个人	公司	个人	公司	个人	公司	公司	公司	
			8%	14%	1%	2%	2%	8%	1%	0.80%	
管理部门		55,900.00	4,472.00	7,826.00	559.00	1,118.00	1,118.00	4,472.00	559.00	447.20	20,571.20
销售部门		10,000.00	800.00	1,400.00	100.00	200.00	200.00	800.00	100.00	80.00	3,680.00
生产车间	生产工人	17,100.00	1,368.00	2,394.00	171.00	342.00	342.00	1,368.00	171.00	136.80	6,292.80
	管理人员	13,000.00	1,040.00	1,820.00	130.00	260.00	260.00	1,040.00	130.00	104.00	4,784.00
合计		96,000.00	7,680.00	13,440.00	960.00	1,920.00	1,920.00	7,680.00	960.00	768.00	35,328.00

审核：王中亭　　　　　　　　　　制单：刘欣桐

中国工商银行电子缴税回单

转账日期：　2015 年 12 月 10 日

纳税人全称及纳税人识别号：　上海戴森有限责任公司　2201 0765 5837 594
付款人全称：　上海戴森有限责任公司
付款人账号：　1001 8765 0066 1234　　　征收机关名称：上海市地方税务局浦东新区分局
付款人开户银行：中国工商银行上海浦东支行　收款国库（银行）名称：国家金库上海市浦东新区支库（代理）
小写（合计）金额：　¥35,328.00　　　　缴款书交易流水号：23409851820
大写（合计）金额：　人民币叁万伍仟叁佰贰拾捌元整　税票号码：10287856834980

税（费）种名称	所属日期	实缴金额
社会保险费（养老）	20151101－20151130	21120.00
社会保险费（失业）	20151101－20151130	2880.00
社会保险费（医疗）	20151101－20151130	9600.00
社会保险费（工伤）	20151101－20151130	960.00
社会保险费（生育）	20151101－20151130	768.00

中国工商银行
上海浦东支行
2015.12.10
转讫
（02）

第一次打印　　　　　　　　打印日期：　2015 年 12 月 10 日

【业务 18】 2015 年 12 月 11 日，销售部尚可欣报销差旅费。(原始单据：差旅费报销单、借款单复印件、机票行程单、住宿餐饮发票。)

差旅费报销单

2015 年 12 月 11 日

所属部门	销售部		姓名	尚可欣	出差天数	自 12 月 2 日 至 12 月 5 日 共 4 天	
出差事由	参加展会		借支差旅费		日期	2015.11.28	金额 ¥3,000.00
					结算金额	¥2,930.00	

出发		到达		起止地点	交通费	住宿费	餐费	其他费用	备注
月	日	月	日						
12	2	12	2	上海－－广州	570.00				
12	2	12	5	广州－－广州		1200.00	500.00		
12	5	12	5	广州－－上海	660.00				
							现金收讫		
合计				零仟零佰零拾零万贰仟玖佰叁拾零元零角零分					¥2,930.00

总经理：吴汇文　财务经理：张丽　部门经理：陈明　会计：王中亭　出纳：马家辉

借 款 单

2015 年 11 月 28 日　　　　第　1728　号

借款部门	销售部	姓名	尚可欣	事由	参加展会
借款金额（大写）	人民币叁仟元整				¥3,000.00
部门负责人意见	同意 陈明 复印件与原件核对无误	借款人	尚可欣	注意事项： 1、凡借公款均须使用本单 2、出差返回后七日内结算	
总经理批示	吴汇文	财务经理审核	张丽		

✂

航空运输电子客票行程单

ITINERARY/RECEIPT OF E TICKET
FOR AIR TRANSPORT

印刷序号：　　47687583564
SERIAL NUMBER

旅客姓名 NAME OF PASSENGER 尚可欣　SHANG KE XIN		有效身份证件号码 ID NO. 14010910870923402x								
出发到达	承运人	航班号	座位等级	日期	时间	客票级别	客票生效日期	有效截止日期	免费行李
自FROM 上海	ZZ	MU5434	B	2-Dec	9:10	Y			20KG
至TO 广州	ZZ								
	票价 CNY470.00	机场建设费 CNY50.00		燃油附加费 CNY50.00		其他税费		合计 CNY570.00	
电子客票号码 E TICKET NO.	819674863567	验证码	7634	提示信息				保险费	
销售单位代码 AGENT CODE	ZZ187826894	填开单位	上海携程航空服务有限公司		填开日期		2015/12/3		

验真网址：　www.travlsky.com　　　服务热线：　400-820-8888

✂

航空运输电子客票行程单

ITINERARY/RECEIPT OF E TICKET
FOR AIR TRANSPORT

印刷序号：　　47687583569
SERIAL NUMBER

旅客姓名 NAME OF PASSENGER 尚可欣　SHANG KE XIN		有效身份证件号码 ID NO. 14010910870923402x								
出发到达	承运人	航班号	座位等级	日期	时间	客票级别	客票生效日期	有效截止日期	免费行李
自FROM 广州	ZZ	MU5435	B	5-Dec	11:50	Y			20KG
至TO 上海	ZZ								
	票价 CNY560.00	机场建设费 CNY50.00		燃油附加费 CNY50.00		其他税费		合计 CNY660.00	
电子客票号码 E TICKET NO.	819674863579	验证码	7374	提示信息				保险费	
销售单位代码 AGENT CODE	ZZ187826894	填开单位	上海携程航空服务有限公司		填开日期		2015/12/6		

验真网址：　www.travlsky.com　　　服务热线：　400-820-8888

281967546784 广州增值税普通发票 No：6645894

发票联

开票日期： 2015年12月5日

购货单位	名　称：	上海戴森有限责任公司					密码区	3-695123〉3965189-36954*258621〈〉2552193-+/〈25862489631341369-〉6312411255-〉5〈〈685/-3
	纳税人识别号：	220107655837594						
	地址、电话：	上海市浦东新区世纪大道101号 021-68578888						
	开户行及账号：	中国工商银行上海浦东支行 1001876500661234						

货物或应税劳务、服务名称	规格型号	单位	数量	单价	金额	税率	税额
住宿费		间	3	388.35	1165.05	3%	34.95
合计					¥1,165.05		¥34.95

价税合计（大写）	壹仟贰佰元整		（小写） ¥1,200.00

销货单位	名　称：	广州桔子水晶酒店	备注
	纳税人识别号：	4302083677974200	
	地址、电话：	广州市迎宾大道160号 020-61808080	
	开户行及账号：	交通银行白云支行 4100823718937453	

收款人： 复核： 开票人： 王鹏 销货单位（盖章）： 发票专用章

第三联：发票联

281967546784 广州增值税普通发票 No：6645896

发票联

开票日期： 2015年12月5日

购货单位	名　称：	上海戴森有限责任公司					密码区	3-695123〉3965189-36954*258621〈〉2552193-+/〈25862489631341369-〉6312411255-〉5〈〈685/-3
	纳税人识别号：	220107655837594						
	地址、电话：	上海市浦东新区世纪大道101号 021-68578888						
	开户行及账号：	中国工商银行上海浦东支行 1001876500661234						

货物或应税劳务、服务名称	规格型号	单位	数量	单价	金额	税率	税额
餐费				485.44	485.44	3%	14.56
合计					¥485.44		¥14.56

价税合计（大写）	伍佰元整		（小写） ¥500.00

销货单位	名　称：	广州桔子水晶酒店	备注
	纳税人识别号：	4302083677974200	
	地址、电话：	广州市迎宾大道160号 020-61808080	
	开户行及账号：	交通银行白云支行 4100823718937453	

收款人： 复核： 开票人： 王鹏 销货单位（盖章）： 发票专用章

第三联：发票联

【业务 19】 2015 年 12 月 12 日，向四川信达商贸有限公司销售空气净化器 A-100、B-200、C-300，数量分别为 400 台、500 台和 600 台，双方签订现金折扣条款。(原始票据：购销合同复印件、增值税专用发票、销售单。)

购 销 合 同

供方： 上海戴森有限责任公司（以下简称甲方）
需方： 四川信达商贸有限公司（以下简称乙方）

甲乙双方依照《中华人民共和国合同法》及有关法律、行政法规，遵循平等、自愿、公平和诚信原则，双方就采购有关事项协商一致，订立本合同如下：

一、产品内容：

产品名称	型号	数量	不含税单价	金额
空气净化器	A-100	400	1150.00	460000.00
空气净化器	B-200	500	1350.00	675000.00
空气净化器	C-300	600	390.00	234000.00

合计人民币（大写）：壹佰叁拾陆万玖仟元整（￥1369000.00）

二、结算方式：
1、合同签订当日，甲方向乙方发出商品。
2、现金折扣条款（2/10, 1/20, n/30）。
……

六、合同争议的解决方式：
本合同在履行过程中发生的争议，由甲乙双方协商解决；协商不成的依法向人民法院提起诉讼。

七、合同生效：
本合同经双方签字盖章后生效，一式两份，甲乙双方各执一份。

甲方：上海戴森有限责任公司　　　　乙方：四川信达商贸有限公司
代表（签字）：吴汇文　　　　　　　代表（签字）：李惠民
日期：2015年12月12日　　　　　　 日期：2015年12月12日

上海增值税专用发票

发票联

4101237647　　　　　　　　　　　　No：00452453

开票日期： 2015年12月12日

购货单位	名　称：	四川信达商贸有限公司					密码区	276513-695123>3965189- 36954*258621◇2552193- +/3745949494624<25862489631 27390341369->6312411255-
	纳税人识别号：	150119834409347						
	地址、电话：	成都市锦江区人民南路90号 028-56928731						
	开户行及账号：	中国农业银行成都锦江支行 66628346098755522						

货物或应税劳务、服务名称	规格型号	单位	数量	单价	金额	税率	税额
空气净化器	A-100	台	400	1150.00	460000.00	17%	78200.00
空气净化器	B-200	台	500	1350.00	675000.00	17%	114750.00
空气净化器	C-300	台	600	390.00	234000.00	17%	39780.00
合计					￥1,369,000.00		￥232,730.00

价税合计（大写）	壹佰陆拾万壹仟柒佰叁拾元整	（小写）￥1,601,730.00

销货单位	名　称：	上海戴森有限责任公司
	纳税人识别号：	220107655837594
	地址、电话：	上海市浦东新区世纪大道101号 021-68578888
	开户行及账号：	中国工商银行上海浦东支行 1001876500661234

收款人：　　　复核：　　　开票人：王中亭　　　销货单位（章）

第一联：记账联

销售单

销售单位：	上海戴森有限责任公司	地址电话：	上海市浦东新区世纪大道101号 021-68578888	编号：	002
纳税识别号：	220107655837594	开户行及账号：	中国工商银行上海浦东支行 1001876500661234		2015/12/12

编码	产品名称	规格型号	单位	单价	数量	金额	备注
1	空气净化器	A-100	台	1150.00	400	460000.00	不含税价
2	空气净化器	B-200	台	1350.00	500	675000.00	
3	空气净化器	C-300	台	390.00	600	234000.00	
合计	人民币（大写）：壹佰叁拾陆万玖仟元整					¥1,369,000.00	

销售经理： 陈明   经手人： 尚可欣   会计： 王中亭   签收人：

- ✂

【业务20】 2015 年 12 月 14 日，对外捐赠。(原始票据：收据、转账支票存根。)

公益性事业单位接受捐赠统一收据
UNIFIED INVOICE OF DONATION PUBLIC WELFARE ORGANIZATION

国财 00309   2015 年 14   NO.00278367

捐赠者 DONOR	上海戴森有限责任公司
捐赠项目 FOR PURPOSE	希望小学
捐赠金额 （实物价值） TOTAL AMOUNT	大写 IN WORDS 叁万元整 小写 IN FIGURES ¥30,000.00
货币 CURRENCY MATERIAL OBJECTS	人民币
备注 NOTE	

第二联：捐赠者

接收单位（盖章）RECEIVER (SEAL)   经手人 PAYEE： 刘凯文   开票人 DRAWER：

感谢您的慷慨捐赠! Thank you for your generous donation!

- ✂

中国工商银行
转账支票存根

31105730

00332736

附加信息

出票日期 2015 年 12 月 14 日

收款人：	中华社会救助基金会
金额：	¥30,000.00
用途：	公益捐赠

单位主管：   会计：

【业务21】 2015年12月15日，缴纳税费。(原始票据：电子缴税回单。)

中国工商银行电子缴税回单

		转账日期：	2015年12月15日
纳税人全称及纳税人识别号：	上海戴森有限责任公司		2201 0765 5837 594
付款人全称：	上海戴森有限责任公司		
付款人账号：	1001 8765 0066 1234	征收机关名称：	上海市地方税务局浦东新区分局
付款人开户银行：	中国工商银行上海浦东支行	收款国库（银行）名称：	国家金库上海市浦东新区支库
小写（合计）金额：	¥359,724.00	缴款书交易流水号：	29730723812
大写（合计）金额：	人民币叁拾伍万玖仟柒佰贰拾肆元整	税票号码：	14026372651090

税（费）种名称	所属日期	实缴金额
增值税	20151101—20151130	359724.00

第一次打印 　　　　　　　　　　打印日期： 2015年 12月15日

✂ - - - - - - - - - - - - - - - - - -

中国工商银行电子缴税回单

		转账日期：	2015年12月15日
纳税人全称及纳税人识别号：	上海戴森有限责任公司		2201 0765 5837 594
付款人全称：	上海戴森有限责任公司		
付款人账号：	1001 8765 0066 1234	征收机关名称：	上海市地方税务局浦东新区分局
付款人开户银行：	中国工商银行上海浦东支行	收款国库（银行）名称：	国家金库上海市浦东新区支库（代理）
小写（合计）金额：	¥898.04	缴款书交易流水号：	29730723813
大写（合计）金额：	人民币捌佰玖拾捌元零肆分	税票号码：	14026372651092

税（费）种名称	所属日期	实缴金额
个人所得税－工资薪金所得	20151101－20151130	898.04

中国工商银行
上海浦东支行
2015.12.15
转讫
（02）

第一次打印 　　　　　　　　　　打印日期： 2015年 12月15日

✂ - - - - - - - - - - - - - - - - - -

中国工商银行电子缴税回单

		转账日期：	2015年12月15日
纳税人全称及纳税人识别号：	上海戴森有限责任公司		2201 0765 5837 594
付款人全称：	上海戴森有限责任公司		
付款人账号：	1001 8765 0066 1234	征收机关名称：	上海市地方税务局浦东新区分局
付款人开户银行：	中国工商银行上海浦东支行	收款国库（银行）名称：	国家金库上海市浦东新区支库（代理）
小写（合计）金额：	¥35,972.40	缴款书交易流水号：	29730723813
大写（合计）金额：	人民币叁万伍仟玖佰柒拾贰元肆角整	税票号码：	14026372651091

税（费）种名称	所属日期	实缴金额
城市维护建设税	20151101－20151130	25180.68
教育费附加	20151101－20151130	10791.72

中国工商银行
上海浦东支行
2015.12.15
转讫
（02）

第一次打印 　　　　　　　　　　打印日期： 2015年 12月15日

【业务 22】 2015 年 12 月 16 日，预付给上海宏达环保科技有限公司货款。(原始票据：付款申请书、转账支票存根。)

付款申请书

2015年12月16日

用途及情况	金额										收款单位（人）	上海宏达环保科技有限公司
	亿	千	百	十	万	千	百	十	元	角	分	
支付货款			￥	1	0	0	0	0	0	0	0	账号： 2200 5698 3214 7845
												开户行： 招商银行上海黄浦支行

金额（大写）合计：	壹拾万元整	电汇 ☐	信汇 ☐	转账 ☑	其他 ☐

总经理	吴汇文	财务部门	经理	张丽	业务部门	经理	汪洋
			会计	王中亭		经办人	李丽

中国工商银行

转账支票存根

21102837

00372939

附加信息

出票日期 2015 年 12 月 16 日

收款人： 上海宏达环保科技有限公司

金额： ￥100000.00

用途： 预付款

单位主管： 会计：

✂- -

【业务 23】 2015 年 12 月 17 日，向广州万方有限责任公司销售车载空气净化器 C-300，已预收货款 50 000.00 元，广州万方有限责任公司开出银行承兑汇票支付剩余款项。(原始票据：购销合同、增值税专用发票、销售单、银行承兑汇票、收款收据。)

购 销 合 同

供方： 上海戴森有限责任公司（以下简称甲方）
需方： 广州万方有限责任公司（以下简称乙方）

甲乙双方依照《中华人民共和国合同法》及有关法律、行政法规，遵循平等、自愿、公平和诚信原则，双方就采购有关事项协商一致，订立本合同如下：

一、产品内容：

产品名称	型号	数量	不含税单价	金额
空气净化器	C-300	300	390.00	117000.00

合计人民币（大写）：壹拾壹万柒仟元整（￥117000.00）

二、结算方式：

1、合同签订当日，甲方向乙方发出商品。
2、乙方已支付50000.00元预付款项，剩余款项开出银行承兑汇票结算。
……

六、合同争议的解决方式：

本合同在履行过程中发生的争议，由甲乙双方协商解决；协商不成的依法向人民法院提起诉讼。

七、合同生效：

本合同经双方签字盖章后生效，一式两份，甲乙双方各执一份。

甲方：上海戴森有限责任公司　　乙方：广州万方有限责任公司
代表（签字）：吴汇文　　　　　代表（签字）：方静
日期：2015年12月17日　　　　日期：2015年12月17日

4101283769

上海增值税专用发票　　　No: 00452402

发 票 联

开票日期：　2015年12月17日

购货单位	名　称：	广州万方有限责任公司				密码区	276513-695123>3965189- 36954*258621<>2552193- +/3745949494624<25862489631 341369->6312411255- 25373892>5<<685/-3
	纳税人识别号：	150106728543863					
	地址、电话：	广州市天河区建华路科讯大厦A座1001					
	开户行及账号：	中国建设银行广州天河支行　6552098724351090					

货物或应税劳务、服务名称	规格型号	单位	数量	单价	金额	税率	税额
空气净化器	C-300	台	300	390.00	117000.00	17%	19890.00
合计					¥117,000.00		¥19,890.00

价税合计（大写）	壹拾叁万陆仟捌佰玖拾元整	（小写）　¥136,890.00

销货单位	名　称：	上海戴森有限责任公司	备注
	纳税人识别号：	220107655837594	
	地址、电话：	上海市浦东新区世纪大道101号　021-68578888	
	开户行及账号：	中国工商银行上海浦东支行　1001876500661234	

收款人：　　　复核：　　　开票人：　王中亭　　　销货单位（盖章）：

第一联：记账联

✂

销 售 单

销售单位	上海戴森有限责任公司	地址电话	上海市浦东新区世纪大道101号 021-68578888	编号：	003

纳税识别号：	220107655837594	开户行及账号：	中国工商银行上海浦东支行 1001876500661234	2015/12/17

编码	产品名称	规格型号	单位	单价	数量	金额	备注
1	空气净化器	C-300	台	390.00	300	117000.00	不含税价
合计	人民币（大写）：壹拾壹万柒仟元整					¥117,000.00	

销售经理：　陈明　　　经手人：　尚可欣　　　会计：　王中亭　　　签收人：

✂

银行承兑汇票

出票日期　贰零壹伍　年　壹拾贰　月　壹拾柒　日　　建02　38470162
（大写）

出票人全称	广州万方有限责任公司	收款人	全称	上海戴森有限责任公司
出票人账号	6552 0987 2435 1090		账号	1001 8765 0066 1234
付款行全称	中国建设银行广州天河支行		开户银行	中国工商银行上海浦东支行

出票金额	人民币 （大写）	壹拾壹万柒仟捌佰玖拾元整	亿 千 百 十 万 千 百 十 元 角 分
			¥ 8 6 8 9 0 0 0

汇票到期日 （大写）	贰零壹陆年零叁月壹拾柒日	付款行	行号	140 294 394 847
承兑协议编号	0536812		地址	广州市天河区黄埔大道1号

本汇票请你行承兑，到期无条件付款。

本汇票已经承兑，到期由本行付款。

出票人签章　　　承兑日期　2015年12月17日

复核　　　记账

此联收款人开户行随托收凭证寄付款行作借方凭证附件

收款收据

NO. 01068723

2015 年 12 月 17 日

今收到	广州万方有限责任公司
交来：	银行承兑汇票一张，票号：38470162
金额（大写）	捌万陆仟捌佰玖拾元整

¥ 86890.00　☐ 现金　☐ 支票　☐ 信用卡　✓ 其他　单位（盖章）

会计主管　　会计　　出纳　　经手人　尚可欣

✂ -

【业务 24】 2015 年 12 月 18 日，购进进口机器设备一台，安装费用由供货方承担，设备已经安装完毕并交付使用，设备预计净残值为零，预计使用年限为 10 年。(原始票据：海关进口关税专用缴款书、海关进口增值税专用缴款书、购买外汇申请书、境外汇款业务回单、固定资产验收单。)

上海 海关进口 关税 专用缴款书

税务系统： 税务系统　　填发日期： 2015 年 12 月 18 日　　号码 NO.1001243685-1

收款单位	海关	上海海关			缴款单位（人）	名称	上海戴森有限责任公司
	项目	进口关税	预算级次	中央		账号	1001 8765 0066 1234
	收款国库	上海国库				开户银行	中国工商银行上海浦东支行

税号	货物名称	数量	单位	完税价格（￥）	税率（%）	税款金额（￥）
98103200	SC-7020	1	台	180000.00	20%	36000.00

税款金额人民币（大写）： 叁万陆仟元整　　　　合计：￥36,000.00

中国工商银行
上海浦东支行
2015.12.18
转讫
(02)

申请单位编号	14015637	报关单编号	1001243685	填制单位	收款国库（银行）
合同（批文）号	GX1303	运输工具（号）	MSCFAB		
交款期限	2016年1月2日	提/装货单号	MSC-1002		
备注	一般贸易 照章征税			制单人：　复核人：	

从下发缴款书之日起限15日内缴纳（期末遇法定节假日顺延），逾期按日征收税款千分之一滞纳金。

第一联：收据国库收款签章后交付款单位或付款人

上海 海关进口 增值税 专用缴款书

税务系统：　税务系统　　　填发日期：　2015 年 12 月 18 日　　　　　号码NO.1001243685-2

收款单位	海关	上海海关			缴款单位（人）	名称	上海戴森有限责任公司
	项目	进口关税	预算级次	中央		账号	1001 8765 0066 1234
	收款国库	上海国库				开户银行	中国工商银行上海浦东支行

税号	货物名称	数量	单位	完税价格（￥）	税率（%）	税款金额（￥）
98103200	SC-7020	1	台	216000.00	17%	36720.00

税款金额人民币（大写）：　叁万陆仟柒佰贰拾元整　　　　　　　合计 36,720.00

申请单位编号	14015637	报关单编号	1001243685
合同（批文）号	GX1303	运输工具（号）	MSCFAB
交款期限	2016年1月2日	提/装货单号	MSC-1002

备注：一般贸易　照章征税
国际代码：　140132465472　　9.3464
132600.00

制单人：
复核人：

中国工商银行
上海浦东频行 收款国库（银行）
2015.12.18
转讫（02）

从下发缴款书之日起限15日内缴纳（期末遇法定节假日顺延），逾期按日征收税款千分之一滞纳金。

中国工商银行

购买外汇申请书

中国工商　银行　上海浦东支　行　　　　　　　　　NO.9845721

我公司现按国家外汇管理局有关规定向贵行提出购汇申请，并附有关单证，请审核并按实际转账日牌价办理售汇。

单位名称	上海戴森有限责任公司	人民币账号		1001 8765 0066 1234
		外汇账号		

购汇金额	（大写）贰万捌仟壹佰贰拾伍元整	当日汇率	6.40	折合人民币	（大写）壹拾捌万元整
	（小写）28125.00				（小写）180000.00

购汇支付方式：□支票　☑扣账　□银行汇票　□银行本票　□其他

购汇用途：□进口商品　□从属费用　□索赔退款　□还贷　□其他

对外结算方式：□信用证　□代收　☑汇款（☑货到付款　□预付贷款）

业务参考	商品名称	SC-7020	数量	1
	合同号	GX1303	发票号	9783421
	合同金额	28125.00	发票金额	28125.00
	核销单号	77823	信用证号	

进口商品类型：
☑一般进口商品
□控制进口商品，批文附随如下：
□进口证明　□许可证　□登记证明　□其他批文
批文号码：984123　　批文有效期：2015/12/31

附件：
□售汇通知单　□进口付汇核销单　☑正本报关单
☑合同/协议　　　　　　　　　　　□正本运单
□保险费收据　　　　　　　　　　□佣金单
□付款委托书　　□开证申请书　　□其他

上列购汇折合人民币款项，请从我账户内支付。

出票人签章：

吴文汇印

申请单位：上海戴森有限责任公司
电话：021-68578888　　2015 年 12 月 18 日

银行审核意见：
同意
业务受理章
2015.12.18

经办人：　郑丽　　　复核人：　王旭　　　审批：　万天一　　　2015 年 12 月 18 日

中国工商银行

		交易日期：	2015/12/18
买入货币：	CNY	卖出货币：	USD
买入金额：	180000.00	卖出金额：	28125.00
买入牌价：	1.0000	卖出牌价：	6.4000
买入基准牌价：	1.0000	卖出基准牌价：	6.4000
本币金额：	180000.00		
结售汇统计码：	310300		
购汇单位（个人）：	上海戴森有限责任公司		
购汇原因：	进口设备		
供批件名称：	进口商品984123		
批准单位名称：	上海海关		
核准 2209845	经办 2203456	交易流水号 102394769	交易机构 2676

第二联：客户回单

2015.12.18

固定资产验收单

2015 年 12 月 18 日　　　　　　　　　　编号：120220

名称	规格型号	来源	数量	购（造）价	使用年限	预计残值
生产设备	SC-7020	进口	1	216000.00	10年	0.00
安装费	月折旧率	建造单位	交工日期		附件	
	0.83%	香港华田	2015年12月18日			
验收部门	一车间	验收人员	赵辉	管理部门	一车间	管理人员 王文静
备注	安装费由供货方承担					

经手人：　　赵辉

【业务25】 2015 年 12 月 20 日，支付高管人员电话费。(原始票据：发票、支款通知。)

上海增值税专用发票

214098761234　　　　　　　　　　　　　　　　　No：00008765

发票联　　　　　　　　　　　开票日期： 2015年12月20日

购货单位	名称：	上海戴森有限责任公司						
	纳税人识别号：	220107655837594						
	地址、电话：	上海市浦东新区世纪大道101号 021-68578888						
	开户行及账号：	中国工商银行上海浦东支行 1001876500661234						

密码区
3-695123〉3965189-
36954*258621〈〉2552193-
+/〈2586248963134369-
〉6312411255-〉5〈〈685/-3

货物或应税劳务、服务名称	规格型号	单位	数量	单价	金额	税率	税额
基础电信					1999.10	11%	219.90
合计					¥1,999.10		¥219.90
价税合计（大写）	贰仟贰佰壹拾玖元整				（小写）	¥2,219.00	

第三联：发票联

销货单位	名称：	中国电信股份有限公司	
	纳税人识别号：	140101567235985	
	地址、电话：	上海市浦东新区世纪大道20号 021-58962000	
	开户行及账号：	招商银行上海浦东支行 2200394099681298	

收款人：　　　　　复核：　　　　开票人： 黄鑫　　　销货单位（发票专用章）

140101567235985

同城特约委托收款凭证（支款通知）

委托日期 2015 年 12 月 20 日　　　流水号　273683192

付款人	全称	上海戴森有限责任公司	收款人	全称	中国电信股份有限公司
	账号或地址	1001 8765 0066 1234		账号或地址	2200 3940 9988 1298
	开户银行	中国工商银行上海浦东支行		开户银行	招商银行上海浦东支行

委收金额	人民币（大写）	贰仟贰佰壹拾玖元整	¥2,219.00

款项内容		合同号		凭证张数	1
电话费	¥2,219.00				

中国工商银行
上海浦东支行
2015.12.20
（02）

注意事项：
1、上列款项为见票全额付款；
2、上列款项若有误请向付款单位协商解决。

备注

此联交付款人做支款通知

会计：　　　复核：　　　记账：　　　支付日期 2015 年 12 月 20 日

✂

【业务26】 2015 年 12 月 21 日，收到 12 日四川信达商贸有限公司所付货款。(原始票据：现金折扣计算表、电子汇划收款回单。)

现金折扣计算表

2015 年 12 月 21 日　　　　　　　　　　　金额单位：元

产品名称	规格型号	金额	税额	合计	现金折扣	财务费用	收款额
空气净化器	A-100	460000.00	78200.00	538200.00			
空气净化器	B-200	675000.00	114750.00	789750.00			
空气净化器	C-300	234000.00	39780.00	273780.00			
合计		1369000.00	232730.00	1601730.00	2/10	32034.60	1569695.40

审核：张丽　　　制单：马家辉

✂

中国工商银行电子汇划收款 回单

2015 年 12 月 21 日　　　流水号：0017654276

付款人	全称	四川信达商贸有限公司	收款人	全称	上海戴森有限责任公司
	账号	6662 8346 0987 5522		账号	1001 8765 0066 1234
	开户银行	中国农业银行成都锦江支行		开户银行	中国工商银行上海浦东支行

金额	人民币（大写）	壹佰伍拾陆万仟陆佰玖拾伍元肆角整	亿 千 百 十 万 千 百 十 元 角 分
			¥ 1 5 6 9 6 9 5 4 0

备注：汇划日期：2015年12月21日　　　汇划流水号：0098143524

汇出行行号：301199887654　　　　原始凭证种类：0166

原凭证号码：　　　　　　　　　原凭证金额：¥1569695.40

汇款人地址：

收款人地址：

实际收款人账号：1001876500661234

实际收款人名称：上海戴森有限责任公司

中国工商银行
上海浦东支行
2015.12.21
转讫
（02）

银行盖章

【业务27】 2015 年 12 月 22 日，将上月已转入处置状态的设备 AC-6010 对外出售，该设备于 2009 年 12 月购入，其进项税额已于当年抵扣。(原始票据：增值税专用发票、进账单。)

上海增值税专用发票

4101289651　　　　　　　　　　　　　　　　　No: 00452409

开票日期： 2015年12月22日

购货单位	名　称：	上海万华设备有限公司	密码区	276513-695123>3965189-36954*258621◇2552193-+/3745949494624⟨25862489631 34157121369->6312411255-
	纳税人识别号：	220107321852456		
	地址、电话：	上海市闵行区春申路金燕大厦A1201		
	开户行及账号：	中国建设银行上海闵行支行 6552658236971258		

货物或应税劳务名称	规格型号	单位	数量	单价	金额	税率	税额
设备	AC-6010	台	1	53000.00	53000.00	17%	9010.00
合计					¥53,000.00		¥9,010.00

价税合计（大写）	陆万贰仟零壹拾元整	（小写） ¥62,010.00

销货单位	名　称：	上海戴森有限责任公司	备注	
	纳税人识别号：	220107655837594		
	地址、电话：	上海市浦东新区世纪大道101号 021-68578888		220107655837594
	开户行及账号：	中国工商银行上海浦东支行 1001876500661234		

收款人：　　　复核：　　　开票人：王中亭　　　销货单位（盖章）：

发票专用章

第一联：记账联

中国工商银行　进账单 （收账通知）

2015 年 12 月 22 日

出票人	全称	上海万华设备有限公司	收款人	全称	上海戴森有限责任公司
	账号	6552 6582 3697 1258		账号	1001 8765 0066 1234
	开户银行	中国建设银行上海闵行支行		开户银行	中国工商银行上海浦东支行

金额	人民币（大写）	陆万贰仟零壹拾元整	亿	千	百	十	万	千	百	十	元	角	分
					¥	6	2	0	1	0	0	0

票据种类	转账支票	票据张数	1
票据号码	00628712		

中国工商银行
上海浦东支行
2015.12.22
转讫
(02)

复核　　　记账　　　　　　　　收款人开户银行签章

此联是收款人开户银行交给收款人的收账通知

【业务28】 2015 年 12 月 22 日，支付设备清理费用。(原始票据：增值税普通发票、报销单。)

上海增值税普通发票

215436983645　　　　　　　　　No: 5213874

开票日期：2015年12月22日

购货单位	名　称：	上海戴森有限责任公司				密码区	3-695123>3965189-36954*258821<>2552193-+/<5882489631341369->6312411255->5<<885/-3		第三联：发票联
	纳税人识别号：	220107655837594							
	地址、电话：	上海市浦东新区世纪大道101号 021-68578888							
	开户行及账号：	中国工商银行上海浦东支行 1001876500661234							

货物或应税劳务、服务名称	规格型号	单位	数量	单价	金额	税率	税额
拆卸费					485.44	3%	14.56
合计					¥485.44		¥14.56

价税合计（大写）	伍佰元整	（小写）¥500.00

销货单位	名　称：	上海兴港机修有限公司
	纳税人识别号：	220109364782153
	地址、电话：	上海市闵行区一号路5号 021-79563214
	开户行及账号：	招商银行上海闵行支行 4396258400113257

收款人：　　　　复核：　　　　开票人：李丽娜　　　　销货单位（章）发票专用章

报销单

填报日期：2015 年 12 月 22 日

姓名	刘云	所属部门	生产车间一车间	报销形式 支票号码		现金		
报销项目		摘要		金额		备注：		
固定资产清理费		设备拆卸费		500.00		现金付讫		
合计		¥500.00						
合计大写	零 拾 零 万 零 仟 伍 佰 零 拾 零 元 零 角 零 分					原借款：0.00元	应退（补）款：500.00元	

财务经理：张丽　　部门经理：王文静　　会计：王中亭　　出纳：马家辉　　报销人：刘云

【业务29】2015 年 12 月 22 日，结转设备 AC-6010 清理净损益。(原始票据：处置决定。)

固定资产报废处置决定

　　现有2009年12月15日投入使用设备一台，型号AC-6010，因技术革新，予以处置，处置净损益按照会计制度处理。

会计主管：张丽
总经理：吴汇文

上海戴森有限责任公司
2015年12月22日

【业务30】 2015 年 12 月 23 日，签发转账支票，支付 2 日购进材料所欠货款。(原始票据：付款申请书、转账支票存根。)

付款申请书
2015年12月23日

用途及情况	金额										收款单位（人）：	北京旺兴环保科技有限公司
	亿	千	百	十	万	千	百	十	元	角	分	
支付货款			￥	3	5	1	0	0	0	0	账号：	3106 9876 2365 1862
											开户行：	中国建设银行北京东城支行

金额（大写）合计：	叁万伍仟壹佰元整	电汇 ☐	信汇 ☐	转账 ☑	其他 ☐

总经理	吴汇文	财务部门	经理	张丽	业务部门	经理	汪洋
			会计	王中亭		经办人	李丽

```
          中国工商银行

          转账支票存根

          31106879
           00336584

    附加信息 _____
          _____
          _____

    出票日期  2015 年 12 月 23 日
    收款人：

    北京旺兴环保科技有限公司

    金额：   ￥35,100.00

    用途：      货款

    单位主管：      会计：
```

--------------------------------✂------

【业务31】 2015 年 12 月 24 日，收回广州万方有限责任公司前欠货款。(原始票据：进账单。)

中国工商银行 进账单 （收账通知）
2015 年 12 月 24 日

						亿	千	百	十	万	千	百	十	元	角	分	
出票人	全称	广州万方有限责任公司	收款人	全称	上海戴森有限责任公司												此联是收款人开户银行交给收款人的收账通知
	账号	6552 0987 2435 1090		账号	1001 8765 0066 1234												
	开户银行	中国建设银行广州天河支行		开户银行	中国工商银行上海浦东支行												
金额	人民币（大写）	玖万壹仟贰佰陆拾元整						￥	9	1	2	6	0	0	0	0	
	票据种类	转账支票	票据张数	1													
	票据号码	00623478															
		复核	记账					收款人开户银行签章									

【业务 32】 2015 年 12 月 26 日，收到职工刘宇违反公司纪律交来罚款。(原始票据：收据、通知书。)

收款收据

NO.00324587

2015 年 12 月 26 日

今收到	产成品库库管员 刘宇
交来：	罚款
金额(大写)	贰佰元整　　现金收讫
￥　200.00	☑现金 □支票 □信用卡 其他 单位(盖章)

会计主管　　　会计　　　出纳 马家辉

---✂---

协助收款通知书

财务部：

　　2015年12月26日，本公司产成品库库管员刘宇因违反公司纪律，罚款200元，请协助收款。

---✂---

【业务 33】 2015 年 12 月 27 日，报销业务招待费。(原始票据：增值税普通发票、报销单。)

上海增值税普通发票

125463258743　　　　　　　　　　　　No：1285469

开票日期：　2015年12月27日

购货单位	名　称：	上海戴森有限责任公司				密码区	3-695123〉3965189-
	纳税人识别号：	220107655837594					36954*258621◇2552193-
	地址、电话：	上海市浦东新区世纪大道101号 021-68578888					+/〈2586248963 1341369-
	开户行及账号：	中国工商银行上海浦东支行 1001876500661234					〉6312411255-〉5〈885/-3

货物或应税劳务、服务名称	规格型号	单位	数量	单价	金额	税率	税额
餐费					1060.19	3%	31.81
合计					￥1,060.19		￥31.81

价税合计(大写)	壹仟零玖拾贰元整	(小写) ￥1,092.00

销货单位	名　称：	上海莎莎餐饮有限公司
	纳税人识别号：	220107254369843
	地址、电话：	上海市浦东新区世纪大道109号 021-68576857
	开户行及账号：	招商银行浦东支行 4396984531452301

收款人：　　　复核：　　　开票人： 周志辉　　　销货单位(盖章)

第三联：发票联

报 销 单

填报日期：　2015　年　12　月　27　日

姓名	李丽	所属部门	采购部	报销形式		现金
				支票号码		

报销项目	摘要	金额	备注：
餐费	招待客户	1092.00	现金付讫
合计		¥1,092.00	

| 合计大写 | 本 | 拾 | 本 | 万 | 壹 | 仟 | 本 | 佰 | 玖 | 拾 | 贰 | 元 | 本 | 角 | 本 | 分 | 原借款：0.00元 | 应退(补)款：1092.00元 |

财务经理：　张丽　　　部门经理：　汪洋　　　会计：　王中亭　　　出纳：　马家辉　　　报销人：　李丽

【业务34】 2015 年 12 月 28 日，会议决定，将自产空气净化器 A-100 作为福利发放给本公司职工。(原始票据：福利发放计算表、会议纪要。)

职工福利发放计算表

2015　年　12　月　31　日　　　　　　　　　　　　　　　金额单位：元

部门	品名	人数	发放数量	单价（不含税）	价款	增值税额	分配金额
总经理办公室	A-100	1	1	1,150.00	1,150.00	195.50	1,345.50
财务部	A-100	4	4	1,150.00	4,600.00	782.00	5,382.00
采购部	A-100	2	2	1,150.00	2,300.00	391.00	2,691.00
生产车间	A-100	5	5	1,150.00	5,750.00	977.50	6,727.50
销售部	A-100	2	2	1,150.00	2,300.00	391.00	2,691.00
仓库	A-100	2	2	1,150.00	2,300.00	391.00	2,691.00
人力资源部	A-100	1	1	1,150.00	1,150.00	195.50	1,345.50
合计		17	17		19,550.00	3,323.50	22,873.50

审核：　张丽　　　制单：　王中亭

会 议 纪 要

会议主题：年终职工福利发放

发起人：总经理办公室

配合部门：人力资源部、财务部

参与部门：总经理办公室、财务部、采购部、生产车间、销售部、仓库、人力资源部

参会人员：吴汇文、张丽、汪洋、王文静、何政、陈明、石菲菲、刘宇、刘欣桐

时间：2015年12月28日，上午9：00——10：00

地点：公司会议室

会议内容：

感谢这一年来各位员工的辛勤工作和共同努力，经研究决定为每位员工发放空气净化器A-100作为福利。

上海鼎森有限责任公司
2015年12月28日

【业务 35】 2015 年 12 月 31 日，将 12 月 17 日收到的当日签发的银行承兑汇票办理贴现。注：月贴现率为 0.6%，计算贴现期时，另加 3 天异地结算期，2016 年 2 月为 29 天。(原始票据：银行承兑汇票复印件、贴现凭证。)

银行承兑汇票

出票日期 贰零壹伍 年 壹拾贰 月 壹拾柒 日　　GE 02　38470162
（大写）

出票人全称	广州万方有限责任公司		收款人	全称	上海戴森有限责任公司
出票人账号	6552 0987 2435 1090			账号	1001 8765 0066 1234
付款行全称	中国建设银行广州天河支行			开户银行	中国工商银行上海浦东支行

出票金额 人民币（大写） 捌万陆仟捌佰玖拾元整　　　亿千百十万千百十元角分 ￥ 8 6 8 9 0 0 0

汇票到期日（大写） 贰零壹陆年零叁月壹拾柒日　　　行号 140 294 394 847

承兑协议编号 0536812

陆汇票请你行承兑，到期无条件付款。　公司财务章　方印静　出票人签章

本汇票已经承兑，到期日由本行付款。 140294394847 汇票专用章

承兑日期： 2015年12月17日

地址 广州市天河区黄埔大道1号 复印件与原件核对无误

备注　复核　记账

此联收款人开户行随托收凭证寄付款行作借方凭证附件

- ✂

贴现凭证（代申请书）

填写日期 2015 年 12 月 31 日　　第 19 号

贴现汇票	种类	银行承兑汇票	号码	38470162	申请人	名称	上海戴森有限责任公司
	出票日	2015 年 12 月 17 日				账号	1001 8765 0066 1234
	到期日	2016 年 03 月 17 日				开户银行	中国工商银行上海浦东支行

| 汇票承兑人（银行） | 名称 | 中国建设银行广州天河支行 | 账号 | | 开户银行 | |

汇票金额（贴现金额） 人民币（大写） 捌万陆仟捌佰玖拾元整　千百十万千百十元角分 ￥ 8 6 8 9 0 0 0

贴现率 每月 0.6% 贴现利息 千百十万千百十元角分　实付贴现金额 千百十万千百十元角分

兹根据《银行结算办法》的有关规定，附送承兑汇票申请贴现，请予办理。此致
中国工商银行上海浦东支行　吴文汇印　申请人盖章

银行审批　负责人　信贷员　复核　记账

科目（借）_____
对方科目（贷）_____

【业务36】 2015 年 12 月 31 日，支付短期借款利息。(原始票据：付款通知书。)

中国工商银行（上海浦东支行）付款通知书

机构号：301902736543　　日期 2015 年 12 月 31 日 交易代码：10283947852349429

单位名称：上海戴森有限责任公司

账号：1001 8765 0066 1234

摘要：

短期借款利息（2015年12月1日-2015年12月31日）　　¥562.50

中国工商银行
上海浦东支行

2015.12.31

转讫
（02）

金额合计	¥562.50

金额合计（大写）	人民币伍佰陆拾贰元伍角整

注：此付款通知书加盖我行业务公章方有效。
流水号：928374621　　　　　　　　　经办人：李菁

第二联：回单

【业务37】 2015 年 12 月 31 日，计提本月固定资产折旧。(原始票据：固定资产折旧计算表。)

固定资产折旧计算表

2015 年 12 月 31 日　　　　　　　　　　　　　金额单位：元

使用部门及固定资产类别		原 值	月折旧率	本月应计提折旧
车间	厂房	9 800 000.00		
	机器设备	950 000.00		
	运输设备	400 000.00		
	小计	11 150 000.00		
管理部门	房屋	2 400 000.00		
	运输设备	250 000.00		
	办公设备	76 000.00		
	小计	2 726 000.00		
销售部门	运输设备	150 000.00		
	办公设备	22 000.00		
	小计	172 000.00		
合计		14 048 000.00		

审核：　张丽　　　　　　　　　　　　制单：　王中亭

注：计算折旧率保留 4 位小数。

【业务 38】 2015 年 12 月 31 日，计提本月无形资产摊销。(原始票据：无形资产摊销计算表。)

无形资产摊销计算表

2015 年 12 月 31 日   金额单位：元

无形资产类别	购入时间	原值	摊销年限	月摊销额
专利权	2014 年 1 月	2 400 000.00	10	
合计		2 400 000.00		

审核：张丽　　　　　　　　　　　　　　　　制单：王中亭

【业务 39】 2015 年 12 月 31 日，本月 5 日购买股票东土科技，每股市价 17.50 元。(原始票据：交易性金融资产公允价值变动计算表。)

交易性金融资产公允价值变动计算表

2015　年　12　月　31 日

种类	成本价	资产负债表日公允价值	公允价值变动损益
东土科技	162,000.00	175,000.00	13,000.00
合计	162,000.00	175,000.00	13,000.00

审核：　张丽　　　　　　　　　　　　制单：　王中亭

- ✂

【业务 40】 2015 年 12 月 31 日，分配本月发生的职工福利。(原始票据：职工福利发放计算表、职工福利费汇总表、职工福利费分配表。)

职工福利发放计算表

2015　年　12　月　31 日   金额单位：元

部门	品名	人数	发放数量	单价(不含税)	价款	增值税额	分配金额
总经理办公室	A-100	1	1	1,150.00	1,150.00	195.50	1,345.50
财务部	A-100	4	4	1,150.00	4,600.00	782.00	5,382.00
采购部	A-100	2	2	1,150.00	2,300.00	391.00	2,691.00
生产车间	A-100	5	5	1,150.00	5,750.00	977.50	6,727.50
销售部	A-100	2	2	1,150.00	2,300.00	391.00	2,691.00
仓库	A-100	2	2	1,150.00	2,300.00	391.00	2,691.00
人力资源部	A-100	1	1	1,150.00	1,150.00	195.50	1,345.50
合计		17	17		19,550.00	3,323.50	22,873.50

审核：　张丽　　制单：　王中亭

职工福利费汇总表

2015 年 12 月 31 日 　　　　　　　　　　　　　金额单位：元

部　门		本月发生福利费支出
生产车间	生产工人	
	管理人员	
管理部门		
销售部门		
合　计		

审核：张丽　　　　　　　　制单：王中亭

职工福利费分配表

2015 年 12 月 31 日 　　　　　　　　　　　　　金额单位：元

受益对象		分配标准(人)	分配率	分配金额
生产车间工人	A-100	1		
	B-200	1		
	C-300	1		
	小计	3		
车间管理人员				
企业管理人员				
销售人员				
合计				

审核：王中亭　　　　　　　　制单：李宏

【业务 41】 2015 年 12 月 31 日，分配本月职工薪酬。(原始票据：职工薪酬汇总表、职工薪酬分配表。)

注：分配率保留 4 位小数，分配金额保留 2 位小数，尾数差调整计入 C-300。

职工薪酬汇总表

2015 年 12 月 31 日

部门		应付工资	社会保险费	住房公积金	合计
生产车间	生产人员	17,100.00	4,411.80	1,710.00	23,221.80
	管理人员	13,000.00	3,354.00	1,300.00	17,654.00
企业管理人员		55,900.00	14,422.20	5,590.00	75,912.20
销售人员		10,000.00	2,580.00	1,000.00	13,580.00
合计		96,000.00	24,768.00	9,600.00	130,368.00

审核：　张丽　　　　　　制单：　王中亭

职工薪酬分配表

2015 年 12 月 31 日　　　　　　　　　　　　　　　金额单位：元

受益对象		分配标准(工时)	分 配 率	分配金额
生产车间工人	A-100	1 500		
	B-200	1 400		
	C-300	1 100		
	小计	4 000		
车间管理人员				
企业管理人员				
销售人员				
合计				

审核：王中亭　　　　　　制单：李宏

【业务 42】 2015 年 12 月 31 日，分配本月水费。(原始票据：水费分配表、增值税专用发票、支款通知。)

外购水费分配表

2015 年 12 月 31 日　　　　　　　　　　　　　　　金额单位：元

受益对象	耗用量(吨)	单 价	分配金额
生产车间	230	4.20	
管理部门	100	4.20	
销售部门	70	4.20	
合计	400		

审核：王中亭　　　　　　制单：李宏

上海增值税专用发票

4101369245　　　　　　　　　　　　　　　No：01856347

发 票 联

开票日期： 2015年12月31日

购货单位	名　　称：	上海戴森有限责任公司					密码区	3-6958514722>><084-=- 12382/*-+5369>3965189- 36954*258621<>2552193- +/<25862489631341369- >631241255>>5<<685/-3
	纳税人识别号：	220107655837594						
	地址、电话：	上海市浦东新区世纪大道101号 021-68578888						
	开户行及账号：	中国工商银行上海浦东支行 1001876500661234						
货物或应税劳务名称	规格型号	单位	数量	单价	金额	税率	税额	
工业用水		吨	400	4.20	1680.00	13%	218.40	
合计					¥1,680.00		¥218.40	
价税合计（大写）		壹仟捌佰玖拾捌元肆角整				（小写）	¥1,898.40	
销货单位	名　　称：	上海市自来水公司					备注	
	纳税人识别号：	220109364856921						
	地址、电话：	上海市徐汇区中山西路100号 021-56831246						
	开户行及账号：	招商银行上海徐汇支行 2200692374853158						

第三联：发票联

收款人：　　　　复核：　　　　开票人： 张倩　　　　销货单位（盖章）：

同城特约委托收款凭证（支款通知）

委托日期　2015 年　12 月　31 日　　　流水号　　254368218

付款人	全称	上海戴森有限责任公司	收款人	全称	上海市自来水公司
	账号或地址	1001 8765 0066 1234		账号或地址	2200 6923 7485 3158
	开户银行	中国工商银行上海浦东支行		开户银行	招商银行上海徐汇支行

委收金额	人民币（大写）	壹仟捌佰玖拾捌元肆角整	￥1,898.40

款项内容		合同号	凭证张数	1
水费	￥1,898.40			

注意事项：
1、上列款项……
2、上列款项若有误请与付款单位协商解决。

中国工商银行
上海浦东支行
2015.12.31
转讫
（02）

此联交付款人做支款通知

会计：　　　复核：　　　记账：　　　支付日期　2015 年　12 月　31 日

- ✂

【业务43】 2015 年 12 月 31 日，分配本月电费。(原始票据：电费分配表、增值税专用发票、支款通知。)

外购电费分配表

2015 年 12 月 31 日　　　　　　　　　　　　　金额单位：元

受益对象	耗用量(千瓦时)	单价	分配金额
生产车间	4 500	0.80	
管理部门	1 500	0.80	
销售部门	1 000	0.80	
合计	7 000		

审核：王中亭　　　　　　　　制单：李宏

上海增值税专用发票

4103684674　　　　　　　　　　　　　　　No：01257614

开票日期： 2015年12月31日

购货单位	名称	上海戴森有限责任公司	密码区	3-6958514722>><084-=-12382/*-+5369)3965189-36954*258621<)2552193-+/<25862489631341369->6312411255>25<685/-3
	纳税人识别号	220107655837594		
	地址、电话	上海市浦东新区世纪大道101号 021-68578888		
	开户行及账号	中国工商银行上海浦东支行 1001876500661234		

货物或应税劳务名称	规格型号	单位	数量	单价	金额	税率	税额
电		千瓦时	7000	0.80	5600.00	17%	952.00
合计					￥5,600.00		￥952.00

价税合计（大写）	陆仟伍佰伍拾贰元整	（小写）	￥6,552.00

销货单位	名称	上海市供电公司	备注	220109854321451
	纳税人识别号	220109854321451		
	地址、电话	上海市徐汇区中山西路309号 021-56256975		
	开户行及账号	中国农业银行上海徐汇支行 6662238413695201		

收款人：　　　复核：　　　开票人：李佳音　　　销货单位：（章）

第三联：发票联

同城特约委托收款凭证（支款通知）

委托日期　2015 年　12 月　31 日　　　流水号　　563948751

付款人	全称	上海戴森有限责任公司	收款人	全称	上海市供电公司
	账号或地址	1001 8765 0066 1234		账号或地址	6662 2384 1369 5201
	开户银行	中国工商银行上海浦东支行		开户银行	中国农业银行上海徐汇支行

委收金额	人民币（大写）	陆仟伍佰伍拾贰元整		¥6,552.00

款项内容		合同号		凭证张数	1
电费	¥6,552.00				

注意事项：
1、上列款项为……
2、上列款项若有误请与付款单位协商解决。

中国工商银行
上海浦东支行
2015.12.31
转讫
（02）

此联交付款人做支款通知

会计：　　　　复核：　　　　记账：　　　　支付日期　2015 年　12 月　31 日

【业务44】　2015 年 12 月 31 日，编制发出材料汇总表，分配并结转本月发出材料实际成本。(原始票据：领料单、发出材料汇总表、材料费用分配表。)

领料单

领料部门：　一车间　　　　　　　　　　　　　　　　　　　　　　　　　第　　　001　　号
用途：　　A-100　　　　　　　　2015 年　12 月　01 日

材料			计量单位	数量		总成本								
编号	名称	规格		请领	实发	单价	百	十	万	千	百	十	元	角	分
CL01	光触媒		瓶	100	100	200.00			2	0	0	0	0	0	0
	合计						¥		2	0	0	0	0	0	0

领料人：　赵辉　　　领料部门负责人：　王文静　　　发料人：　石菲菲　　　仓库负责人：　刘欣桐

领料单

领料部门：　一车间　　　　　　　　　　　　　　　　　　　　　　　　　第　　　002　　号
用途：　　A-100　　　　　　　　2015 年　12 月　01 日

材料			计量单位	数量		总成本								
编号	名称	规格		请领	实发	单价	百	十	万	千	百	十	元	角	分
CL02	活性炭		kg	100	100	20.00				2	0	0	0	0	0
	合计						¥			2	0	0	0	0	0

领料人：　赵辉　　　领料部门负责人：　王文静　　　发料人：　石菲菲　　　仓库负责人：　刘欣桐

领料单

领料部门： 一车间
用途： A-100　　　　2015 年 12 月 01 日　　　　　第 003 号

材料			计量单位	数量		总成本									
编号	名称	规格		请领	实发	单价	百	十	万	千	百	十	元	角	分
CL03	HEPA滤网		件	50	50	130.00			6	5	0	0	0	0
	合计							¥	6	5	0	0	0	0

领料人： 赵辉　　　领料部门负责人： 王文静　　　发料人： 石菲菲　　　仓库负责人： 刘欣桐

领料单

领料部门： 生产车间
用途： 一般耗用　　　　2015 年 12 月 01 日　　　　　第 004 号

材料			计量单位	数量		总成本									
编号	名称	规格		请领	实发	单价	百	十	万	千	百	十	元	角	分
CL04	其他辅助材料		套	450	450	60			2	7	0	0	0	0
	合计							¥	2	7	0	0	0	0

领料人： 赵辉　　　领料部门负责人： 王文静　　　发料人： 石菲菲　　　仓库负责人： 刘欣桐

领料单

领料部门： 一车间
用途： B-200　　　　2015 年 12 月 06 日　　　　　第 005 号

材料			计量单位	数量		总成本									
编号	名称	规格		请领	实发	单价	百	十	万	千	百	十	元	角	分
CL01	光触媒		瓶	600	600	200.00		1	2	0	0	0	0	0
	合计						¥	1	2	0	0	0	0	0

领料人： 赵辉　　　领料部门负责人： 王文静　　　发料人： 石菲菲　　　仓库负责人： 刘欣桐

领料单

领料部门： 一车间
用途： B-200　　　　2015 年 12 月 06 日　　　　　第 006 号

材料			计量单位	数量		总成本									
编号	名称	规格		请领	实发	单价	百	十	万	千	百	十	元	角	分
CL02	活性炭		kg	200	200	20.00			4	0	0	0	0	0
	合计							¥	4	0	0	0	0	0

领料人： 赵辉　　　领料部门负责人： 王文静　　　发料人： 石菲菲　　　仓库负责人： 刘欣桐

领料单

领料部门：　一车间
用途：　B-200　　　　　　2015 年 12 月 06 日　　　　　　　　　第　007　号

材料			计量单位	数量		总成本										
编号	名称	规格		请领	实发	单价	百	十	万	千	百	十	元	角	分
CL03	HEPA滤网		件	200	200	130.00			2	6	0	0	0	0	0
	合计						¥	2	6	0	0	0	0	0	0

领料人：　赵辉　　　领料部门负责人：　王文静　　　发料人：　石菲菲　　　仓库负责人：　刘欣桐

领料单

领料部门：　二车间
用途：　C-300　　　　　　2015 年 12 月 12 日　　　　　　　　　第　008　号

材料			计量单位	数量		总成本										
编号	名称	规格		请领	实发	单价	百	十	万	千	百	十	元	角	分
CL01	光触媒		瓶	50	50	201.01			1	0	0	5	0	5	0
	合计						¥	1	0	0	5	0	5	0

领料人：　赵石磊　　　领料部门负责人：　何政　　　发料人：　石菲菲　　　仓库负责人：　刘欣桐

领料单

领料部门：　二车间
用途：　C-300　　　　　　2015 年 12 月 12 日　　　　　　　　　第　009　号

材料			计量单位	数量		总成本										
编号	名称	规格		请领	实发	单价	百	十	万	千	百	十	元	角	分
CL02	活性炭		kg	100	100	20.00			2	0	0	0	0	0
	合计						¥	2	0	0	0	0	0

领料人：　赵石磊　　　领料部门负责人：　何政　　　发料人：　石菲菲　　　仓库负责人：　刘欣桐

领料单

领料部门：　二车间
用途：　C-300　　　　　　2015 年 12 月 12 日　　　　　　　　　第　010　号

材料			计量单位	数量		总成本										
编号	名称	规格		请领	实发	单价	百	十	万	千	百	十	元	角	分
CL03	HEPA滤网		件	50	50	130.00			6	5	0	0	0	0
	合计						¥	6	5	0	0	0	0

领料人：　赵石磊　　　领料部门负责人：　何政　　　发料人：　石菲菲　　　仓库负责人：　刘欣桐

领料单

领料部门： 一车间
用途： A-100　　　　2015 年 12 月 20 日　　　　第　011　号

材料			计量单位	数量		总成本									
编号	名称	规格		请领	实发	单价	百	十	万	千	百	十	元	角	分
CL01	光触媒		瓶	200	200	201.01			4	0	2	0	2	0	0
合计							¥		4	0	2	0	2	0	0

领料人： 赵辉　　　领料部门负责人： 王文静　　　发料人： 石菲菲　　　仓库负责人： 刘欣桐

领料单

领料部门： 一车间
用途： A-100　　　　2015 年 12 月 20 日　　　　第　012　号

材料			计量单位	数量		总成本									
编号	名称	规格		请领	实发	单价	百	十	万	千	百	十	元	角	分
CL02	活性炭		kg	50	50	20.00				1	0	0	0	0	0
合计							¥			1	0	0	0	0	0

领料人： 赵辉　　　领料部门负责人： 王文静　　　发料人： 石菲菲　　　仓库负责人： 刘欣桐

领料单

领料部门： 一车间
用途： A-100　　　　2015 年 12 月 20 日　　　　第　013　号

材料			计量单位	数量		总成本									
编号	名称	规格		请领	实发	单价	百	十	万	千	百	十	元	角	分
CL03	HEPA滤网		件	100	100	130.00			1	3	0	0	0	0	0
合计							¥		1	3	0	0	0	0	0

领料人： 赵辉　　　领料部门负责人： 王文静　　　发料人： 石菲菲　　　仓库负责人： 刘欣桐

发出材料汇总表

2015 年 12 月 31 日　　　　　　　　　　　　　　金额单位：元

材料 用途		生产产品耗用						生产共同耗用		合计
品名	单位	A-100		B-200		C-300				
		数量	金额	数量	金额	数量	金额	数量	金额	
光触媒	瓶									
活性炭	kg									
HEPA滤网	件									
其他辅助材料	套									
合计										

审核： 张丽　　　　　　　　　　　　　　　　　　制单： 李宏

生产车间材料费用分配额

2015 年 12 月 31 日　　　　　　　　　　　　金额单位：元

产品名称	本期投产量	间接计入				直接计入	合计
		单位定额消耗	定额消耗	分配率	分配额		
A-100	200	1.00					
B-200	200	1.00					
C-300	400	0.25					
合计			−	−			

审核：　张丽　　　　　　　　　　　　　　制单：　李宏

【业务 45】 2015 年 12 月 31 日，分配并结转本月制造费用。(原始票据：制造费用分配表。)

注：分配率保留 4 位小数，分配金额保留 2 位小数，尾数差调整计入 C-300。

制造费用分配表

2015 年 12 月 31 日　　金额单位：元

产品名称	分配标准（工时）	分配率	分配金额
A-100	1500		
B-200	1400		
C-300	1100		
合计	4000		

审核：　张丽　　　　　　　　制单：　李宏

【业务 46】 2015 年 12 月 31 日，计算各工序在产品完工程度及月末在产品约当产量，计算并结转本月完工产品成本。(原始票据：入库单、期末在产品约当产量计算表、产品成本计算单、产品成本汇总表。)

注：1. B-200 产品在组装工序的定额总工时为 120 分钟，本月月末在产品已组装 112 分钟。

2. 单位成本保留 2 位小数，尾数差计入期末在产品成本。

产成品入库单

交库单位：　一车间　　　2015 年 12 月 10 日　　　单号：　001

产品批号	产品名称	单位	交付数量	检验结果		实收数量
				合格	不合格	
CP01	A-100	台	50	50	0	50

交库人：　刘云　　　　　　　仓库保管员：　刘宇

产 成 品 入 库 单

交库单位：　　一车间　　　　　2015 年 12 月 17 日　　　　单号：　　002

产品批号	产品名称	单位	交付数量	检验结果		实收数量
				合格	不合格	
CP02	B-200	台	100	100	0	100

交库人：　　刘云　　　　　　　　仓库保管员：　　　刘宇

产 成 品 入 库 单

交库单位：　　二车间　　　　　2015 年 12 月 19 日　　　　单号：　　003

产品批号	产品名称	单位	交付数量	检验结果		实收数量
				合格	不合格	
CP03	C-300	台	150	150	0	150

交库人：　　赵石磊　　　　　　　仓库保管员：　　　刘宇

产 成 品 入 库 单

交库单位：　　一车间　　　　　2015 年 12 月 24 日　　　　单号：　　004

产品批号	产品名称	单位	交付数量	检验结果		实收数量
				合格	不合格	
CP04	B-200	台	50	50	0	50

交库人：　　刘云　　　　　　　　仓库保管员：　　　刘宇

产 成 品 入 库 单

交库单位：　二车间　　2015 年 12 月 27 日　　单号：　005

产品批号	产品名称	单位	交付数量	检验结果		实收数量
				合格	不合格	
CP05	C-300	台	250	250	0	250

交库人：　赵石磊　　　　　　仓库保管员：　刘宇

产 成 品 入 库 单

交库单位：　一车间　　2015 年 12 月 29 日　　单号：　006

产品批号	产品名称	单位	交付数量	检验结果		实收数量
				合格	不合格	
CP06	A-100	台	150	150	0	150

交库人：　刘云　　　　　　仓库保管员：　刘宇

期末在产品约当产量计算表

产品名称：　B-200　　2015 年 12 月 31 日　　计量单位：台

工序	工序名称	定额工时（分钟）	完工程度	期末在产品数量	在产品约当产量
1	来料检验	40			
2	切割	100			
3	组装	120		50	
4	填充	50			
5	调试	60			
6	检验入库	50			
	合计	420			

审核：　张丽　　　　　　制单：　李宏

产 品 成 本 计 算 单

车间：　一车间
产成品：　A-100　　　　　2015 年 12 月 31 日　　　　完工产品数量：　200

成本项目	月初在产品成本	本月发生费用	生产费用合计	期末在产品约当产量	完工产品产量	完工产品总成本	单位成本	期末在产品成本
直接材料								
直接人工								
制造费用								
合计								

审核：　张丽　　　　　　制单：　李宏

产品成本计算单

车间：　一车间
产品名：　B-200　　　　　　　　　　　　　　　　2015 年 12 月 31 日　　　　　　　　　　　　　　完工产品数量：　150

成本项目	月初在产品成本	本月发生费用	生产费用合计	期末在产品约当产量	完工产品产量	完工产品总成本	单位成本	期末在产品成本
直接材料								
直接人工								
制造费用								
合计								

审核：　张丽　　　　　　　　　　　　　　　　制单：　李宏

产品成本计算单

车间：　二车间
产品名：　C-300　　　　　　　　　　　　　　　　2015 年 12 月 31 日　　　　　　　　　　　　　　完工产品数量：　400

成本项目	月初在产品成本	本月发生费用	生产费用合计	期末在产品约当产量	完工产品产量	完工产品总成本	单位成本	期末在产品成本
直接材料								
直接人工								
制造费用								
合计								

审核：　张丽　　　　　　　　　　　　　　　　制单：　李宏

产品成本汇总表

2015 年 12 月 31 日　　　　　　　　　　金额单位：元

项目	A-100	B-200	C-300	合计
期初在产品成本				
本期生产费用				
生产费用合计				
期末完工产品成本				
期末在产品成本				

审核：　张丽　　　　　　　　　　　　　　　　制单：　李宏

【业务 47】　2015 年 12 月 31 日，结转本月销售成本。(原始票据：出库单、销售成本计算表。)

注：单位成本保留 2 位小数，尾数差计入销售商品成本。

出库单

出货单位：　上海戴森有限责任公司　　　　　　　　　　　　　　　　单号：　　001

提货单位：　北京大悦有限公司　　　　　2015/12/10　　　　　出库仓库：产成品库

编号	产品名称	规格型号	单位	数量
1	空气净化器	A-100	台	400
2	空气净化器	B-200	台	400
	合计			800

销售经理：　陈明　　　　　经手人：　尚可欣　　　仓库管理员：刘宇

出库单

出货单位： 上海戴森有限责任公司   单号：   002

提货单位： 四川信达商贸有限公司   2015/12/12   出库仓库：产成品库

编号	产品名称	规格型号	单位	数量
1	空气净化器	A-100	台	400
2	空气净化器	B-200	台	500
3	空气净化器	C-300	台	600
	合计			1500

销售经理：陈明   经手人：尚可欣   仓库管理员：刘宇

出库单

出货单位： 上海戴森有限责任公司   单号：   003

提货单位： 广州万方有限责任公司   2015/12/17   出库仓库：产成品库

编号	产品名称	规格型号	单位	数量
1	空气净化器	C-300	台	300
	合计			300

销售经理：陈明   经手人：尚可欣   仓库管理员：刘宇

出库单

出货单位： 上海戴森有限责任公司   单号：   004

提货单位： 上海戴森有限责任公司   2015/12/28   出库仓库：产成品库

编号	产品名称	规格型号	单位	数量
1	空气净化器	A-100	台	17
	合计			17

销售经理：陈明   经手人：尚可欣   仓库管理员：刘宇

销售成本计算表

2015 年 12 月 31 日   金额单位：元

产品	期初结存数量	本期完工产量	本期销售数量	期末结存数量	期初结存成本	完工产品成本	单位成本	期末存货成本	销售商品成本
A-100	1200	200			840,000.00				
B-200	1150	150			1,092,500.00				
C-300	1500	400			180,000.00				
合计					2,112,500.00				

审核： 张丽   制单： 李宏

【业务48】 2015 年 12 月 31 日，计算并结转本月应代扣三险一金及个人所得税。(原始票据：工资结算汇总表。)

工资结算汇总表

2015年　　12月　　31日　　　　　　　　　　　　　　　金额单位：元

部门		人员	应付工资	代扣工资							实发工资
				养老保险（8%）	失业保险（1%）	医疗保险（2%）	住房公积金（6%）	三险一金合计	个人所得税	小计	
管理部门	总经理办公室	吴汇文	8,000.00	640.00	80.00	160.00	480.00	1,360.00	209.00	1,569.00	6,431.00
	财务部	张丽	7,000.00	560.00	70.00	140.00	420.00	1,190.00	126.00	1,316.00	5,684.00
		王中亭	6,000.00	480.00	60.00	120.00	360.00	1,020.00	44.40	1,064.40	4,935.60
		李宏	6,000.00	480.00	60.00	120.00	360.00	1,020.00	44.40	1,064.40	4,935.60
		马家辉	5,000.00	400.00	50.00	100.00	300.00	850.00	19.50	869.50	4,130.50
	人力资源部	刘欣桐	6,800.00	544.00	68.00	136.00	408.00	1,156.00	109.40	1,265.40	5,534.60
	采购部	汪洋	5,000.00	400.00	50.00	100.00	300.00	850.00	19.50	869.50	4,130.50
		李丽	4,500.00	360.00	45.00	90.00	270.00	765.00	7.05	772.05	3,727.95
	仓库	石菲菲	3,800.00	304.00	38.00	76.00	228.00	646.00	－	646.00	3,154.00
		刘宇	3,800.00	304.00	38.00	76.00	228.00	646.00	－	646.00	3,154.00
管理部门合计			55,900.00	4,472.00	559.00	1,118.00	3,354.00	9,503.00	579.25	10,082.25	45,817.75
销售部门		陈明	5,500.00	440.00	55.00	110.00	330.00	935.00	31.95	966.95	4,533.05
		尚可欣	4,500.00	360.00	45.00	90.00	270.00	765.00	7.05	772.05	3,727.95
销售部门合计			10,000.00	800.00	100.00	200.00	600.00	1,700.00	39.00	1,739.00	8,261.00
生产车间	生产工人	赵辉	5,700.00	456.00	57.00	114.00	342.00	969.00	36.93	1,005.93	4,694.07
		刘云	5,700.00	456.00	57.00	114.00	342.00	969.00	36.93	1,005.93	4,694.07
		赵石磊	5,700.00	456.00	57.00	114.00	342.00	969.00	36.93	1,005.93	4,694.07
	车间工人合计	刘欣彤	17,100.00	1,368.00	171.00	342.00	1,026.00	2,907.00	110.79	3,017.79	14,082.21
	车间管理人员	王文静	6,500.00	520.00	65.00	130.00	390.00	1,105.00	84.50	1,189.50	5,310.50
		何政	6,500.00	520.00	65.00	130.00	390.00	1,105.00	84.50	1,189.50	5,310.50
	车间管理人员合计		13,000.00	1,040.00	130.00	260.00	780.00	2,210.00	169.00	2,379.00	10,621.00
合计			96,000.00	7,680.00	960.00	1,920.00	5,760.00	16,320.00	898.04	17,218.04	78,781.96

审核：王中亭　　　　　　　　　　　　　　　　　　　　制单：刘欣桐

【业务49】 2015 年 12 月 31 日，计提坏账准备。(原始票据：坏账损失计算表。)

坏账损失计算表

2015 年　12 月　31 日　　　　　　　　　　　金额单位：元

公司名称	应收账款	计提比例	估计坏账损失额	坏账准备账户期初贷方余额	本期应计提金额
北京大悦有限公司		0.50%			
四川信达商贸有限公司		0.50%			
广州万方有限责任公司		0.50%			
合计					

审核：张丽　　　　　　　　　　　　　　　　　制单：王中亭

【业务50】 2015 年 12 月 31 日，计算并结转本月未交增值税。(原始票据：未交增值税计算表。)

未交增值税计算表

编制单位：上海戴森有限责任公司　2015 年　12 月　　　　　　　　金额单位：元

项目	进项税额	销项税额	进项税额转出	未交增值税
金额				
合计				

审核：张丽　　　　　　　　　　　　　　　　制单：　王中亭

【业务 51】　2015 年 12 月 31 日，计算本月应交城市维护建设税及教育费附加。(原始票据：应交城市维护建设税与教育费附加计算表。)

应交城市维护建设税与教育费附加计算表

2015 年 12 月 31 日　　　　　　　　　金额单位：元

税目	计税依据	计税金额	税率	应纳税额
城市维护建设税	增值税		7%	
	消费税		7%	
	小计			
教育费附加	增值税		3%	
	消费税		3%	
	小计			

审核：张丽　　　　　　　　　制单：王中亭

【业务 52】　2015 年 12 月 31 日，结转损益(收入类)账户。

【业务 53】　2015 年 12 月 31 日，结转损益(费用支出类)账户。

【业务 54】　2015 年 12 月 31 日，预缴第四季度企业所得税。(原始票据：电子缴税回单。)

中国工商银行电子缴税回单

		转账日期：	2015 年 12 月 31 日
纳税人全称及纳税人识别号：	上海戴森有限责任公司		2201 0765 5837 594
付款人全称：	上海戴森有限责任公司		
付款人账号：	1001 8765 0066 1234	征收机关名称：上海市地方税务局浦东新区分局	
付款人开户银行：	中国工商银行上海浦东支行	收纳国库(银行)名称：国家金库上海市浦东新区支库	
小写(合计)金额：	¥500,000.00	缴款书交易流水号：	29730723812
大写(合计)金额：	人民币伍拾万元整	税票号码：	1402631266109D
税(费)种名称	所属日期	实缴金额	
企业所得税	20151001—20151231	500000.00	

中国工商银行
上海浦东支行
2015.12.31
转讫
(02)

第一次打印		打印日期：	2015 年 12 月 31 日

【业务 55】　2015 年 12 月 31 日，计提本年度所得税费用、递延所得税费用以及应交所得税。

注：1. 以前年度尚未弥补亏损 666 271.35，可以在税前扣除；

2. 税法规定，应收账款发生坏账损失，在实际发生时可以税前扣除；

3. 税法规定，交易性金融资产以取得时历史成本作为计税基础；

4. 假定无其他纳税调整事项。

【业务 56】　2015 年 12 月 31 日，结转所得税费用。

【业务 57】　2015 年 12 月 31 日，结转本年利润。

【业务 58】　2015 年 12 月 31 日，计提法定盈余公积。(原始票据：盈余公积计算表)

盈余公积计算表

2015 年 12 月 31 日

项目	金额
计提基数	
提取法定盈余公积	

审核：张丽　　　　　　制单：王中亭

【业务 59】　2015 年 12 月 31 日，结转利润分配明细账户余额。